卓越法律实务人才培养丛书

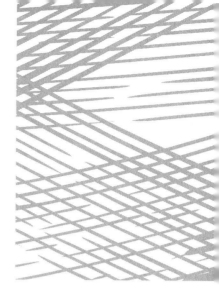

劳动法律实务指南
管理、合规与争议

PRACTICAL GUIDANCE ON EMPLOYMENT LAW
MANAGEMENT, COMPLIANCE AND DISPUTE RESOLUTION

陆胤 ◎ 主编

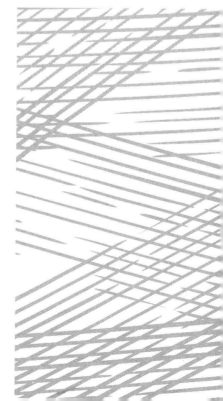

图书在版编目(CIP)数据

劳动法律实务指南:管理、合规与争议/陆胤主编.—北京:北京大学出版社,2019.3
(卓越法律实务人才培养丛书)
ISBN 978-7-301-30153-1

Ⅰ.①劳… Ⅱ.①陆… Ⅲ.①劳动法—中国—指南 Ⅳ.①D922.5-62

中国版本图书馆CIP数据核字(2018)第291447号

书　　　名	劳动法律实务指南:管理、合规与争议 LAODONG FALÜ SHIWU ZHINAN: GUANLI、HEGUI YU ZHENGYI
著作责任者	陆　胤　主编
责 任 编 辑	黄　蔚
标 准 书 号	ISBN 978-7-301-30153-1
出 版 发 行	北京大学出版社
地　　　址	北京市海淀区成府路205号　100871
网　　　址	http://www.pup.cn　新浪微博 @北京大学出版社
电 子 信 箱	sdyy_2005@126.com
电　　　话	邮购部 010-62752015　发行部 010-62750672　编辑部 021-62071998
印 刷 者	北京溢漾印刷有限公司
经 销 者	新华书店
	787毫米×1092毫米　16开本　19印张　360千字 2019年3月第1版　2019年3月第1次印刷
定　　　价	58.00元

未经许可,不得以任何方式复制或抄袭本书之部分或全部内容。
版权所有,侵权必究
举报电话:010-62752024　电子信箱:fd@pup.pku.edu.cn
图书如有印装质量问题,请与出版部联系,电话:010-62756370

编写说明

本书最初是作为华东政法大学律师学院卓越律师人才实验班(以下简称"实验班")的劳动法实务课程教材而编写的。笔者在为实验班授课的过程中,邀请企业的人力资源从业者(Human Resource,HR)和法务参与到课堂案例的讨论中,并引导同学形成调处争议的思维,进入企业内部劳动关系处理的情境,通过法务合规思维、人力资源管理思维、律师诉讼思维以及最终争议处理的法官裁判思维的碰撞,探索律师实务教学的新思路。

课程开授三年以来,受到了同学们的认可和欢迎。因此,在拥有了教学经验的基础上,通过系统地梳理相关知识点和管理要点及案例,形成本书编写的独特思路。

虽然本书是一本适用于法学本科的实务教材,但是由于本书紧扣实务操作,因此相关的实操要点、实操思维和案例,对实务工作领域的人力资源从业者、法务从业者(尤其是劳动法务)和有志于了解劳动法实务的律师来说,都会有一定的参考意义。

相比较市场上以往的劳动法实务书籍中常见的审判思维和案例,本书希望通过对仲裁、诉讼前的管理分析,体现非诉讼方式解决劳资纠纷的价值。而这有赖于相关的HR、法务从业者和律师共同的努力。秉承这一思路,本书邀请了业内非常资深和富有实务经验的HR和法务从业者参与本书案例的讨论与编写工作。由于各自从业背景和视角的不同,评述风格难以统一,但是五彩斑斓的观点本身就是实操不确定性的一种体现,相信读者也能够分辨其中的精彩。

在此感谢这些实务领域的专家型从业者,他们参与编写的章节具体分工如下:第二、四章,HR:梁晓佩,法务:张晓坤;第三、六章,HR:刘卓敏,法务:张洁敏;

第五、七章，HR：李巍，法务：冯国栋；第八、九章，HR：尹海明，法务：刘海燕；第十、十一章，HR：韩方方，法务：赵静华。

此外，十分感谢李盛楠、邓爱华和麦丰参与本书的编写过程，他们分别承担了部分章节的撰写和校对工作。

本书由陆胤最终审核定稿。

目 录
CONTENTS

第一章 劳动关系管理基本知识 …………………………………………………… 1
    第一节 人力资源管理的基本内容 / 1
    第二节 法务参与企业人力资源管理的基本内容 / 10
    第三节 企业劳动法律服务的基本内容 / 18

第二章 人才录用管理及争议 ……………………………………………………… 24
    第一节 招聘 / 25
    第二节 录用通知书 / 35
    第三节 签约 / 42

第三章 劳动合同履行管理及争议 ………………………………………………… 51
    第一节 不能胜任 / 51
    第二节 情势变更 / 59
    第三节 停工、停产 / 67

第四章 奖惩管理及争议 …………………………………………………………… 78
    第一节 规章制度 / 78
    第二节 绩效考核 / 88
    第三节 违纪惩戒 / 97

第五章 薪资福利管理及争议 ……………………………………………………… 108
    第一节 加班 / 108

第二节 福利 / 116
第三节 社会保险 / 123

第六章 劳动保护管理及争议 131
第一节 工伤 / 131
第二节 职业病 / 141
第三节 女职工保护 / 150

第七章 解雇管理及争议 159
第一节 协商解除 / 159
第二节 单方解除 / 167
第三节 经济性裁员 / 176

第八章 灵活用工管理及争议 185
第一节 非全日制用工 / 185
第二节 劳务派遣与外包 / 194
第三节 互联网用工 / 204

第九章 工会集体谈判管理及争议 216
第一节 工会和职代会 / 216
第二节 集体谈判 / 224
第三节 集体行动 / 234

第十章 高管、外籍员工管理及争议 243
第一节 高管 / 243
第二节 外籍和港澳台员工 / 253
第三节 跨境用工 / 263

第十一章 企业合规管理及争议 273
第一节 商业贿赂 / 273
第二节 营私舞弊 / 280
第三节 其他人力资源管理合规 / 288

第一章

劳动关系管理基本知识

第一节 人力资源管理的基本内容

一、人力资源管理的基本内容

1954年，彼得·德鲁克（Peter F. Drucker）在《管理的实践》一书中提出了"人力资源"的概念。① 也有人认为，戴维·乌尔里克（Dave Ulrich）是人力资源管理的开创者，他最早提出了"人力资源"的概念，在此之前，人力资源被叫作"人事管理"。②

通常认为，人力资源管理是指为了完成管理工作中涉及的人或人事方面的任务所需要掌握的各种概念和技术，具体包括：（1）工作分析；（2）制订人力需求计划并开展人员招募工作；（3）对求职者进行甄选；（4）引导并培训新雇员；（5）工资及薪金管理；（6）奖金和福利提供；（7）工作绩效评价；（8）沟通；（9）培训与开发；（10）培养雇员的献身精神等方面。人力资源管理是一个获取、培训、评价员工以及向员工支付薪酬的过程，同时也是一个关注劳资关系、健康、安全以及公平等方面问题的过程。③

随着理论的发展，人力资源管理作为一门管理性学科，已经逐步拓展了其外延。在目前的实践中，通常可以将人力资源管理分为人力资源规划、人员招聘与配置、培训与开发、人力资源绩效管理、人力资源薪酬福利管理、人事管理、职业生涯管理和

---

① 参见赵曙明：《人力资源管理理论研究现状分析》，载《外国经济与管理》2005年第1期。
② 资料来源：http：//wiki.mbalib.com/wiki/%E4%BA%BA%E5%8A%9B%E8%B5%84%E6%BA%90#_note-0，2017年2月20日访问。
③ 参见〔美〕加里·德斯勒：《人力资源管理》，刘昕译，中国人民大学出版社2017年版，第3页。

员工关系管理八大模块，具体如下：

（1）人力资源规划。通常包含：① 机构的设置；② 机构的调整与分析；③ 人员供给需求分析；④ 人力资源制度的制定；⑤ 资源管理费用预算的编制与执行等。

（2）人员招聘与配置。通常包含：① 招聘需求分析；② 工作分析和胜任能力分析；③ 招聘程序和策略；④ 招聘渠道分析与选择；⑤ 招聘实施；⑥ 特殊政策与应变方案；⑦ 离职面谈；⑧ 降低员工流失的措施等。

（3）培训与开发。通常包含：① 理论学习；② 项目评估；③ 调查与评估；④ 培训与发展；⑤ 需求评估与培训；⑥ 培训建议的构成；⑦ 培训、发展与员工教育；⑧ 培训的设计、系统方法；⑨ 开发管理与企业领导，开发自己和他人；⑩ 项目管理、项目开发与管理惯例等。

（4）人力资源绩效管理。通常包含：① 准备阶段；② 实施阶段；③ 考评阶段；④ 总结阶段；⑤ 应用开发阶段；⑥ 面谈；⑦ 绩效改进的方法；⑧ 行为导向型考评方法；⑨ 结果导向型考评方法。

（5）人力资源薪酬福利管理。通常包含：① 薪酬；② 构建全面的薪酬体系（岗位评价与薪酬等级、薪酬调查、薪酬计划、薪酬结构、薪酬制度的制定与调整、人工成本核算）；③ 福利和其他薪酬问题（福利保险管理、企业福利项目的设计、企业补充养老保险和补充医疗保险的设计等）；④ 评估绩效和提供反馈。

（6）人事管理。这是人力资源管理的重要组成部分，通常包含：员工入职手续、员工信息档案、人事档案以及员工奖惩制度等。

（7）职业生涯管理。即企业通过规划员工的职业生涯，引导员工把自身发展目标与企业发展目标充分结合起来，有效发挥自身优势，实现良好发展。

（8）员工关系管理。通常包含：① 就业法；② 劳动关系和社会；③ 行业关系和社会；④ 劳资谈判；⑤ 工会法和劳资谈判等。①

企业劳动关系是人力资源管理的重要内容，其核心内容构成人力资源管理的八大模块之一。另外，由于劳动关系管理贯穿于企业人力资源管理的全过程，企业劳动关系也成了人力资源管理的"基础设施"。

二、人力资源管理的演变②

人力资源管理是随着工业革命的发生而产生的。19世纪，发端于英国的工业革命

---

① 参见陆胤：《劳动争议律师实务》，法律出版社2014年版，第9页。
② 参见张剑编著：《现代人力资源管理理论与实务》，清华大学出版社、北京交通大学出版社2010年版。

催生了大机器生产方式，从根本上改变了之前小作坊的生产方式，从而产生了大规模生产所必然发生的对人的管理。之后的时代发展中，人力资源管理经历了从传统人事管理向战略性人力资源管理演变的复杂过程。

20世纪80年代，我国引入人力资源管理理论并付诸实践。虽然起步比较晚，但是我国企业管理的发展，也完整地经历了从传统人事管理到战略性人力资源管理的演变和进化，并且这个过程还在持续进行中。

简言之，我们可以从理论上将人力资源管理划分为三个发展阶段：人事管理阶段、人力资源管理阶段和战略性人力资源管理阶段。

(一) 人事管理阶段

在工业化大生产时代，对生产组织的需求，催生了传统的人事管理，并形成基本的招聘、薪酬管理等现代人事管理职能和岗位。这一阶段的人事管理通常围绕着具体生产的效率和质量展开，并发展了相关的管理思想。

1. 科学管理理论

1911年，弗雷德里克·温斯洛·泰勒（Frederick Winslow Taylor）出版了《科学管理原理》一书，开启了管理科学化的进程。其后相继产生了亨利·法约尔（Henri Fayd）的一般管理理论、马克斯·韦伯（Max Weber）的古典组织理论等。

科学管理理论的特点在于将人的管理等同于其他工具的管理，认为存在一种普适的通用管理规则，譬如组织结构、管理通则、科学定额等；可以通过责权对应的管理体系和单一的金钱激励来实现既定的管理目标。

2. 人际关系理论

20世纪30年代，著名的"霍桑实验"将管理的视角扩大到员工的社会和心理因素。哈佛大学心理学家乔治·埃尔顿·梅奥（George Elton Mayon）发现，员工的感情、情绪和态度受到包括群体环境、领导风格、管理者支持的工作环境的强烈影响，而员工的这些情感反应又会对员工的生产力产生重要的影响。

由此，行为科学相关理论在人事管理中得到了广泛的应用，这种加强对员工的关心和支持、增强员工和管理人员之间沟通的措施和方法，极大地改进了人事管理的成效，丰富了人事管理的职能。

3. 传统组织行为学理论

大工业生产中的组织与人从来就是组织行为学研究的重要对象，相关的研究成果也成为人事管理的重要理论支持。20世纪六七十年代，组织行为学对人事管理理论与实践的影响达到了顶峰，组织行为学对个体、群体行为的动机和原因的研究促进了员工激励理论的完善和应用，其中主要包括亚伯拉罕·马斯洛（Abraham Harold

Maslow）的需求层次理论、道格拉斯·麦格雷戈（Douglas McGregor）的X-Y理论，以及弗雷德里克·赫茨伯格（Frederick Herzberg）的激励—保健因素理论（又称"双因素理论"）。

（二）人力资源管理阶段

随着经济社会的发展，人类对企业管理中"人"的价值的认识也发生了质的飞跃。美国经济学家沃尔什（Wolsh）在《人力资本论》一文中正式提出了"人力资本"的概念，并由西奥多·威廉·舒尔茨（Theodore William Schuttz）和加里·斯坦利·贝克尔（Gary Stanley Becker）进一步深化。人力资源管理充分认识到人具有能动性和可激励性，从而提出全面重视员工的工作生活质量，将人的发展与企业的发展有机结合起来。这种人性回归的思想是现代人力资源管理的突出特点。

1. 西奥多·威廉·舒尔茨的理论

西奥多·威廉·舒尔茨被称为"人力资本理论之父"，是1979年诺贝尔经济学奖得主，主要的理论著作有《教育的经济价值》等。他提出，人力资本与物质资本是资本的两种对应形式，是经济运行的基本要素。从这两个要素所起的作用来看，人力资本的作用要大于物质资本的作用。劳动生产率的提升，就是人力资本大幅增长的结果。对于企业组织而言，提高人力资本的核心就是提高员工素质，而提高员工素质的主要途径就是教育投资。

2. 加里·斯坦利·贝克尔的理论

加里·斯坦利·贝克尔在1962年和1964年分别出版了《人力资本投资：一种理论分析》《人力资本：特别关于教育的理论和经验分析》两部专著，从微观的家庭和个人作出经济决策和成本—效用分析的角度，系统地阐述了人力资本投资和人力资本问题。

（三）战略性人力资源管理阶段

进入20世纪80年代，企业管理进入一个新的时代，越来越多的大型企业成为跨国公司，跨国公司俨然成为一种超越国家的经济存在。为了服务于跨国公司的战略需要，人力资源管理也逐渐成为公司发展战略的重点。1981年，戴瓦纳（Devanna）、狄凯（Tichy）、弗布鲁姆（Fombrum）在《人力资源管理：一个战略观》一文中将战略规划与人力资源规划联系起来。

20世纪90年代初，战略管理的研究者开始从企业内部寻找企业保持竞争优势的源泉，进而得出人力资源及其管理是企业核心竞争能力的论断。

表1-1 传统人力资源管理与战略性人力资源管理

对比内容	传统人力资源管理	战略性人力资源管理
人力资源管理人员的职责	职能专家	业务管理人员
焦点	员工关系	与内、外部客户的合作关系
人力资源管理人员的角色	办事员、变革的追随者和响应者	办事员、变革的领导者和发起者
创新	缓慢、被动、零碎	迅速、主动、整体
时间	短期	短期、中期、长期（根据需要）
控制	等级制度、政策、程序	有机的、灵活的、根据成功的需要
工作设计	紧密型劳动部门、独立、专门化	广泛的、灵活的、交叉培训、团队
关键投资	资本、产品	人、知识
经济责任	成本中心	投资中心

（四）劳动法的演变

通常认为，我们现代所称的"劳动法"，应当肇始于英国工业革命。1802年，英国颁布了《学徒健康和道德法》，规定纺织工厂童工的工作时间每天不得超过12个小时。① 那时的"工厂立法"只能说是劳动法的萌芽。第一次世界大战后，"劳动法"这个名称被固定下来，成为新的法律部门的统一名称，并在各国流行起来。②

德国于1919年颁布了《魏玛宪法》，同时颁布了《失业救济法》《集体合同法》《工作时间法》等。

在美国，罗斯福执政后，推行新政，劳动立法也是其中重要的组成部分。美国于1935年颁布了《美国国家劳资关系法》《社会安全法》，1938年颁布了《公平劳动基准法》，承认工人有罢工权，承认工会有代表工人同雇主订立集体合同的权利，还规定了工人的最低工资和最高工时限制以及超过标准工时的工资支付办法。③ 从那以后直至21世纪初，世界各国或地区的劳动法律体系虽然各有特点，但是内在的框架是相同的。我国台湾地区劳动法学者黄越钦教授将这段时期称为"劳动契约的时代"，归纳下来有以下特点：(1) 国家制定劳动保护法规，课雇主对国家所负之公法上义务，以保护劳动者；(2) 将劳动契约关系社会化，制定代表有高度社会意义的劳动契约法；(3) 利用团体协约使劳资双方由对立进而合作，以协约自治处理劳资问题；(4) 实行社会保

---

① 参见董保华编著：《"劳工神圣"的卫士——劳动法》，上海人民出版社1996年版，第7页。
② 同上。
③ 同上书，第8页。

险政策,将劳动损害赔偿转变成一种强制分担危险的保险制度;(5)设立劳动法庭,循特殊司法途径防止劳资冲突所可能引起之社会问题。①

2011年3月10日,吴邦国委员长向十一届全国人大四次会议做全国人大常委会工作报告时庄严宣布:一个立足中国国情和实际、适应改革开放和社会主义现代化建设需要、集中体现中国共产党和各族人民意志的,以宪法为统帅,以宪法相关法、民法商法等多个法律部门的法律为主干,由法律、行政法规、地方性法规与自治条例、单行条例等法律规范构成的中国特色社会主义法律体系已经形成。在劳动法方面,截至2011年,我国已经初步建立了社会主义劳动法律体系,包括《劳动法》《劳动合同法》《社会保险法》《就业促进法》《劳动争议调解仲裁法》《工会法》等一系列基本法律和配套的法规、规章。

但是,近年来,随着互联网、AI等技术的革新,以及互联网经济、共享经济等新经济模式的盛行,已臻成熟的传统劳动法越来越暴露出其自身的不足,劳动法面临全新的挑战。在新的经济社会环境下,不仅工会的组织动员方式、劳资关系的游戏规则不断推陈出新,甚至在雇主与劳工的个别关系,即劳动契约制度上,根本的转变已然形成。②

黄越钦教授在多年前作出的大胆预判,在今天看来都已成为现实。从美国的"Uber"到中国的"滴滴出行""饿了么"等,共享经济和互联网经济带来的用工模式冲击正在深刻地改变着这个世界和劳动法。

三、人力资源管理与劳动法的关系

从理论研究的角度来说,人力资源管理与劳动法本身属于不同的学科领域。在1995年我国《劳动法》实施前后,这两个领域尚无交集。但是,随着我国企业管理科学的发展,人力资源管理与劳动法的交集越来越多,并在《劳动合同法》起草的时候形成一次影响深远的碰撞。

关于人力资源管理与劳动法的关系的论争是随着《劳动合同法》的立法争论出现的。董保华教授提出,《劳动合同法(草案)》"将大量的强制标准借助行政管制的力量,伸入企业的管理空间,从而使用人单位的管理空间大大压缩。当用人单位没有基本的管理权时,企业也将从追求效率的市场主体变为实现公益目标的安置机构。国外先

---

① 参见黄越钦:《劳动法新论》,中国政法大学出版社2003年版,第6页。
② 同上书,第8页。

进的人力资源管理模式与中国的劳动法律制度将发生全面的碰撞"[1]。对此，常凯教授认为："这是从人力资源出发批判《劳动合同法》得出的结论。这么做就等于完全站在资方的立场理解劳动合同法。如果完全照此，劳动合同法就变成'工人管理法'了，这是方向性错误。"[2]

笔者更倾向于董保华教授的观点，即人力资源管理与劳动法不应当是对立和冲突的，"劳动法律与人力资源管理和谐共存才是劳动关系和谐的基础"[3]。进一步来看，人力资源管理与劳动法是企业员工关系在不同视角的产物，并且在法律与管理的互动之中相融合，成为相互依存的两个方面。

人力资源管理与劳动法存在天然依存的关系，离开企业管理的基础和视角试图解决劳动关系的矛盾和冲突无异于缘木求鱼，而缺乏劳动法作为指导的企业人力资源管理，也存在陷入劳动争议泥沼的巨大风险。近十年来，伴随着劳动争议案件数量的急剧上升和劳动者维权意识的觉醒，人力资源管理过程越来越注重与劳动法的结合。

而从劳动争议处理的内容来看，劳动争议所涉及的事项几乎已经覆盖了人力资源管理生命周期的各个模块和阶段。在企业人力资源管理与劳动法律法规深度融合的大背景下，各类劳动法律问题伴随着企业人力资源管理的整个流程，并深深嵌套其中，本书将就其中比较重要的几个人力资源管理模块逐一作介绍。

（一）招聘

招聘是人力资源招募与配置过程中十分重要的一个环节，旨在为确定需求的岗位提供符合条件的候选人，在法律上通常表现为企业向不特定求职者发出招聘广告，向特定求职者发出录用通知书，法律性质上相当于要约邀请。一纸招聘广告和录用通知书看似简单，但却成为规范双方法律行为与相关权利义务的重要依据。

根据法律规定，要约邀请的内容在某些情形下可以构成合同条款，比如明确的入职条件、岗位要求、薪资福利等。因此，企业在发布这些内容之前，应当经过严格的审查，如不能为吸引人才随意设置较高的薪资福利，否则员工极有可能以此为依据向企业提出相关主张。同时，由于《劳动合同法》规定了试用期期间用人单位可以劳动者不符合录用条件为由单方解除劳动合同，因此，招聘广告的内容往往就成为录用条件的重要表现形式，企业对此应审慎对待，力求表述谨慎，尽量做到相关标准可量化。

一旦企业发出录用通知书，通常在法律上就已经构成要约邀请。一旦劳动者承诺，

---

[1] 董保华：《劳动法律与人力资源管理的和谐共存》，载《浙江大学学报（人文社会科学版）》2008年第4期。
[2] 转引自董保华：《劳动法律与人力资源管理的关系》，载《现代人才》2009年第2期。
[3] 同上书，第13页。

双方关于建立劳动关系的合意就宣告成立。但是，实践中常常出现企业发出录用通知书后反悔的情形，此时，虽然双方的劳动关系由于没有实际履行而尚未成立，但是由此给劳动者造成损失的，企业应当承担相关的缔约过失责任。

（二）入职

办理入职手续是人事管理工作的一个重要流程，主要包括人事信息的登录和劳动合同的签订。

虽然之前的招聘阶段已经涉及劳动者基本人事信息的收集，但是作为被正式录用的劳动者，其入职人事信息的完整性和准确性远比对应聘者的要求来得更高，入职人事信息的作用更多的是作为劳动者对于诚信的承诺。值得注意的是，即便企业对于劳动者的人事信息享有一定程度的知情权，但并不表示企业可以随意打探劳动者的私人信息，尤其是个人的隐私部分，对此劳动者有权拒绝回答和披露，而该打探行为甚至会被指称涉嫌招聘歧视，除非该信息与劳动合同的订立或履行密切相关。

作为入职手续里最关键的一项内容，签订书面劳动合同是一个极其重要的确定双方权利义务的法律行为。有关劳动合同的双方主体是否适格，劳动合同的内容是否基于双方的真实意思表示且合乎法律规定，劳动合同的必备条款是否齐备，劳动合同条款的表述是否准确和完整等问题，都是需要在实务领域中合理运用劳动法来加以衡量和把握的。

（三）试用期

试用期是人力资源管理中上岗引导与培训的环节，也被认为是人员测试与甄选环节的延续。而在劳动法意义上，试用期就是劳动关系的双方可以相对自由、便捷地单方解除劳动合同而无须承担法律责任的期间。

但是，自由、便捷不代表可以突破法律的条件和限制。《劳动合同法》赋予企业在试用期中可以以不符合录用条件为由单方解除劳动合同，且无须支付经济补偿金。而对于劳动者"不符合录用条件"的事实，则需要翔实的事实认定和充分的证据证明，否则可能构成违法解除。

（四）绩效考核

说起绩效考核，就不得不提到"末位淘汰"。"末位淘汰"，也被称为"活力曲线""10%淘汰率法则"，最初由通用电气（GE）前CEO杰克·韦尔奇（Jack Welch）提出，是人力资源工作绩效评价的著名工具之一。严格的工作绩效评价通常包含三个主要步骤：界定工作本身的要求；评价实际的工作绩效；提供反馈。事实上，这也与劳动法对于企业不胜任管理的法律要求相统一，即工作岗位的胜任要求、劳动者的不胜任表现和调岗或者培训的反馈。

我国《劳动合同法》第 40 条规定："有下列情形之一的，用人单位提前三十日以书面形式通知劳动者本人或者额外支付劳动者一个月工资后，可以解除劳动合同：……（二）劳动者不能胜任工作，经过培训或者调整工作岗位，仍不能胜任工作的；……"

因此，严格的绩效评估管理应当建立在满足法律要件的基础上，并根据法律确定的原则和标准运行。

（五）晋升与调动

作为人力资源管理中员工职业生涯规划管理的一部分，通过在企业内部的晋升与调动实现劳动者自身的职业发展目标，是帮助劳动者实现自我价值、提升工作满意度和企业归属感的重要途径之一。而每一次的晋升与调动都涉及劳动关系双方权利与义务的调整，在法律上属于劳动合同变更。因此也可以说，劳动合同变更这一法律行为是企业实现员工职位晋升与调动的必要手段和途径。

为确保晋升与调动依法进行，企业需要寻找变更的法律依据，确定变更的内容，完善变更的形式，并保存相关证据。实践中经常出现企业单方作出晋升与调动的决定，有的双方都无异议，有的却发生了纠纷，甚至有的企业还为此输了官司。究其原因，企业对劳动者薪资、岗位的调整变更，不仅需要衡量变更决定在管理上的必要性和合理性，更需要评估变更行为在法律上的合法性和可操作性。通常情况下，对劳动者有利的变更内容，通过双方的实际履行，可以构成事实的变更行为；而对劳动者不利的变更内容，即便双方已经实际履行，仍无法据此判定相关变更的合法性。

（六）解雇

解雇是指企业与雇员之间雇佣关系的非雇员自愿性终止。从某种程度上说，解雇是对雇员可以采取的最严厉的处罚。与这种管理行为相对应的法律行为是劳动合同的解除和终止。虽然二者最终产生的法律效果都是劳动关系的终结，但本质上仍存在一定的差异。解除是指在劳动合同期限届满前一方终结劳动合同效力的行为；终止是指劳动合同期限届满或者出现法定情形时劳动合同效力消灭的行为。

虽然法律对于劳动合同的解除和终止有着严格且细致的规定，包括解除、终止的事由、程序以及补偿标准等，但由于其操作流程本身的复杂性以及与劳动者的切身利益存在密切的关联，稍有不慎即有可能引发劳动争议，因此，企业应慎重对待员工解雇这一极其重要和具有风险性的法律行为。

（七）离职

与解雇类似，离职流程同样具有相当的操作难度，一旦处理不当，极有可能引发商业秘密泄露等风险，因此企业通常都十分重视对员工的离职管理，主要包括离职谈话与离职交接。

离职谈话,也被称为"解雇前谈话",作用在于使雇员得知自己将被解雇的事实,既包括解雇前谈话,也包括员工主动离职前的谈话。离职交接,是指双方物品、财务和工作事项的结清。

以上内容虽看似皆属人力资源管理的范畴,但其中却无一不蕴含着法律的要义。举例来说,员工离职谈话虽并非劳动法规定的法定程序,但是由于该环节可能涉及的告知、确认、协商等内容都具有法律上的意义,因此在一定的条件下,将成为法律行为的重要组成部分;而离职交接也不仅仅是双方权利义务的结清,更可能由此引发新的权利义务,譬如经济补偿金的支付、竞业限制义务的履行等。①

第二节　法务参与企业人力资源管理的基本内容

一、合规的概念

所谓合规,一般指企业经营要符合本国及经营所在国的法规,执行企业制定的规则以及遵守职业操守和道德规范。②

"合规"是从英文"compliance"一词翻译而来的。"compliance"原意为"遵守、服从",但从20世纪90年代以来,在国际金融领域中,"compliance"逐渐成为"合规"这一具有特殊含义的词汇。国际金融组织对合规的定义是:③

(1) 合规是使公司经营活动与法律、管治及内部规则保持一致(瑞士银行家协会);

(2) 合规与目标连用,具体指必须致力于遵守企业主体所适用的法律法规(COSO④);

(3) 合规代表管理层独立监督核心流程与相关政策和流程,确保银行在形式和精神上遵守行业特定法律法规,维护银行声誉(荷兰银行)。

合规管理的理念最早产生于美国。受"水门事件"的影响,美国政府、立法机构

---

① 参见陆胤:《劳动争议律师实务》,法律出版社2016年版,第11—13页。
② 参见王志乐、蒋姮:《企业合规反腐建设的国内与国际发展趋势》,载《中国法律:中英文版》2011年第6期。
③ 参见邢娟:《论企业合规管理》,载《企业经济》2010年第4期。
④ COSO是美国反欺诈财务报告委员会下属的发起人委员会(The Committee of Sponsoring Organizations of the Treadway Commission)的英文缩写。1985年,由美国注册会计师协会、美国会计协会、财务经理人协会、内部审计师协会、管理会计师协会联合创建了反欺诈财务报告委员会,旨在探讨财务报告中的舞弊产生的原因,并寻找解决之道。两年后,基于该委员会的建议,其赞助机构成立COSO,专门研究内部控制问题。

以及其他规章制定部门开始关注企业内部的合规控制，希望以此降低企业违法违规的风险。因此，为禁止行贿行为，美国国会于 1977 年通过了有关美国内部合规控制的第一个法案——《反海外腐败法》（即通称的 FCPA-1977）；紧接着，1979 年，美国注册会计师协会成立了内部控制特别顾问委员会，主要负责对建立和评价内部控制提供指引。伴随着 1985 年一系列公司破产和审计失败诉讼案件的发生，美国全国反欺诈财务报告委员会应运而生。两年之后，借助于反欺诈财务报告委员会的大力推动，专门研究内部控制的发起人委员会（COSO）成立，并于 1999 年 3 月发布《欺诈性财务报告：1987—1997 年美国上市公司的分析》，其中涉及的与欺诈性财务报告相关的 300 多个案件的分析数据对于美国减少欺诈性事件的发生频率、降低事件的严重程度起到了极大的作用。2001 年以来，"安然""世通""帕玛拉特"等公司的欺诈丑闻推动了《萨班斯法案》（即《SOX 法案》）的颁布。[①] 自此，世界各国的公司法、公司治理、风险管理及内部控制等法律法规迅速得以扩充，监管行为强势介入企业的日常经营管理活动之中。

除了美国之外，近年来其他发达国家也加大了打击跨国腐败的力度。如加拿大、德国、英国、法国、日本、韩国等均制定了类似《反海外腐败法》的法律法规。2010 年 4 月，英国更是通过了反腐力度创全球新高的《反贿赂法》，该法于 2011 年 7 月 1 日生效。[②]

此外，联合国、经济合作与发展组织（OECD）等国际组织也正在积极推动全球反腐行动。联合国于 2000 年 7 月启动"全球契约"计划，提出了 9 项企业承担社会责任的原则。后来，联合国认识到，腐败往往是企业人权、劳工、环境等诸多责任问题的根源，同时为了配合 2005 年《联合国反腐败公约》的实施，联合国扩展了"全球契约"的一项兜底原则，即第 10 条"反腐败"。

OECD 于 2010 年 2 月出台了《内控、道德和合规良好行为指引》，对企业强化合规，反对商业腐败提出系统性的指导意见。英国《反贿赂法》的基本条款就参照了这个指引。[③]

随着社会主义市场经济建设的深入，我国也在逐步完善企业合规经营方面的法制建设。2006 年，国资委率先出台《中央企业全面风险管理指引》，指出了指向战略、财务、市场、运营和法律五个维度的风险结构。随后，中国证监会、银监会、保监会分

[①] 参见毛新述、孟杰：《内部控制与诉讼风险》，载《管理世界》2013 年第 11 期。
[②] 参见王志乐、蒋姮：《企业合规反腐建设的国内与国际发展趋势》，载《中国法律：中英文版》2011 年第 6 期。
[③] 同上书，第 24 页。

别推出了金融证券机构的合规管理指导性文件。2008年,财政部等五部门联合发布了《企业内部控制基本规范》及配套指引,标志着中国企业合规在内部控制规范建设上取得重大突破,该规范被誉为"中国版"《萨班斯法案》。2011年,国家标准委又发布《企业法律风险管理指南》(GB/T27914-2011),为可复制和推广提供了基石。①

二、企业合规管理概述

在现代企业的经营管理模式下,财务管理、业务管理、合规管理并称为"企业管理的三大支柱"。其中,财务管理侧重于"做什么",主要由财务人员负责;业务管理侧重于帮助企业创造收益,主要由业务人员推动;合规管理侧重于从法律和商业道德的角度出发,通过明示企业"怎么做",保证企业长期稳定地运行,主要由法务人员担当。

一般认为,合规管理是指公司通过建立一整套的制度流程,确保公司的决策、经营、管理行为符合法律法规且不违背基本的社会伦理道德和公序良俗。与之相对的合规风险是指因公司或其内部工作人员的经营管理或职业行为违反法律、法规、准则而使公司面临法律制裁、遭受经济损失或声誉受损的风险。合规风险是法律风险、市场风险、信用风险等风险存在和表现的诱因。②

由于业务领域不同,所适用的法律规范不同,因此不同的行业对合规工作各自的侧重点也不同。例如,就医药行业而言,合规工作调整的是制药公司与医疗保健专业人士(如医生、护士、药店店员)之间的关系,防止两者之间为销售产品而出现贿赂等违法、违规行为;就银行业来说,合规工作主要是防止银行因未能遵循所有适用的法律、规则、准则和标准而可能遭受的法律制裁或监管处罚、财务损失或声誉损失的风险。③

以企业经营风险防范为目的,从企业经营管理合乎法律法规、企业规章和道德的要求出发,可将企业合规管理分为以下几个方面:

(1)公司治理合规。公司是根据法律规定由投资者出资设立的,其运行需要遵循相关的法律规定,以确保投资人的利益得到有效保护。无论是上市公司、国有企业还是外商投资企业和其他民营企业,依法实施并得到有效执行的公司治理,是投资者实现投资目标、保障投资利益的重要保证,也是公司制度作为市场经济发展重要支柱的有

---

① 参见杨力:《中国企业合规的风险点、变化曲线与挑战应对》,载《政法论丛》2017年第2期。
② 参见邢娟:《论企业合规管理》,载《企业经济》2010年第4期。
③ 参见刘再杰:《合规管理:中国内地外资企业的法律工作新动向》,载《中国法律:中英文版》2010年第5期。

效保证。公司治理合规主要包括根据《公司法》《证券法》等法律法规对公司治理行为所进行的风险防范工作。

（2）商业行为合规。企业存在的目的是开展对外业务往来，在市场交易中实现商业价值，获得经营利润。在一个自由竞争的市场中，为了利润而展开恶性竞争始终是市场的阴影。因此，法律、商业道德和企业自律从多方面约束着企业的商业行为，以保持市场竞争的有序进行。商业行为合规主要包括根据《反不正当竞争法》《反垄断法》等规定进行的风险防范工作，而美国的《反海外腐败法》、英国的《反贿赂法》也是在华跨国公司开展商业行为合规的重要依据。

（3）内部管理合规。企业是一个组织体，其对外的任何行为都是内部复杂决策流程和组织运行的结果。因此，企业对外的经营得失，根本上是内部管理的得失。内部管理合规包含根据《劳动法》《会计法》的规定对企业内部人财物的风险管控。

（4）公共关系合规。企业也是社会的一分子，所谓"企业公民"便由此而来。企业在社会中会与其他的社会成员发生各种关系，包括与政府、投资者、消费者、其他社会组织等的关系，构成企业对外公共关系的组成部分。公共关系合规涉及根据《消费者权益保护法》《产品质量法》《环保法》《证券法》等的规定，与对外信息披露和法律责任相关的风险防控。

（5）信息安全合规。进入信息社会以来，企业就不可避免地与大量的企业内外部信息产生交互，一方面企业自身产生大量的数据信息，另一方面它们也收集来自各方的数据信息。而如何采集、储存、使用信息都涉及相关利益方的合法权益，因此，我国的《网络信息安全法》和欧盟的《通用数据保护条例》（General Data Protection Regulation，GDPR）都是信息安全合规的重要依据。

企业合规管理的不断发展，不仅是对企业风险管理的一个巨大挑战，也是企业法务工作的一个巨大机遇。合规管理极大地拓展了法务部门的工作范畴和参与程度，将法务部门从一个业务和管理的支持辅助部门，转变成为一个贯穿公司内外管理的管控部门。企业组织结构也随之进行相应的重构，合规部门（包括职能类似的法律事务部、风险管理部、内控合规部等）从人员稀少、职能简单的边缘部门一跃成为贯穿企业各个生产经营环节的重要管理部门，法务在企业中的地位也由此确定。[①]

很多的跨国公司相继设置了首席合规官（Chief Compliance Officer，CCO），我国央企也施行了总法律顾问制度，另有些观点甚至将CEO作为首席合规责任人。

[①] 参见王晶：《企业视角下的合规文化建设》，载《会计之友》2009年第8期下。

三、合规管理的本土实践

相比他国在合规管理上的尝试，我国合规管理起步较晚。自财政部1996年颁布《独立审计准则第9号——内部控制与审计风险》以来，我国政府相关部门和机构先后颁布实施了十余份与内部控制相关的规范性文件。2008年5月22日，财政部会同证监会、审计署、银监会、保监会（以下简称"五部委"）联合发布了《企业内部控制基本规范》（财会〔2008〕7号）。2010年4月15日，五部委再次联合下发《企业内部控制应用指引第1号——组织架构》等共18项指引、《企业内部控制评价指引》和《企业内部控制审计指引》（财会〔2010〕11号），为促进企业全面评价内部控制体系的设计和运行情况，规范内部控制评价程序和评价报告，揭示和防范风险提供了有力指导。①

虽然合规管理的重要性日益凸显，并正在被越来越多的我国企业所重视，但是我国企业在合规管理中仍然存在不少问题。例如，合规外部环境有待完善，具体表现为相关法律法规亟须建立健全；合规管理体系建设不规范，具体表现为许多企业在制定合规相关的行为规范、规章制度等时直接引用外部模版，欠缺与企业自身实际情况的结合；合规管理的形式化，具体表现为许多合规规范即便健全，也不能有效落地，导致合规管理流于形式；等等。

法务的日常合规工作通常包含以下内容：

（一）倡导合规理念

合规理念应当上升为公司的基本价值理念。作为企业法务，面对管理层时，应当通过相关规范的制定向管理层灌输合规是企业基业常青的基石这一思想；面对普通员工时，应当通过严格实施合规规范，让他们相信，合规是企业看重的行为规范，一旦违反，将面临严厉的处罚。

一个企业，无论有多么稳固的业界地位，获得多么高的利润额，一旦出现合规问题，不仅会遭受政府制裁、经济处罚，严重的还会面临商业名誉受损的危机，甚至几代人为之奋斗数十年的成果会顷刻之间化为乌有。因此，企业法务应当协助管理层将合规理念写入企业章程和规章制度，利用一切机会向员工宣讲这一最基本的价值；同时，积极利用各种有效的合规培训，使员工理解、接受并认同合规价值理念，了解合规的内涵和重要性以及违反合规规范所可能带来的严重后果，从而自觉做到合规经营。

（二）制定合规制度

公司应制定符合公司运营实际和战略目标的合规制度。企业法务应当在符合企业

---

① 参见毛新述、孟杰：《内部控制与诉讼风险》，载《管理世界》2013年第11期。

战略目标的前提下，评估实现企业战略目标过程中可能遭遇的合规风险。在此基础上，法务应当在企业章程的框架内细化规定或者另行制定类似于《合规管理准则》的规范性文件，以此明确合规组织的架构、职能、监督检查、处罚机制等。文件的制定应针对不同的人员层面、不同的岗位职责制定不同的合规制度，明确合规职责，如针对董事会层面的合规政策、针对高管层面的行为守则以及针对普通员工的岗位合规手册。

（三）完善管理组织

通常而言，完善的合规管理组织应当由董事会、独立合规部门以及高级管理层三个层面组成。其中，董事会的职责在于审批企业的合规政策，确保相关政策的内容和制定的程序合乎流程；同时，监督合规政策的实施，在整个企业内部推行合规的价值理念。高级管理层的职责在于为相关规章制度的制定和贯彻提供资源，针对其中存在的问题提出修改建议，在发现违反相关规章制度的行为时，采取适当的补救措施。不同于以上两个部门，独立合规部门是合规管理的职能部门，也是整个合规管理体系的核心环节，因此也往往承担着更多的职责：

（1）持续关注法律、规则和准则的最新发展，准确理解立法背后的理念和内涵，把握新法对于企业可能产生的影响，及时为管理层和决策者提供合规建议。

（2）制订并执行以风险预防为基础的合规管理计划，包括特定政策和程序的实施与评价、合规风险评估、合规监管、合规培训等。

（3）评估企业政策、程序的合规性，组织、协调和督促业务部门和其他内部控制部门对相关政策进行定期梳理和修订，确保各项政策、程序具有时效性且符合法律、法规和政策的要求。

（4）对员工进行合规培训，包括针对新员工的合规培训以及面向全体员工的定期合规培训，并为有合规问题咨询需求的员工提供咨询渠道。

（5）组织编写合规管理程序以及合规手册、员工行为守则等文本，评估现行程序及相关指南的适当性，为员工恰当地执行法律及相关政策提供指引。

（6）敏感、主动地识别和评估与企业经营活动相关的合规风险。

（7）收集、筛选可能预示潜在合规问题的数据或事件，确定合规风险的优先考虑序列。

（四）构建监管体制

合规监管是合规管理的重要环节，主要包括外部监督、外部审计以及企业内部监督，其中，对企业内部的运营活动进行持续有效的监督，保证企业所有运营行为的合规是重中之重。

与合规管理组织类似，合规监管组织包括高级管理层和独立合规部门两个层面。

对于高级管理层来说，应当确保经其审批或核准的项目或行为符合企业合规政策，同时也要随时监督下属行为，确保其符合企业的合规政策，并在发现本部门的项目以及下属行为可能或已经违反合规政策的第一时间向上级或合规部门报告，以便及时采取措施规避相关风险。

对于独立合规部门来说，应当按照法律、法规和企业合规政策的要求对企业内部的规章制度以及各项活动、行为定期进行合规性审查，对于存在合规隐患的问题及时排除并作相应纠正。通常情况下，理想的合规监管应该严把事前关，即企业的所有活动必须事先获得合规部门的批准。此外，合规部门还需承担另一项重要职责——对于获得审批的企业活动进行事中、事后的合规监察，确保相关活动的开展与事先合规审批的内容一致并符合合规要求。

（五）打造合规文化

合规文化的培养是合规管理能够被真正落实并发挥长期效用的基础。然而，企业合规文化的打造需要经历一个漫长的过程。在这一过程中，无论是高级管理层还是普通员工都应当从自身出发，共同践行合规理念。对于高级管理层来说，应当切实承担起在企业中推行诚实信用价值观的责任，以自身行动为员工做好表率和带头作用。对于合规部门来说，应当通过具体合规规范的建立和执行，使合规理念深入人心并形成一定的权威感。对于普通员工来说，应当自觉遵守企业内部的合规行为规范，谨慎处理可能涉及违背合规原则的事宜。①

四、人力资源管理与合规

在合规管理的早期发展阶段，企业合规工作的主要内容是被动进行违规事件的处罚，相应地，其主要的职能部门是合规部门或者是法务部门。但是，随着合规管理的发展，企业合规工作越来越从被动转向主动，从事后处置转向事先预防，从法律部门或者合规部门的单一职能模块，转向企业人力资源管理的全流程。

合规管理的核心对象是人。虽然从法律要求来看，企业是合规的法律责任承担者，但是企业作为一个法律上的拟制主体，其合规行为在根本上是由其雇员、代理人所执行的，因此，合规管理越来越向人力资源管理渗透，相互融合为一体。人力资源管理是促进企业合规管理的重要手段，有效的人力资源管理实践既有助于企业从源头规避合规风险，也可以通过培训合规行为，鼓励合规行为，提高企业竞争力，促进企业可

---

① 参见邢娟：《论企业合规管理》，载《企业经济》2010年第4期。

持续发展。①

首先,违规行为的处置需要合规部门与人力资源部门共同参与作出。无论是轻微的违规行为还是严重的违规行为,都涉及对违规行为的调查、界定、处罚和综合的绩效评估;处置中的相关经验也将成为后续合规管理与人力资源管理持续优化的素材。对违反合规管理的员工处罚可以分为内部纪律处分、解除劳动关系以及其他民事处罚、行政处罚乃至刑事处罚。

其次,在日常的人力资源管理体系中,越来越多的合规要素成为人力资源管理的内容和指引。譬如在绩效评估中,如果企业一味追求业绩,人力资源的绩效评估只关注员工的业绩,而不考察员工采用怎样的方式来实现业绩,必将导致员工在实现业绩的过程中不择手段,引发合规风险。因此,要避免最终的合规风险,就应在员工的绩效管理中将合规要素纳入绩效评估的内容之中,并赋予相应的地位和权重。

再次,全体员工的合规素养提升,也是人力资源开发的重要目标。合规风险重在预防,一旦发生违规事件,损失就无可避免。因此,无论是英美法的反腐败措施,还是金融机构的合规规范要求,都非常重视和强调合规培训,并将其纳入人力资源开发的培训工作中。针对全体员工和重点岗位的员工,合规培训可以分别进行,由企业合规官或者外部合规律师提供;培训可以是定期或不定期的,应留存相关的培训记录。

最后,良好的合规记录已经成为人才遴选的核心要素之一。人才招聘永远是人力资源管理的"牛鼻子"。人才招聘既是吸引、招募人才的过程,又是向外界宣传组织形象、扩大组织影响力和知名度的窗口,有效的招募能增进企业内的良好氛围,为企业招聘到合适的人才,有助于创造组织的竞争优势。②而合规要素也越来越成为人才招聘中的基本标准,很多企业都通过"背景调查"和"入职承诺"③来排除入职员工的合规风险。

总而言之,合规工作与人力资源工作相辅相成,并越来越融合在一起,成为两个部门之间既有分工又有交叉配合的管理领域。因此,在企业劳动法律服务领域,与人相关的合规管理工作逐渐成为越来越重要的部分。

---

① 参见徐渊、张雅南、骆南峰、杨丽:《人力资源管理如何促进企业合规管理——基于A医疗器械公司的案例研究》,载《中国人力资源开发》2016年第8期。
② 同上书,第67页。
③ 入职承诺通常可以分为"真实性承诺"和"信守性承诺"。真实性承诺是对过往职场行为记录真实性的承诺;信守性承诺是对未来职场行为合规的承诺。

第三节　企业劳动法律服务的基本内容

一、企业劳动法律服务的传统领域

（一）劳动争议解决

争议解决不仅是企业劳动法律服务的传统服务领域，同时也是劳动法专业律师的传统业务领地，是否能够妥善解决争议往往最能考验一名劳动法专业律师的基本功。

劳动争议的主体通常由当事人双方构成，特殊情况下，会有三方主体存在，如在劳务派遣劳动关系中会出现劳动者、用人单位和用工单位三方。劳动法专业律师的工作主要是围绕具体争议，为劳动争议的一方当事人提供法律服务，通过代理其参加仲裁或诉讼，维护当事人的合法权益。

劳动争议代理由于劳动关系本身的特点，在利益冲突方面存在着一些特殊性。例如，某律所或某律师之前担任过 A 公司的法律顾问或代理过 A 公司的劳动争议案件，若日后有劳动者诉 A 公司，而该律所或律师代理该劳动者起诉 A 公司，就可能会产生利益冲突。虽然通常利益冲突的限制是在同一个案件中，或者是针对现有服务关系的客户，但是由于劳动争议案件用人单位一方的管理具有不特定性和普遍性，因此，在前一个代理用人单位的案件中获得的有关用人单位管理的信息，有可能在之后代理劳动者的案件中对用人单位不利，由此产生对原委托人或者原客户的伤害。当然，这个利益冲突问题目前还仅限于律所的自我审查，还未成为行业的规范。但是，作为一名专业的劳动法律师，应当尽可能避免类似的利益冲突。

完整的劳动争议解决程序通常需要历经仲裁、一审和二审三个阶段，极少数案件可能会提交到最高人民法院。律师既可以选择分阶段提供法律服务，也可以选择一揽子提供全部阶段的法律服务。

（二）日常顾问服务

作为最基础的非诉讼法律服务项目，常年法律顾问服务是专业劳动法律师的重要服务领域之一。随着劳动者维权意识的不断提升与劳动法制环境的日益优化，越来越多的企业开始意识到规范劳动用工管理的必要性。通过接受常年法律顾问服务，企业可以随时随地向专业劳动法律师咨询法律意见。此外，常年法律顾问服务也可以涵盖规章制度的起草、文本修订，甚至是诉讼服务等。

通常情况下，常年法律顾问由企业聘请专业律师担任，劳动者一般不会常年聘请律师处理劳动法问题。但是，随着工会组建率的不断提升、工会职能的转变以及劳动者群体维权意识的日益增强，越来越多的工会组织甚至是企业内部工会开始聘请专业的劳动法律师提供法律服务。

日常咨询服务的内容覆盖面广泛，从提供法律意见、员工关系处理意见、法律实施的解答、内部劳动纠纷的调处到集体谈判的筹备、制度文本的修订等，凡此种种，不一而足。同时，日常咨询服务的方式灵活多样，主要视客户需求适时调整，如电话沟通、邮件往来、现场服务等。伴随着企业管理范围的逐步扩展和新技术的应用，劳动法律师的日常服务领域正在不断向纵深发展，持续挖掘客户的新需求、提升服务品质是劳动法律师日后的努力方向。

（三）传统服务领域的新发展

上述两个领域都属于相对传统的法律服务领域，在新的劳动关系形势和社会法制环境下，传统的服务领域正发生着深刻的变化，律师服务的方式和方法也需与时俱进。

首先，在劳动争议处理领域，越来越多的企业开始倾向于选择由专业的劳动法律师提供服务，而在之前很长的一段时间里，劳动争议往往被看作一般的民事案件代理，企业很少会专门选择专业的劳动法律师提供代理服务。伴随着 2008 年《劳动合同法》的实施，一系列劳动法相关法律法规不断迭新，劳动争议案件数量持续攀升，劳动争议诉讼风险的不可预期性持续扩大，劳动争议案件的处理体现出越来越强的专业性，由此便催生了劳动争议专业代理的法律服务。与此同时，虽然选择这种专业性服务的主体以企业居多，但该服务并没有被企业所垄断；随着互联网的发展，通过网络平台，专业的劳动法律师可以快速地传播自己的专业思想和提升知名度，劳动者也可以迅速地获取符合自己需求的专业劳动法律服务。

其次，在常年法律顾问服务领域，劳动法律相关事务处理的专业化也已经形成明显的趋势。一方面，越来越多的企业选择在常规的常年法律顾问之外专门聘请劳动法专业律师提供日常的劳动法专业服务；另一方面，企业需要咨询的劳动法问题越来越多且越来越具体，在全部法律问题中所占据的权重也越来越大，能否妥善解答和处理劳动法相关问题甚至成为企业挑选常年法律顾问时的关键影响因素之一。由于劳动法问题往往关注管理细节，而且各地的细化规定和实务操作常常存在很大的差异，因此，综合性的常年法律顾问很难满足企业的劳动法需求，尤其是对于零售、快消等行业的企业来说，用工较为分散，充分了解当地相关规定显得极为重要。而对于综合性的常年法律顾问来说，劳动法只是其众多服务内容中的一个部分，他们往往不会选择在单一的部门法业务上投入过多的精力，此时由劳动法律师提供日常的劳动法专业服务就显得极具专业价值。因此，在传统的服务领域，劳动法律服务已经走向专业化。

二、企业劳动法律服务的新兴领域

(一) 劳动法培训

法律政策培训属于律师的传统服务内容之一,为客户提供培训服务通常包含在常年法律顾问服务中,但自《劳动合同法》颁布实施后,劳动法律培训业务已然茁壮成长为一个产业,甚至一度成为企业管理培训的重要组成部分,由此也造就了一大批著名的劳动法培训讲师,当然,绝大部分讲师都是劳动法律师。

由于劳动法培训极大地拓展了潜在客户的范围和领域,因此培训本身的功能也在一定程度上得到了拓展。劳动法培训不仅成为律师盈利业务的一个重要组成部分,也成为律师打造个人专业品牌、获得潜在客户非常重要的途径和方式。同时,培训能够促使律师及时了解和学习新颁布的法律法规,关注并思考热点案例,研习实务裁判思路和技巧,从而提升个人业务能力。另外,律师在培训中能够获得接触实务的机会,了解企业用工管理中的真实痛点,并将之与自身经验相结合,从而更好地把握和满足客户需求。

(二) 集体谈判代表

集体合同制度由来已久,但集体谈判工作的开展在最近几年方才真正有所推进。随着中华全国总工会推动集体谈判的力度逐渐增强,劳动法律师参与并提供专业服务的空间也在不断地延伸。

通常来说,劳动法律师主要有两种参与集体谈判的方式。第一,劳动法律师可以作为谈判双方中任何一方的法律顾问,为谈判策略、谈判要点以及相关法律问题提供专业的咨询意见。通常,这种服务可以作为常年法律顾问服务的衍生内容。第二,劳动法律师可以作为企业方或者工会方的代表,直接参与集体谈判,以便发挥更为直接和重要的作用。这种服务一般可以作为单独的非诉讼项目。

除了签订集体合同时的平等协商谈判之外,现实中还存在一种集体争议情形下的协商谈判。由于我国缺乏针对集体争议的解决机制,现实中大量的集体争议最终往往表现为集体停工、罢工等大规模冲突。为了妥善解决此类冲突和纠纷,一般情况下,政府会出面参与斡旋,双方的谈判和解是妥善解决此类冲突和纠纷的主要途径。目前,虽然总体而言律师在此类事件中的参与程度尚欠深入,但是在广东、福建等地,已有律师在进行有益的探索和尝试。

(三) 人员分流重组

伴随着资本市场的大规模并购、重组浪潮,劳动关系也被裹挟着发生波动。早些年,并购浪潮中的各方并不关注劳动关系的处理,这与我国当时劳动法制的发展状况存在密切关系。但是，随着我国经济社会的发展，劳动关系、民生越来越受到重视，无论是政府监管方、劳动者群体、工会还是并购双方，都越来越重视并购所涉及的劳动关系处理。从近些年的并购交易案例来看，劳动关系的处理甚至成为决定并购交易在执行过程中成败的关键因素。

劳动法律师在企业并购过程中可能涉及的业务主要围绕人员重组分流展开。一方面是并购谈判阶段的决策咨询，包括提供尽职调查、劳动关系成本审计、劳动关系方案设计等；另一方面是并购执行阶段的咨询和现场支持，包括参与谈判、人员重组分流方案实施等。

大量研究数据表明，并购活动的总体成功率约为50%——与抛硬币无异。① 其中非常重要的影响因素是企业管理的整合，因此，企业并购并非在完成资产交割后就大功告成，还需要漫长的并购后的管理整合。而劳动法律师可以为这一过程提供长期的法律服务。

（四）上市公司尽职调查

一家运行健康的企业，应当具有良好的劳动关系和规范的人力资源管理体系，上市公司更应如此。因此，在由律师提交的公开发行股票的法律意见书中，通常包含与企业劳动用工相关的尽职调查内容。

根据相关的工作指引，律师应当查验发行人及其下属企业的生产经营是否合法合规，是否符合国家产业政策。具体查验内容涉及劳动关系的事项包括：是否已经合法取得相应的行政许可、证书、批准；已经取得的行政许可、证书、批准等是否存在被吊销、撤销的潜在法律风险或者到期无法延续的不利情况；是否存在其他可能影响发行人持续经营的潜在法律风险或障碍。除此之外，律师还应当查阅薪酬的付款凭证；了解发行人、高管人员是否在控股股东、实际控制人及其控制的企业中担任除董事、监事以外的职务，发行人的财务人员是否在控股股东、实际控制人及其控制的企业中兼职，发行人、高管人员是否在控股股东、实际控制人及其控制的企业领取薪酬，发行人的劳动、人事、薪酬以及相应的社会保障系统是否独立管理以及发行人的人员是否具有独立性；查验发行人及其下属企业是否在劳动保护、社会保险、安全生产等方面存在重大违法行为并受到相应的行政处罚、刑事处罚，以及发行人是否存在受到重大行政处罚、刑事处罚的潜在法律风险；查验发行人及其下属企业的社保登记证、员工名册、社保缴纳记录、住房公积金缴纳记录，向相关劳动管理部门及公积金管

---

① 参见《为何半数并购交易失败：原因及教训》，http://www.forbeschina.com/review/201203/0015893.shtml，2017年1月1日访问。

理部门以函证或查询等方式，查验发行人的工资制度、社会保险和住房公积金的缴纳是否合法合规，是否存在因违反用工制度、劳动保护制度、社会保障制度、住房公积金制度而受到行政处罚的情形；查验发行人是否存在劳动安全等方面的侵权行为，以及由此可能导致发行人承担的侵权责任将对发行人的业务、资产造成的重大不利影响。

一般情况下，上述尽职调查内容由证券律师或者其团队中的非诉讼律师负责，但近些年来，随着劳动关系在企业管理中的重要性日益提升，社会各界对于劳动关系的关注度持续上升，越来越多的劳动法律师加入上市公司的法律服务团队，为上市公司提供专业的劳动法服务。与其他领域的律师相比，有着丰富仲裁、诉讼实务经验的劳动法律师在劳动关系风险的判断和把控上具有更为明显的特点和优势。[①]

三、企业劳动法律服务的交叉领域

随着人力资源管理在企业发展中的地位越来越重要，与企业运行中的其他要素越来越产生复杂的融合，劳动关系在企业内部也呈现复杂化的趋势，与很多其他的法律领域产生交叉，形成企业劳动法律服务的交叉领域。

(一) 劳动法与公司法的交叉领域

劳动法与公司法在企业管理中存在天然的交叉和融合。从公司的设立、运营、并购重组、股权激励、破产重整到关闭注销的企业全生命周期，都离不开劳动关系的相应处理和应对。

近年来，随着创业潮的兴起，股权激励在企业发展中的作用越来越受重视，其中对员工的激励也越来越多地采用股权激励，因此，相关的法律服务就成为劳动法律师与公司法律师均有涉足的领域。

相比较公司法律师，劳动法律师可以更多地将股权激励与人力资源管理中的其他激励措施相结合、相平衡，从而实现综合的激励效果。此外，股权激励在很大程度上也是劳动者在劳动关系存续期间劳动报酬的组成部分，在管理机制上应当受到劳动关系管理各方面的约束，在这方面，劳动法律师可以发挥优势将股权激励与劳动关系管理的其他方面结合起来，避免内部管理的冲突。

(二) 劳动法与刑法的交叉领域

劳动法与刑法的交叉并不是一个新的话题，从我国《刑法》诞生开始，与劳动法相关的内容就分布在《刑法》的多个章节和条款中。而在国外，劳动法与刑法的交叉

---

① 参见陆胤：《劳动争议律师实务》，法律出版社2016年版，第14—17页。

则更为系统,并发展为"白领犯罪"(white-collar crime)这一相对独立的交叉领域。

"白领犯罪"是在1939年由美国社会学家萨瑟兰(Edwin Sutherland)首次提出的概念。他将"白领犯罪"界定为"由具有体面身份和较高社会地位的人在其职业活动过程中实施的犯罪行为"[①]。高智力劳动者和高级管理人员是"白领犯罪"的主要主体。

由于很多"白领犯罪"的行为在其萌芽阶段可能仅仅是一个轻微的违纪行为,因此劳动关系的管理是贯穿于违纪行为从轻微到严重最后成为犯罪的各个环节的。劳动法律服务在这个领域内可以与刑事法律服务相辅相成,从企业内部管理的视角对"白领犯罪"进行预防,以及在对"白领犯罪"的纪律处分、民事追责、行政处罚、刑事处罚等方面,提供独特的咨询建议。

(三)劳动法与知识产权法的交叉领域

劳动者是知识产权的创造者,也是知识产权的最终运用者,因此在企业内部,无论是知识产权的创新还是知识产权的保护,都离不开与人力资源管理的结合。

在劳动法与知识产权法相交叉的领域,一个比较典型的表现是"竞业限制"。为了保护企业的商业秘密,劳动法专门建立了竞业限制制度。竞业限制协议约束的对象是应当保守商业秘密的人员,而存在商业秘密是竞业限制协议有效的基本前提。

劳动法律服务可以通过系统的制度、流程和协议,结合培训和个案的教育,帮助企业建立激励知识产权创新的机制、知识产权内部管控的制度、商业秘密保护的体系,并增加管理者和员工在知识产权保护领域的意识,帮助企业获得相应的竞争力。

除去以上几个领域,劳动法还与保险法、税法、安全生产法、教育法、卫生法等众多法律领域存在交叉,这些交叉领域成为劳动法相关内容的组成部分,充实和丰富了劳动法的内涵和外延,也为劳动法律服务提供了更大的空间和可能性。

[①] 转引自陈可倩、龚自力:《白领犯罪前沿问题——白领犯罪国际研讨会会议综述》,载《交大法学》2016年第2期。

第二章

人才录用管理及争议

○ 本章概要

　　作为企业用工的起始，同时也是人力资源配置的开端，人才录用是人力资源管理流程中最重要的步骤之一。其中，招聘、发送录用通知书（offer）、签订劳动合同作为人才录用中至关重要的几个部分，既环环相扣，同时也是具有操作难度与争议发生较多的环节。任何一个细节的操作不当，都有可能引发整个人才录用流程的违法风险。因此，本章将主要围绕该三个操作环节展开，内容不仅涉及相关法律制度、操作流程指引等背景知识介绍，也包括实务操作难点分析与实务操作经验分享。

　　在招聘环节中，信息披露与就业歧视禁止是用人单位的重要义务，也是劳动纠纷多发的环节。当然，信息如实披露也是劳动者在应聘环节的重要义务。信息披露是指用人单位和劳动者在协商签订劳动合同过程中，根据法律的规定或者对方的要求，向对方说明与劳动合同相关的信息的行为。信息披露旨在帮助双方在充分掌握决策信息的基础上，由双方基于诚实信用、平等自愿原则作出缔约行为。

　　offer，是企业向拟录用的应聘者发出的通知，旨在表明企业的录用意向，同时明确劳动者报到的时间、地点等相关事项。offer一旦发出，就对企业产生了法律约束。但offer的生效与否则取决于应聘者。如果应聘者选择接受，那么offer生效，企业则应当对此承担法律责任；如果应聘者不接受，offer不发生法律效力，企业亦无相应责任。

　　签约，即劳动合同订立，是指劳动者和用人单位经过充分协商，就合同的主要条款达成一致后签署劳动合同，确定劳动关系的法律行为。签约原本是产生和确立双方权利义务的法律行为，而在《劳动合同法》实施后，签约成为用人单位的一项义务，且是具有相当风险性的义务，这是《劳动合同法》实施后的一大争议热点。

第一节 招　　聘

一、背景知识

(一) 相关法律制度

在招聘领域，法律曾经有严格的管制倾向，以规范人才市场和人才中介服务为主。随着人力资源服务业市场化的深入，人才招聘领域开始放松管制，法律规范也就相应放松起来，直到《劳动合同法》首次将信息披露义务以法律的形式确定下来，之后《就业促进法》对就业歧视进行了细化，构成法律对企业招聘最重要的两方面规范。

1. 关于信息披露义务

《劳动合同法》第8条规定："用人单位招用劳动者时，应当如实告知劳动者工作内容、工作条件、工作地点、职业危害、安全生产状况、劳动报酬，以及劳动者要求了解的其他情况；用人单位有权了解劳动者与劳动合同直接相关的基本情况，劳动者应当如实说明。"一方面，这里的信息披露是指企业应当主动履行的义务，而劳动者只是在企业提出要求的时候才需要作出相关说明；另一方面，该条只是笼统规定企业有权了解劳动者与劳动合同直接相关的基本情况，但对于哪些信息属于与劳动合同直接相关的基本情况并没有作出具体而详细的说明，实践中需要企业审慎把握。

为解决上述问题，《劳动合同法实施条例》进一步规定，企业依法建立的职工名册中应当包括劳动者姓名、性别、公民身份号码、户籍地址及现住址、联系方式、用工形式、用工起始时间、劳动合同期限等内容。因此，这些信息可以理解为属于劳动者应当如实提供的范围。

《就业服务与就业管理规定》将信息披露义务中劳动者的被动说明义务转变成主动告知，强化了劳动者的信息披露义务与披露的内容。《就业服务与就业管理规定》第7条规定："劳动者求职时，应当如实向公共就业服务机构或职业中介机构、用人单位提供个人基本情况以及与应聘岗位直接相关的知识技能、工作经历、就业现状等情况，并出示相关证明。"

《上海市劳动合同条例》[①] 第8条亦对此作出了类似规定："劳动者在订立劳动合同前，有权了解用人单位相关的规章制度、劳动条件、劳动报酬等情况，用人单位应当

---

① 《上海市劳动合同条例》的颁布实施早于《劳动合同法》，效力亦不及《劳动合同法》，但是在与上位法不冲突的情况下，《上海市劳动合同条例》依然在一些问题上具有规范作用和指导价值。

如实说明。用人单位在招用劳动者时，有权了解劳动者健康状况、知识技能和工作经历等情况，劳动者应当如实说明。"

此外，法律也规定了违反信息披露义务的法律责任。违反信息披露义务主要包括拒绝披露相关信息与披露虚假信息两方面的内容。对于拒绝披露相关信息的，企业可以以劳动者拒绝履行法定告知义务为由拒绝录用该劳动者。对于披露虚假信息的，则主要涉及诚实信用原则与禁止欺诈的相关规定，对此，《劳动法》和《劳动合同法》均规定，以欺诈、威胁等手段订立的劳动合同无效；① 同时，《劳动合同法》和《劳动合同法实施条例》将劳动者提供虚假信息的行为规定为企业可以单方解除劳动合同的情形之一，进一步明确了劳动者披露虚假信息的法律责任与合同无效的处理方式。《上海市劳动合同条例》的规定更加严格：如果由于劳动合同一方当事人的原因导致劳动合同无效或者部分无效，给对方造成损害的，还应当承担赔偿责任。

2. 关于就业歧视

与信息披露相比，社会对就业歧视的看法和规范具有明显的时代烙印。对于就业歧视的禁止性规定最早出现在国际劳工大会第111号公约《1958年消除就业和职业歧视公约》中。该公约明确界定："一、就本公约而言，'歧视'一词包括：（一）基于种族、肤色、性别、宗教、政治见解、民族血统或社会出身等原因，具有取消或损害就业或职业机会均等或待遇平等作用的任何区别、排斥或优惠。"

具体到我国劳动法领域，我国《劳动法》参照我国《宪法》与国际劳工大会《1958年消除就业和职业歧视公约》，将禁止歧视的事项仅限定在民族、种族、性别、宗教信仰几个方面，这样一种列举式的立法显然未能考虑到随着社会生活的发展，实践中可能会出现的其他歧视情形，如近些年争议颇多的年龄歧视、乙肝歧视、户籍歧视等。

《就业促进法》首次通过专章规定的方式针对实践中经常出现的几种歧视情形作出了规定，如对残疾人的歧视、传染病病原携带者的歧视以及农村劳动者进城就业的歧视。《就业服务与就业管理规定》则在此基础上进一步禁止对于乙肝等传染性疾病病原携带者的歧视，明确了除国家法律、行政法规和国务院卫生行政部门规定禁止乙肝病原携带者从事的工作外，用人单位不得强行将乙肝病毒血清学指标作为体检标准。以上立法规定虽然补充了一些禁止歧视的情形，但对于近几年在企业招聘中新出现的诸

---

① 我国《劳动法》第18条规定："下列劳动合同无效：（一）违反法律、行政法规的劳动合同；（二）采取欺诈、威胁等手段订立的劳动合同。"我国《劳动合同法》第26条规定："下列劳动合同无效或者部分无效：（一）以欺诈、胁迫的手段或者乘人之危，使对方在违背真实意思的情况下订立或者变更劳动合同的；（二）用人单位免除自己的法定责任、排除劳动者权利的；（三）违反法律、行政法规强制性规定的。"

如星座、血型等奇葩条件，是否能够依据相关反歧视的规定进行规制仍存在争议。

（二）管理相关知识

招聘是企业整个人力资源管理流程的起点和关键点，其重要性不言而喻。管理者在决定应当招募与甄选什么样的人来填补某个职位空缺之前，应该首先确定这个职位承担着哪些职责。①

管理大师加里·德斯勒（Gray Dessler）明确指出，人才管理是从搞清楚两个问题开始的，即想要填补的是哪些职位，以及为了有效完成这些职位承担的工作任务，员工要具备怎样的特点和胜任素质。② 这在人力资源管理领域也被称为"职位分析"（job analysis）。职位分析提供了编写职位描述（一份关于该职位承担的全部工作职责的清单）与任职资格（或"人员"说明，即应该为该职位雇用哪种人）所需要的信息。③

1. 职位描述

在编写职位描述方面并没有一个标准的格式，但是，大多数职位描述都包括以下几部分内容：（1）职位标识；（2）职位概要；（3）工作职责；（4）任职者权限；（5）绩效标准；（6）工作条件；（7）任职资格。④

职位标识包含职位名称及所属部门，有的企业还会注明其直接上级的职位名称是该职位在公司内部的职位级别或者等级。职位概要与工作职责比较容易混淆。职位概要是对职位的性质所作的总结，对其描述应当是其承担的主要职能或需要完成的主要工作活动；⑤ 工作职责则需要列出这一职位需要承担的每一项主要工作职责，并明确要求和权限，可以将工作职责理解为对职位概要的具体细化。

劳动法上虽无职位描述的同样表述，但是劳动法所规定的劳动合同的必备条款中的"工作内容""劳动保护、劳动条件和职业危害防护"等，都是职位描述在劳动法上的具体表现。

2. 任职资格

任职资格常常与劳动法上关于试用期内解除劳动合同的条件——不符合录用条件相关联，当然也与劳动合同的解除条件——不胜任相关，虽然法律结果都是出现在劳动关系履行的后期，但是其根源都隐藏在招聘阶段的人才甄选上。

任职资格是在职位描述的基础上回答这样一个问题："要有效地完成这个职位的工

---

① 参见〔美〕加里·德斯勒：《人力资源管理》，刘昕译，中国人民大学出版社2017年版，第101页。
② 同上书，第103页。
③ 同上。
④ 同上书，第117页。
⑤ 同上书，第120页。

作，任职者必须具备哪些特点和经验？"① 任职资格虽然试图回答这个问题，但是实践中却并无灵丹妙药能够解决这个问题，因为任职者的特点和经验仅仅是有效完成工作的一方面因素，还有更多的因素对工作绩效有着同等重要的影响。

为了解决这个问题，人们在研究任职资格的时候发展出了很多的工具，试图探究其中的规律。胜任素质模型就是其中比较重要的工具之一。胜任素质模型或职位特征列出了员工为圆满完成多个职位的工作而必须具备的知识、技能和行为等。②

1973年，美国哈佛大学麦克兰德（McClellend）教授在《美国心理学家杂志》发表了题为《测量胜任素质而非智力》的论文。他在该文中指出，传统的性向测试、专业知识考试与在学校的积极学习经历都无法准确预测个人在生活与工作上的成功，"胜任素质"较之"潜能测试"能更有效地决定人们工作绩效的高低。这篇论文第一次提出了"胜任素质"的概念，并使麦克兰德成为胜任素质研究的开创者。③

1993年，美国学者莱尔·M. 斯潘塞（L. M. Spencer）和塞尼·M. 斯潘塞（S. M. Spencer）在所著的《工作素质：高绩效模型》一书中提出了著名的素质冰山模型。④ 素质冰山模型把个体素质形象地描述为漂浮在洋面上的冰山，其中知识和技能是属于裸露在水面上的表层部分，这部分是对任职者基础素质的要求，但它不能把表现优异者与表现平平者区别开来。这一部分也称为"基准性素质"（threshold competence）。基准性素质是容易被测量和观察的，因而也是容易被模仿的。换言之，知识和技能可以通过针对性的培训习得。内驱力、社会动机、个性品质、自我形象、态度等属于潜藏于水下的深层部分的素质，这部分称为"鉴别性素质"（differentiating competence）。它是区分绩效优异者与平平者的关键因素——职位越高，鉴别性素质的作用比例就越大。相对于基础性素质而言，鉴别性素质不容易被观察和测量，也难于改变和评价，这部分素质很难通过后天的培训形成。⑤

---

① 〔美〕加里·德斯勒：《人力资源管理》，刘昕译，中国人民大学出版社2017年版，第126页。
② See Jeffery Shippmann *et al.*, The Practice of Competency Modeling, *Personnel Psychology*, Vol. 53, No. 3, 2000, p. 703. 转引自〔美〕加里·德斯勒：《人力资源管理》，刘昕译，中国人民大学出版社2017年版，第128页。
③ 参见赵春清：《胜任素质模型理论在人力资源管理中的应用》，载《商场现代化》2007年第23期。
④ 同上。
⑤ 参见刘晓苏：《论素质模型理论对党政领导干部素质建设的启示及应用》，载《学术论坛》2007年第6期。

（三）实务操作难点

1. 招聘中的歧视风险

实践中，部分企业出于精准招聘的需要，往往会忽视招聘歧视这一问题。近几年，就业歧视类的争议层出不穷，比较典型的如被称为"浙江就业性别歧视第一案"的"浙江新东方烹饪学校侵犯女性平等就业权案"，以及"北京邮政速递侵犯女性平等就业权案"等。

表 2-1　实践中部分常见的就业歧视表述及类型

招聘广告中的资格描述	可能涉及的歧视类型
仅限本市户籍，处女座、AB 型血除外	户籍歧视、星座歧视、血型歧视
仅限男性，身高 1.75 米以上	性别歧视、身高歧视
未婚，河南人除外	婚育歧视、地域歧视

企业招聘一定要遵守非歧视准则，绝对不能设置任何带有选择性的招聘条件吗？答案显然是否定的。部分企业因为经营方式和岗位职能的需要，而对劳动者设定必要的条件，应属合法。但是，公众通常不会了解企业内部的客观真实需求，仅凭企业对外设定的招聘条件判断，一些招聘条件如果表述不当，可能就被理解为构成某种歧视；或者说即便企业存在工作相关的客观需求，也不能因此随意设定招聘条件，需要企业内部人员在招聘录用环节仔细斟酌这些标准及其相应的表述。

2. 信息收集的合规风险

为了尽可能准确地收集与全面把握应聘者的基本情况，对于大多数企业来说，填写工作申请表是最常被用来收集和了解应聘者信息的方法之一。填写工作申请表是一种能够迅速从应聘者处获得关于他们的可证实信息的良好手段，它可以使用人单位比较精确地了解到应聘者的历史资料，其中包括如教育背景、工作经历、特长爱好等信息。通常来说，一张内容填写完整的求职申请表可以为企业提供四个方面的信息。第一，可以对很多实质性的事情作出判断，如这位求职者是否具备承担该职位所要求的教育水平和工作经验。第二，可以对求职者过去的工作进步和成长情况加以总结，这一点在雇佣管理类职位的候选人时尤为重要。第三，可以根据求职者过去的工作记录，大致判断出其工作稳定性如何（近年来企业裁员较多，因而在作出这方面的判断时需要小心）。第四，可以运用求职申请表中的一些信息来预测哪些候选人在工作中可能会干得比较好，而哪些人可能会干得不够好。[1]

---

[1] 参见〔美〕加里·德斯勒：《人力资源管理》，刘昕等译，中国人民大学出版社 2017 年版，第 120 页。

一方面，如上所述，工作申请表不失为一种帮助用人单位最便捷、最精准地了解应聘者相关信息的办法；另一方面，由于《劳动合同法》规定，"用人单位有权了解劳动者与劳动合同直接相关的基本情况，劳动者应当如实说明"，因此，原则上讲，用人单位无权在工作申请表中询问与劳动合同非直接相关的内容，即便设置了相关问题，劳动者也有权拒绝回答。通常，用人单位可以在工作申请表的落款处增加承诺性条款，要求劳动者签字确认工作申请表中提供的信息均属真实，如果经查有虚假，将按照用人单位的相关规章制度处理。

二、案例及分析

（一）基本案情

吴某某与甲公司劳动合同纠纷案[①]

吴某某于2010年6月9日经招聘进入甲公司工作，双方签订了期限自2010年6月9日至2013年6月30日止的劳动合同，约定吴某某担任甲公司的财务经理，试用期为6个月，工资为人民币35000元/月。甲公司于2010年6月3日向吴某某出具的录用函载明，"在以下条件都得到了满足的前提下，本聘用函方生效：你已经提供的所有信息都真实无误……公司顺利通过对你的背景调查和推荐资料的认证……上述条件中如有任何条件未得到满足，本聘用函即告无效"。2011年4月1日，甲公司以吴某某"编造虚假信息、隐瞒真实信息"为由解除劳动合同。

（二）双方观点及法院观点

双方观点

吴某某认为，其工作期间勤勉尽责、遵守规章制度，顺利通过了试用期考核，完全胜任甲公司的岗位要求。甲公司在招聘录用前并未告知吴某某录用该职位的录用条件，既然未说明录用条件，就不能说录用吴某某违背了其真实意思表示，更谈不上欺诈；同时，吴某某提供的员工业绩考核表证明吴某某的业绩非常好，因此，录用吴某某是甲公司的用人意愿。吴某某虽将大专学历包装为本科学历，但与甲公司录用无因果关系，甲公司是经过多轮严格面试后基于吴某某的实际工作能力、外企工作经验、外语语言能力等原因录取吴某某的；同时，吴某某通过了6个月的试用期，胜任工作。因此，认定吴某某欺诈导致劳动合同无效并无依据。

[①] 参见（2012）沪一中民三（民）终字第268号民事判决书。

甲公司认为，2010年，吴某某的简历清晰地显示吴某某有注册会计师（CPA）资质，吴某某自述的在某皮件制品有限公司及北京某食品有限公司上海分公司的工作经历，与这两家公司出具的情况说明在工作时间上的描述明显不吻合。最终认定吴某某虚构了本科学历，并且也没有CPA的从业资格，吴某某实际的工作经历与其填写的入职申请表上的经历是不相符的，吴某某亦自认她是出于虚荣填写了本科学历。所以，甲公司认为吴某某是不诚信的，以欺诈为由解除劳动合同并无不妥。

法院观点

吴某某、甲公司双方签订劳动合同约定，吴某某担任甲公司的财务经理，月工资35000元，劳动合同期限自2010年6月9日起至2013年6月30日止。而实际上，一则吴某某不具有本科学历，却在职位申请表和简历中虚构其1989年9月至1993年7月在安徽财大就读的事实；二则吴某某也没有CPA证书，却在简历中虚构其拥有CPA证书；三则吴某某在职位申请表及简历中载明的其在某皮件制品有限公司及北京某食品有限公司上海分公司的工作时间与实际情况亦有很大出入。吴某某作为劳动者，在与甲公司缔结劳动合同过程中负有向甲公司如实说明与劳动合同履行直接相关的基本情况的义务。因学历和履历是用人单位甄别和选择劳动者的重要指标，是双方订立劳动合同目的能否达成的前提条件，是劳动者如实告知义务的重要告知事项。现吴某某隐瞒真实情况，虚构学历及资格证书，夸大工作经历，致使甲公司作出错误的意思表示，与之签订劳动合同，甲公司基于错误认识与吴某某签订的劳动合同不具有法律效力。因此，甲公司据此解除与吴某某的劳动合同，于法有据。

（三）HR、法务、律师三方观点

HR 观点

本案所呈现的情形，涉及HR基本业务中流程最烦琐、节奏最紧迫、影响最重要的人力资源的招聘录用管理工作。虽然当今的招聘管理软件，已在很大程度上帮助HR提高了这一业务的系统性协调和数据性整合，但如本案所呈现的由员工简历造假、企业入职审核疏漏等问题引发的劳动纠纷现象，仍难以杜绝。

从这个案例出发，HR在日常工作中，有三方面的问题需要厘清：

（1）如何定义"简历造假"？

可以说，HR面对一份份花花绿绿的简历、一个个口若悬河的应聘者，会发现很少有未经过包装、修饰的信息。因此，对企业而言，既不能因为应聘者简历有夸大就因噎废食，将其丢入废纸篓，也不能因为简历都有部分的夸大就熟视无睹，对简历的内容放弃审查。企业应事前划好红线，即简历上的哪些信息，绝对不能掺假（如学历、资格证书等）；简历上的哪些信息，默认应聘者存在个人包装、夸大吹嘘的可能（如个人能力和业绩贡献等）。

（2）如何识别"简历造假"？

对于企业零容忍的虚假信息，HR 应在合法的框架内，利用多元手段进行诚信背调。通过政府机构可查阅的个人信息、微博、微信朋友圈等社交网信息，HR 同行的交流，以及诚信调查专业机构等途径，可以有效地帮助 HR 一辨真伪、去伪存真。然而，在 HR 实践中，多数情形是，背调尚未开始，应聘者已走马上任了。本案就是在员工吴某某已签署三年劳动合同，通过了试用期评估，且在历次绩效评估甚佳的时间顺序之后，才发现了"简历造假"问题，使原本不予录用的应聘者，在录用后才引发劳资纠纷。可见识别固然重要，但及时识别更重要。

（3）如何应对"简历造假"？

一般认为，面对造假，企业的应对方法就是采取惩戒措施。不过，将应对措施前置性地应用到招聘录用前端环节中去，较之造假曝光后再应对来得更为有效。首先，如果能明确简历是谁提交的，如何提出的，不仅可以锁定造假者，也可以在内部管理上明确责任，防微杜渐。其次，造假后果的明示与告知。本案例中的企业若能在发送 offer 时或在劳动合同上和员工约定，如果员工提供虚假信息，误导企业在录用判断上作出不真实意思的表达，会导致雇佣无效，那就可以抑制应聘者的侥幸心理。

当然，在实践中，有不少企业在员工的业绩和诚信中做着艰难的平衡：对简历有假而业绩十分卓著的员工，一般采取姑息的态度；而对那些业绩表现不佳、人际关系恶化的简历造假员工，则着手关注其在各种雇佣环节中的过错，寻找证据，以期达到与其解除无效劳动关系的目的。

法务观点

很多企业视"诚信"为其核心价值观，对存在简历造假行为的员工零容忍。这往往与员工本人的工作能力无关，更多的是因为相关员工的不诚信行为是对公司的价值观的极大破坏和挑战，企业不能置之不理。

但是，社会对不诚信行为的一般评价往往有别于企业的价值观追求。换言之，用人单位因员工造假作出的解雇决定时常会被质疑，如"至于这么严重吗""警告处分不就好了吗"，甚至因此被认定为违法解雇，令后续管理面临困境。

此种情形下，如何在坚持自身价值/管理准则和避免法律风险两者中寻求平衡，实现企业利益最大化？

（1）防微杜渐，尽可能通过前期规范流程将不诚信员工拒之门外。应当重视招聘阶段的各种资料核实手段，比如毕业证书编号查询、聘请专业背景调查公司等，同时也不要忽视入职阶段（通常员工此时才会递交相关证书原件、"上家"离职证明等重要入职材料）的 HR 审核职能。通过仔细审核前后两个阶段收到的求职资料，可以有效地筛查出很多常见的不诚信问题，比如学历、就业经历前后表述不一致，从而避免出现低级错误。

（2）完善必要的法律文件。现实中，由于业务需求或者调查手段的限制，企业无论如何努力都无法杜绝有类似简历造假行为的员工蒙混过关的可能性。因此，在 offer、求职申请表格等需要员工签字的文件中申明提供不实信息会导致的后果（比如解除）就显得尤为重要。此外，在规章制度或劳动纪律中增加有关诚信或其他必要条款，也可以为企业在今后处理此类解雇时提供必要的规章制度依据。

（3）避免"炒冷饭""翻旧账"。实操中，有些主管明知员工的求职信息不实，还是决定继续雇用，此后员工管理一旦出了问题，就以员工"造假"为由要求解雇。这种做法在法律上非常不可取。因为如果员工能证明入职时企业事实上已经知晓其实际情况，那么所谓的"欺诈"前提就不复存在，而继续雇用这个动作本身也可被解读为企业已经谅解了员工曾经的"不诚信"，进而导致企业合法解雇的立场岌岌可危。

律师观点

在本案中，适用什么法律规定来解除劳动合同，是本案双方在诉讼中采取策略的关键。

该员工应聘中履历和学历造假的事实，在劳动法律上可构成两种情形。其一，不符合录用条件。《劳动合同法》第 39 条第 1 款第 1 项规定，"在试用期间被证明不符合录用条件的"，用人单位可以解除劳动合同。其二，劳动合同无效。《劳动合同法》第 39 条第 1 款第 5 项规定，"因本法第二十六条第一款第一项规定的情形致使劳动合同无效的"，用人单位可以解除劳动合同。即以欺诈、胁迫的手段或者乘人之危，使对方在违背真实意思的情况下订立或者变更劳动合同的，该劳动合同无效。

上述事实虽然可以构成两种情形，但是不同的法律规定有不同的构成要件，因此需要在实际操作中根据客观的情况选择相应的法律适用。

如果适用不符合录用条件的情形，应当符合以下要件：（1）在试用期内。用人单位适用该情形的首要条件就是双方还处在试用期内，当然这个试用期的设定应当是符合法律规定的。(2) 双方有明确的录用条件。录用条件并非法定条件，需要双方通过协议加以确定。(3) 有证据证明员工不符合录用条件。也就是说，试用期并非如传说的那样"不满意就可以解雇"，而是需要有合法、有效的证据来证明员工的资历或者表现不符合约定的录用条件。

适用劳动合同无效的情形，应当符合以下要件：(1) 劳动者存在欺诈行为。根据本案的事实，显然无法将之和胁迫的手段或者乘人之危联系起来，而虚假学历确实可以构成欺诈。(2) 用人单位解除劳动合同。虽然说劳动合同无效则对双方没有约束力，但是劳动合同依实际履行而发生法律效力，因此在无效劳动合同的处理上，并非采用自始无效的处理方式，而是采用解除的处理方式。也就是说，用人单位需要作出解除的行为。(3) 欺诈行为导致对方在违背真实意思的情况下签订劳动合同。这一要件往往被忽略，司法实践中也缺乏统一的评判标准，因此更依赖仲裁员、法官的自由裁量。本案中，法官认为学历、资质证书是用人单位招聘中的重要条件，也是录用的重要前提，所以，员工的造假行为根本上违背了用人单位的真实意思。

从以上分析可以看出，本案发生时已经超过了试用期，因此只能适用无效劳动合同的情形。

当然，劳动者一方也并非完全没有反转的可能。如果用人单位在招聘中明知劳动者有造假行为而继续录用，那么用人单位之后再以劳动者造假为由解除劳动合同就缺乏合理性；即便是用人单位在招聘中不知劳动者有造假行为，如果在之后的劳动合同履行中知道了劳动者的造假行为，但是没有作出相应的处理，而是作出了与之相反的行为表示，如绩效评估的认可、合同的续签等，那么也可以表明用人单位已经接受劳动者的真实能力，劳动者应聘时造假的学历、履历并非双方劳动关系履行的必要条件。

此外，用人单位在明知劳动者造假行为后的处理时间也是一个判别的重要因素。虽然《劳动法》并无除斥期间的相关规定，但是民法对于除斥期间的相关规定，对于当事人及时行权以确保法律关系的稳定是有非常重要的意义的；同时，劳动争议在人民法院依然适用民事诉讼法，因此，相关的民事诉讼制度和规则对劳动争议案件同样有效。

[类似案例]

鲍世瑛与上海占喜投资有限公司劳动合同纠纷案((2016)沪02民终9848号)

[思考题]

➢ 简历"注水"与简历造假如何区分？企业应如何处理？

第二节　录用通知书

一、背景知识

（一）法律制度

录用通知书（offer），是企业向拟录用的应聘者发出的通知，旨在表明企业的录用意向，同时明确劳动者报到的时间、地点等相关事项。对于 offer 的形式、内容以及效力等问题，我国《劳动合同法》未作专门规定，但是基于劳动合同的签订是双方自愿、平等的意思表示，通常适用我国《合同法》关于合同订立的规则处理相关争议。[①]

"offer"通常被翻译成"要约"，根据《合同法》的规定，要约是指希望与他人订立合同的意思表示，该意思表示应当满足内容具体确定，且一旦经受要约人承诺，要约人即受该意思表示约束的要求。要约的表现形式包括口头、书面、电子邮件等，要约自到达受要约人时生效。

从《合同法》对于要约概念的界定可以看出，要约的成立包含两个阶段的内容。第一个阶段，要约人向相对人作出希望与之订立合同的意思表示，直到相对人作出承诺前，要约尚未发生实质上的权利义务关系。若要约尚未到达相对人，要约人可以随时撤回要约。若要约已经到达相对人，但相对人尚未作出承诺的意思表示，则要约人可以撤销要约；如果相对人已为履约做了准备，则要约人应对其进行相应的补偿。第二个阶段，受要约人对要约作出承诺的意思表示。一旦要约已获承诺，则合同成立，要约人不得行使撤回或撤销。

因此，offer 一旦发出，就对企业产生了法律约束。但 offer 的生效与否则取决于应聘者。如果应聘者选择接受，那么 offer 生效，企业则应当对此承担法律责任；如果应聘者不接受，offer 不发生法律效力，企业亦无相应责任。

（二）管理相关知识

在企业人力资源管理中，发放 offer 是求职者面试环节的最后一项工作，代表着面试工作的完成和终结。这也是整个企业招聘工作的重要时间节点，代表着人才招募工作的完成。

[①] 参见陆胤主编：《劳动争议律师实务》，法律出版社 2014 年版，第 86 页。

1. 面试

面试是员工甄选的重要手段，也可能是最有效的手段，因此，即便分析技术和甄选工具已经非常多样，依然无法替代面试的功能。由于面试是一个成本很高的甄选手段，因此，通常情况下是作为招聘的最后一个环节来使用，以确保招聘的质量和效率。

从面试过程的组织方式来看，面试可以分为非结构化面试与结构化面试。非结构化面试也可被视为一种泛泛的谈话，管理人员并不需要遵循一个固定的面试格式。问题也以开放式的问题为主，没有标准答案，对被面试者的评价完全依赖于面试官的个人感受和评价。

结构化面试与此完全不同。在这种面试中，企业会提前列出问题清单，甚至有可能会列出可能的恰当答案及其对应的分数。① 研究表明，约有 99.4% 的人事选拔采用了面试评价方法，其中有 71.3% 的面试采用了半结构化或结构化面试。②

根据面试的问题进行区分，可以将面试分为情境面试和行为面试。情境面试要求被面试者描述在现在或者未来可能出现的某个假设情境中他们将会作出怎样的反应，而行为面试则要求求职者描述在过去发生的某个真实情境中，他们当时是如何作出反应的。③

2. 录用通知书

在结束了面试以及必要的背景调查和检查测试后，企业就可以向通过面试的候选人发出录用通知书了。一般情况下，录用通知书的格式和内容都是由企业单方决定的，一份规范的录用通知书应当包含以下几个部分：

（1）岗位名称、薪资待遇、劳动合同期限。

（2）录用通知书的生效条件。通常会根据岗位的要求和工作内容的具体情况附加体检、背景调查等条件。

（3）录用条件。录用通知书中的录用条件可以重申招聘启事和岗位说明里的相关内容，但是考虑到要与劳动法所规定的试用期解雇条件相衔接，通常要求录用通知书中的录用条件更具体和具有可考核性。

（4）报到时间及入职需提供的材料清单。例如，退工单或劳动手册、身份证、学历证明及特殊技能资格证明、证件照、体检报告等。

---

① 参见〔美〕加里·德斯勒：《人力资源管理》，刘昕译，中国人民大学出版社2017年版，第226页。
② See C. J. König, U. C. Klehe, M. Berchtold, and M. Kleinmann, Reasons for Being Selective When Choosing Personnel Selection Procedures, *International Journal of Selection and Assessment*, Vol. 18, No. 1, 2010, pp. 17-27. 转引自徐建平等：《结构化面试中面试官的评分及影响因素》，载《心理科学进展》2014年第22期。
③ 参见〔美〕加里·德斯勒：《人力资源管理》，刘昕译，中国人民大学出版社2017年版，第228页。

(5) 违约责任。通常企业不愿意在录用通知书中设定违约责任，因为违约责任主要约束的是发出录用通知书的一方。实际上，法律并未排除约定双方违约责任的可能性。

(6) 承诺及回执。例如，"如果您接受本录用通知书，您可以选择：A. 在____年__月__日前将签署同意后的本通知书回执返回本公司（快递或者邮件）；B. 如您未能选择A，也未能获得本公司的进一步承诺，将视作您拒绝本录用通知书。"

（三）实务操作难点

我国《劳动法》和《劳动合同法》均未规定录用通知书制度。实践中，在劳动关系建立之前，用人单位和劳动者之间的关系十分不规范，用人单位在发出录用通知书之后又拒绝录用劳动者的情形经常发生，严重侵害了劳动者的合法权益。[①]

基于法律理论和劳动法制的现状，企业在录用通知书内容的设置上可以考虑明确以下几点以控制风险：

1. 明确应聘者作出承诺的期限

为做好应聘人员的管理工作，避免拟录用的人员不能按期确认所可能造成的招聘迟延，同时也为了有效防范潜在的法律风险，企业应当在发出录用通知书时明确列明应聘者作出承诺的期限，超出该期限作出承诺的人员可视情况视为未接受录用通知书。

2. 约定合意达成后的违约责任

虽然录用通知书具有要约的法律属性，但是劳动法规定双方必须签订书面劳动合同，导致录用通知书往往只具有"通知"的意义，而少了责任的约束。这不仅对劳动者是一个不确定的风险，对用人单位一方也是如此。因此，合理的违约责任约定可以弥补这方面的制度缺失，成为约束双方行为的一种担保。

3. 明确录用条件

为避免招聘环节中对于应聘者相关信息的核查有所遗漏，企业应当避免在录用通知书中承诺或者表述为无条件录用。通常情况下，如果存在其他在面试中尚未核实的事项，如是否已与原用人单位解除劳动关系、有无职业病、利益冲突等，则需要明确应聘者还需满足哪些条件方可被正式录用；若最终应聘者未能满足上述条件，则企业可以在签订劳动合同前撤回录用通知，或者在试用期内以"不符合录用条件"为由解除劳动合同。

[①] 参见李兵：《"录用通知书"的法律性质及效力研究》，载《法制与社会》2013年第33期。

4. 不作虚假承诺

录用通知书虽为企业单方面发出的文件,但一旦被应聘者接受,则其中的具体内容将构成劳动合同的一部分,因此其中所载的内容应当真实,不应虚假夸大。例如,为了吸引人才,企业在录用通知书中承诺极高的薪资福利,但等到应聘者入职后,企业实际发放的薪资福利远远低于先前承诺的标准,此时,劳动者可向用人单位提出以录用通知书中确定的标准享受相关待遇,此种情况下,用人单位败诉的风险比较大。

二、案例及分析

(一) 基本案情

熊某与某贸易公司缔约过失责任纠纷案①

2011年6月,熊某经猎头公司推荐至某贸易公司进行面试。经初试、复试、三试,某贸易公司于2011年7月4日向熊某发出电子邮件,内容为:很荣幸向您呈递上海××零售店经理职位聘书,请您回寄一份附有您签名的扫描副本。聘书内容为:亲爱的××,我很荣幸代表××贸易(上海)有限公司邀请您担任××零售店(上海店)经理。以下为我公司提供的工作条款及条件:有效起始日期为2011年7月18日。该职务年薪人民币195000元,其中包括年终奖金。自入职之日起,试用期为6个月。该聘书须取决于以下条件:……您获得目前雇主的释放文件或获得大学毕业证书;根据《×××公司政策》,我公司将对您进行须令公司满意的背景调查。如果不能满足上述条件,××公司将取消该工作聘书。直至完成所有的入职手续后,您与我司的雇佣关系才正式确立。在本信函上签字,证明您同意以上内容是您受雇于××公司所遵循的唯一条款条件,且确认并不信赖本信函内容以外的其他任何的承诺和声明。如果您愿意接受本聘书,请在自打印日期起5个工作日内在此签字并将本函复印件寄回××公司,以资确认您已接受此聘书。我司真诚地欢迎您的加入,成为赢在××零售团队的一员。该贸易公司的上海零售人力资源部经理李某在该聘书上签了名。

7月6日,熊某在该聘书上的"我接受贵公司的工作聘书"处签了名。同日,熊某通过电子邮件将签字后的聘书扫描件发给了该贸易公司,该贸易公司于同日发电子邮件给熊某确认收到,并表示会尽快向其发送入职信息。

7月7日,贸易公司向熊某发出电子邮件,要求其填写中英文员工信息表格,并表示报到当天需提供原工作单位人力资源部出具的"解除劳动关系证明函"或"退工单"

---

① 参见(2011)浦民一(民)初字第33430号民事判决书。

复印件1份。

7月8日，上海某超市有限公司为熊某出具离职证明，内容为：熊某自2011年2月14日起在马当路店担任门店店长一职，经友好协商，公司同意其离职，双方的劳动合同于2011年7月15日解除。

7月19日，某贸易公司电话通知熊某撤销聘书。8月17日，熊某向某贸易公司发出律师函，要求公司在收到该律师函三个工作日内为其办理正式入职手续。8月24日，某贸易公司向熊某发出关于律师函的回复，主要内容为：公司于7月4日向熊某发出的聘用函载明，如熊某未能满足任何一条聘用函所列先决条件，公司将有权撤销该聘用要约，这一系列条件中就包括必须通过个人背景调查。由于熊某未通过个人背景调查，公司决定根据聘用函的规定撤销对其雇佣决定。

(二) 双方观点及法院观点

双方观点

熊某认为，他已按照某贸易公司的要求于2011年7月15日辞去了先前的工作，准备7月18日到该贸易公司入职。该贸易公司的行为给其心理上、精神上造成极大的压力，故应赔偿其缔约过失所造成的经济损失。

某贸易公司认为，公司没有违反缔约过失和诚实信用的义务。在工作邀请函中，公司明确约定按照其政策熊某必须通过令其满意的背景调查，倘若该条件无法满足，则可以撤销该工作邀请函。某贸易公司委托某公司对熊某的背景进行了调查，调查报告中指出，熊某在之前供职的公司工作期间存在业绩未达标、被投诉等情形，故认为熊某不具有令公司满意的工作技能，撤销工作邀请函并不再录用其为员工的行为没有违反诚实信用义务和前合同义务，也不存在主观过错，所以不应该承担任何形式的缔约过失责任。

法院观点

某贸易公司于2011年7月4日向熊某发出的电子邮件中明确聘书的有效起始日期为2011年7月18日，虽该聘书中约定某贸易公司将对熊某进行须令公司满意的背景调查，如不能满足，将取消该聘书，但公司于2011年7月7日、7月14日向熊某发出的电子邮件，明确要求其在报到当天必须带好"解除劳动关系证明函"或"退工单"，熊某基于对公司的合理信赖，根据公司要求与原单位办理了解除劳动关系的手续后，公司却仅凭背景调查报告于2011年7月19日电话通知熊某撤销聘书，明显有违诚实信用的原则,使其利益受损,公司在缔约中确实存在明显的过失,应承担缔约过失责任。但缔约过失责任与违约责任不同,熊某在事发后也应面对现实,积极寻找新的工作,以避免损失的扩大,具体的损失赔偿数额由本院根据本案的实际情况,酌情予以确定。

(三) HR、法务、律师三方观点

HR 观点

通常理解,适用劳动法裁决的劳务纠纷,应发生在纠纷双方已缔结了劳动合同,建立了劳动关系之后的各个环节中。而本案呈现的纷争,却发生在缔约劳动合同之前。因此,这是大多数 HR 在实务管理中的一个盲点。但本案的 HR 一开始似乎早有预料,在寄给应聘者的工作邀请要约函中,明确定义了要约生效的前提条件。然而,意外还是发生了,在企业根据背景调查结果致电应聘者撤销其录用通知后,应聘者一纸诉状将企业告上法庭,最终法院判决企业败诉。

本案给 HR 的教训是,不仅仅应知道自己该做什么,而且更应清醒地认识到不该做什么。

(1) 在建立雇佣关系前,HR"有所作为"

经过面试后,HR 在向有意向录用的应聘者发出工作邀请函时,既应表达出对其入职的邀请,又不能让他误解为录用一事已板上钉钉,不可撤销。关于这一点,本案中的 HR 在文本上都做到了。可惜的是,该 HR 所做的实际工作还远远不够:我们没有看到 HR 怎样想办法加速背景调查的进程,更快地拿到背调结果。相反地,也许是在业务部门的压力下,HR 有了一些不该作为的作为。

(2) 在建立雇佣关系前,HR"有所不为"

事后来看,本案中 HR 最大的败笔,就是其在背调结果还没有拿到的前提下,就对应聘者发出了参加新店培训并带好退工单、离职证明等要求的电子函。在实践中,大多数谨慎的应聘者,都会反复和 HR 确认其背调是否已完成,反复商榷其辞职的最佳时间点,只有在确保新职位万无一失的情况下,才会开启与原单位的离职模式。本案中的应聘者虽没主动和 HR 反复确认,但 HR 在尚未最终决定是否录用之前就发出录用通知书确实有点操之过急。

不可否认,在尚未建立劳动关系的"空仓期",HR 处在难度极高的平衡中,有时会因为按部就班的烦琐程序,丢失经过几轮辛苦面试才甄选到的稀缺人才。因为应聘者完全有可能向多家企业应聘,获得拥有多个 offer 的比较选择权利。应聘者即使签署了 offer 也有撤销入职的权利。还有一些时候,HR 刚刚走完所有程序,却在进入新人入职环节,被业务部门中断录用,令 HR 欲哭无泪。

所以，在两个不确定的动态要素中间（用人部门＋应聘者），HR 对有所作为和有所不为以及作为和不作为的时间节点的把握，就如同高空走钢丝一般，步步都需平衡。

法务观点

在候选人签署 offer 后、正式入职与公司建立劳动关系前，公司能否撤销 offer？会否因此承担任何法律责任？需要受到劳动法有关法定解除的种种限制吗？

在回答这些问题之前首先需要了解 offer 的法律性质。offer 本质上属于一种"要约"。公司通过向特定候选人发出 offer，作出了基于此 offer 列明的条件与候选人建立劳动关系的意思表示。候选人在接受全部条件的情况下签署 offer，属于"承诺"。至此，虽然双方并未建立劳动关系（因为劳动关系建立以实际履行为准），但是在候选人因后续入职的合理预期而向其现雇主辞职的情况下，公司无正当理由撤销 offer 的行为造成对方信赖利益损失的，则必须承担缔约过失责任，即因公司违约导致双方劳动关系无法依约建立。具体赔偿数额以个案具体情况而异。

公司是否在任何情况下都不能合法撤销已经签署的 offer？也不尽然。如果候选人在求职过程中提供了虚假、不实的信息，而公司向候选人发出 offer 的前提正是基于对其提供信息的合理信赖，这种情况下撤销 offer，是有法律依据的。

吸取本案中公司失败的教训，除应书面明确 offer 生效的各种前提条件，如进行须令公司满意的背景调查、任何违反诚实信用原则的行为均会导致 offer 无效等，更重要的是在发出 offer 之前应已就核心录用条件进行了合理、适度的信息收集/核实工作，并留有相关书面证据，以防范风险。

律师观点

在经过了简历筛选、面试以及体检等招聘流程后，企业的 HR 对于符合招聘条件的应聘者通常会发出一份 offer，以表明与其订立劳动合同，建立劳动关系的意向。

通常认为，作为要约，offer 一旦到达应聘者即对企业产生了法律上的约束力，企业不得随意撤销。但很多情况下，企业在发出 offer 后，应聘者前往公司报到前，甚至是在应聘者已经完成报到流程后，由于各种各样的主、客观原因又反悔，此时应聘者出于对 offer 的信赖或者已经为实际履行合同做了一些必要的准备，或者为此停止寻找其他工作的机会，或者辞去原工作，企业单方面的撤销无疑会给应聘者造成一定的经济或精神上的损失，应当承担相应的缔约过失责任。但如果企业撤销 offer 的原因是由于应聘者的过错，如应聘者提供了虚假的入职信息、不符合招聘条件或存在其他违反招聘制度的行为，而企业对此已经掌握了充足的证据或应聘者对相关事实自认，企业则可以撤销 offer 而无须支付任何补偿。

与之相反，实务中还存在另外一种情形，即应聘者接受 offer 后反悔不到企业报到。对此，企业可以事先在 offer 的内容中约定违约责任，并要求应聘者在 offer 上签字确认。当然，违约金额的设定应具有一定的合理性，具体应以企业为劳动合同的实际履行所做的必要准备为限，如为准备办公地点、办公用品产生的合理费用支出等。

[类似案例]
施细坤与北京房通网科技有限公司劳动合同纠纷案（(2015)朝民初字第66282号）

[思考题]
➢ 如何确定 offer 撤销给劳动者造成的经济损失？

第三节 签 约

一、背景知识

(一) 法律制度

签约，即劳动合同订立，是指劳动者和用人单位经过充分协商，就合同的主要条款达成一致后签署劳动合同，确定劳动关系的法律行为。当然，劳动关系的建立，并非以是否签订劳动合同作为唯一的判断标准。① 根据《劳动合同法》的相关规定，用人单位自用工之日起即与劳动者建立劳动关系。

对于劳动合同的签订，我国劳动法有着极其严格的规定。

1. 订立主体

劳动合同的订立主体包括用人单位和劳动者。其中，《劳动合同法》明确将用人单位的类型确定为企业、个体经济组织、民办非企业单位；同时，国家机关、事业单位、社会团体与劳动者建立劳动关系的，也应当签订劳动合同。而对于劳动者的法律资格，立法并未作出专门规定，具体标准散见于劳动法及其配套规定中，主要涉及两个条件：

（1）年龄

年龄条件分为就业年龄和退休年龄。关于就业年龄，通常认为应年满16周岁。我

---

① 参见陆胤：《劳动争议律师实务》，法律出版社2014年版，第94页。

国《劳动法》规定，禁止用人单位招用未满16周岁的未成年人。用人单位非法招用未满16周岁的未成年人的，由劳动行政部门责令改正，处以罚款；情节严重的，由工商行政管理部门吊销营业执照。对此，国务院还曾专门出台《禁止使用童工规定》，其中规定："文艺、体育和特种工艺单位，确需招用未满十六周岁的文艺工作者、运动员和艺徒时，须报经县级以上（含县级，下同）劳动行政部门批准。"

关于退休年龄，劳动和社会保障部发布的《关于制止和纠正违反国家规定办理企业职工提前退休有关问题的通知》规定："国家法定的企业职工退休年龄是：男年满60周岁，女工人年满50周岁，女干部年满55周岁。从事井下、高空、高温、特别繁重体力劳动或其他有害身体健康工作的，退休年龄为男年满55周岁、女年满45周岁；因病或非因工致残，由医院证明并经劳动鉴定委员会确认完全丧失劳动能力的，退休年龄为男年满50周岁、女年满45周岁。"目前，虽然有关延迟退休的方案已经在制定过程中，但是，在方案确定出台之前，我国的退休年龄将仍然维持男年满60周岁，女工人年满50周岁，女干部年满55周岁的标准。

（2）身份

某些劳动者虽然符合就业年龄的要求，也具备一定的劳动能力，但在签订劳动合同时需要受到一定的身份限制或者履行一定的审批程序。这主要包括三类人员：一是已经订立劳动合同的劳动者。通常认为，《劳动合同法》相比较《劳动法》，突破了双重劳动关系的限制。但是，即便如此，在与劳动者订立劳动合同时，用人单位还是应当审慎了解是否存在另一个劳动关系，避免因此对原用人单位造成损害，也避免潜在的利益冲突。二是具有特殊身份的人员。如劳动部《关于贯彻执行〈中华人民共和国劳动法〉若干问题的意见》中规定，在校生利用业余时间勤工助学，不视为就业，未建立劳动关系，可以不签订劳动合同。三是部分劳动者必须经审批方能成为劳动合同订立主体。例如，外籍人员必须获得相关就业许可和工作签证后方能在中国境内就业和工作，否则即作为非法就业处理。

2. 订立内容

《劳动合同法》将劳动合同的内容分为必备条款和任意条款。其中，必备条款包括：（1）用人单位的名称、住所和法定代表人或者主要负责人；（2）劳动者的姓名、住址和居民身份证或者其他有效身份证件号码；（3）劳动合同期限；（4）工作内容和工作地点；（5）工作时间和休息休假；（6）劳动报酬；（7）社会保险；（8）劳动保护、劳动条件和职业危害防护；（9）法律、法规规定应当纳入劳动合同的其他事项。任意条款包括：试用期、培训、保守秘密、补充保险和福利待遇等其他事项。

根据《劳动合同法》的规定，用人单位提供的劳动合同文本未载明劳动合同必备条款的,由劳动行政部门责令改正;给劳动者造成损害的,应当承担赔偿责任。因此,即便企业可以依据自身实际设定个性化的劳动合同条款,但必备条款是不可或缺的。

3. 订立形式

一般来说,合同的订立可以分为口头形式与书面形式两种,但我国对于劳动合同极端强调书面形式。《劳动法》规定,劳动合同应当以书面形式订立。《劳动合同法》第 10 条进一步明确:"建立劳动关系,应当订立书面劳动合同。已建立劳动关系,未同时订立书面劳动合同的,应当自用工之日起一个月内订立书面劳动合同。用人单位与劳动者在用工前订立劳动合同的,劳动关系自用工之日起建立。"由此可见,《劳动合同法》将事实劳动关系认定为一个违法事实,从而对责任主体(且不论其归责逻辑是否成立)加以法律制裁。至此,书面劳动合同的地位被大大提高,未依法订立书面劳动合同的,企业将为此承担相应的法律责任。

(二) 管理相关知识

在人力资源管理中,入职环节是整个在职人才管理的开始,即便是高潜质的员工,如果没有很好的人才管理,也可能无法发挥其能力。因此,入职环节看似不起眼,但却是在职人才管理的开端,是为之后的人才开发奠定基础的。

入职的人力资源管理通常包括新员工入职引导和入职培训两部分。其中,新员工入职引导主要是向新员工提供着手工作所需要的一些信息(比如公司计算机的密码及各项规章制度等),更为理想的新员工入职引导还应当能够帮助新员工与公司建立情感上的联系。①

在企业管理实践中,入职手续包含以下几方面的内容:

1. 填写入职登记表

员工入职时应当安排员工亲自填写入职登记表,并在表单上签名确认。入职登记表也称"入职信息表",用以记载员工的一些基本信息,通常包括员工的个人和家庭基本信息、通信信息、职业资格学历等信息。信息内容可多可少,但是最重要的一点常被忽视,就是应当由员工对信息的真实性、有效性作出承诺。

员工在招聘、入职的不同阶段可能填写各方面的个人信息,不同阶段的信息采集在法律上有不同的法律属性和法律后果。譬如在招聘阶段如果员工提供虚假信息,导致用人单位作出错误的录用决定的,用人单位可以"欺诈"为由解除劳动合同。而在入职环节提供虚假或者不实信息的,则可能构成行为操守的"不诚信",用人单位也可以此免除部分的法律责任。譬如员工提交虚假通信地址,导致企业相关通知无法送达

---

① 参见〔美〕加里·德斯勒:《人力资源管理》,刘昕译,中国人民大学出版社 2017 年版,第 260 页。

的后果，则应当由员工承担。

2. 签订劳动合同

通常来讲，对于新入职的员工，企业应当尽快与其签订书面劳动合同，最迟不得超过一个月。但是，企业内部纷繁的主客观因素相叠加使得签订合同成为一个极易出纰漏的环节。例如，员工入职所需的材料尚未交齐，业务部门紧急需要，对薪资的细节需要进一步沟通等，都可能让签订劳动合同变得复杂进而延后。凡此种种，都会令用人单位处于事实用工的违法状态，需要HR在管理中加强流程控制，防范风险。

3. 员工档案

档案本质上是机关、社会组织和个人在社会活动中形成的，作为原始记录保存起来以备查考的文字、图表、声像及其他各种方式和载体的文件材料。[1] 因此，档案是一个人力资源管理领域通用的工具，员工档案管理也是HR日常非常重要的工作内容。

根据《劳动合同法》的规定，建立职工名册备查是企业的法定义务，用人单位对已经解除或者终止的劳动合同的文本，应至少保存两年备查。

(三) 实务操作难点

劳动合同订立争议往往表现为其他的劳动权利义务争议，如双倍工资、工伤待遇、医疗期待遇、无固定期限合同等；此外，劳动合同订立争议还常常涉及民事劳务、非全日制用工等其他法律关系中的权利义务。因此，一定程度上说，劳动合同订立与否、是否依法成立，是引发一系列权利义务关系的起点。[2] 那么能否认为只要未签订书面劳动合同，用人单位就必然要承担由此产生的法律后果呢？对此不能一概而论，实务操作中通常需要综合以下两个方面进行考量：

1. 诚实磋商义务

《劳动合同法》将书面劳动合同确定为劳动合同有效订立的形式要件，一方面是为了固定劳动关系中的权利义务内容，以便于公权力介入、管理劳动关系；另一方面是为了督促用人单位履行诚实磋商义务，使劳动者对自己与用人单位之间的权利义务内容有明确的认识。因此，一份有效的劳动合同须同时满足内容合法性与双方意思表达真实两方面的要求。换句话讲，只有满足了这两项要求，劳动合同的效力方能被认定。因此，某些情况下，如果用人单位在履行了诚实磋商义务后与劳动者签订了内容类似于劳动合同的其他书面文件，即便未能满足书面劳动合同的形式要求，也可能不必承担未订立书面劳动合同可能带来的法律后果。

---

[1] 参见邓绍兴、陈智为：《档案管理学百题解答》，载《档案学通讯》1986年第6期。
[2] 参见陆胤：《劳动争议律师实务》，法律出版社2014年版，第94页。

2. 合同必备条款

劳动合同必备条款指的是《劳动合同法》第17条规定的书面劳动合同应当具备的内容，如合同期限、工作内容、工作地点、工作时间、劳动报酬等。然而，在实务操作中，常常会出现由于用人单位的合同模板不规范或双方已经就某些劳动关系事项以实际履行代替了书面约定等情况，导致劳动合同缺乏必备条款。此种情况不同于未订立书面劳动合同的情形。一般认为，只要用人单位已经履行了诚实磋商义务，或者双方已就关键劳动关系事项通过实际履行的方式达成合意，即便劳动合同未能具备法定的全部必备条款，也应当认定双方存在合法有效的劳动合同。而未订立书面劳动合同是指用人单位为模糊权利义务关系，刻意逃避与劳动者签订书面劳动合同，不履行诚实磋商义务，导致劳动权利义务关系不明确的后果。此外，二者可能导致的法律后果也不尽相同。劳动合同缺乏必备条款的，由劳动行政部门责令改正；给劳动者造成损害的，应当承担赔偿责任。而未订立书面劳动合同将导致双倍工资、无固定期限劳动合同等法律后果。

二、案例及分析

（一）基本案情

A 公司与倪某劳动合同纠纷案①

2014年10月8日，倪某进入PX公司工作。次日，PX公司与倪某签订聘书一份，对倪某在PX公司工作的岗位信息、报到资料、报到日期、工作保留及法律责任作出了约定，其中"岗位信息"的内容为："职位：主创设计主任；所属部门：建筑部；税后年薪370000.00（大写：叁拾柒万元整）；税后月薪：25000.00（大写：贰万伍仟元整）；试用期月薪：20000.00（大写：贰万元整）；试用期：90天；福利：参照国家相关法规及公司员工手册"。"工作保留及法律责任"的内容为："收到聘书后，如若确认无误，请在回执单上填写你的姓名及日期，发回我公司，本聘书即生效。当你与我司签订正式劳动合同后，所有与本聘书相关的内容以正式劳动合同为准。"

2014年10月30日，双方签订员工保密协议书，就技术成果和商业秘密进行了书面约定。后双方未签订正式的书面劳动合同。2014年12月11日，倪某向PX公司提出离职，倪某在PX公司实际工作至2014年12月10日。

自2014年1月至2015年5月8日，一直由B景观设计有限公司为倪某缴纳社会保

---

① 参见（2015）沪二中民三（民）终字第1407号民事判决书。

险费。

2015年2月4日,倪某向上海市杨浦区劳动人事争议仲裁委员会申请仲裁,要求PX公司支付2014年10月8日至2014年12月11日期间未签订书面劳动合同的双倍工资49332元等。

(二)双方观点及法院观点

双方观点

PX公司认为,双方签订的聘书已具有劳动合同所必备的条款,应视为劳动合同。倪某的社保一直由案外人缴纳,PX公司未与倪某签订新的劳动合同取代前一份劳动合同(聘书)也是合理的。

倪某认为,PX公司要求在三个月转正后才为倪某缴纳社保,案外人在此期间代缴社保并不是PX公司不签订书面劳动合同的理由。双方签订的聘书中明确需要签订正式的劳动合同,PX公司以聘书作为劳动合同缺乏依据。

法院观点

本案的争议焦点在于双方签订的聘书能否视作正式的劳动合同。

首先,劳动合同必备条款不仅有岗位、工作时间和地点、劳动报酬,还有合同期限、劳动保护、劳动条件和保险福利等,聘书中"岗位信息"约定的内容过于简单,未包含所有应有的劳动合同的必备条款,当双方发生劳动争议时,劳动者难以依据该聘书约定的条款主张权利。

其次,在PX公司自制的聘书中,"工作保留及法律责任"部分已明确签订正式劳动合同后,所有与聘书相关的内容以正式劳动合同为准,可见PX公司对除聘书外,仍须与劳动者另行签订劳动合同是明知的,现PX公司称聘书即为劳动合同,显然与其制作并签订聘书的初衷自相矛盾。

最后,与劳动者签订劳动合同和为劳动者缴纳社会保险费,都是用人单位应尽的义务,但两者之间没有必然联系。用人单位既不能以为劳动者缴纳社会保险费而取代与劳动者签订劳动合同,也不能以劳动者自行缴纳或原用人单位代为缴纳社会保险费而免除其与已建立劳动关系的劳动者订立劳动合同。

因此,双方签订的聘书不符合劳动合同的形式要件,PX公司关于聘书可视为劳动合同的意见,法院不予认可。PX公司应当按照法律规定,及时与倪某签订劳动合同,PX公司自用工之日起超过一个月不满一年未与倪某订立书面劳动合同,应当向倪某每月支付双倍工资。

(三) HR、法务、律师三方观点

HR观点

本案中PX公司已让倪某入职工作，随即又和倪某签订了聘书，这都已形成有力的证据锁链，证明了这一段事实劳动关系的存在和未签劳动合同的现状。该公司的人事管理，为何走到如此被动的一步，其背后有何苦衷，不得而知。

从本案HR在倪某雇佣问题上的一系列混乱行为来看，我们有理由相信背后有来自企业高管的压力。很多企业高层并不熟悉劳动法律法规，却又在企业有着绝对的话语权，忽视HR和律师的专业建议，最终酿成风险。实际上，企业在某些项目刚启动时，会阶段性地需要创意、设计、策划人才，还有一些IT系统导入等项目，也呈现出对人才的阶段性需求和项目性需求，对于此类岗位需求，采用人力资源岗位外包的方式去获得会更为妥当。

从本案案情来看，既然倪某已经由第三方缴纳社保，则应进一步明确其雇主归属和劳动合同的签订义务，由第三方与之签署正规的劳动合同而非自己签订。目前市场上有很多人力资源服务机构，都能提供岗位外包服务，满足企业的临时性、辅助性的岗位用工需求。

法务观点

人才招聘过程中，行业通行的做法是公司先与选定的候选人签署聘函，员工依约入职后双方再签订劳动合同。也有公司因为种种原因（比如法律文化差异或者管理松懈等原因）认为有了聘函就不需要再签订劳动合同。本案对此给了一个非常好的警示，提醒在中国经营的企业依法必须跟员工签订书面劳动合同，否则会承担双倍工资甚至其他更严重的法律后果。

值得注意的是，不能简单地将劳动合同理解为带着"劳动合同"标题的几张纸。事实上，无论这份书面文件的名字是什么——聘函、劳动合同、某某协议，甚至没有名字——关键在于它是否具备劳动合同的所有法定必备条款，具体而言包括：（1）用人单位的名称、住所和法定代表人或者主要负责人；（2）劳动者的姓名、住址和居民身份证或者其他有效身份证件号码；（3）劳动合同期限；（4）工作内容和工作地点；（5）工作时间和休息休假；（6）劳动报酬；（7）社会保险；（8）劳动保护、劳动条件和职业危害防护。

简而言之，符合中国劳动法要求的劳动合同需具备两个要素：第一，书面形式；第二，上述必备条款齐全。除此之外，其他表现形式可视情况而异。比如，双方续签或者变更劳动合同的时候，可以仅就变更的具体条款作出书面约定，同时明确其他条款维持不变。

律师观点

劳动合同既是劳动者的维权保障，也是用人单位的保护屏障。用人单位在用工过程中应当及时审查劳动合同的签订、续订情况，做好风险防范工作。对于劳动者拒绝或拖延签订劳动合同的，应及时、恰当地处置，并留存相关证据。对于劳动合同即将到期的，应当在合同到期前，及时作出是否续签的决定。决定续签的，应及时安排与劳动者进行沟通协商，在法定期限内续订书面劳动合同；劳动者不愿意续签劳动合同的，及时终止劳动关系。决定不再继续聘用的，应及时安排合适的接替人选，避免因人手短缺而不能及时与劳动者终止劳动关系。[1]

同时，劳动者也应恪守诚实信用原则，不应故意拖延或恶意磋商以谋取不正当利益。由于双倍工资罚则的立法目的在于惩罚用人单位不与劳动者签订书面劳动合同的行为，因此只要用人单位能够证明自己在法定时间内合理履行了诚实磋商义务，即便最终与劳动者未能签订书面劳动合同，仍可以避免向劳动者支付双倍工资的法律风险。[2]

此外，针对实务操作中出现的诸多新问题，如劳动者出于恶意导致"未签订"书面劳动合同的情形，如"人事经理主张未签订书面劳动合同""找他人代签劳动合同""不法窃取劳动合同"等争议，实务部门在争议处理过程中通常会结合劳动者的职位等

---

[1] 参见上海市人力资源和社会保障局法宣办：《劳动争议仲裁案例选编》，2014年，第16—17页。
[2] 上海市人力资源和社会保障局、上海市高级人民法院《关于适用〈劳动合同法〉若干问题的意见》（沪高法〔2009〕73号）第2条"劳动关系双方当事人未订立书面合同的处理"规定：劳动合同的订立和履行，应当遵循诚实信用原则。劳动者已经实际为用人单位工作，用人单位超过一个月未与劳动者订立书面合同的，是否需要双倍支付劳动者的工资，应当考虑用人单位是否履行诚实磋商的义务以及是否存在劳动者拒绝签订等情况。如用人单位已尽到诚信义务，因不可抗力、意外情况或者劳动者拒绝签订等用人单位以外的原因，造成劳动合同未签订的，不属于《劳动合同法实施条例》因第六条所称的用人单位"未与劳动者订立书面劳动合同"的情况；因用人单位原因造成未订立书面劳动合同的，用人单位应当依法向劳动者支付双倍工资；但因劳动者拒绝订立书面劳动合同并拒绝继续履行的，视为劳动者单方终止劳动合同。劳动合同期满后，劳动者继续为用人单位提供劳动，用人单位未表示异议，但当事人未续订书面劳动合同的，当事人应及时补订书面劳动合同。如果用人单位已尽到诚实信用义务，而劳动者不与用人单位订立书面劳动合同的，用人单位可以书面通知劳动者终止劳动关系，并依照《劳动合同法》第47条规定支付经济补偿；如劳动者拒绝订立书面劳动合同并拒绝继续履行的，视为劳动者单方终止劳动合同，用人单位应当支付劳动者已实际工作期间的相应报酬，但无须支付经济补偿金。

案件具体情况进行综合分析判断。

就本案来说，PX 公司主张未与倪某签订劳动合同的原因，一是由于双方签订的聘书已具有劳动合同所必备的条款，应视为劳动合同；二是由于倪某的社保一直由案外人缴纳。然而，这两个原因均非可以免除 PX 公司不与倪某签订劳动合同的法律责任的正当事由。首先，聘书中虽已包含部分劳动合同必备条款，但约定过于简单，且其中明确表示后续将另行签订劳动合同，这表明 PX 公司未将该文件视同劳动合同，该公司仍应与倪某签订书面劳动合同。同时，案外人为倪某缴纳社保并非 PX 公司可以不与倪某签订劳动合同的法定理由。因此，在既没有可以完全取代劳动合同的法律文书，又无导致劳动合同确实无法签订的客观原因的前提下，PX 公司应当及时与倪某订立劳动合同。

[类似案例]

周某与上海某文化传播有限公司追索劳动报酬纠纷案（(2009)卢民一（民）初字第 1263 号）

[思考题]

➢ 电子合同是否可以取代书面劳动合同？

第三章
劳动合同履行管理及争议

本章概要

　　劳动合同履行，是指签订劳动合同的双方当事人在劳动合同依法成立后，按照劳动合同的规定全面履行自己的义务，并享有约定及法定权利的系列法律行为。劳动合同履行是一个长期、复杂、动态变化的过程，在劳动合同履行过程中，由于劳动合同双方当事人主客观情况产生变化，可能会导致原劳动合同无法继续履行，必须对原劳动合同进行变更或者解除。其中，劳动者不能胜任工作的情况、原劳动合同订立时的客观情况发生重大变化，或者用人单位停工、停产是劳动合同履行中出现的重大变化，会对劳动合同的履行产生不可忽略的影响。因此，本章将主要围绕该三种情况展开论述，并配以相关案例以助加深理解。

第一节　不能胜任

一、背景知识

(一) 法律制度

　　"不能胜任"是一般日常管理和法律实践中对"劳动者不能胜任工作"的一种缩略用语。1995年1月1日起施行的我国《劳动法》在其第26条中规定，劳动者不能胜任工作，经过培训或者调整工作岗位，仍不能胜任工作的，用人单位可以解除劳动合同，但是应当提前30日以书面形式通知劳动者本人。为统一理解，原劳动部办公厅编写了《关于〈劳动法〉若干条文的说明》，其中明确："不能胜任工作"，是指不能按要求完成劳动合同中约定的任务或者同工种、同岗位人员的工作量。用人单位不得故意提高定额标准,使劳动者无法完成。

2008年1月1日起施行的《劳动合同法》也保留了与《劳动法》一致的规定。《劳动合同法》第35条第2款规定,劳动者不能胜任工作,经过培训或者调整工作岗位,仍不能胜任工作的,用人单位提前30日以书面形式通知劳动者本人或者额外支付劳动者一个月工资后,可以解除劳动合同。

通过对法律语境中的"不能胜任"进行剖析,可以看出这一规定的两层次递进。首先,它明确了是劳动者不能胜任当前的工作。在这一阶段,单位需要通过绩效考核对劳动者目前的工作业绩、工作能力、工作成果进行确认。其次,规定要求单位给劳动者一定的改善的机会。法律指向了两种改善途径:一种是对其进行培训,另一种是调整其工作岗位。如果经过这一次机会,劳动者仍然不能胜任工作,无论是培训后的原工作还是调整后的新工作,那么单位可以依照法律规定解除与劳动者的劳动关系。

需要指出的是,劳动法对有特殊情形的劳动者有特别保护,在特殊情形消失前,不能依照"不能胜任工作"条款解除与这些劳动者的劳动合同。特殊情形规定在《劳动合同法》第42条中,即劳动者有下列情形之一的,用人单位不得依照本法第40条、第41条的规定解除劳动合同:

(1) 从事接触职业病危害作业的劳动者未进行离岗前职业健康检查,或者疑似职业病病人在诊断或者医学观察期间的;

(2) 在本单位患职业病或者因工负伤并被确认丧失或者部分丧失劳动能力的;

(3) 患病或者非因工负伤,在规定的医疗期内的;

(4) 女职工在孕期、产期、哺乳期的;

(5) 在本单位连续工作满15年,且距法定退休年龄不足5年的;

(6) 法律、行政法规规定的其他情形。

这些劳动者大多是出现了个人原因的困难或者对企业有特别的贡献,因此即使他的工作业绩有所欠缺,考虑到用人单位对劳动者的照顾义务,在上述特殊情形消失前,单位也不能依据"不能胜任工作"这一条款解除与其的劳动合同。

(二) 管理上的相关知识

"不能胜任工作"在人力资源管理上属于绩效考核的判断结果。而相对应的调整工作岗位和培训是在绩效考核的判断结果基础上,企业希望提高劳动者的绩效而采取的方法。经过调整确定工作岗位或培训后,仍需要进行绩效考核来判断劳动者是否真的不能胜任工作。因此,"不能胜任工作"指向人力资源管理过程中属于绩效管理的范畴,并与绩效考核、绩效反馈互相交织。

绩效考核,也称"绩效评价",是指在考核周期结束时,选择相应的考核主体和考核方法，收集相关的信息，对员工完成绩效目标的情况作出考核。① 一般而言，企业通过以下五个步骤进行绩效考核：第一，确立目标，使评价指向组织战略目标，正确选择评价对象，制订评价计划。第二，确立评价系统，确立并培训评价主体，形成评价指标体系，选择适当的评价方法。第三，整理数据，回顾在绩效监控环节收集和储存的数据，形成系统的画面或印象，与评价系统作相应的对比。第四，分析判断，运用各种评价方法，对信息进行重审，并收集各种其他信息，进行分析比较。第五，输出结果，形成最终判断，确定被评者的评价等级，并找出绩效好坏所在。②

绩效考核通常针对的是三部分内容：工作能力、工作态度和工作业绩。工作能力和工作态度属于劳动者自身素养与工作情况有机结合后的主客观呈现，工作业绩则是劳动者的工作能力和工作态度与企业目标和内外情况结合后的直接结果呈现。员工工作完成的情况，可以通过对员工的工作绩效评价得到直观反映。

绩效考核的方法大致可以分为三类：一是比较法；二是量表法；三是描述法。不同企业可以根据自身的具体情况和劳动者所在岗位的特性选择合适的考核方法。比较法主要是通过在员工之间进行相互比较而得出考核结果，它是绩效考核方法中最简单、易上手、易操作的一类方法，能很好地反映同质同类员工的前后排名和业绩表现。其缺陷在于无法提供具体工作因素的反馈，难以追究导致工作结果的原因，也无法对不同部门的员工作横向比较。

量表法是将绩效考核的指标和标准制作成量表，依此来对员工的绩效进行考核。目前来看，这是比较常用的一类方法。量表法的优势在于将工作因素进行拆分，易逆向发现导致工作结果的原因，可以明确知道劳动者个人或者劳动者所在部门到底在哪些方面存在有待改进的空间，并且可以将一些属于企业目标、企业对所有员工共同要求的内容放入量表，也能在用人单位的不同部门之间进行横向比较。

描述法是指考核主体用叙述性的文字来描述员工在工作能力、工作态度和工作业绩方面的优缺点，以及需要加以指导的事项和关键事件等，由此得到对劳动者的综合考核结果。一般来说，描述法是作为其他考核方法的辅助方法来使用的。

在绩效考核实施后，必须要对劳动者进行绩效反馈。绩效反馈是指用人单位安排人员——一般是被反馈者的上级或者主要考评人——就绩效考核的结果和员工进行沟通，不仅需要告知并且解释绩效考核的结果，而且要对劳动者在这一绩效考核周期中的闪光点进行肯定，同时指出绩效考核反映出的不足，要求劳动者进行改进以提升

---

① 参见董克用主编：《人力资源管理概论》，中国人民大学出版社2015年版，第311页。
② 参见方振邦编著：《战略性绩效管理》，中国人民大学出版社2014年版，第230页。

绩效。

（三）实务操作中的难点和争议点

如前文所述，在管理实践中，对员工业绩进行考核评估的方式、方法和工具有很多，企业可以根据自身的需要和客观的条件使用适当的评估工具。但是，法律对于绩效评估却有自身的考量，企业管理若无法对标法律的要求，则难免出现合规风险。

实践中，部分用人单位受到管理水平的局限或是管理风格的制约，对于"不能胜任工作"和相应的绩效考核存在一些误区或是操作上的盲点。客观来说，在劳动仲裁和诉讼争议中，关于"不能胜任工作"而解除劳动合同的劳动争议，对单位的管理流程、证据材料的准备要求比较高。

首先是考核的程序。根据法律对于程序的"公开""公正"的价值追求，考核的程序被定义为，按照一定的顺序、方式和步骤来作出绩效评估决定的过程。若企业的考核程序太过"恣意"，就会令考核结果缺乏公平性，使其被法庭采信的可能性也就很低了。

其次是考核的标准。通常考核标准可以具体分为量化指标和非量化指标。量化指标也称"定量指标"，是指那些能够以数值方式表示和测量的客观指标，譬如合格品数量、工时数、销售额、采购额等。而非量化（定性）指标是针对那些无法量化的工作绩效进行的分类评价指标，譬如工作态度、客户满意度、团队建设、团队领导力等。相比较而言，量化（定量）指标侧重于考核工作的结果，而非量化（定性）指标则侧重于考核工作的过程；同样的，对于这两种指标设定的合理性判断，量化（定量）指标更侧重于指标设定结果的合理性，而非量化（定性）指标则侧重于指标设定程序的合理性。

再次是业绩的测量。很多时候，HR往往注重绩效评估的前端工作，将工作重心放在如何设置科学、合理的评估体系和标准上，忽视最终业绩的测量。而绝大部分的纠纷都产生在业绩测量的结果出来以后。因此，业绩测量的公平、公正，是确保绩效评估效果的重要前提。业绩测量应当根据评估指标的类型不同而分别采用不同的手段和工具进行，但是总体上应当遵循一定的程序，以确保数据采集的客观性和真实性。

最后，特别要强调的是救济与申诉程序，这是非常容易被忽略的环节，或者说是即使有但常常流于形式的环节。

二、案例及分析

（一）基本案情

A 某与 D 食品公司不胜任解雇纠纷案[①]

A 某于 2010 年 8 月 23 日入职 D 食品公司，双方签订了期限至 2013 年 8 月 23 日的劳动合同。合同约定 A 某担任负责销售的区域销售总监，同时约定在合同期内，公司有权根据工作需要及 A 某的表现和工作能力，对 A 某的工作内容和岗位予以调整，即因公司工作需要或 A 某个人能力而被提升、降职或部门调动。

A 某被安排负责 D 食品公司下属饮料事业部西南大区的销售工作。由于 A 某 2012 年第一季度、第二季度的业绩均未完成，目标达成率只有 35% 左右，公司按照规定流程通知 A 某进入"绩效改进计划"（performance improvement plan，PIP）。PIP 主要是针对不胜任员工所制订的在一定时期内完成有关工作绩效和工作能力改进与提高的计划。公司 HR 与 A 某就其业绩进行了谈话，随后公司安排负责饮料业务的副总裁对其进行了半天的沟通与培训。

2012 年 7 月 1 日，公司通知 A 某从次日起岗位调整为销售经理，继续负责饮料事业部的销售工作。但是，考虑到 A 某对外交往的方便，同意他对老客户继续以总监的名义联系，而对于新客户，则以销售经理的名义开展工作。

第三季度的业绩统计显示，A 某的业绩有所增长，但是依然距离公司设定的目标甚远，只完成了大约 40% 的目标；西南大区在整个大中华区的业绩也处于下游，仅仅比东北大区稍好些。但是，A 某并不认可公司的评价，认为自己已经竭尽全力，也是目前团队能够取得的最好业绩。

2012 年 10 月 26 日，公司鉴于 A 某的工作表现不能符合公司的要求，以不能胜任为由通知 A 某解除劳动合同，薪资、社保均发放、缴纳至 10 月底，并支付经济补偿金和代通知金。A 某不服公司的解除决定，提起仲裁申请要求恢复劳动关系，继续履行劳动合同。

（二）双方观点及法院观点

双方观点

A 某认为，首先，公司以不能胜任工作为由对其实施 PIP 本身依据不足，因为他

[①] 参见（2013）沪一中民三（民）终字第 973 号民事判决书。

刚刚接手这个区域的销售，需要有个熟悉的过程，况且这个区域本来的销售基础非常薄弱，他接手后经过调整，业绩已经有所增长。其次，公司的培训和调岗也不符合法律规定，所谓培训根本没有培训内容，只能算是日常工作中的常规沟通交流；所谓调岗也根本不存在，虽然职务称谓有所变化，但是实际的工作内容和考核指标都没有变化。最后，第三季度的业绩已比之前的有起色，认定不达标是因为公司的业绩指标本身没有科学性。

公司认为，根据双方劳动合同的约定，公司有权根据工作需要及A某的表现和能力，对A某的岗位进行调整。在考核前，双方的补充协议约定了A某应完成的业绩指标，但A某于2012年上半年工作表现极差，不仅完全未完成双方约定的业绩指标，而且其负责的西南区域在全国销售的份额也在下降，这表明横向比较A某的业绩表现也是不能胜任的。在PIP过程中，公司进行的培训是在岗的。因为公司认为A某应该有能力，只是可能在思路上出现了一些问题，因此公司的辅导主要是通过高层的沟通交流，帮助他找到业绩不佳的问题所在，并拿出新的解决方案，这是符合法律所规定的培训的立法本意的。调岗也是事实，A某也承认，而且他也认为这个调整在工作中是有影响的。最后，第三季度的业绩没有达到双方预设的目标也是事实，A某事后认为指标不合理，只是一种借口和托辞。

法院观点

企业有用工自主权和管理自主权，但是应当根据法律规定的要求，公平、公正地实施管理，以保护劳动者的合法权益。

本案中，公司与员工双方签订的劳动合同补充协议，对A某2012年度应完成的销售任务等作了明确约定，该约定系双方共同协定的业绩指标，可以作为A某工作表现的评估依据。但是，判断劳动者胜任与否，不应当仅仅依据一个销售数据，劳动者的表现应当由多方面来构成；同时，一个销售数据也需要参考比较其他数据才能判定其是否合理、科学。因此，公司仅以销售业绩数据说明A某不胜任，而完全忽视了在补充协议中对其所要求的管理职责等多方面的考核要求，显然是不公平的。

另外，公司与员工双方对于调岗和培训也存在不同的看法。对此，我们探究立法本意，应当理解为调整到不同工作内容的岗位，而不是不同称谓的岗位，因此，本案中公司对A某的调岗事实上并不能成立。而对于培训，诚然法律并未明确培训的形式与内容，但是结合法律将其作为不胜任制度的重要内容，培训的形式与内容应当与不胜任所认定的内容相呼应。本案中，公司安排在岗培训，亦符合企业管理的实际情况；

公司声称培训内容与提高 A 某的业绩相关，但是并未提供相应的证据进行证明，A 某亦予以否认。因此，这一培训显然缺乏针对性，很难与立法所指相符。

（三）HR、法务、律师三方观点

HR 观点

随着《劳动合同法》的实施，以及后续一系列地方法规、司法解释等的出台，如何既能通过运用现代人力资源管理的理念及方法，有效管理及提升企业生产力和工作绩效，又能合理防范法律风险，是企业普遍面临的问题。

以往那种简单粗暴的、单凭主观判断，或仅以某个单一指标来衡量员工绩效的方式，已经不适应在现行法律环境中运行的企业管理。从本案争议背后的管理行为来看，不仅是 HR 部门需要汲取教训，业务部门更需要补上绩效管理这一课。

从法官对企业管理行为的评议来看，主要关注点在两个：其一是绩效指标设置的合理性；其二是 PIP 程序的合理性。而这两点都需要 HR 和业务部门的相互配合，只有这样才能完美地实现管理目标。无论是与业务相关的绩效指标的构成维度，还是 PIP 程序中的调岗、培训具体内容的实施，都离不开业务部门对具体业务需求的判断。因此，如何培养和提升业务部门的人力资源管理能力，是摆在 HR 和业务部门面前共同的难题。

企业在制定、设计内部绩效管理体系时，应当充分考虑到每个岗位的具体内容及要求，从而设计出有针对性的、全方位的指标衡量体系。一个好的、有效的绩效管理体系应该既包含业务指标，同时也明确从事该岗位所需要的能力指标，并且具备清晰的、明确的、透明的、公平的评价等级标准。只有这样，才能确保在具体实施过程中，避免推诿、扯皮、找借口等不必要的纠纷。

从企业人力资源管理层面来讲，在建立一套完善的、有效的企业内部绩效管理体系的同时，还应当注意以下几个方面，以避免流程上的瑕疵给企业带来不必要的法律风险：

（1）有效的、明确的前期沟通。企业应该和员工就所实施的绩效衡量体系预先做好充分的沟通，阐明具体要求及衡量指标，同时明确说明未能达到而可能带来的后果，如考核不合格，会有怎样的后续安排，包括调换岗位、降级、降职等。所有这些必须与员工事先沟通明确，并让员工予以确认。

（2）常态化的绩效考核。绩效考核的实施应该是常态化的，而不是只存在于每年的年终考评。管理者应该及时衡量员工各项考核指标的进行情况，适时给予员工反馈。如果在过程中发现员工的表现与所要求的存在差距，应该合理分析，帮助员工找原因，有针对性地提供相应的培训或辅导，并做好记录。

（3）调岗前的岗位培训。如果通过阶段性的评估及反馈，经过针对性的培训与辅导，员工仍然不能达到绩效考核的要求，可以考虑进行岗位调整。在调岗实施前，应该充分考虑员工的能力，按照合理合情的原则，提供相应的岗前培训，以帮助员工尽快适应新的工作岗位。应当注意，新工作岗位的内容必须和原工作岗位的内容明确区分，避免产生误解。

法务观点

《劳动合同法》第40条第2项规定，"劳动者不能胜任工作，经过培训或者调整工作岗位，仍不能胜任工作的"，公司可以解除劳动合同。本案中A某因公司认为其不胜任工作，被通知进入PIP。如果PIP中含有"培训"内容，一般可以被法院认定为一种"培训"手段。

因"不能胜任"而解除劳动合同的纠纷，因为法院严格的证据要求和程序合法要求，在司法实践中，公司败诉率非常高。公司提出的员工不胜任工作的理由和证据往往不被法院认可，一旦公司败诉，公司就要承担违法解除的法律责任，付出很高的成本。所以，公司一定要慎重，如果没有把握打赢官司，可以考虑采取与员工协商解除或合同到期不续签等方法。

如果公司有充分证据能够证明该员工不能胜任工作，那么在接下来实施PIP时，应该在内容、流程等各方面严格把关，以确保将来一旦发生劳动争议，相关操作能够被法院认可。具体来讲，需要注意以下两个方面的问题：

（1）PIP的培训内容应当具体而规范。虽然《劳动合同法》没有对员工不能胜任后的"培训"作具体的定义，但是通常而言，培训的实质就是知识、技能、信息的传递，员工通过接受一定的教育、训练等，达到能够胜任工作的目的。培训的形式不限，可以是在岗、脱产等各种方式。但是，需注意，培训的内容必须是针对该员工所存在的不能胜任的问题，必须要有针对性。

（2）PIP的流程应该做到"证据化"。虽然日常管理不是律师打官司，但是PIP是一个潜在争议风险非常高的管理环节，有必要加强在这个管理环节的风险把控，以便将来发生争议时，公司能够提出充分的证据来应对。证据化的一个非常重要的原则就是"管理留痕"，即重要的管理环节和管理行为都应当通过各种方式留下相关的证据材料，包括电子邮件、书面文件、音像资料等。

律师观点

在本案中,有两个关键问题:其一,未完成销售任务是否就能得出员工不胜任工作的必然结论;其二,公司对员工所作的调整工作岗位和培训是否符合劳动法律的要求。

关于第一个问题,尽管销售任务有员工自己的确认,但考虑到员工的工作职责并不限于完成销售任务,还需承担其他管理责任,且销售任务的完成不仅依靠员工本人的工作能力与工作态度,也需要结合其他多种因素,因此不能仅仅以未完成销售任务的结果就断定员工不能胜任工作。

关于第二个问题,显然,公司在工作岗位的调整和培训上仅存形式,而未符合法律本意的实质。劳动法律规定的不能胜任工作中的调整工作岗位和培训,以帮助员工改善工作表现、实现胜任工作为目的——通过调整工作岗位以符合员工的工作技能,或是通过提高员工的工作能力来满足工作岗位的需求。而本案中,公司调整工作岗位仅仅是对岗位名称作了变化,而实际工作内容和工作要求没有实质变化,因此工作表现的改善也就没有可能了;所谓培训也仅持续了半天,培训内容与工作的关联也不明确,并不符合立法本义。因此,公司进行的工作岗位调整和培训未达到劳动法律的要求。

如果律师能够早期介入员工的 PIP 管理,在员工经过 PIP 依然无法实现绩效改善的时候,可以在早期就与员工开展协商,以期以协商解除的方式终结劳动关系,这样不仅可以降低用人单位诉讼的风险,也可为员工尽快转变职业规划提供适当的过渡。

[类似案例]

天翼视讯传媒有限公司诉王宝军劳动合同纠纷案(((2016)沪01民终10301号)

[思考题]

➢ 末位淘汰是否违法?

第二节 情 势 变 更

一、背景知识

(一) 法律制度

情势变更又称"情势变迁",是一种基本的民事法律制度。我国著名学者梁慧星将此制度定义为:"合同有效成立后,因不可归责于双方当事人的原因发生情势变更,致合同之基础动摇或丧失，若继续维持合同原有效力显失公平，允许变更合同内容或解除合同。"①

根据这一定义，我们可以看出情势变更包含以下几方面要素：第一，必须有合同订立之初的客观情况发生变化；第二，这一客观情况的变化是在合同生效后所有法律条款履行完毕前，即在合同履行期间发生的；第三，这一客观情况变化的发生是双方当事人订立合同之初所不能预料的；第四，这一客观情况变化的发生不可归责于任何一方当事人；第五，这一客观情况变化的发生导致继续履行原合同约定会无法实现原合同目的，进而导致显失公平的后果。

我国劳动法在具体条文中并没有直接出现"情势变更"的字样，但通过"客观情况发生重大变化"描述了"情势变更"。《劳动法》第26条规定，劳动合同订立时所依据的客观情况发生重大变化，致使原劳动合同无法履行，经当事人协商不能就变更劳动合同达成协议的，用人单位可以解除劳动合同，但是应当提前30日以书面形式通知劳动者本人。《关于〈劳动法〉若干条文的说明》对"客观情况"进行了定义，即"发生不可抗力或出现致使劳动合同全部或部分条款无法履行的其他情况，如企业迁移、被兼并、企业资产转移等，并且排除本法第二十七条所列的客观情况"。被排除的《劳动法》第27条指的是"用人单位濒临破产进行法定整顿期间或者生产经营状况发生严重困难，确需裁减人员的"。

2008年实施的《劳动合同法》在第40条作了与《劳动法》上述规定同样的规定："有下列情形之一的，用人单位提前三十日以书面形式通知劳动者本人或者额外支付劳动者一个月工资后，可以解除劳动合同：……（三）劳动合同订立时所依据的客观情况发生重大变化，致使劳动合同无法履行，经用人单位与劳动者协商，未能就变更劳动合同内容达成协议的。"

必须指出的是，和"不能胜任工作"一样，法律对于身处特殊时期的患病、怀孕等员工也进行了特别保护，无法采用"客观情况发生重大变化"为由解除与这些员工的劳动合同。这些情形包括：（1）从事接触职业病危害作业的劳动者未进行离岗前职业健康检查，或者疑似职业病病人在诊断或者医学观察期间的；（2）在本单位患职业病或者因工负伤并被确认丧失或者部分丧失劳动能力的；（3）患病或者非因工负伤，在规定的医疗期内的；（4）女职工在孕期、产期、哺乳期的；（5）在本单位连续工作满15年，且距法定退休年龄不足5年的；等等。

---

① 梁慧星：《合同法上的情事变更问题》，载《法学研究》1988年第6期。

（二）管理相关知识

企业从诞生那一刻开始，就面临激烈的外部竞争和环境变化的挑战，作为一个组织，企业必须进行不断的调整演化以适应新的变化。现代管理理论学者弗里蒙特·E. 卡斯特（Fremont E. Kast）认为，现代管理最主要的任务是应付变化。近年来，越来越多的实践证明，组织变革是企业应对外部竞争和环境变化的必由之路。

管理者通常通过对公司的战略、文化、结构、技术、员工的态度和技能等五个方面进行变革来适应外部竞争的变化。但是，无论这样的战略、文化、结构和技术变革多么富有逻辑性，如果缺少员工的积极支持，都可能会以失败告终。而组织变革必然会涉及员工自身及其态度、技能和行为的改变[①]，也就会涉及员工的切身利益，因此受到劳动法相关的规则约束。

心理学家库尔特·勒温（Kurt Lewin）提出了一个变革模型，该模型总结了他认为可以在最小的阻力下实施组织变革的一些基本步骤。按照他的观点，组织中的一切行为都是两种力量的产物：一种是努力保持现状；另一种是全力推动变革。因此，实施变革意味着要么去削弱保持现状的力量，要么去培养改革的推动力量。[②]

那么，法律在组织变革中是一种怎样的力量呢？从法律的本性而言，它是保守的，绝大多数情形下，法律努力保持着社会关系的稳定；当然，法律也无法忽视客观存在的社会关系的变动，并以提供相关的变动规则来确保新的社会关系的稳定。因此，在劳动法律体系中也提供了相关的规则来规范企业组织调整对员工利益的影响，保障员工在组织变革中的基本权利不受侵害。劳动法情势变更制度所指的"劳动合同订立时所依据的客观情况发生重大变化"，就为企业内部的管理调整留下了一定的空间。

（三）实务操作中的难点和争议点

实践中，对情势变更法律规定进行解读时，我们不难发现几个关键词，如"客观情况""重大变化""无法履行""协商变更"，这构成了劳动合同情势变更制度的主要难点和争议点。

何为"客观情况"？"客观情况"是否仅指如企业迁移、被兼并、企业资产转移等？企业受外部经济环境影响，决定变更经营方针，相关部门员工的岗位在调整后不复存在，是否属于客观情况？企业决定搬迁，是否属于客观情况？

何为"重大变化"？何种程度可以被认定为重大变化？是以客观情况的剧烈程度为依据，还是以对企业的影响为依据，或者是依对可能产生的劳动合同的履行的影响进

[①] 参见〔美〕加里·德斯勒：《人力资源管理》，刘昕译，中国人民大学出版社2017年版，第288页。
[②] 同上。

行判断？

何为"无法履行"？根据《劳动合同法》第17条的规定，去除合同主体的基本信息，与劳动合同履行相关的主要条款为："（四）工作内容和工作地点；（五）工作时间和休息休假；（六）劳动报酬；（七）社会保险；（八）劳动保护、劳动条件和职业危害防护"。是否上述条款无法履行必然导致整体劳动合同无法履行？如何判断是否可以继续履行还是已无法履行？

何为"协商变更"？协商提前终止劳动合同是否为协商变更？是否可以协商变更劳动合同主体？协商变更工作内容是否可以相应调整劳动报酬？是否可以协商待岗、内退等特殊安排？

围绕此四个关键点，各地有关劳动争议处理的司法实践有所不同。试以工厂搬迁为例，对于工厂搬迁是否属于"客观情况发生重大变化，致使原劳动合同无法履行"，各地司法机关就有不同的裁判口径。

例如，深圳市中级人民法院在其2015年9月2日通过的《关于审理劳动争议案件的裁判指引》中就规定：用人单位在深圳行政区域内搬迁的，劳动者要求用人单位支付经济补偿金的，法院不予支持；若用人单位由深圳行政区域内向行政区域外搬迁的，依据《劳动法》第26条的规定，对劳动者要求支付经济补偿金的，应予支持。

而距离深圳不远的广州市对企业搬迁则有不同的理解。广州市劳动和社会保障局在《做好"双转移"和"退二进三"企业职工安置工作的意见》中规定，企业搬迁后，若员工上下班可乘坐使用财政补贴公交月票的本市公共交通工具，或者企业提供交通工具免费接送，或企业对员工增加的交通费进行补贴，则不需变更劳动合同，双方应继续履行原劳动合同；否则，企业和劳动者应当按法定程序协商变更劳动合同，经协商不能达成一致意见的，企业可依法解除劳动合同。

除对客观情况发生重大变化并由这一客观情况变化引起的原劳动合同履行的问题，《劳动法》和《劳动合同法》均要求企业先行采用协商变更劳动合同的方式进行救济；只有协商不成，才可解除劳动合同。企业提出的变更劳动合同方案应当具有合理性，主观上具有继续履行劳动合同的意愿，客观上具有继续履行的可操作性。如果企业提出的变更劳动合同的方案不具有合理性，也不具有可操作性，在司法实践中可能就会被认为实质没有履行协商变更的义务。

二、案例及分析

（一）基本案情

林某某与 DH 快件有限公司上海分公司劳动合同纠纷案[①]

1998 年，林某某进入 DH 快件有限公司上海分公司工作。2008 年 1 月 1 日，双方续签了一份期限自 2008 年 1 月 1 日至 2010 年 12 月 31 日止的劳动合同，岗位为东方区客户服务部客户关注专员。

2009 年 5 月 25 日，DH 快件有限公司上海分公司书面通知林某某：由于公司的组织机构和业务架构等客观情况发生重大变化，致使劳动合同无法按照原内容继续履行。目前可以提供的岗位是客户关注专员，工作地点为北京亦庄开发区，到岗时间为 2009 年 6 月 1 日。请于下班前即 17：00 前，将是否同意变更的意见以书面形式告知人力资源部，否则将视为不同意协商变更劳动合同。林某某未予答复。

2009 年 5 月 31 日，总公司正式向分公司发出《客户服务部组织结构优化即客户服务部分标准流程迁移项目的公告》，其中内容有：东方区客户服务部客户关注专员将全部迁移至北方区客户服务部，自 2009 年 7 月 1 日起，东方区客户服务部不再设立客户关注专员的岗位。同日，DH 快件有限公司上海分公司就林某某所在部门东方区客户服务部重要客户支持专员岗位变更事宜召开说明会议。

2009 年 6 月 3 日至 6 月 30 日，林某某申请病假未上班。2009 年 7 月 17 日，DH 快件有限公司上海分公司书面通知林某某：于 2009 年 7 月 22 日起解除劳动合同，工资发放至 2009 年 7 月 21 日，并支付林某某经济补偿金人民币 129701.20 元和代通知金 8442 元。后双方按通知内容履行完毕。

2009 年 8 月 19 日，林某某向上海市虹口区劳动争议仲裁委员会申诉，要求 DH 快件有限公司上海分公司支付：（1）违法解除劳动合同赔偿金的差额 150318.80 元；（2）2009 年 7 月 21 日至本次仲裁结束日期的工资（按每月 8442 元的工资标准计算）；（3）2009 年 5 月至 7 月期间的工资差额 6000 元。

（二）双方观点及法院观点

双方观点

林某某认为，劳动合同订立时的客观情况没有发生重大变化。实际情况是林某某

[①] 参见（2010）沪二中民三（民）终字第 1279 号民事判决书。

原所在分公司的东方区客户服务部客户关注职能部门并未迁移，该部门中的各个"客户关注小组"亦没有迁移，其中大部分成员仍然留在上海，只是个别"客户关注小组"的客户关注专员的岗位迁移及相应的业务迁移。这种"迁移"明显具有公司内部人为操作的因素，并不属于法律规定的客观情况发生重大变化。

同时，公司提出了一个林某某无法接受的所谓协商方案，大幅度下调了林某某的档案工资，将林某某的工资降低了一半，实际上是逼迫林某某主动离职。公司用合法的形式实施违法解除劳动合同的行为，应当支付林某某违法解除劳动合同的赔偿金。

公司认为，企业经营过程中遇到的情况是千变万化的，对企业的组织架构与经营模式进行调整以适应市场需要及企业发展是企业享有的经营自主权。客观情况发生变化包括企业迁移、企业被兼并等。2009年全球性金融危机波及在华的外资企业，公司所服务的重要客户纷纷将上海工厂向内（陆）地区域转移，公司为降本增效、渡过难关，根据客户的落址整合现有资源、统一管理。由于公司组织架构调整，林某某的任职岗位已被调整到其他区域，双方无法继续履行原劳动合同。为此，公司通过通知、公告、发函等形式与林某某协商。但林某某陆续请病假，亦不到公司进行协商，故双方无法就劳动合同变更事宜协商一致。

而员工的档案工资是根据员工工作岗位调整后当地岗位的工资标准制定的，档案工资只是一个计算工资的参照系数，并非最终员工所获得的工资数，并且公司也会根据实际情况给予到外地上岗的员工相应补贴。

法院观点

法院认为，本案的争议焦点为DH快件有限公司上海分公司解除与林某某的劳动合同是否合法。

林某某、DH快件有限公司上海分公司签订的劳动合同中对可能导致合同变更的"客观情况发生重大变化"明确表述为"包括但不限于甲方（DH快件有限公司上海分公司）迁移、分立合并、资产转移、股权结构发生变化、生产经营情况或组织架构发生变化等情况"，此系双方合同约定内容，林某某应当是清楚的。

结合本案查明的事实和《客户服务部组织结构优化即客户服务部分标准流程迁移项目的公告》内容，DH快件有限公司上海分公司的组织架构和经营情况确实发生了重大变化，林某某要求按原合同约定的岗位等继续履行合同显然缺乏客观基础。在此情况下，DH快件有限公司上海分公司与林某某就劳动合同变更进行协商符合法律规定和双方约定。

法院还认为，用人单位与劳动者协商变更劳动合同应当遵循公开、公正、合理、合法的原则，林某某认为 DH 快件有限公司上海分公司变更劳动合同导致其收入大幅度减少，可就此问题与公司磋商以期达成一致，但林某某在 DH 快件有限公司上海分公司向其发出协商变更劳动合同通知后请病假，林某某也未能提供证据证明其已就此问题与公司充分协商。而 DH 快件有限公司上海分公司在发出协商变更劳动合同通知后又在《文汇报》上刊登公告通知林某某到公司协商变更劳动合同，应视为其已履行了协商的手续。同时，鉴于 DH 快件有限公司上海分公司也就林某某的工资问题作了充分的说明，故 DH 快件有限公司上海分公司在劳动合同变更过程中尽到了诚实磋商的义务。

DH 快件有限公司上海分公司在协商不成的情况下与林某某解除双方劳动合同并依法支付林某某经济补偿金并无不当。

（三）HR、法务、律师三方观点

HR 观点

近年来，随着全球经济大环境的调整，为了应对市场的快速变化，越来越多的企业面临转型的压力。由此产生企业经营战略的调整及业务的整合，从而引发企业架构的重组，导致企业重新整合内部的生产力资源，最终不可避免地需要调整相关人员的劳动关系。

虽然按照国家相关法律，企业依法享有经营自主权，可以根据市场的变化和自身发展的需要，对企业的组织架构与经营模式进行调整；在相关的劳动法律法规中，对于"客观情况发生重大变化"也作出了相应的规定，但在实际操作过程中，不同地方的司法解释以及法院裁定的标准却并不一致，这给企业带来了一定的用工纠纷风险。这就要求企业人力资源管理部门在配合企业业务转型、内部结构调整时要有充分的预案，重视以下几个方面，尽可能地降低企业的潜在风险：

（1）强调重大。因"客观情况发生重大变化，致使原劳动合同无法履行"中，所谓重大应该尽可能地体现为某个业务流程或生产经营环节发生变化，从而导致整个业务部分需要进行调整，而不应该仅仅针对某个员工或单一岗位。

（2）强调事先。由于这种"客观情况发生重大变化"，往往是由于企业整体战略的调整而引发的，是顶层设计，因此，企业在进行战略调整前，应强调全员参与，形成共识，与员工做好充分的沟通，使员工能够理解并接受这一战略调整。

（3）强调关怀。作为一家富有责任感的企业，越是发生本案中的情况，越要体现对员工的人文关怀，相关方案的实施应尽可能地缩小受影响的范围，降低受影响的程度。同时尽量提供其他的岗位，以供受影响的员工选择，并遵循公平、公开、公正、合理的原则，与受影响的员工进行充分的协商。

(4) 强调程序。在具体实施时，从最初的顶层设计、前期的内部沟通，到受影响员工的合同变更的条款设计，以及与每位受影响员工的沟通计划，均应确保符合法律法规的相关规定，整体方案合法、合理、合情；同时，在实施过程中注重流程、讲究程序，确保所有资料今后有案可查，全程无瑕疵。

法务观点

随着中国经济发展的变化，许多早期来中国投资的外商投资企业，因为各种原因，需要在业务上作调整，包括关闭、迁移、调整生产线等。伴随着产业调整，势必会带来裁员、变更劳动岗位等问题。如果涉及裁员的人数众多，处理不当的话，很容易引发群体性事件，具体表现为集体性的怠工，以致停工，甚至演变为游行、上访等严重破坏社会秩序的事件。同时，事件会很快在网络上传播，从而对公司的声誉造成负面影响。正因为问题的严重性，不仅是公司的 HR 部门，公司的法务部门甚至公共关系（PR）部门也都会介入裁员案件中。

对于因"情势变更"解除劳动合同可能会带来的合规风险，公司应该做好防范措施以避开以下实务中的雷区：

(1) 因适用法律不当造成的违法解除

是适用《劳动合同法》第 40 条第 1 款第 3 项"客观情况发生重大变化"还是第 41 条第 1 款第 4 项"客观经济情况发生重大变化"？条款间只有两字之差，法律没有明确进行区分，一旦适用错误，公司很可能就会败诉。如果决定适用第 41 条的话，公司应主动向劳动行政部门提交重大事项报备报告，履行裁员的程序性义务。

(2) 发生群体性事件

为防止人员调整中的群体性事件，公司一般都会聘请外部律师做好与员工协商解除合同的方案。为避免激化矛盾，在经济补偿金方面，公司一般都会支付不低于法定标准的经济补偿金（即所谓的 N+X）。另外，公司还可邀请当地政府的相关部门（劳动、工会、公安、街道等）在协商当日指派人员以合适方式待命，把控现场，做好稳定工作。

(3) 集体劳动仲裁、诉讼

虽然公司努力想与员工达成协商解除的协议，但员工可能还是会提出更高的要求。最后公司按照法律规定解除劳动合同后，员工很有可能提起劳动仲裁和诉讼。这时，公司法务部门应聘请外部律师做好仲裁、诉讼的准备。通常负责仲裁、诉讼的律师就是前期提供咨询方案的律师,以便于工作的衔接。

律师观点

本案中有两个关键问题:其一,公司决定是否构成客观情况发生重大变化;其二,单位是否尽到了诚信磋商变更劳动合同的义务。关于第一点,通过在劳动合同中对于"客观情况发生重大变化"进行定义和转化,公司将暂无定论、需要充分论证的"客观情况发生重大变化",转化为明确的、可验证的情形,并且列举了一些由公司自主经营决策导致的客观情况变化,降低了关于"客观情况发生重大变化"举证的难度。

关于第二点,公司屡次并采取通知、公告、发函等形式与林某某协商。但林某某请病假,亦不到公司进行协商。法院认定林某某拒绝与公司协商的行为导致双方无法就变更劳动合同达成一致,而公司已尽到了进行劳动合同协商的义务。然而,就公司提出的劳动合同变更方案本身来看,要求劳动者在一周内到异地报到,并且对劳动报酬进行了较大幅度的调整,是否具有充分的合理性,还有值得商榷的空间,需要结合具体的案情来甄别,而不能一概而论。

[类似案例]

王龙岐与上海德胜联兴印铁容器有限公司劳动合同纠纷案((2015)浦民一(民)初字第 23974 号)

[思考题]

> 公司主动对其经营进行调整,是否构成客观情况发生重大变化?

第三节 停工、停产

一、背景知识

(一) 法律制度

本节所讨论的停工、停产是指企业因自身生产任务不足而非因劳动者或第三方原因造成的经营严重困难,导致企业无法安排员工进行有效生产,企业单方面决定暂时中止为劳动者提供劳动条件,劳动者不能按正常工作制度提供劳动的情形。停工、停产是一种暂时状态,引起停工、停产的原因有很多,后面可能会复工、复产,也可能一直持续停工、停产的状态直至企业关闭。现行的《劳动法》和《劳动合同法》都没有对停工、停产之后用人单位和劳动者的权利义务作出明确规定。

企业根据实际情况决定停工、停产，事实上产生了劳动关系中止履行的状态。但是，由于劳动者属于无过错方，若劳动者的劳动报酬权也被中止，显然有损于劳动者的基本权利，也容易引发用人单位滥用停工、停产权利，因此法律还是从劳动报酬的支付角度对用人单位的停工、停产行为进行了规制。

对于劳动者在停工、停产期间的工资待遇，根据《工资支付暂行规定》第12条的规定，非因劳动者原因造成单位停工、停产在一个工资支付周期内的，用人单位应按劳动合同规定的标准支付劳动者工资。超过一个工资支付周期的，若劳动者没有提供正常劳动，应按国家有关规定办理。

各地也对停工、停产的工资支付作出了相关补充规定，大多数都规定停工、停产在一个工资支付周期内的，劳动报酬不得减少。停工、停产超过一个工资支付周期的，企业可以根据给劳动者的工作安排另行协商工资标准，但不得低于当地最低工资标准；对于因企业停工、停产劳动者未提供劳动的情况，部分地区未进行规定，部分地区则要求依照最低工资标准的一定比例或是失业保险金标准发放生活费。

表 3-1　各地关于停工、停产后工资支付的法律法规

适用地区	支付标准（劳动者未提供劳动）	法条链接
上海	未明确	《上海市企业工资支付办法》第12条规定："用人单位停工、停产在一个工资支付周期内的，应当按约定的标准支付劳动者工资。超过一个工资支付周期的，用人单位可根据劳动者提供的劳动，按双方新约定的标准支付工资，但不得低于本市规定的最低工资标准。"
北京	不低于最低工资标准的70%	《北京市工资支付规定》第27条规定："非因劳动者本人原因造成用人单位停工、停业的，在一个工资支付周期内，用人单位应当按照提供正常劳动支付劳动者工资；超过一个工资支付周期的，可以根据劳动者提供的劳动，按照双方新约定的标准支付工资，但不得低于本市最低工资标准；用人单位没有安排劳动者工作的，应当按照不低于本市最低工资标准的70%支付劳动者基本生活费。国家或者本市另有规定的从其规定。"
天津	未明确	《天津市工资支付规定》第27条规定："非因劳动者本人原因造成用人单位停工、停产，未超过一个工资支付周期的，用人单位应当按劳动合同约定的工资标准支付劳动者工资；超过一个工资支付周期用人单位安排劳动者工作，经与劳动者协商一致，可以变更劳动合同，调整其工资标准，但不得低于本市最低工资标准。因劳动者本人原因造成用人单位停工、停产的，不适用前款规定。"

(续表)

适用地区	支付标准（劳动者未提供劳动）	法条链接
广东	不低于当地最低工资标准的80%	《广东省工资支付条例》第39条规定："非因劳动者原因造成用人单位停工、停产，未超过一个工资支付周期（最长三十日）的，用人单位应当按照正常工作时间支付工资。超过一个工资支付周期的，可以根据劳动者提供的劳动，按照双方新约定的标准支付工资；用人单位没有安排劳动者工作的，应当按照不低于当地最低工资标准的百分之八十支付劳动者生活费，生活费发放至企业复工、复产或者解除劳动关系。"
深圳	不低于最低工资的80%	《深圳市员工工资支付条例》第28条规定："非因员工本人过错，用人单位部分或者整体停产、停业的，用人单位应当按照下列正常工作时间支付停工员工在停工期间的工资：（一）停工一个月以内的，按照员工本人正常工作时间工资的百分之八十支付；（二）停工超过一个月的，按照不低于最低工资的百分之八十支付。"
浙江	不低于当地最低工资标准的80%	《浙江省企业工资支付管理办法》第22条规定："企业停工、停产、歇业，时间在1个工资支付周期内的，企业应当按照劳动合同的约定和国家、省相关规定支付工资。企业停工、停产、歇业时间超过1个工资支付周期，劳动者付出了正常劳动的，企业应当按照不低于当地人民政府确定的最低工资标准支付工资；劳动者未付出正常劳动的，企业应当按照不低于当地人民政府确定的最低工资标准的80%支付工资。"
江苏	不低于当地最低工资标准的80%	《江苏省工资支付条例》第31条规定："用人单位非因劳动者原因停工、停产、歇业，在劳动者一个工资支付周期内的，应当视同劳动者提供正常劳动支付其工资。超过一个工资支付周期的，可以根据劳动者提供的劳动，按照双方新约定的标准支付工资；用人单位没有安排劳动者工作的，应当按照不低于当地最低工资标准的百分之八十支付劳动者生活费。国家另有规定的，从其规定。"
南京	不低于当地企业最低工资标准的60%	《南京市企业工资支付办法》第29条规定："非因劳动者原因造成单位停工、停产在一个工资支付周期内的，企业应当按照劳动合同规定的标准支付劳动者工资。超过一个工资支付周期的，若劳动者提供了正常劳动，则支付给劳动者的劳动报酬不得低于当地企业最低工资标准；企业未安排劳动者工作的，经与企业工会或者劳动者协商一致，可以按照不低于当地企业最低工资标准60%的水平支付生活费。"

(续表)

适用地区	支付标准（劳动者未提供劳动）	法条链接
安徽	不低于当地最低工资标准的70%	《安徽省工资支付规定》第27条规定："非劳动者原因用人单位停工、停产在1个工资支付周期内的，用人单位应当视同劳动者提供正常劳动并支付工资。超过1个工资支付周期的，用人单位可以根据劳动者在停工、停产期间提供的有关劳动重新约定其工资标准，并按约定支付工资；用人单位没有安排劳动者工作的，应当按不低于当地最低工资标准的70%支付劳动者生活费。国家另有规定的，从其规定。"
江西	未明确	《江西省工资支付规定》第21条规定："非因劳动者原因造成停工、停产、歇业，未超过一个工资支付周期的，用人单位应当按照劳动合同约定的工资标准支付工资。超过一个工资支付周期，用人单位安排劳动者工作的，按照双方新约定的工资标准支付工资，但不得低于当地最低工资标准；未安排劳动者工作的，按照国家有关规定办理。"
河北	当地最低工资标准的80%	《河北省工资支付规定》第28条规定："非劳动者本人原因造成劳动者停工一个月以上的，用人单位应当支付生活费。生活费标准为当地最低工资标准的百分之八十。"
山东	不低于当地最低工资标准的70%	《山东省企业工资支付规定》第31条规定："非因劳动者原因造成企业停工、停产、歇业，企业未与劳动者解除劳动合同，停工、停产、歇业在一个工资支付周期内的，企业应当视同劳动者提供正常劳动并支付该工资支付周期的工资；超过一个工资支付周期的，企业安排劳动者工作的，按照双方新约定的标准支付工资，但不得低于当地最低工资标准；企业没有安排劳动者工作，劳动者没有到其他单位工作的，应当按照不低于当地最低工资标准的70%支付劳动者基本生活费。国家和省另有规定的，依照其规定执行。"
湖南	不低于当地失业保险标准	《湖南省工资支付监督管理办法》第23条规定："非因劳动者原因造成用人单位停工、停产、歇业，未超过一个月的，用人单位应按照国家规定或者劳动合同约定的工资标准支付工资；超过一个月，未安排劳动者工作的，用人单位应按不低于当地失业保险标准支付停工津贴。"
厦门	不低于本市当年度最低工资标准	《厦门市企业工资支付条例》第24条规定："非因劳动者原因造成用人单位停工、停产未超过一个工资支付周期的，用人单位应当按照劳动者本人正常劳动的工资标准支付工资。超过一个工资支付周期，用人单位安排劳动者工作的，按照双方新约定的工资标准支付工资；未安排劳动者工作的，按照不低于本市当年度最低工资标准支付停工津贴。"

(续表)

适用地区	支付标准 (劳动者未提供劳动)	法条链接
昆明	未明确	《昆明市企业工资支付条例》第24条规定:"非因劳动者原因造成单位停工、停产,在一个工资支付周期内的,用人单位应当按劳动合同约定的标准支付劳动者工资。超过一个工资支付周期的,用人单位应当与提供劳动的劳动者协商确定新的工资支付办法,相应调整工资支付标准。"
包头	不低于本市城镇居民最低生活保障标准	《包头市劳动者工资保障条例》第19条规定:"非因劳动者原因造成停工、停产、歇业,未超过一个月的,用人单位应当按照国家规定或者劳动合同约定的工资标准支付工资;超过一个月未安排劳动者劳动的,用人单位应当按照不低于本市城镇居民最低生活保障标准支付生活费,直至解除劳动关系为止。"

(二) 管理相关知识

在企业管理中,停工、停产的成因很复杂,并非仅限于劳动法上因经营困难所造成的停工、停产,有的是暂时性的,有的是周期性的;有的是被动危机型的,也有的是主动调整型的。但是,无论是怎样的原因形成的停工、停产,都是企业运营的特殊状态,在管理上可能引发关联的巨大影响,需要经营者慎重决策,并做好全面的预案。限于篇幅,我们选取两种典型的常见的停工、停产情形进行分析。

被动危机型停工、停产是指企业遭受外部的经济波动或者内部经营不善导致企业经营萎缩,为调整经营、重新适应市场而作出的暂时性停工、停产行为。在出现大范围的经济波动时,企业采取停工、停产行为以渡过经济寒冬,避免更大的损失,等待市场转机,是企业应对经济危机的常规选择。

在2007年次贷危机引发的全球金融危机中,香港港龙航空、国泰航空集团受到全球经济下滑的影响航空客运量下滑,大量的航线取消、航班减少,导致空乘服务过剩,因此港龙航空、国泰航空就采取了部分停工、停产的应对措施以渡过航空业的寒冬。据《每日经济新闻》2008年12月10日的报道,香港国泰航空有限公司新闻发言人表示,自公司推行自愿无薪休假计划以来,已经有1000多名客服人员提出无薪休假申请,其中部分员工的无薪假期长达1年。[1]

企业在经营出现危机的时候,也会采用裁员的方式来应对,但是这与停工、停产的措施存在很大的差异。相比较而言,停工、停产的方式是一种相对稳健且具过渡性

---

[1] 参见黄清燕:《国泰航空超过千名空姐申请无薪休假》,http://finance.sina.com.cn/chanjing/b/20081210/02375613805.shtml,2017年11月2日访问。

的举措，通常针对前景不明或者短期的困难。当然，停工、停产与裁员相比较最大的区别就在于劳动者的保留上，停工、停产而不裁员，显然可以保留重要的人才，更易与员工形成同舟共济的抗风险共同体。

主动调整型停工、停产是指企业出于生产经营调整的需要，主动采取停工或者停产的方式与之相配合。主动调整型的停工通常是为了生产经营的需要，譬如机器设备的定期检修、升级改造等，其暂时停工是为了生产经营的稳定可持续，因此停工也是计划安排的。而主动停产则是企业从市场竞争或者经营策略的考虑出发，主动关停部分业务和生产部门，以调整产能，将资源投入企业新的经营战略中去。主动停产通常是长期的和永久的，因此相关人员会有计划地进行安置和转移。

（三）实务操作中的难点和争议点

停工、停产对于用人单位和劳动者来说都属于一种不稳定的状态，因此信息披露是实务操作中的一个难题。相对来说，劳动者知晓相关信息的渠道更少，对停工、停产的时间更无法预测。用人单位就停工、停产之后的后续安排应当及时与员工进行沟通；如果确实不太具有复工、复产的可能性，用人单位可以安排与员工协商解除劳动合同或者单方解除劳动合同。

实践操作中，如何确定停工、停产期间的双方权利义务也是一个难题。虽然很多地方对于停工、停产超过一个工资支付周期后劳动者的劳动报酬支付作出了原则性的规定，但是对于双方协商的方式、范围都未作细化，实践中难以操作。此外，用人单位在停工、停产期间是否可以安排劳动者进行业务培训、生产维护、安全教育等，是否构成工作安排，是否可以要求劳动者竞业禁止等，也都不甚明确，而实践中各地理解差异也很大。

此外，用人单位若经历一段时期的停工、停产之后裁减人员，应如何进行？根据法律的什么规定进行？劳动者是否有权主动离职并主张经济补偿金？经济补偿金的计算所涉及的基数和工龄如何计算？这些都有待于实践中形成统一的认识或规则。

二、案例及分析

（一）基本案情

ZT 科技（上海）股份有限公司与李某劳动合同纠纷案[①]

2012 年 5 月 21 日，李某至 ZT 科技（上海）股份有限公司（下称"ZT 公司"）处

[①] 参见（2016）沪 0104 民初 23635 号民事判决书。

工作，双方签订了书面劳动合同，公司支付李某工资至2016年1月。

ZT公司于2016年1月13日起因故无法正常经营，并通知员工即日起放假；2016年2月1日，ZT公司又张贴了内容为"即日起至2016年2月14日放假，正式上班时间为2016年2月15日"的通知。

2016年2月4日，ZT公司张贴了停工通知，主要内容是："致全体员工：鉴于公司经营发生严重困难，资金无法周转及账户已经被冻结，公司已经于2016年1月13日起关闭办公室及停止运营。在目前之停工期间，非经公司要求，员工无须向公司报到并提供服务，公司保留依法解除其劳动合同之权利。"

后ZT公司在网上为李某办理了退工日期为2016年3月31日的退工登记备案手续，但未支付李某2016年2月、3月的工资。

2016年4月14日，李某向上海市劳动人事争议仲裁委员会申请了劳动仲裁，要求支付2016年2、3月的工资以及经济补偿金等。

(二) 双方观点及法院观点

双方观点

李某认为，自己于2012年5月21日至ZT公司工作，月工资为22000元。ZT公司张贴的停工通知落款日期为2016年2月4日，故2016年2月仍应以22000元为标准向其支付工资；至于2016年3月的工资，同意按照停工期间待遇履行；由于公司于2016年2月对外宣告停工、停产，在客观上确实无法为其提供正常的劳动条件、履行劳动合同，并为其办理了退工日期为2016年3月31日的退工手续，且停止为其缴纳社保，故应依法支付其解除劳动合同的经济补偿金。

ZT公司认为，由于银行账户被冻结，债权人至其经营场所闹事，致使其无法正常经营，为保护员工人身安全，通知员工自2016年1月13日起放假，并于2016年2月4日张贴了停工通知。2016年1月13日之后，李某并未至其处上班，企业处于停产状态，大部分员工要求办理退工手续，因此公司在2016年3月底按最低工资标准支付了李某等员工2016年2月的停工、停产生活费，并在网上为李某办理了退工手续。公司认为自身行为并无不当，亦非主观恶意拖欠，故不符合法律规定的应当支付经济补偿金之情形。

法院观点

劳动关系存续期间，用人单位应向劳动者及时足额支付劳动报酬。即便按照落款日期认定公司即日起处于停工、停产之状态，依照法律规定，公司在停工、停产通知当月仍应按照原约定的标准向员工支付工资，次月起方可按照本市当年最低工资标准支付员工停工期间的生活费。

ZT公司主张李某自2016年1月13日起未上班，故应按上海市最低工资标准支付李某2016年2月的工资，缺乏法律依据，因为ZT公司主张的放假是其根据经营状态决定的，非李某本人主观原因所致。

ZT公司于本案审理中主张李某系自动离职，故不应支付经济补偿金，然而ZT公司在仲裁委审理中却主张"由于经营困难导致无法正常经营，很多员工要求办理退工手续，所以为所有员工在网上办理了退工手续"，由此可见ZT公司就同一事实的陈述自相矛盾，何况ZT公司亦未提供李某自动离职的证据，故本院对ZT公司主张李某系自动离职的陈述不予采信。公司在网上为李某办理了退工日期为2016年3月31日的退工登记备案手续，原因为"经营困难导致无法正常经营"，因此，公司应向李某支付解除劳动合同经济补偿金。

（三）HR、法务、律师三方观点

HR观点

在市场经济的大环境下，受各种内部或外部因素的影响，企业在生产经营的过程中，有时会出现停工、停产的情况。本案所呈现的情形，涉及企业在停工、停产期间对于员工关系的管理问题。

通过本案我们可以看到，在停工、停产期间，企业在管理员工关系时，应该注意以下几方面：

（1）慎重决定，充分沟通

在实际操作中，企业要作出停工、停产的决定是非常慎重的。一旦决定作出，对企业的正常生产经营、员工的稳定性、社会影响都会带来极大的影响。因此，有时候企业出于各方面的考虑，在正式宣布停工、停产之前，往往会安排部分员工休假、休息，以逐步减少部分生产、经营活动，以此作为过渡。在此期间，与员工的沟通十分必要，充分的沟通既能最大限度地保持员工稳定，同时也为最终的企业决定打下心理基础。

（2）依法支付劳动报酬

是选择事先通过休假形式然后过渡到停工、停产，还是直接宣布停工、停产需要先厘清一个问题，即是先按照员工正常休假，支付其相应的假期工资，还是应该按照停工、停产的首个工资支付周期进行工资结算。这两种情况，虽然在企业所支付的工资金额上有可能是相当的，但是对后续的安排及企业的成本所造成的影响却是完全不同的。

如果是前者，就意味着企业在休假结束，正式宣布停工、停产之后，仍然应该按照相关法律，在第一个工资支付周期内，视劳动者提供了正常劳动而支付其工资；如果是后者，则在第一个工资支付周期届满后，企业即可依法按照当地的相关规定，降低劳动报酬的支付，从而为困境中的企业节约成本。

（3）依法处理劳动关系

在停工、停产期间，企业应该明确规定，在与企业的劳动关系仍然存续的情况下，员工必须遵守企业的规章制度。如果员工本人不愿意以停工状态继续留在本企业工作，员工应当提前30天以书面形式通知企业，解除劳动合同。在此情况下，企业在与员工解除劳动合同时，是不需要支付相关的经济补偿金的。但是，如果企业单方面提出与员工解除劳动合同，则企业必须依法支付相应的经济补偿金。在本案中，由于企业在解除合同的操作上，混淆了员工本人主观愿望与企业单方意愿的概念，最终给企业带来了法律风险。

停工、停产，是企业在面临经营困难时作出的决定，企业人力资源管理者在具体实施过程中，应在兼顾企业管理文化的同时，充分合理地设计沟通及实施方案，最大限度地降低企业的成本，同时避免潜在的法律风险。

法务观点

停工、停产通常是企业在经营过程中因为遇到经营困难而作出的决定，员工在保持劳动关系的前提下暂时离岗，企业根据规定向其发放生活费。

现行国家及地方的法律法规对停工、停产缺少详细规定，仅在工资支付相关规定中对停工、停产期间向员工支付的工资和生活费作了规定。因此，企业在实施停工、停产时需要注意以下法律风险：

(1) 停工、停产的理由

一般认为，企业生产经营遇到严重困难，无法为员工安排正常的工作，是停工、停产的理由。所以，企业需要对经营困难举证，不能毫无理由借停工、停产名义达到变相解雇、逼员工辞职的目的。否则，员工可以根据《劳动合同法》第38条第1款第1项规定，以企业未提供劳动条件为由解除劳动合同并要求支付经济补偿金。也有观点认为，企业采取停工、停产措施应有恢复经营能力的可能性，如果无恢复的可能性，则不能适用该规定要求员工待岗。这种观点是否成立值得商榷。

(2) 停工、停产的程序

现行法律并未明确规定停工、停产的程序。对于停工、停产是企业自主经营权还是事先需要经过民主协商程序，意见并不一致。有观点认为应当进行集体协商，这也符合西方发达国家的工会实践，但在我国司法实践中可能因为缺少法律依据，并没有看到法官认为企业停工、停产前应当进行民主协商的案例。

(3) 停工、停产的时间管理

停工、停产的起始、结束时间与企业向员工支付报酬或经济补偿金相关，因此必须做好时间管理。本案中法院认定的停工、停产开始时间与企业的认识不一样，员工开始享受停工、停产待遇的时间不是以企业实际停工、停产开始的时间，而是以企业向员工公告通知的时间为准。

停工、停产的结束时间，应该是恢复生产或员工离职或无法恢复生产的企业与员工解除劳动合同中的一个时间。

(4) 停工、停产与裁员的利弊

企业在探讨决定是采用停工、停产方式还是裁员方式时，应综合考虑以下几个因素：① 停工、停产的理由是否充分；② 将来恢复生产经营的可能性；③ 两种方式给企业带来的成本影响；④ 某员工是不是企业想保留的不可或缺的人才等。

律师观点

本案的主要争议焦点在于劳动合同的解除原因。根据公司在劳动争议仲裁委员会审理过程中的主张，劳动合同的解除原因是公司经营困难，无法正常经营，于是在网上为所有员工办理了退工手续。而在法院审理过程中，公司的主张变成员工自动离职，视为员工解除了劳动合同，故不支付经济补偿金。这是诉讼中的大忌，更何况公司在劳动争议仲裁阶段的陈述有停工通知、对外公告、办理退工手续时的原因等证据进行印证；同时在此期间，公司客观上既没有提供劳动条件，也不要求员工到公司上班。因此，法院认定系由公司提出解除劳动合同，支持员工诉请，要求公司支付经济补偿金。

公司在处理停工、停产后的人员分流安置问题时，特别需要注意的是应考虑优先提留一笔专门资金，用于支付劳动者的安置费用。如果企业确实进入破产程序，破产财产在拨付破产费用后，首先需要清偿的是所欠职工工资和劳动保险费用，其次是所欠税款，随后是破产债权。破产财产不足以清偿同一顺序的清偿要求的，按照比例分配。

[**类似案例**]

卡西欧软件（上海）有限公司与纪某劳动合同纠纷案((2011)沪二中民三（民）终字第758号）

[**思考题**]

➢ 停工期间的人力成本如何计算？

第四章

奖惩管理及争议

> **本章概要**
>
> 奖惩管理作为企业劳动关系管理的重要环节之一,在实现企业的依法管理、避免纠纷方面发挥着重要作用。顾名思义,"奖""惩"两部分共同构成奖惩管理的基本内容。其中,"奖"对于激发员工积极性、彰显企业文化发挥着重要作用,然而"不患寡而患不均",作为奖励依据的考核制度,其合理性却时常遭受质疑。"惩"作为企业劳动争议的重灾区,不仅制度本身的合法性、合理性常常饱受诟病,而且即便制度无懈可击,对于违纪、违章、失职等事实的认定也常常呈现出企业和劳动者各执一词的尴尬局面。因此,本章特选取三个方面进行论述,即从规章制度本身出发,通过分析绩效考核与失职惩戒这两种常见的奖惩路径,试图将奖惩管理中的"奖"与"惩"还原至其应然状态。

第一节 规 章 制 度

一、背景知识

关于规章制度的概念,目前尚无统一、明确的界定。由于规章制度包含的内容十分广泛,故规章制度通常有广义与狭义之分。广义的规章制度包括经营管理制度和劳动规章制度;狭义的规章制度,仅指用人单位的劳动规章制度。

按照国际劳动组织(ILO)特别委员会给出的定义,规章制度或称就业规则、雇佣规则等,是指"供企业之全体从业人员或大部分从业人员适用,专对或主要对就业中从业人员的行动有关的各种规则"①。对此，有观点认为："用人单位劳动规章制度指用人单位依法制定并向劳动者公示，在用人单位内部实施，对用人单位和劳动者均有约束力的有关劳动报酬、工作时间、休息休假、劳动安全卫生、保险福利、职工培训、劳动纪律以及劳动定额管理等直接涉及劳动者切身利益的，规定劳动者享有劳动权利、履行劳动义务的内容及其实现的行为规范的总称。"②另有观点认为："用人单位的劳动规章制度，即用人单位根据国家的法律法规结合本单位自身特点制定的，明确劳动条件、调整劳动关系、规范劳动关系当事人行为的各种规则、规定、规范、规程、标准、纪律等制度的总称，一般表现为管理制度、操作流程、劳动纪律和奖惩办法等。"③

（一）法律制度

我国目前尚缺乏专门针对用人单位规章制度的法律，相关规定散见于《劳动法》《劳动合同法》《工会法》《公司法》等法律中。其中，较早颁布的《关于对新开办用人单位实行劳动规章制度备案制度的通知》（劳部发〔1997〕338号）明确规定，规章制度的内容主要包括：劳动合同管理、工资管理、社会保险福利待遇、工时休息、职工奖惩，以及其他劳动管理规定。

1. 依法建立和完善劳动规章制度是企业的法定权利和义务

我国《公司法》《劳动法》和《劳动合同法》均规定了企业应当依法建立和完善规章制度。《最高人民法院关于审理劳动争议案件适用法律若干问题的解释（一）》亦规定："用人单位根据《劳动法》第四条之规定，通过民主程序制定的规章制度，不违反国家法律、行政法规及政策规定，并已向劳动者公示的，可以作为人民法院审理劳动争议案件的依据。"

2. 劳动规章制度应当依法建立

《劳动合同法》规定，用人单位应当依法建立和完善劳动规章制度；在规章制度和重大事项决定实施过程中，工会或者职工认为不适当的，有权向用人单位提出，通过协商予以修改完善；用人单位的规章制度违反法律、法规的规定，损害劳动者权益的，劳动者可以解除劳动合同；用人单位直接涉及劳动者切身利益的规章制度违反法律、法规规定的，由劳动行政部门责令改正，给予警告，给劳动者造成损害的，应当承担赔偿责任。简言之，只有合法的规章制度方能作为规范、指引、约束劳动者行为的依据，规章制度一旦违法，非但不能有效规范劳动者行为，而且极有可能导致劳动者即

---

① 黄越钦：《劳动法新论》，中国政法大学出版社2003年版，第136页。
② 陆彪：《用人单位劳动规章制度制作精解》，中国法制出版社2010年版，第5页。
③ 李磊、何力：《新劳动法下的人力资源操作全程指引》，法律出版社2010年版，第196页。

时解除劳动关系并要求支付经济补偿金等严重后果。

具体而言,与规章制度违法相关的规定主要包含两方面内容:一是规章制度违法的情形认定;二是规章制度违法的法律后果。

首先,就规章制度违法本身来说,包括内容违法和程序违法。立法首先关注的是内容违法。《劳动法》规定:"用人单位应当依法建立和完善规章制度","用人单位制定的规章制度违反法律、法规规定的……",此处的内容违法主要是指违反法律、法规,相对宽泛。1994年劳动部《关于〈劳动法〉若干条文的说明》中则将"依法"中的"法"以及"违反法律、法规"中的"法律、法规"的内涵进行了明确和细化。① 之后,立法才开始关注规章制度的制定流程。对此,《最高人民法院关于审理劳动争议案件适用法律若干问题的解释(一)》第一次明确指出,通过民主程序制定的规章制度,不违反国家法律、行政法规及政策规定,并已向劳动者公示的,可以作为人民法院审理劳动争议案件的依据;《劳动合同法》在此基础上进一步明确了民主程序的具体内容以及实现方式;②《公司法》亦作出了类似规定。

其次,就规章制度违法的法律后果来说。1995年实施的《劳动法》首先规定,规章制度违法,用人单位不仅要承担一定的行政责任,给劳动者造成损害的,还应当承担相应的赔偿责任;2001年《最高人民法院关于审理劳动争议案件适用法律若干问题的解释(一)》在此基础上从证据效力的角度作出规定,明确违法的规章制度不能作为人民法院或仲裁机构审理劳动争议案件的依据;2008年实施的《劳动合同法》将规章制度违法的法律后果进一步升级,规定用人单位的规章制度违法的话,劳动者可以解除劳动合同。

(二)管理相关知识

加里·德斯勒认为,企业管理者可以在三大支柱的基础上建立起公平的惩戒程序:规章制度、渐进式惩戒以及申诉程序。而一套有关惩戒的清楚无误的规章制度是第一

---

① 1994年劳动部《关于〈劳动法〉若干条文的说明》第4条规定:"用人单位应当依法建立和完善规章制度,保障劳动者享有劳动权利和履行劳动义务。本条中"依法"应当作广义理解,指所有的法律、法规和规章。包括:宪法、法律、行政法规、地方法规,民族自治地方,还要依据该地方的自治条例和单行条例,以及关于劳动方面的行政规章。"第89条规定:"用人单位制定的劳动规章制度违反法律、法规规定的,由劳动行政部门给予警告,责令改正;对劳动者造成损害的,应当承担赔偿责任。本条中的"法律、法规"主要是指劳动法律、行政法规、地方法规和国家技术标准等。"

② 《劳动合同法》第4条规定:"用人单位应当依法建立和完善劳动规章制度,保障劳动者享有劳动权利、履行劳动义务。用人单位在制定、修改或者决定有关劳动报酬、工作时间、休息休假、劳动安全卫生、保险福利、职工培训、劳动纪律以及劳动定额管理等直接涉及劳动者切身利益的规章制度或者重大事项时,应当经职工代表大会或者全体职工讨论,提出方案和意见,与工会或者职工代表平等协商确定。在规章制度和重大事项决定实施过程中,工会或者职工认为不适当的,有权向用人单位提出,通过协商予以修改完善。用人单位应当将直接涉及劳动者切身利益的规章制度和重大事项决定公示,或者告知劳动者。"

根支柱。①

作为企业实施奖惩管理的重要载体,规章制度不仅是预防和解决劳动争议的重要依据,同时也是企业规范化、制度化进行奖惩管理的基础和重要手段。合法的规章制度不仅在处理劳动争议时可以帮助企业证明处理员工的合理性,还可以促进企业有效地实施人力资源管理。

除了在企业奖惩管理中发挥支柱性的重要作用以外,也有观点认为规章制度本身也是企业管理文化的载体。② 随着现代企业制度的建立和先进管理理念的引进和实践,越来越多的企业将规章制度的内涵、外延大大扩张,赋予规章制度新的含义和使命。

《华为基本法》从1995年开始起草,历经三年,八易其稿后发布,成为华为发展的纲领性文件。其主要内容可以概括为:(1)塑造基于价值链的集体奋斗精神;(2)自省、谨慎和协调的增长观和管理观;(3)集中突破的压强管理;民主、服务、放权和跨部门的领导管理制度。③ 此后,《华为基本法》成为华为文化的重要体现和载体,见证了华为从一家中国民营企业成长为全球高科技巨头的辉煌。

(三)实务操作难点

企业在制定规章制度时,首先,应当有明确的目标,即希望规章制度的制定和实施解决何种具体问题。如果只是套用各类版本和照搬其他企业制度,往往就会产生不良反应。因此,在外部律师、公司法务和人力资源部门协力合作下,有针对性地对规章制度的内容和表述作出选择,是对企业更有价值的选择。

其次,在已经确定的原则指导下,应注意统一协调企业内部的相关规章制度,确保各项规章制度之间以及规章制度前后章节的表述能够相互衔接、协调一致,避免存在冲突性的表述和遗漏。因此,规章制度的修订需要一些系统化的思维和工具。特别是在一些大型的跨地域甚至跨国经营的企业,其规章制度的复杂性更要求律师、法务和HR有更全面的视角和思维。

此外,为确保规章制度依法有效并充分发挥其管理效能,企业在制定规章制度时需要遵循《劳动合同法》关于规章制度制定的要求,并重点关注以下两个环节的实操难点:

---

① 参见〔美〕加里·德斯勒:《人力资源管理》,刘昕译,中国人民大学出版社2017年版,第520页。
② 参见郑祖权:《略论文化视野中的企业规章制度》,载《理论探讨》1996年第1期。
③ 参见乐国林、陈春花:《两部企业宪法蕴含的中国本土管理元素探析——基于鞍钢宪法和华为基本法的研究》,载《管理学报》2011年第11期。

1. 民主程序

企业在制定或修改规章制度时,要与工会或职工代表展开充分的讨论和协商。首先,企业必须将规章制度草案交与职工代表大会或全体职工讨论,广泛听取意见和建议。其次,在充分收集意见的基础上,企业要与工会或者职工代表平等协商,确定相关内容。民主程序看似程式化,但却有其内在的管理逻辑,是确保规章制度在管理上有效的重要保证。而在法律上,一旦企业就民主程序举证不能或程序存在瑕疵,仲裁机构或法院将不再审查规章制度内容是否合法、合理,而是可以直接判定规章制度违法,从而不能作为裁判依据。

但是,近年来,关于民主程序对于规章制度的必要性,理论界和实务界也存在不同的看法。因此,在局部地区的司法实践中出现了弱化规章制度民主程序要求的倾向。

2. 公示

实践中,有很多公示方式,如会议宣传、发放员工手册、在公告栏或企业内部醒目位置张贴公告、发送电子邮件、在企业内部局域网登载等,企业可以根据自身实际选择合适的公示方式。但需要注意的是,任何一种公示方式都有其盲点,不一定能够确保所有员工都知道。如公开张贴规章制度,很难长期保存,而且张贴之后入职的员工可能无法知晓;发送电子邮件,则难以证明邮件已经有效送达且证据提取成本高。因此,企业应尽量多种公示方式并举,以确保各时期全体员工的全覆盖;同时,无论采取哪一种公示方式,企业都要力求有明确的书面记录,并做好相关证据的保存工作,如会议纪要、员工签名等;通过发送电子邮件进行公示的,则需保存电子邮件发送记录,同时要事先以入职信息登记表或其他方式确认员工的联系邮箱真实、有效。

二、案例及分析

(一)基本案情

曲某与上海和平饭店有限公司劳动合同纠纷案①

曲某于1993年8月进入和平饭店工作。2008年9月30日,曲某与和平饭店签订了无固定期限劳动合同,约定曲某担任饭店行李员,平均月工资人民币3500元(税后)。2012年2月14日,安保部员工举报,曲某及朱某在2月12日凌晨2点左右进入饭店厨房,偷拿饭店物品。事后,曲某写下关于该行为的书面认识,承认关于偷拿苹果的事实。2012年2月23日,和平饭店管理层以备忘录形式致函饭店总经理和工会代

---

① 参见(2012)沪二中民三(民)终字第1307号民事判决书。

表，认为经过调查，确认曲某、朱某两名员工在未经许可的情况下从酒店营运场所窃取了一些物品带出去，且通过监控录像看到两名员工未按规定走员工通道，未经申报即擅自带入酒店私人物品和带出酒店的物品，且在调查过程中，两名员工缺乏诚信及对酒店的尊重，因此要求将两名涉事员工撤离酒店或除名。同年3月15日，和平饭店根据《员工手册》第8章第3条第2款之规定，以曲某严重违纪解除劳动合同（和平饭店职工代表大会审议通过的《员工手册》第8章第3条第2款规定："有偷窃或贪污饭店、客人、员工的物品、钱物等行为的，作解除劳动合同辞退处理。"第8章第2条第4款第2项规定："私自使用客用设施和物品，吃喝饭店食品饮料的，记违纪过失4分。"）。

曲某不服处理决定，起诉要求判令和平饭店自2012年3月16日起恢复与曲某之间的劳动关系，并以税后月薪3500元标准支付曲某仲裁、诉讼期间的工资。

(二) 双方观点及法院观点

双方观点

曲某认为，自己于2012年2月12日凌晨当班期间，因感饥饿，路经厨房时就进去拿了两个苹果充饥，但苹果价值较低，故该行为不应构成偷窃，且事后也写了书面认识，表示愿意接受合理处罚。根据和平饭店《员工手册》第8章违纪处理规则第2条第4款第2项"私自使用客用设施和物品，吃喝饭店食品饮料的"的规定，曲某仅应记违纪过失4分，但和平饭店直接以曲某偷窃饭店物品作出违纪辞退处理，处罚明显过重。

和平饭店认为，和平饭店是一家高星级酒店，现由锦江费尔蒙酒店管理公司参照外资方式进行管理。曲某作为公司老员工，应熟知饭店各项规章制度和管理要求，但曲某仍多次发生使用非员工通道，将私人物品带入工作岗位，上班时间离开岗位等情况。尤其在2012年2月12日凌晨2点左右，曲某与朱某离开工作岗位，擅自进入厨房重地偷拿酒店食品，构成偷窃，此有员工举报笔录、视频资料及曲某本人的书面认可予以证明，事实清楚，证据确凿。故和平饭店依据《员工手册》，并在征得饭店工会同意的情况下与曲某解除劳动合同，符合法律规定。对偷窃酒店以及客人、员工财产物品行为实行零容忍制度是酒店行业的惯例。外资管理方若不严格管理，则无法维护企业资产（价值观）和规章制度。

法院观点

本案的争议焦点有三：

(1) 规章制度之定性。根据《劳动合同法》第 4 条的规定，用人单位应当依法建立和完善劳动规章制度，保障劳动者享有劳动权利、履行劳动义务。用人单位在制定、修改或者决定有关劳动报酬、工作时间、休息休假、劳动安全卫生、保险福利、职工培训、劳动纪律以及劳动定额管理等直接涉及劳动者切身利益的规章制度或者重大事项时，应当经职工代表大会或者全体职工讨论，提出方案和意见，与工会或者职工代表平等协商确定。用人单位应当将直接涉及劳动者切身利益的规章制度和重大事项决定公示，或者告知劳动者。本案中，和平饭店制定的规章制度在制定过程中邀请职工代表或工会代表参加，通过民主协商充分听取劳动者的利益诉求。特别是在制定像解雇这种事关劳动者切身利益的重大条款时，广泛征求意见后经职工代表大会讨论，程序合法。和平饭店在与员工签订劳动合同时将《员工手册》作为劳动合同附件向劳动者告知，曲某予以签收确认，可作为本案处理之依据。

(2) 单位对于规章制度具有解释权。规章制度究其实质，是用人单位为统一劳动条件而制定。其形式符合格式条款的特点，即由用人单位事先拟订，将个别劳动合同的共同内容加以体系化、定型化而成，是对劳动过程中职工行为的规范。但是，由于行为的多样性，规章制度无法做到面面俱到，穷尽所有行为规范。因此，劳动者发生违纪行为时，对于规章制度条款的适用，用人单位可以根据制定的目的、适用的对象，结合企业的经营特点、运作规范、实际情况予以解释。案件讼争的《员工手册》附则中，明确载明该手册于 2003 年 2 月 18 日经四届三次职工代表大会通过，由人力资源部负责解释。曲某对此亦无异议。

(3) 法院对于规章制度解释的合理性应当予以审查。为防止用人单位以强势地位滥用解释权，法院仍需审查认定其解释的合理性、必要性，以平衡用人单位的生产经营需要与劳动者的合法权益保护。和平饭店将《员工手册》第 8 章第 2 条第 4 款第 2 项适用对象解释为，可以利用职务之便控制或接触饭店食品饮料或客房设施及物品的员工，诸如餐厅服务员、厨师、客房服务员，而第 8 章第 3 条第 2 款规定系指秘密窃取他人钱物的行为。曲某认为，此系用人单位任意解释，《员工手册》的条款应当适用任何员工。对此，法院认为，酒店通过事先制定的规章制度来衡量员工的工作和行为，以期达到酒店统一的服务标准和统一的行为规范，而星级酒店标准的评定就是在不同档次下的服务标准化，制度才能形成为酒店的标准，是监督和检查的依据；用人单位分层次地界定和规制各种不同形态的惩戒，为诸如可能存有职务便利的员工设定相应条款，更具有合理性。考察《员工手册》前述争议条款,第 8 章第 2 条第 4 款第 2 项针对利用自己的职务便利对于业已合法取得或控制的财物予以擅用的员工,而第 3 条第 2 款则针对以非法占有为目的对于他人的财物予以取得的员工,主观恶性及故意均不同;根据条款所相对应的后果亦可见,前者仅作扣分处理,而后者属严重违纪作解除合同辞退处理。故和平饭店对争议条款的解释合理,符合该酒店作为五星涉外场所对员工的基本要求。

综上,根据《劳动合同法》的规定,劳动者严重违反用人单位的规章制度的,用人单位可以解除劳动合同,是否违纪应当以劳动者本人有义务遵循的劳动纪律及用人单位规章制度为准;违纪是否严重,一般应当以劳动法律法规所规定的限度和用人单位内部规章制度关于严重违纪行为的具体规定作为衡量标准。曲某自 1993 年工作起,已在和平饭店工作达 19 年之久,系和平饭店的老员工,理当恪守《员工手册》的相关规定,率先垂范,但其无视相关规定,随意使用非员工通道,疏于律己;尤其于深夜进入厨房擅取食品一节,故意程度严重。物品贵贱,违纪程度的轻重并不改变行为本身的性质。和平饭店系五星酒店,为提升酒店品质、提高管理水平而制定严格的规章制度属于依法行使管理权。现饭店根据曲某之表现,决定解除与其劳动合同,于法无悖,应予支持。

(三) HR、法务、律师三方观点

HR 观点

每一个企业都有自己的核心价值观和文化,并期待将之转化为员工日常的行为规范和职业道德规范。这属于人力资源体系中的企业文化建设模块,其中包含雇主美誉度、员工满意度、员工关系以及企业民主管理等内容。

然而,在实践中,我们看到多数 HR 比较忽略这一模块的工作,他们认为较之日常事务的管理而言,企业文化建设比较抽象,也非那么急迫。即使有些 HR 想做,却只停留在企业单方面的宣传、单方面的教育上。

在本案中,法庭支持了和平饭店为维护五星级酒店而实施的严格管理制度的解释,对曲某的错误采取零容忍。同时,法院也确认和平饭店设立规章制度过程中的民主程序基本完善,曲某是在知晓规章制度的前提下违规的,从而法院最终判决,对曲某违纪解除劳动关系有效。然而,法院的判决只是彰显了法律的底线。企业经营特别是企业文化的建设,如果只停留在法律底线上,是远远不够的。

本案由此带出了一个课题,那就是企业的核心价值观究竟如何才能深入人心。和平饭店在严刑峻法的管理制度背后,是否让企业员工认识到企业的质量和美誉度与每

一位员工的切身利益有关？是否让员工拥有作为五星级酒店一员的自豪感和获得感？

本案中的酒店对员工福利、员工关爱做得如何，不得而知，但如果能为夜班工人安排消夜，可能在提升人性化管理的同时，也能杜绝为饥饿而小偷小摸。至于走不走员工通道，可以提前告知和及时纠正，以监控的技术手段帮助员工时刻提醒规范自己的行为。

法务观点

《劳动合同法》第4条对于用人单位规章制度的程序合法性要求可以概括为"民主程序"＋"公示"。2008年后制定或者修订的规章制度，尤其是关乎员工劳动报酬、工作时间、休息休假、劳动安全卫生、保险福利、职工培训、劳动纪律等核心权益的规章制度。

所谓"民主流程"，根据法规原文是指"经职工代表大会或者全体职工讨论，提出方案和意见，与工会或者职工代表平等协商确定"。需要明确的是：首先，法律要求是"协商确定"而非"协商一致确定"，换言之，民主协商重点强调的是公司在政策制定、修订过程中对员工意见的征询和听取，而非如同签订集体合同一样必须双方签字盖章达成一致（当然，不排除个案中因员工方/工会的强势而导致相关规章制度非经工会同意无法出台的情形）。其次，对于没有成立工会和职代会的公司，如果能通过其他手段，比如职工代表座谈、公开征求意见等形式证明其在规章制度制定修订过程中已经合理充分地征求了员工意见，未尝不能满足"民主流程"的法律要求。

至于经民主流程制定的规章制度如何向员工"公示"，除了员工签收，还可采取发送电邮、安排培训、贴布告栏等多种形式。具体采取何种公示形式应视公司具体情形而定，唯应注意能否以书面记录体现该等"公示"发生于何时何地，以备争议发生时证明之需。

实践中，一旦发生争议，像劳动纪律这种规章制度尤其易遭到合法性、合理性方面的质疑。即使公司在"民主流程"＋"公示"方面无可挑剔，就某员工行为应适用处分条款A还是处分条款B？特定处分程度是否过度？考虑到个案情形不同，可能并不存在放之四海而皆准的答案。公司应当加强对员工（尤其是主管）的劳动纪律培训和后续教育，通过及时、适度的干预，避免小错酿成大祸，以及引发不必要的劳动争议。

律师观点

本案的争议焦点在于，曲某的行为能否适用和平饭店的《员工手册》？如果适用，应该适用其第8章第3条第2款之规定还是第8章第2条第4款第2项之规定？

从本案的判决理由来看，法院在审查规章制度能否作为处理员工不当行为的依据时，主要从以下两个方面进行考量：

首先，规章制度是否依法建立。根据《劳动合同法》及相关规定，依法经民主程序制定且经公示或告知员工本人的规章制度能作为处理劳动者的依据。本案中，和平饭店制定的规章制度在制定过程中充分听取了劳动者的利益诉求，广泛征求了劳动者的意见，制定程序合法；且和平饭店在与曲某签订劳动合同时将《员工手册》作为劳动合同附件向曲某进行了告知，曲某亦予以确认签收。因此，该规章制度可作为本案处理之依据。

其次，规章制度内容的合理性。如果说程序合法是规章制度能够合法有效适用的必要条件，那么加上内容的合理性才能构成充要条件。换言之，如果规章制度具备合法性与有效性，那么其内容设计必定应当是合理的。

本案中，单独审视偷窃两个苹果的行为看似轻微，但结合该行为所实际发生的用人单位的行业性质、经营特点等实际情况，可以发现这一行为发生在一家五星级酒店的厨房所可能造成的后果是严重的，如对厨房食品安全造成的隐患、对酒店品牌形象造成的破坏等。而如果同样的行为发生在工厂车间里，我们则认为行为的严重程度可能要轻得多。因此，企业规章制度的内容设计应紧密结合企业的自身特点、行业特点等因素综合考量，强化合理性。同时，在适用相关条款的过程中，用人单位同样应结合自身经营特点和企业实际情况对条款的内涵和外延作极尽周延的解释，争取做到让劳动者理解，让法官信服。

[类似案例]

瓦克化学（南京）有限公司与杨荣祥劳动合同纠纷案((2015)宁民终字第5706号)

[思考题]

➢ 集团公司规章制度如何履行民主程序？如何适用于下属企业？

第二节 绩效考核

一、背景知识

作为企业人力资源管理的重要一环,绩效考核旨在通过考核员工绩效,实现员工的优胜劣汰,促进企业发展。一方面,绩效考核在提升员工素质、提高工作效率、实现企业有效管理等方面发挥着巨大的作用;另一方面,由于绩效考核直接影响企业对于员工的奖惩,与员工的经济利益息息相关,因此在劳动法领域常常备受争议。考核制度的合法性与合理性、考核过程的客观性与公正性、考核结果的科学性与公平性等问题都极易成为引发劳动争议的导火索。

通常来讲,从劳动法视角看,绩效考核可以分为试用期阶段的考核和正式合同阶段的考核两部分。由于试用期考核在本书第二章已有涉及,故本节内容主要围绕正式合同阶段的绩效考核展开。

(一)法律制度

对于绩效考核,除《劳动法》[①]和《劳动合同法》[②]中规定了企业有权在员工不能胜任工作的情况下对其进行培训或调整工作岗位外,相关法律法规并无直接规定。对于时常与其一并出现的"末位淘汰",相关司法实践中常被提及,故此处主要针对"末位淘汰"相关规定作一简单梳理。

早在2011年,《最高人民法院关于印发〈全国民事审判工作会议纪要〉的通知》(法办〔2011〕442号)中就规定,通过"末位淘汰"或"竞争上岗"的方式解除劳动合同的做法违法。[③] 紧接着,2012年颁布的《最高人民法院关于审理劳动争议案件适用法律若干问题的解释(四)(征求意见稿)》第16条进一步明确:"劳动合同存续期间,劳动者不符合劳动合同法第四十条第(一)项、第(二)项规定的情形,用人单位通过'末位淘汰'等形式单方解除劳动合同,劳动者以用人单位违法解除劳动合同

[①] 《劳动法》第26条规定:"有下列情形之一的,用人单位可以解除劳动合同,但是应当提前三十日以书面形式通知劳动者本人:……(二)劳动者不能胜任工作,经过培训或者调整工作岗位,仍不能胜任工作的"。

[②] 《劳动合同法》第40条规定:"有下列情形之一的,用人单位提前三十日以书面形式通知劳动者本人或者额外支付劳动者一个月工资后,可以解除劳动合同:……(二)劳动者不能胜任工作,经过培训或者调整工作岗位,仍不能胜任工作的。"

[③] 《最高人民法院关于印发〈全国民事审判工作会议纪要〉的通知》第58条规定:"用人单位在劳动合同期内通过'末位淘汰'或者'竞争上岗'等形式单方解除劳动合同,劳动者以用人单位违法解除劳动合同为由,请求用人单位继续履行劳动合同或者支付赔偿金的,应予支持。"

为由，请求用人单位支付赔偿金的，人民法院应予支持。"

2016年发布的《第八次全国法院民事商事审判工作会议（民事部分）纪要》再次强调："用人单位在劳动合同期限内通过'末位淘汰'或'竞争上岗'等形式单方解除劳动合同，劳动者可以用人单位违法解除劳动合同为由，请求用人单位继续履行劳动合同或者支付赔偿金。"这无疑又一次为企业敲响警钟："末位淘汰有风险，竞争上岗须谨慎"。但是，是否如某些观点所称"末位淘汰"和"竞争上岗"一定违法，会议纪要并未给出明确的答案。

总体而言，立法对于"末位淘汰"所持态度比较暧昧，虽曾多次强调企业以"末位淘汰"的方式单方解除劳动合同的行为违法，但笔者以为这主要是针对缺乏科学合理的考核依据而单凭考核排名就作出解除行为的做法而言的。如果企业确实能够证明员工不能胜任工作，且经培训或调整工作岗位仍不能胜任工作，即便企业使用了"末位淘汰"制度解除劳动合同，也不能简单认定为违法。由于实践操作的复杂性，"末位淘汰"和"竞争上岗"一直处于灰色状态，关键还在于应对不能胜任规定作全面理解和优化操作方案。

（二）管理相关知识

绩效考核是员工在企业里实现个人发展的重要依据，也有助于管理者更加清晰全面地掌握企业中每个员工的工作业绩。通过绩效考核，企业能够实现一系列具体的管理目的，如检查并改进员工现有的工作绩效，及时对不胜任员工进行绩效改进或调岗；为员工晋升和加薪提供依据；确定企业员工培训投入等。因此，无论企业所属何种行业、规模大小，都应当积极建立并严格推行绩效考核制度。

人力资源管理实践中，企业采用的考核方法通常包括：目标考核法、KPI（Key Performance Indicator，即关键绩效指标）考核法、BSC（Balanced Score Card，即平衡计分卡）考核法、360度（全视角）考核法、岗位职责考核法、VPG（Virtual Project Group，即虚拟项目组）考核法。① 由于不同的考核方法适用于不同的考核体系，考核的重点也不尽相同，因此，在具体实施过程中，企业往往会根据自身经营管理的需要结合不同类别员工的特点选择不同的考核办法。本书仅选取其中比较常用的几种进行介绍。

1. 目标考核法

目标考核法主要围绕团队年度任务目标和岗位职责目标进行考核，目标的设定要

---

① 参见王伟杰、侯世霞、周潮、李仁军：《从0到1——优秀HR实战手册》，中国宇航出版社2016年版，第115—120页。

符合 SMART 规则。其中,"S"代表"specific"(明确的)、"M"代表"measurable"(可衡量的)、"A"代表"action orientation"(目标完成过程)、"R"代表"realistic"(现实的)、"T"代表"timebound"(时限性)。

目标考核之前,需要完成以下几个步骤:

(1) 各部门形成团队以及岗位工作目标。

(2) 员工各自制定自己的工作目标,同时形成行动计划、衡量标准,并预设完成时间。

(3) 主管和下属讨论并达成共识。

(4) 确定工作目标协议,由公司和部门经理、部门经理和员工分别签订。

(5) 明确考核标准和时间。

2. KPI 考核法

KPI 考核法主要是指对公司或组织运作过程中关键成功要素进行考核的方法。这种考核方法能够聚焦于最重要的考核指标,立足于企业的长远目标控制岗位和部门的工作过程,使部门、个人的运作与企业的长期发展紧密结合。基于这一目标,该考核方法侧重于从战略指标开始将企业政策目标逐层分解,在部门层面形成关键考核指标的基础上继续进一步细化,并最终落实于员工个人的考核指标。其操作流程具体如下:

(1) 通过分析企业业务重点,找出其中的关键业绩指标,即确定企业层面的 KPI。

(2) 各部门主管从企业层面的 KPI 中获取部门层面的 KPI,建立部门评价指标体系。

(3) 部门主管和员工在部门层面的 KPI 上进一步细化,确定员工考核的要素和依据。

(4) 设定评价标准。如果说 KPI 是指从哪些方面衡量或评价工作业绩,主要解决"评价什么"的问题,那么评价标准就是指不同指标上应该达到何种水平,解决的是"被评价者应该怎么做"的问题。

(5) 审核 KPI,确保已经确定的指标能够全面客观地反映被评价者的绩效情况。[①]

(三) 实务操作难点

绩效考核的实务操作难点在于没有标准。绩效考核作为企业人力资源管理的重要工具,在实践操作中由于企业形态、战略目标、管理文化、外部竞争等多方面的因素而形成纷繁多样的考核内容和考核形式。因此,在绩效考核所引发的争议处理中,仲

[①] 参见王伟杰、侯世霞、周潮、李仁军:《从 0 到 1——优秀 HR 实战手册》,中国宇航出版社 2016 年版,第 115—117 页。

裁和审判机关都难以找到客观的标准来判定企业的绩效考核做法是否合法或者合理。

即便如此，我们还是可以从大量的司法实践和人力资源管理的实践出发，梳理出绩效考核的要点、难点，供企业管理者在实务操作中参考。

1. 考核目标的合理性

不能胜任是指劳动者的表现不能达到工作的要求，表现为劳动者"力所不能及"。但是，每个劳动者个体是有差异的，能力、经验、资源乃至运气都会对最终的工作成果产生影响。因此，以怎样的标准确定考核目标是劳动者应当能够完成的工作目标，是管理与法律都面临的难题。

在劳动部《关于〈劳动法〉若干条文的说明》中，"不能胜任工作"是指不能按要求完成劳动合同中约定的任务或者同工种、同岗位人员的工作量。用人单位不得故意提高定额标准，使劳动者无法完成。

但是，这个规定在实践操作中还是显得过于原则。譬如规定中所指"同岗位人员的工作量"，是以同岗位第一名作为衡量标准还是以同岗位最后一名作为衡量标准呢？另外，同岗位比较如果可行，比较下来列末位的是否可以被认定为不胜任呢？

2. 目标任务的合意性

如前文所涉规定所指，"不能按要求完成劳动合同中约定的任务"是一个比较清晰的评判标准，因此，在司法实践中，用人单位与劳动者双方是否对考核目标任务有清晰的约定或者实际履行的合意，往往成为案件的关键所在。

但是，很多时候我们也不能过度迷信劳动关系状态下的合意，因为劳动关系的履行需要劳动者放弃一部分的自主意志，在工作中的所谓合意，是一种相对的具有劳动关系依附性的合意，并不同于平等主体间的合意。因此，在合意的前提下，目标任务的合理性还是一个非常重要的衡量因素。

3. 考核方法的公正性

在绩效管理中，只要目标任务合理，通常达成合意也并不是很难的事情，毕竟企业有经营管理权，用人单位和劳动者双方对未来都应有期待。但是，一旦业绩呈现，如何考核以得出最终的绩效评估结果，似乎就成了一个永远没有正确选择的问题。

管理可以无相，但是一旦发生纠纷，裁判者却必须作出评判，因此，如何让第三方仲裁员、法官认同考核方法的公正性，就成为争议处理的焦点问题。这并非中国司法实践的特色，而是一个世界性的共同难题。自美国于1964年通过《民权法案》第七章以来，法院一直重视绩效评价与人事决策之间的联系。法官们发现，企业的很多非法歧视行动的根源就在于其绩效评价系统本身存在缺陷。①

根据司法实践的经验，我们建议在绩效考核中避免完全的主观判断、单一的评价人以及暗箱操作，这些都是绩效考核管理的大忌，也不被法律所认可。

此外，对于绩效考核不合格，很多企业会采用 PIP 对绩效不佳的员工进行管理。需要注意的是，无论企业的 PIP 如何变化，都应当符合劳动法对企业的基本要求。因此，劳动法上常见的绩效改进方式有调岗和培训两种。

（1）关于调岗

根据《劳动合同法》第 40 条的规定，企业对于不能胜任工作的员工有权进行调岗。但需要注意，首先，岗位调整应当具有合理性，既要与员工的原工作岗位存在一定的关联性，又要与员工的工作能力相适应。举例来说，部门经理经考核未满足岗位要求，企业如果将其调整为保安显然是欠缺合理性的，将其调整为副经理则更为稳妥。

其次，企业应当完善规章制度，对于员工拒绝合理调岗的行为进行规制。由于此种情况下的调岗往往是将员工从原职位调整到一个相对较低的职位，极有可能遭到员工的拒绝，如果企业对此缺少相应的制度进行规范，不仅员工管理将陷入僵局，绩效考核的权威性也会受到损害。因此，企业应当通过制度明确绩效考核后拒绝依法调岗的后果，如视为严重违纪等。

（2）关于培训

相对于调岗来说，培训是一种相对温和的绩效改进方式。对于绩效考核未达标的员工开展培训应注意以下几个方面：首先，培训内容应当与员工的考核结果中暴露出的问题有关，即培训应当是有针对性的。其次，培训形式和培训期间的待遇应当事先在考核制度中进行明确规定。比如，培训的方式可以为在岗培训或离岗培训，培训期间的待遇一般视为出勤，也可由企业和员工自行约定。最后，培训应当留存培训记录或相关材料，以便作为日后奖惩的依据。

二、案例及分析

（一）基本案情

陈某劳动合同纠纷案②

陈某于 2013 年 9 月 16 日入职 FD 公司，双方签订了期限自 2013 年 9 月 16 日至

---

① 参见〔美〕加里·德斯勒：《人力资源管理》，刘昕译，中国人民大学出版社 2017 年版，第 327 页。
② 参见（2017）沪 01 民终 2416 号民事判决书。

2016年9月16日的劳动合同。该合同约定陈某从事"证券投资"工作；月工资为33360元，其中50%按月发放，另50%根据陈某对公司的业绩贡献和公司效益指标完成情况考核发放。

2014年3月15日，FD公司出台《2014年经济责任制考核方案试行稿》，规定了绩效工资，以月薪基数的30%作为绩效工资，按照管理人员所挂靠的经营指标考核兑现等内容。

2015年6月26日，FD公司的母公司向上级集团提交了题为《关于上海FD 2014年利润提奖及发放事项的备案报告》的文件。文件内容称，根据2014年利润完成情况及考核结果，FD公司拟进行利润提奖，计划发放奖金总额为2467956.5元，此次发放2171801.74元，涉及的人员有5人，剩余296154.76元留作对陈某2015年完成任务时的奖励。

2016年3月8日，A公司向FD公司发布题为《关于上海FD 2015年利润奖励考核事宜的批复》。内容为，根据2015年FD公司利润、奖励提取及分配方案，经核算，完成考核利润率为21.04%，根据《关于对上海FD利润奖励提取及分配方案》的规定，FD公司未达到利润奖励提取的条件，因此，全面否决FD公司申请的2015年度利润奖励，不予提取利润奖励。

2016年1月22日，陈某向上海市黄浦区劳动人事争议仲裁委员会提出仲裁申请，要求裁令FD公司支付：陈某2014年度、2015年度奖金差额以及2015年度任务奖金等。

（二）双方观点及法院观点

双方观点

陈某认为，如何发放案涉业绩奖金虽属FD公司经营自主权范围，但相关规则一旦确立，该公司就应按规则核发。2014年度的利润提奖规则已确定为按照考核利润的完成率提取相应比例。而FD公司在计算2014年度提奖金额时以1892万元的利润代替了3900.11万元的真实利润，导致差额，应予补足。虽然他曾担任FD公司副总经理，基于该公司内部管理流程签发利润提取分配方案，但在签发该建议时，上市公司年报并未公开，他是基于财务部门提供的数据签发的相关方案。数据错误不应因其签发行为而正确，且其行为亦不应影响其他劳动者的奖金收益。他基于之前年度利润提奖比例，依据FD公司2015年度利润主张该年度业绩奖金依法有据。FD公司将案涉296154.76元留作对他2015年完成任务的奖励，但该公司并未就设立目标以及该目标未完成等事实提供证据证明，故应承担不利后果。

FD公司认为，业绩奖金系所有者权益的利润提奖，不属于劳动报酬中的奖金，劳动者无权对公司利润提出主张。考核利润和营业利润不同，考核利润是投资者的自主权利，不必与年报数额一致，陈某按照年报利润来主张奖金差额并无依据。陈某作为签发2014年度案涉利润提取分配方案的副总经理，主持该年度日常工作，完全知悉财务数据。2015年度利润奖励考核方案并未得到上级公司的批准，陈某按照2014年度的相关标准主张该年度的业绩奖金并无依据。陈某的相关绩效不符合公司要求，任务奖金不应支付。

法院观点

奖金并非双方劳动合同约定内容，如何发放归属用人单位经营管理自主权。根据前述文件内容，该奖金的核定为根据利润而计提一定比例。双方当事人对计提利润的基数产生争议，陈某主张应按照公布的年报利润，FD公司则主张应按经上级公司批准的考核利润计，而相关文件并未对利润的含义进行解释。因损益认定以及成本核算等会计准则或处理方法的不同，"利润"的数额也会发生变化。基于此，FD公司按照内部的考核利润来计提双方劳动合同约定之外的2014年度业绩奖金，并无不当。且陈某时任FD公司的副总经理，案涉计提利润的方案由其签发，现其再以年报利润为基数主张业绩奖金差额，缺乏明确依据，本院难以采纳。

根据查明事实，所涉款项（金额为296154.76元）来源于FD公司根据2014年度利润已计提的奖金，用以留作对陈某2015年度完成任务时的奖励。故FD公司于2015年度有义务安排陈某从事具体工作任务，以考量该款项的支付条件是否成就。如前所述，FD公司未能提供证据证明2015年度考核依据以及曾对陈某进行考核；且该公司于庭审中曾表示陈某于调岗后仍正常工作。基于此，FD公司虽主张陈某未完成该年度工作任务，支付该款项之条件不成就，但未能提供证据予以证明，本院不予采信，视为该款项的支付条件已然成就，故FD公司应支付陈某2015年度任务奖金296154.76元。

（三）HR、法务、律师三方观点

HR观点

本案中有一句法院判词耐人寻味：奖金并非双方劳动合同约定内容，如何发放归属用人单位经营管理自主权。处在激烈行业竞争中的HR对这一法律精神的态度，感觉就是奢侈品般的存在。因为激烈的行业竞争背后其实就是产品战、价格战、人才战。求贤若渴的企业往往主动抛出各种吸引人才的橄榄枝，奖金便是其中之一。更有甚者，一些高管"空降兵"入职前，还有入职资金及跳槽损失的补偿津贴。

当然，在奖金个性化发放的同时，HR也热衷于把各种奖励提高到全员共享的制度层面。在互联网信息快速传播的今天，每当年关将至，各企业员工在朋友圈里晒出的年终奖额度及花样，也是一场无硝烟的年终奖大战。擅长营销的强势企业，以此来招揽网罗天下人才。故关于奖金，已非有和无的问题，而是如何分配、发放的问题。

本案中，陈某在FD公司身居要职，涉及他个人奖金分配的书面约定，有他个人的劳动合同和考评草案及向上级公司提交的利润提奖方案等，均有据可查。不过，从专业的眼光看，该企业的奖金发放约定尚不完善。

企业奖金制度应包含如下几个要素：奖金发放目的；奖金发放类型和适用对象（含离退职人员的适用性约定）；奖金发放的时间表（一次性发放还是多次发放）；奖金计提方式（奖金源泉）；奖金考评维度、权重及具体计算公式；奖金所得税承担约定；奖金的保密承诺等。

HR有句专业术语："没有约定就没有评定。"奖励是一件促进士气、提高公司业绩的重要工作，如果一个企业的利益分享机制含糊不清，那么员工会被正向激励还是被反向激励，可想而知了。

法务观点

与最低工资等项目不同，奖金并不属于公司对员工必须承担的法定义务，但是实操中，大多数公司的工资结构中除了基本工资之外多半会包括奖金项目。至于奖金的计算和发放标准，则需参照公司相关奖金政策，或者双方关于奖金的约定。如果是奖金政策，其内容的制定和修订依法必须通过"民主流程"＋"公示"，才对相关员工具备约束力；奖金协议的生效则取决于员工、公司的双方书面同意。

具体到高管奖金，公司可以根据实际情况决定采取"规章制度"或者"个人协议"任意一种形式。当然，因为高管奖金的适用人群范围较小，计算发放标准较普通员工区别较大，出于薪资保密的需要，并不适合向相关员工以外的人群披露详情。实操中很多公司因此更倾向于采用"奖金指南＋个人协议"的形式，将较敏感的信息（如个人奖金目标、绩效指标、计算方式等）放入协议，让相关员工定期（比如按年度）签署确认。

除此之外，通常公司会就奖金的支付制定各种限制条件。比如，"在约定的奖金支付日之前辞职的员工无权获得任何奖金"以及"因严重违纪被解雇的员工无权获得任何奖金"就是很常见的做法。这些支付条件能否生效取决于很多因素。除去个案特殊情形不谈,一般而言,为了规避风险,首先,公司应将该等支付条件在相关奖金政策或协议中予以书面明确,且能证明员工知悉并同意遵守相关条件。其次,明确相关奖金的性质。在有些地方的司法实践中,若奖金之设立并非仅限于对员工绩效的奖励,还具备对员工留任的激励性质,则公司关于"奖金发放时在职"的支付条件,其合理性更容易获得仲裁委和法院的支持。

律师观点

本案的争议焦点有三:一是考核奖金的发放依据;二是考核奖金的发放条件;三是考核奖金的计算依据。这三点也基本涵盖了绩效考核奖金发放类劳动争议案件中的常见争议点。

(1) 关于发放依据。也就是劳动者主张绩效奖金的依据,包括"已约定"和"未约定"两种情况。如果用人单位与劳动者对绩效奖金未作出约定,就意味着劳动者对于绩效工资的主张并无依据。正如本案中的"法院认为"所述,由于绩效奖金如何发放归属用人单位经营管理自主权,并非法律强制性义务,发放依据主要以双方约定为准,故用人单位可以双方未作出相关约定进行抗辩。

(2) 关于发放条件。如果用人单位确实与劳动者约定了绩效奖金,则用人单位可以劳动者未达到发放条件进行抗辩,具体包括支付周期未满和出现排除性条件等情形。因此,建议用人单位与劳动者明确约定绩效奖金的发放周期,如以季度或半年为一个考核周期;同时,约定奖金发放的排除情形,如考核不合格、提前离职、严重违纪以及长期病、事假等情况。

(3) 关于计算依据。如果说发放依据解决的是"发不发"的问题,那么计算依据解决的则是"发多少"的问题。如果劳动者确实符合发放条件,用人单位应按照约定发放绩效奖金。但是,在计算依据上,用人单位可以从以下两个方面对劳动者主张的数额进行抗辩或纠正:① 如果用人单位对于绩效奖金的计算方式已经作出过明确规定——通常依据考核结果确定,那么绩效奖金数额的确定应严格建立在考核结果之上,用人单位可对此作出有关计算基数、计算方法、计算公式等内容的详细说明。需要注意的是,如果考核内容涉及定性考核,由于定性考核主要依据主观判断,缺少客观依据,因此要特别注意考核方法和考核标准的合理性,力求考核结果公正、客观,并要求劳动者及时对考核结果进行签字确认。② 如果用人单位未对绩效奖金的计算方式作出明确规定,可以参照以往的发放惯例或者相同、相近岗位的绩效奖金数额。

[类似案例]

陈东祁与史带财产保险股份有限公司劳动合同纠纷案((2015)浦民一(民)初字第17161号)

[思考题]

➢ 绩效考核办法如何制定方才有效?

第三节 违纪惩戒

一、背景知识

(一) 法律制度

"违纪",即违反劳动纪律,作为《劳动合同法》中规定的少数几种企业可以单方解除劳动合同的情形之一,是指在员工严重违反须当然遵守的劳动纪律与企业规章制度的前提下,企业无须向其支付经济补偿金即可单方解除劳动合同的行为。或许有人会疑惑,《劳动合同法》中规定的明明是"严重违反用人单位的规章制度",何来"违纪"呢?"劳动纪律"和"规章制度"之间有什么区别,又存在何种联系?

有关"违纪"的概念最早出现于20世纪80年代初颁布的《企业职工奖惩条例》,其中规定,"职工违反劳动纪律,经常迟到、早退、旷工、消极怠工,没有完成生产任务或者工作任务,经批评教育不改的,企业应当分别情况给予行政处分或者经济处罚"。结合《企业职工奖惩条例》颁布的背景与该条款的表述,我们不难看出,"违纪"作为一种对于员工不遵守企业劳动规范的定性,最早主要是通过行政处分的手段进行规制。与之相类似的还有《国营企业辞退违纪职工暂行规定》,其中同样明确,对于严重违反劳动纪律,影响生产、工作秩序的职工,经过教育或行政处分仍然无效的,可以辞退。

伴随着国企转制的完成,劳动关系的行政化管理逐渐被淘汰,取而代之的是现代化的企业管理手段。然而,《劳动法》仍残余部分行政管理的影子,如该法第25条明确规定:"劳动者有下列情形之一的,用人单位可以解除劳动合同:……(二)严重违反劳动纪律或者用人单位规章制度的;……"此处再次提到了"劳动纪律"的概念。《关于〈劳动法〉若干条文的说明》第25条同时明确:"本条中'严重违反劳动纪律'的行为,可根据《企业职工奖惩条例》和《国营企业辞退违纪职工暂行规定》等有关法规认定。"这说明,以《劳动法》为依据,企业可以"严重违反用人单位的劳动纪律"或"严重违反用人单位的规章制度"为由解除劳动合同。

以严格的解雇保护为宗旨，《劳动合同法》进一步收紧了企业单方解除劳动合同的条件，删除了企业可以劳动者违反劳动纪律为由解除劳动合同的规定，把"严重违反用人单位的规章制度"作为"严重违纪"的唯一情形。① 自此，"劳动纪律"更多地成为一个历史名词，除劳动者必须遵循的法定义务，如不旷工、完成工作任务外，大部分有关劳动者"违纪"情形的认定以企业规章制度中的规定为准。《企业职工奖惩条例》和《国营企业辞退违纪职工暂行规定》里规定的类似于"服务态度很差，经常与顾客吵架或损害消费者利益的；不服从正常调动的；贪污、盗窃、赌博、营私舞弊，不够刑事处分的；无理取闹，打架斗殴，严重影响社会秩序的"等情形不再当然地作为企业可以单方解除劳动合同的法定事由。

但这是不是意味着对这些违反劳动纪律的行为，企业根据《劳动合同法》就不能加以处罚或者解除劳动合同呢？显然不能作此理解。这些违反劳动纪律的行为本身的性质并没有改变，是属于劳动者有过错、不正当履行劳动关系的行为，只不过在历史上，国有企业可以根据《企业职工奖惩条例》和《国营企业辞退违纪职工暂行规定》直接作出处罚，而不必有企业规章制度依据；而今，则需要企业建立规章制度来作为处罚的依据。

当然，这里也有一个悖论，就是在企业制定完成合法有效的规章制度之前，对于类似的行为企业就不能进行处罚了吗？关于这一点，在司法实践中，对于企业以严重违纪为由解除劳动合同的行为，仲裁机构和法院的认定和态度还是具有一定弹性的。

（二）管理相关知识

在企业管理过程中，惩戒是必要的管理措施。但是，不公平的惩戒往往适得其反，不仅不能制裁员工和纠正员工的行为，更会破坏公司所营造的公平的工作环境。因此，在管理上，决定和实施惩戒的过程应当是经过深思熟虑和严格遵循流程的。

在西方人力资源管理学中，特别强调企业惩戒的合规性，以免引发代价高昂的诉讼。对企业来说，通行的公平惩戒指南包括：确保有证据支持你对员工错误行为的指控；确保保护员工的正当程序权；向员工指出过其不端行为可能导致的后果；宣称员工违反的那些规定应该与工作环境的有效和安全运行"存在合理联系"；在实施惩戒之前，对事件进行公正且充分的调查；调查行动应当能够得到员工存在大量不当行为的证据；公正无私地运用所有的规则、命令和惩戒措施；赋予员工寻求咨询的权利；不

---

① 《劳动合同法》第 39 条规定："劳动者有下列情形之一的，用人单位可以解除劳动合同：……（二）严重违反用人单位的规章制度的；……"

要伤害员工的尊严;一定要记住,提供证据的责任在你。①

上述指南需要结合企业所在地区的法制环境加以调整,但是其中关于证据、制度、因果关系等基本要素是通行的。

关于实施惩戒措施能否实现管理目标,在理论和实践中都存在一些不同的观点。一些学者认为惩罚违反了伦理而反对之;还有一些传统观点认为,惩罚不会得到管理者需要的结果,劝诫管理者不要去惩罚。②

组织惩罚是管理实践过程中常见的管理手段,其复杂性使得在对员工施以惩罚的过程中难免会产生一些副作用。惩罚的目的是对受罚者的某种行为给予否定,使之弱化或消失,朝着有利于个体需要和组织目标实现的方向发展。传统上,学术界非常关注组织惩罚对于受罚者的直接影响。但是,组织惩罚的目的并不局限于使受罚者受到损失,而更多地强调惩罚的溢出效应,即对惩罚事件的观察者产生影响。③ 所以,企业绩效管理的惩戒措施不仅要考虑对过失员工的影响和效果,还要更多地考虑对其他员工的管理效应。

(三)实务操作难点

作为过失性解除的一种,"严重违纪"由于其具有相对较强的操作性,因此最常被企业用来作为解除劳动合同的理由。但是,一方面,规章制度往往难以囊括员工可能出现的所有违纪行为;另一方面,即便规章制度已经规定得事无巨细,但其合理性却时常遭受来自各方的质疑和挑战。因此,有关违纪处理引发的劳动争议层出不穷,且常常成为社会关注的焦点,由此被推上舆论的风口浪尖的企业亦不在少数。那么,在企业处理违纪行为的过程中,主要存在哪些操作难点以及应如何有效应对呢?本书以2016年发生的两起广受社会关注的案例加以说明。

案例一:全面考虑"违纪"情形

37岁的肖某是北京某科技公司食堂的女职工。2016年5月20日,公司接到举报:肖某曾于2016年1月13日用食堂菜盆清洗内衣裤。该事件在公司内部迅速引发恶劣影响,数名员工因此事前往医院进行身体检查,几十名员工写联名信要求彻查此事并开除肖某。公司食堂连续十多天无人用餐,公司只能临时给员工订餐来弥补肖某造成的影响。随后,公司解除了与肖某的劳动合同,但仲裁委却以公司未提供制度依据为由,认定解除违法,裁决单位支付肖某违法解除劳动合同赔偿金7万元。

---

① 参见〔美〕加里·德斯勒:《人力资源管理》,刘昕译,中国人民大学出版社2017年版,第521页。
② 参见鞠炜、刘宁、张正堂:《组织惩罚的溢出效应研究》,载《中国人力资源开发》2014年第11期。
③ 同上。

该事件爆出后,在社会上引起激烈的讨论,多数人认为,肖某的行为已经严重危害了公共安全,不能因为企业的规章制度没有规定就不对肖某进行处罚;但反观仲裁委的裁决依据——"公司未提供制度依据",似乎也无可非议。

这就涉及规章制度的制定技巧问题。一方面,规章制度在设计内容时,应最大限度地覆盖员工可能出现的违纪行为,因此要求规章制度的结构体系要完整和周延。另一方面,规章制度的文字应当精准。具体而言,规章制度条款的文字表述既不宜过粗也不宜过细,过于宽泛的条款表述在使用过程中易有"扣帽子"之嫌,过于细致的条款又难以与员工的行为严格对应。

譬如在上述案例中,谁也无法预见"菜盆洗内裤"的行为发生并预先作出制度规定,但是该行为属于违反食品卫生规定的相关类型,可以通过归类表述的方式进行规定,并与工作职责相关。

案例二:谨慎把握"严重"尺度

2016年中秋节,阿里巴巴安全部门的四名工程师因利用技术手段违规抢购公司128盒月饼被公司劝退。该起事件在短短数小时内迅速登上各大媒体头条。一种声音认为,公司对员工行为的反应过于激烈,因此劝退员工纯属小题大做;另一种声音认为,员工此种行为有违道德,公司处理合理。公司则认为,一方面,员工该行为虽然没有涉及对阿里巴巴外部平台业务秩序的干扰,但对于内部其他员工造成福利分配的不公正,客观上有获利的意图和事实结果的存在;另一方面,公司对外反击"黄牛",对内不能自己成为技术"黄牛"。

回顾该起事件我们不难发现,之所以类似事件会引起社会舆论的强烈争议,归根结底是对于劳动法保护与企业管理权如何平衡存在不同的理解。由于立法对于"严重"并未作进一步解释,因此实践中完全依据企业自身的判断和法官的自由裁量。虽然实务中有观点认为,"严重违纪"中的"严重"二字应作广义上的理解,即并非一定要以损害后果为准,而是应基于企业文化、管理要求、行业惯例以及违纪行为对于企业管理的破坏性等因素进行综合考量。但为了避免法律风险,同时也要防止员工小错酿大祸,比较合适的做法是针对员工不同的违纪行为设定不同的处罚措施,做到有层次、分等级。

从相关法律制度的发展历程不难看出,立法对于"严重违纪"的规定呈现逐步收紧的趋势,即便劳动者违反了传统概念里的劳动纪律,如果相关行为并未被规定在规章制度中,企业就会面临违法解除劳动合同的风险。因此,企业可以从以下几个方面应对管理中的相关问题:

1. 建立健全规章制度

正如前文所提到的,在《劳动合同法》出台以后,有关违纪情形的法律表述已由过去的"劳动纪律"加"规章制度"缩小为"规章制度",因此无论企业认为员工的具体行为是否已经严重违反了大众普遍认知中的"劳动纪律",若要对其作出相应的处罚,均应以规章制度是否存在相关规定为准。需要补充说明的是,本节所提及的规章制度均以"依法建立"为前提。有关规章制度如何依法建立以及其违法的法律后果已在本章第一节中作了阐述,故此处不再赘述。

所谓建立健全规章制度,首先要做到的是提升规章制度的普遍适用性,使其能够最大限度地覆盖员工可能出现的违纪行为。因此,在内容设计方面,企业应充分认识到对于员工的管理不仅应当作纵向的职级划分,还要作横向的岗位划分。例如,针对主管、经理等高级管理人员,考虑到其最常发生的违纪行为可能是竞业和利益冲突行为,因此规章制度中应当将同行利益输送、非法谋取个人利益等行为作为违纪行为加以规定;而针对普通员工,更多的可能是对迟到、早退等行为进行规制。对于财会岗位的员工,需要依据企业内部财务管理相关制度对其行为进行规范;而对于技术岗位的员工,则需要更加强调其在保护商业秘密上的义务。

同时,违纪行为还要根据不同行业的特性进行区分,如服务行业中,对于仪容仪表、服务态度等方面的不当行为应着重进行规定;食品行业中,有关个人卫生、生产规范等方面的不当行为应作为违纪行为;制造行业中,关于安全生产、操作流程等方面的不当行为应视为违纪。

此外,除对相关事项作出规定外,使处罚依据可量化,提升规章制度的可操作性也十分重要。例如,企业将员工迟到行为规定为违纪的,应对迟到时间的长短、次数等作出具体规定;将员工非法谋取公司利益规定为违纪的,应对获利的内容、方式以及钱款数额等加以明确,力求使得法律规定中的"严重"标准清晰而具体。

2. 掌握固定相关证据

除完善的制度规定外,违纪证据也是企业对员工作出相关处罚的重要事实依据。根据《最高人民法院关于审理劳动争议案件适用法律若干问题的解释(一)》确立的举证规则,企业对于员工作出的具体处罚行为应当承担相应的举证责任。[①] 因此,在劳动者出现违纪行为后,企业应针对该行为及时作出定性处理,如书面警告、记过等,并

---

① 《最高人民法院关于审理劳动争议案件适用法律若干问题的解释(一)》第13条规定:"因用人单位作出的开除、除名、辞退、解除劳动合同、减少劳动报酬、计算劳动者工作年限等决定而发生的劳动争议,用人单位负举证责任。"

要求员工在处罚单上签字确认。除此之外，经员工签字的书面检讨、情况调查表、谈话记录等也可以作为证明相关违纪事实的依据。如果员工拒绝在相关材料上签字确认，企业则需保留好相关的送达凭证以证明企业确实对该行为进行了处分。由于员工的违纪行为造成经济损失的，企业应当保存好相关财务凭证、赔偿票据等。

二、案例及分析

（一）基本案情

上诉人李某劳动合同纠纷案①

李某于2011年4月14日起进入上海某物流有限公司工作。双方签订有效期限自当日起至2014年4月13日止的劳动合同。李某担任财务分析师，工资为15582元/月。

2013年7月4日，某物流公司与李某谈话。谈话过程中，李某陈述，他不能接受公司以其迟到及睡觉为由给予其处分，具体理由为，他于2013年1月中旬搬家，离公司较远，每天要乘金山铁路上班，由于铁路班次安排原因而有上班迟到情况，但他事先向主管郭某发邮件说明过，希望能跟领导沟通，让他减少午休半小时或晚下班半小时，郭某没有回复，他就以为她同意了。郭某如果不同意，看到他依然迟到的话，应该提醒，但她也没说。且自2013年7月1日起，由于铁路班次调整，他再无迟到情况发生，也就是说，李某迟到的状况已经改变了，而且是有理由的，所以公司不应当对其进行处分。

2013年7月10日，某物流公司向李某出具警告信，因李某近两个月的迟到次数已远超过2次，且工作消极，拒绝听从主管人员合理指挥监督或调遣之行为，违反《员工手册》第10.3条之相关规定，即"工作消极或怠工者""一个月内累计迟到或早退2次以上者""拒绝听从主管人员合理指挥监督或调遣，经劝导仍不听从者"，决定给予李某严重书面警告处理一次。

当日，某物流公司再次与李某谈话。谈话过程中，李某陈述，在人事（部）发出严重书面警告邮件后2分钟左右，因为生气，当着所有财务同事的面，冲着郭某喊"这下满意了吧"，并称郭某是个卑鄙小人。郭某也很生气，两人就吵架了，没有动手，但也贴得很近，后两人分别被其他同事拉开。李某认为，郭某作为领导，对于其迟到行为应该私下告之，不应反馈到公司人事；李某也表示在办公室争吵不妥，影响了公司的正常运作等。

---

① 参见（2014）沪一中民三（民）终字第284号民事判决书。

2013年7月11日，李某收到某物流公司向其出具的解除劳动合同通知书，内载："李某：您于2013年7月10日下午在办公室内主动挑起事端，辱骂并欲殴打同事，且将其他劝阻的同事误伤，对公司正常运作造成重大负面影响。您的上述行为严重违反了《员工手册》第10.3条'严重书面警告'之相关规定'对顾客或同事使用侵犯性、欺辱性语言或动作，或挑唆他人打架、诬告作伪证而制造事端者'；'解除劳动合同'之相关规定'无礼或粗鲁对待同事或客户，造成严重后果者'。鉴于您之前已受到严重书面警告处理一次，根据《员工手册》第10.3条之相关规定'员工在第一次处分后，12个月内如再有处分，则受到累计升级的处分''书面警告＋严重书面警告＝解除劳动合同'，同时您的上述行为也已符合《员工手册》予以解除劳动合同的规定，据此公司决定自2013年7月10日起依法解除与您的劳动关系……"

前述处分及通知中涉及的相关规章制度内容，均于《员工手册》内列明。李某于2011年4月14日在《员工手册》确认函上签字，确认自己已收到了公司《员工手册》并承诺严格遵守该手册中的所有规章制度及其规定等。

李某不服解除决定，随即提起仲裁申请，要求恢复履行劳动关系。

（二）双方观点及法院观点

双方观点

李某认为，根据双方劳动合同约定，他所在岗位实行不定时工作制，不存在上班迟到的说法。根据某物流公司提供的《员工手册》，对实行不定时工作制的员工也不存在迟到、旷工的相关管理制度。故而，某物流公司出具的第一份书面警告缺乏依据，应为无效。某物流公司没有发出第二次书面警告，就径行解除双方劳动合同，亦存在不当。故请求依法判决如请。

某物流公司认为，不定时工作制不代表李某可以随时上下班。虽然不定时工作制是一种弹性制度，但要符合公司正常的工作规定。李某作为公司财务，在职期间经常性迟到，迟到的时间远远超过弹性时间，导致相关工作岗位无法正常开展工作，公司为此而给予李某书面警告是合理的。李某受到一次严重书面警告后，又在办公室里与领导争吵，并说一些带有侮辱性的言语，给公司正常管理造成不良影响，公司才根据《员工手册》作出解除与李某的劳动合同的处理，这完全合理合法。

法院观点

本案中，某物流公司与李某虽在劳动合同中约定适用不定时工作制，但依据双方有关李某工作时间之陈述及某物流公司提交的2013年7月4日谈话记录所反映之内容,可知在双方劳动合同实际履行过程中,某物流公司对李某的具体上下班时间有要求,李某亦应清楚何种情况下属于迟到。某物流公司基于此而依据公司《员工手册》有关一个月内累计迟到或早退2次以上者给予严重书面警告等相关规定,就李某迟到等不当行为,给予李某严重书面警告处分,并无不当。

李某在受到前述严重书面警告后,又于2013年7月10日与主管发生争吵,并称对方为卑鄙小人,此亦符合某物流公司《员工手册》有关可给予严重书面警告行为之描述。某物流公司因此而在同一份函件中告知李某其2013年7月10日的行为严重违反《员工手册》第10.3条严重书面警告等之规定,结合李某之前已受到严重书面警告处理之事实,解除与李某的劳动合同,亦无不当。

(三)HR、法务、律师三方观点

HR 观点

在管理上,本案看点在"不定时工作制的执行"和"严重警告升级为违纪解除"上。

关于本案的第一个看点,本案中的法院判决书令人意外,首先涉案主体李某在该企业就职的是一个财务数据分析岗位,怎么适用不定时工作时间管理?(不定时工时的执行对象应当是由于岗位工作性质无法用标准劳动时间进行管理的劳动者)李某既非高管又非从事时间弹性很大的工作内容,被定义为不定时管理对象,不知企业是否向相关劳动部门做过申请和获得认可批复。

其次,该企业在定义李某为不定时管理对象的同时,又似乎沿用标准劳动时间对其进行考勤管理,这才发生了对李某屡次迟到的严重警告。企业HR应该清楚,在定义员工属于何种劳动时间管理对象之时,存在利弊两面。一方面,对不定时考勤对象除了法定节假日加班外,工作日延长工作时间和周末休息日加班,都无须支付加班费;但另一方面,若要求其按时考勤,会埋下员工主张申讨加班费的隐患。毕竟不定时劳动时间管理并非等同于员工可以不眠不休地一直干活。每日工作8小时,每周工作40小时,仍是一条不可随意逾越的人道主义红线。

虽然本案以企业胜诉为结果,但HR在类似实践中遇到的挫折,表明要平衡不定时工时管理这柄双刃剑,实非易事。

本案的另一个看点在于对员工的严重警告,如何能按企业的意愿,顺利升级到违纪解除。一般来说,企业对员工出示严重警告书的背后,都预设了该员工已无法继续在企业工作下去的立场。但迫于从严重警告到违纪解除的必要程序,企业只能分几步走到终点。此间的拉锯战看似对被警告的员工不利，而实质上，企业所承担的风险，远远大于员工。这是因为员工当下还在岗位上工作，还掌握着很多企业的资源信息以及各种对外渠道；更为敏感的是，处在这一阶段的员工很难保持冷静，易走极端，对企业而言可能引爆更大的劳资纠纷与风险。为避免这种两败俱伤的博弈风险，不少HR会主动出击，找员工协商，以劝退（本人辞职）的方式，获得一个"和平分手"的结果。

但是，如果从另一个视角来看，对本案中这名员工的警告处罚是否得当？是否聆听了其解释并核实？如果企业在处理员工出勤问题上更人性化一点，是否可以避免造成与员工的激烈冲突？从管理的角度看，是适当地包容员工的差异性需求还是要追求执行的完全统一性？解雇一名有经验的员工，到底得失怎样？这些问题实际上很难有统一的标准答案，HR应在管理实践中根据制度、文化、情境、时机等多种因素综合平衡得出结论，这也是"管理是一种艺术"的由来。

法务观点

就实现员工管理的有效性而言，"惩戒"和"奖励"一样不可或缺。而建立一套行之有效的惩戒体系，绝不仅仅是区分不同违纪行为的严重性、列明对应的处罚后果（譬如口头警告、书面警告、解除劳动合同等）和审批流程，然后对员工广而告之这么简单，尽管这的确是非常重要的起步条件。

为了避免这些规章制度流于纸面（甚至因此在诉讼过程中影响对公司解雇决定合理性的认定），公司应当进一步对管理层（尤其是中层和基层主管）进行培训，使这些公司规章制度的执行者们认识到员工管理（其中当然包括违纪处分）是其工作职责的一部分。

此类培训的具体内容和形式需视具体情况而定。通常而言，可以从以下两个方面着手：

（1）干预/管理的及时性

举个例子：员工不按规定考勤、不服从工作安排，或者因员工个人过失造成公司经济损失，按公司规定均属于中度违纪，可给予书面警告，公司还规定三次中度违纪视为严重违纪可解除劳动合同。某天一位主管经理愤而解雇某下属，列举其各种罪状，包括此人8月迟到早退、9月屡经催促仍迟迟不完成工作任务、10月因其工作失误造成一批次品等，还表示之前已经处处留情，不愿意处分员工让他没面子，现如今是"忍无可忍"。这种做法在实际生活中并不罕见。主管经理因为碍于情面，或者害怕面对冲突，或者不熟悉规章制度等，在员工违纪行为情节较轻的时候没有及时采取措施，此后一次性采取的解雇措施就很容易遭到员工和法官所谓"不教而诛"的合理性质疑，从而面临违法解雇的法律后果。因此，对管理层进行培训，使他们了解及时干预、纠正的重要性以及未能及时干预的严重后果，是非常有必要的。

（2）书面记录的必要性

在中国，用人单位在劳动争议（尤其是有关违纪解雇的劳动争议）中承担了非常重的举证责任。但是，主管经理并不是劳动法专家，他们中的大多数人也没有经历过劳动争议，所以他们不了解违纪处分过程中书面取证的重要性也是可以理解的。鉴于此，公司可通过培训让管理层清楚了解应该在何时、因何事向公司 HR 和法务咨询，以避免因鲁莽的违纪处分行为导致公司面临违法解雇的风险；同时也要避免业务部门的管理者将人事管理全部上交 HR 和法务，逃避其应有的人事管理职能，形成内部的推诿和内耗。

律师观点

在仲裁和诉讼中，本案的争议焦点在于，公司对李某的相关行为以严重违纪为由作出解除决定是否合法。

首先，在解除依据方面，用人单位一方需要提交合法有效并告知劳动者的规章制度作为依据。本案中，公司作出解除决定所依据的规章制度条款在《员工手册》中均有明确规定，且《员工手册》已经李某签字确认，这表明李某知悉并认可相关制度规定。同时，无论是有关迟到的规定还是有关工作场所秩序的规定，均未超越合理性范围。

其次，在事实认定方面，公司在作出处罚决定前应当对事实调查清楚并固定相关的证据。本案中，对于迟到事实的认定，即便李某曾向其领导提出过迟到行为确实存在客观原因，且愿意通过减少午休或晚下班的方式弥补因迟到所减少的工作时间，但领导并未同意。在这种情况下，李某客观上确实存在规章制度中所规定的"一个月内累计迟到或早退2次"的行为。对于扰乱工作场所秩序的事实认定，李某也确实存在规章制度所规定的"对顾客或同事使用侵犯性、欺辱性语言或动作，或挑唆他人打架、诬告作伪证而制造事端者"的行为，且有李某的事后谈话记录作为证据。因此，对于李某违纪行为的事实认定亦充足。

除此之外，值得注意的一点是，本案中的公司并未单独就李某迟到或扰乱工作场所秩序作出解除决定，而是在分别就两个行为依据规章制度规定给出了两次书面警告后方作出解除决定。这样的处理方式一方面使员工在心理上有渐进接受的时间,起到警示、教育的作用;另一方面也能够有效减少法官对于解除决定合理性的质疑,值得借鉴。

[类似案例]

上海伊丽模特经纪有限公司与严佳劳动合同纠纷案((2017)沪02民终5489号)

[思考题]

➢ 同事间因私人恩怨产生冲突,企业是否可以处罚?

第五章

薪资福利管理及争议

本章概要

作为劳动合同的必备条款之一，薪资福利不仅是劳动关系中极其重要的因素，也是劳动争议案件中的重点内容。然而，并非所有的劳动争议都是围绕工资展开，由加班费、福利、社会保险等特殊劳动报酬和福利待遇引发的矛盾也日趋激烈，因此本章将从这几个方面着眼进行讨论。

第一节 加　　班

一、背景知识

（一）法律制度

首先，对于加班的定义以及何种情况下需要支付加班工资，我国相关立法规定，国家实行劳动者每日工作时间不超过 8 小时、平均每周工作时间不超过 44 小时的工时制度。[①] 用人单位在劳动者完成劳动定额或规定的工作任务后，根据实际需要安排劳动者在法定标准工作时间以外工作的，应按相应标准支付工资。[②] 休息日安排劳动者标准

[①] 1995 年 3 月 25 日，国务院发布《国务院关于修改〈国务院关于职工工作时间的规定〉的决定》。根据该决定，自 1995 年 5 月 1 日起，实行 5 天工作制，即职工每日工作 8 小时、每周工作 40 小时。

[②] 《工资支付暂行规定》由劳动部于 1994 年 12 月 6 日发布，自 1995 年 1 月 1 日起执行。该规定第 13 条规定："用人单位在劳动者完成劳动定额或规定的工作任务后，根据实际需要安排劳动者在法定标准工作时间以外工作的，应按以下标准支付工资：（一）用人单位依法安排劳动者在日法定标准工作时间以外延长工作时间的，按照不低于劳动合同规定的劳动者本人小时工资标准的 150% 支付劳动者工资；（二）用人单位依法安排劳动者在休息日工作，而又不能安排补休的，按照不低于劳动合同规定的劳动者本人日或小时工资标准的 200% 支付劳动者工资；（三）用人单位依法安排劳动者在法定休假节日工作的，按照不低于劳动合同规定的劳动者本人日或小时工资

加班工作的,应首先安排补休;若不能补休的,则应支付不低于工资的200%的工资报酬。补休时间应等同于加班时间。法定休假日安排劳动者加班工作的,应另外支付不低于工资的300%的工资报酬,一般不安排补休。①

其次,即便用人单位愿意支付加班工资,对于劳动者的加班还存在相应的程序性要求。《劳动法》第41条规定,用人单位由于生产经营需要,经与工会和劳动者协商后可以延长工作时间,一般每日不得超过1小时;因特殊原因需要延长工作时间的,在保障劳动者身体健康的条件下延长工作时间每日不得超过3小时,但是每月不得超过36小时。因此,加班不仅应当履行严格的程序,而且还需要遵守加班时间上限的限制。但是,这条程序性的规定在实践中形同虚设,原因在于其违法后果不明确,当然规定本身缺乏可操作性也是其背后的原因。

最后,关于加班费的计算基数,2016年修订的《上海市企业工资支付办法》规定,加班工资的计算基数为劳动者所在岗位相对应的正常出勤月工资,不包括年终奖、上下班交通补贴、工作餐补贴、住房补贴、中夜班津贴、夏季高温津贴、加班工资等特殊情况下支付的工资。劳动合同对月工资有明确约定的,按劳动合同约定月工资确定,实际履行与劳动合同约定不一致的,按实际履行的月工资确定;对月工资未明确约定的,集体合同(工资专项集体合同)对岗位相对应的月工资有约定的,按集体合同(工资专项集体合同)约定的月工资确定;劳动合同、集体合同(工资专项集体合同)对月工资均无约定的,按劳动者正常出勤月工资(不包括加班工资)的70%确定。加班工资的计算基数不得低于最低工资标准。

此外,加班费的计算还与工时制度相关。以上规定都是基于标准工时的管理,对于不能适用标准工时管理的,我国《劳动法》第39条规定:"企业因生产特点不能实行本法第三十六条、第三十八条规定的,经劳动行政部门批准,可以实行其他工作和休息办法。"根据这一规定,劳动部制定了《关于企业实行不定时工作制和综合计算工时工作制的审批办法》,规定:"可以实行不定时工作制或综合计算工时工作制等其他工作和休息办法。""对于实行不定时工作制和综合计算工时工作制等其他工作和休息办法的职工,企业应根据《中华人民共和国劳动法》第一章、第四章有关规定,在保障职工身体健康并充分听取职工意见的基础上,采用集中工作、集中休息、轮休调休、

的300%支付劳动者工资。实行计件工资的劳动者,在完成计件定额任务后,由用人单位安排延长工作时间的,应根据上述规定的原则,分别按照不低于其本人法定工作时间计件单价的150%、200%、300%支付其工资。经劳动行政部门批准实行综合计算工时工作制的,其综合计算工作时间超过法定标准工作时间的部分,应视为延长工作时间,并应按本规定支付劳动者延长工作时间的工资。实行不定时工时制度的劳动者,不执行上述规定。"

① 参见《关于职工工作时间有关问题的复函》(劳部发〔1997〕271号)。

弹性工作时间等适当方式，确保职工的休息休假权利和生产、工作任务的完成。"

（二）管理相关知识

加班在管理上是一个颇具争议的话题。一方面，很多行业领先的公司员工敬业度高、员工主动加班，进而形成"加班文化"，成为企业竞争力和凝聚力的重要体现；而另一方面，由于长期、超时加班对员工健康造成无可挽回的损害，出现大量的"过劳死"现象，又让加班文化为社会舆论所诟病。加班文化是一柄双刃剑，用得好，可以极大地增强企业的凝聚力和经营业绩，但若用得不好，又极有可能伤害员工的感情和健康，形成一种不良的文化，从而削弱企业的竞争力。①

随着社会生活节奏的日益加快，加班已经成为我们日常生活中无法回避的一个现象。《2012年度中国职场人平衡指数调研报告》显示，中国职场人平均日工作时间为8.66个小时，而国家法定的日工作时间为8小时，另有30.3%的人工作时间超过10小时，最长达16小时。② 我们的近邻日本、韩国的加班情形更甚。

为何在国家劳动法严格管制、劳动者普遍抵制、舆论普遍批评的环境下，企业的加班现象会愈演愈烈呢？有学者从特别的视角进行研究，可以为管理者提供有益的参考。研究发现，以经理人、专业技术人员为代表的复杂劳动群体加班的可能性显著地高于其他群体，而且这种加班更多的是一种"自发的""自愿的"无酬加班。此外，特定的工作能给个体劳动者带来特殊的"过程福利"（process benefits），这些过程福利包括社交圈的拓展、自我能力的提升等，因此在加班的过程中，个体劳动者感受到的不是被剥削，而是一种"难得的学习机会"，是一种"荣耀"。③

因此，从管理上说，对不同工作内容和工作性质的劳动者进行加班管理的措施应当是不同的，精细化的HR管理可以在这方面有所作为。

（三）实务操作难点

如果加班对于满足企业的日常生产经营需要是必然存在的，那么企业可以申请不定时工作制或者综合计算工时工作制。一般情况下，对于不定时工作制的劳动者，除法定节假日工作外，其他时间工作不认为是加班，因此，不存在支付加班费的问题；而对于综合计算工作制的劳动者，一个综合计算周期内某一具体日（或周）的实际工作时间超过8小时（或40小时），但是综合计算周期内的总实际工作时间不超过总法定标准工作时间的，也不认为是加班。因此，在特殊工时制下，企业的用工时间安排

---

① 参见韦华伟：《如何让"加班文化"上升为企业精神》，载《印刷经理人》2006年第9期。
② 参见马海波：《试论加班文化的法律与文化道德边界》，载《经济研究导刊》2014年第33期。
③ 参见庄家炽：《从被管理的手到被管理的心——劳动过程视野下的加班研究》，载《社会学研究》2018年第3期。

将更加灵活。

同时，企业应建立、完善加班申请、审批制度，即加班需要劳动者提交相应的申请表单且需要相关负责人签字同意，以此来实现加班管理的规范化，避免随意加班。

此外，在计算加班费时，普遍存在加班持续的时间段长，但每天的延长工作时数少的特点，通常是一个小时、一个小时叠加而成，跨年度的还会涉及不同年份的法定节假日的变化，因此要求企业相关人员在计算加班费时要耐心细致，[1] 避免计算错误。

由加班引发的劳动争议与企业的工时制度、加班制度密不可分，这与行业有关，也与企业实际生产经营情况有关，由此产生的争议情形也多种多样，本书特选取几种比较常见的风险提示如下：

1. 出差在途期间的加班认定

如果劳动者主张出差在途期间的加班费，需要自己承担基本的举证责任，具体包括已经履行审批流程（如有）和存在加班事实。首先，如果用人单位存在加班审批制度，则需要证明劳动者提过加班申请；其次，需要证明劳动者存在加班事实，如考勤记录（出差期间进行网络打卡），或与客户之间的邮件往来等其他能够证明劳动者在出差期间仍然提供了正常劳动的事实材料。而用人单位则需针对劳动者的举证进行抗辩。首先，用人单位可以劳动者适用特殊工时制为由进行抗辩；其次，用人单位可以证明已支付相应金额的加班费；最后，可以证明劳动者不存在加班事实或加班事实虚假，如不存在与加班事实相对应的加班申请单或考勤记录等。需要注意的是，实践中对于加班审批流程和已履行流程的相应证据是此类案件的关键证明材料，用人单位在实践管理中需要格外重视。

2. 综合计算工时制下的加班认定

此类案件中，劳动者通常会否认自己所在的岗位实行综合计算工时工作制，以此来主张休息日的加班工资，对此，用人单位首先需要证明劳动者所在岗位确实实行综合计算工时工作制。

认定综合计算工时工作制的关键在于"批准"和"实际履行"。"批准"需要劳动部门的批准文书和员工告知书，确保员工的实际工作岗位包含在审批岗位范围内。"实际履行"要求岗位、考勤、工作性质、劳动报酬等要素与经过审批的综合计算工时工作制岗位相匹配。实践中，由于用人单位可能只对某一类岗位进行综合计算工时工作制的申请，不会一一罗列所有的岗位，因此在法院审理的过程中，可能会对岗位性质和工作内容进行审查，如与综合计算工时工作制岗位性质类似或者隶属于某一类综合

---

[1] 参见陆胤主编：《劳动争议律师实务》，法律出版社2014年版，第75页。

计算工时工作制岗位，该岗位也可能会被认定为实行综合计算工时工作制的岗位。但即便如此，用人单位在提请特殊工时审批时仍应尽量将岗位明确，以降低法律风险。另外，如果综合计算工时工作制的批复期限已过但用人单位未继续申请，在劳动者的工作岗位、工作性质和实际工作情况未发生变更的情况下，法院虽有可能认定该岗位实行综合计算工时工作制，但法律风险较高。因此，用人单位应留意综合计算工时工作制的批复期限，及时申请延续，以降低审批不及时引发的法律风险。

3. 加班补休

根据《工资支付暂行规定》，加班分为延长工作时间加班、休息日加班和法定节假日加班。其中，延长工作时间加班和法定节假日加班的，因法律并未明确规定这两种加班可以补休抵扣加班费，故应当支付加班工资；而对于休息日加班，首先应当安排补休，不能补休时才需支付加班费，补休时间应等于加班时间。需要注意的是，休息日加班安排补休，用人单位一般应主动安排员工的补休时间，如果员工提出异议，用人单位应与员工协商调整。此外，有些单位会将员工加班之后的事假作为补休，对于这种情况，单位需要提前告知员工，并作出书面的补休方案，由员工签字确认，否则存在一定的法律风险。

二、案例及分析

（一）基本案情

徐某与 A 公司劳动合同纠纷案[①]

徐某自 2012 年 4 月 9 日起进入 A 公司工作，双方签订了一份期限自 2012 年 4 月 9 日至 2015 年 4 月 8 日的劳动合同。徐某的职位是 C&B Manager（薪酬福利经理），基本工资为每月人民币 38000 元。

经劳动部门批准，A 公司高级管理人员于 2011 年 6 月 20 日至 2013 年 6 月 19 日期间实行不定时工作制。2013 年 1 月 29 日，A 公司通过电子邮件向员工送达《员工手册》。《员工手册》规定，员工加班公司将给予补休假；员工经公司批准的法定节假日加班，公司将依法支付加班费；实行不定时工作制的员工不适用加班制度。徐某曾参与《员工手册》的制定。

2012 年 6 月 25 日，徐某在回复另一员工 Angelina 的主题为"对 Amelie 和 Xiaolin 的加班奖励"电子邮件中称，实行不定时工作制的员工，经批准的周末加班没有补偿；

[①] 参见（2013）沪二中民三（民）终字第 1499 号民事判决书。

2012年10月30日，徐某在回复Angelina主题为"加班费"的电子邮件中称，加班费在A公司处不适用于总监/经理级员工，但会按照批示申请补偿性休假。

2013年2月6日至2013年4月9日期间，徐某填写加班申请单，申报工作日延长工作时间387小时、双休日加班时间376小时、节假日加班时间46小时，经人力资源总监李某签字。李某在签署最后两页加班申请单时加注"倒休"。

A公司分两次支付徐某46小时的法定节假日加班费30137.93元，分别为2013年2月支付20965.52元及2013年4月支付9172.41元。

2013年4月12日，徐某以个人原因为由向A公司提出辞职。5月8日，徐某申请仲裁，要求A公司支付：2013年1月4日至2013年4月9日的加班工资353386.96元。

(二) 双方观点及法院观点

双方观点

徐某认为，自己于2012年4月9日进入A公司工作，双方间的劳动合同约定，徐某适用标准工时制，每周工作40小时，A公司可根据工作需要，经与徐某协商后安排加班。该合同是双方当事人的真实意思表示，明确徐某适用标准工时制。

徐某申报加班时间填写了加班申请单，并且得到徐某上级的确认；对于延长工作时间及休息日加班，徐某通过倒休的方式得到补偿；法定节假日的加班，A公司则支付了加班费。上述事实说明了徐某适用A公司制定的加班政策。徐某不是高级管理人员，也没有变更工作时间的约定，所以徐某要求加班费的主张理应得到支持。

A公司认为，徐某是A公司薪酬最高的经理，属于高级管理人员，且徐某为申请不定时工作制的直接经办人、《员工手册》的制定人之一，在职期间曾多次告知其他经理级别的员工，公司对经理级别的员工执行不定时工作制，没有加班工资。

因此，徐某对A公司对其实行的是不定时工作制是知晓的。考虑到徐某工作时间是弹性的、灵活的，故徐某的上级对其填写的加班申请单确认并注明可以倒休，该申请单仅为补偿性休假的依据，除此之外，徐某无权获得除节假日加班工资以外的加班工资。

法院观点

本案中，A公司处高级管理人员经劳动保障行政部门批准于2011年6月20日至2013年6月19日期间实行不定时工作制。

早在 2012 年 6 月及 10 月，徐某在回复 Angelina 的邮件中亦明确答复加班费在 A 公司处不适用于总监/经理级员工，但会按照批示申请补偿性休假，并以此为由拒绝其他员工支付加班工资的要求。由此可见，徐某对 A 公司处高级管理人员（总监/经理）实行不定时工作制应当是明确知晓的，并且他本人也按规定予以执行。

此外，徐某在电子邮件中关于"按照批示申请补偿性休假"的陈述，A 公司人力资源总监李某在徐某加班申请单上"倒休"的加注与 A 公司《员工手册》关于加班的规定也相互印证，可以证实对于实行不定时工作制的员工，除法定节假日外，不适用加班制度。

因此，A 公司主张徐某作为 A 公司薪酬福利经理，属于适用不定时工作制的员工范围，按照公司之规定不适用加班制度，本院予以采信。现徐某在辞职后认为其不适用不定时工作制，并以此要求 A 公司支付其延长工作时间及休息日加班工资的请求，缺乏依据，本院不予采纳。

（三）HR、法务、律师三方观点

HR 观点

首先，对于高级管理人员的工时管理是有必要的，其中的关键是如何进行管理。高级管理人员由于工作性质的缘故往往工作时间有许多弹性和灵活度，如晚上要和总部开会，周末甚至节假日也要在家加班，所以企业针对高级管理人员应该申请不定时工作制。

对于不定时工作制，有几点需要注意：（1）"高级管理人员"的定义是什么？通常认为，高级管理人员仅指总经理和董事会成员级别的人员，所以薪酬福利经理是否在范围内还需要确认清楚。（2）不定时工作制的申请批准是有时效性的，到期后，企业还需要重新申请。（3）即使是高级管理人员适用不定时工作制，节假日加班还是要支付加班工资的。

其次，在日常管理中，某岗位如果已申请适用不定时工作制，应及时体现在劳动合同中，以避免日后产生不必要的争议。如合同已签署，也可以在公司内部通过公示方式告知相关员工。

最后，没有规矩不成方圆。企业对于不同类型的员工都应该采用相应的工时制管理，但应同时告知员工并进行相应的培训，这样才能维护企业的正常运营。

法务观点

加班问题是劳资法律冲突中的一个热点问题。实践中，员工离职后对原单位提起的劳动仲裁或诉讼中有相当一部分是围绕在职期间加班工资支付不充分而进行的。《劳动法》对加班工资的约定已经十分清晰，如果依法支付加班工资，单位的薪酬成本将大幅增加。当然，客观上也存在一些员工"混加班"的情况。

在此背景下，很多单位对加班工资问题进行了针对性的制度设计，比如，以补休、调休代替加班费，明确未经单位同意不得加班，采用计件薪酬制、不定时工作制等。这些设计有些符合法律的相关规定，有些则存在法律上的瑕疵。员工在职期间一般不会就加班工资问题提起仲裁或诉讼。但一旦离职，鉴于加班工资金额一般较大，如果能够举证证明自己确实存在加班的情况，而单位又未依法向其足额支付加班工资，员工往往会将主张加班工资作为一项重要的诉求。只要出现这样的诉讼，单位的加班薪酬计算制度就需要接受合规性审查。

本案中，用人单位建立了不定时工作制度，且经过了劳动保障行政部门的备案，同时又有足够的证据证明劳动者对相关制度是知悉的，因此其主张得到了法院的认可。相反，如果用人单位的加班薪酬制度与现行法律不符，又未依法依规取得劳动保障行政部门的认可，则很大程度上会被认定为违法，进而产生相应的经济支付义务。

律师观点

本案中，公司为高级管理人员申请了不定时工作制，且员工作为申请不定时工作制的申请人，也充分知悉这一情况。存在争议的是员工所在岗位"薪酬福利经理"是否属于公司申请不定时工作制的"高级管理人员"。

通常情况下，除《公司法》上明确的"高级管理人员"，即公司的经理、副经理、财务负责人，上市公司董事会秘书和公司章程规定的其他人员外，其他人是否属于高级管理人员需要公司在申报不定时工作制的人力资源规章制度中进行明确。本案中，徐某在答复其他员工时明确表示，该公司适用不定时工作制的员工是指总监/经理员工。结合徐某自身的岗位，应当认为其岗位也属于实行不定时工作制的岗位。公司对实行不定时工作制的岗位支付法定节假日的加班工资，并且给予补偿性的"倒休"安排符合法律规定。因此，徐某要求加班费的主张没有事实和法律的依据。

这个案例也提示我们，对于符合综合计算工时制和不定时工作制的岗位，向劳动保障行政部门申请相关工时制度的审批是必需的，同时也能为公司节约大量成本，避免产生矛盾。另外，企业对适用不定时工作制的岗位需要在规章制度中加以明确。企业也可以在与劳动者签订的劳动合同、工时制度确认书或是其他的法律文件中明确，让劳动者确认知悉并同意其适用的工时制度。

[类似案例]

陈春芳与上海青浦区夏阳街道社区安保综合管理服务社劳动合同纠纷案（（2015）沪二中民三（民）终字第273号）

[思考题]

➢ 如何区分值班与加班？

第二节　福　利

一、背景知识

（一）法规制度

本节所探讨的福利仅指企业有权自主决定是否实施的内容，不包括法律强制要求的法定福利部分。常见的福利种类包括企业年金计划、补充医疗保险计划、员工持股计划、住房计划、带薪休假制度等。由于福利非法定内容，故本节仅选取实务中相对常见的几种作简要介绍。

1. 企业年金计划

企业年金计划是指企业及其职工在依法参加基本养老保险的基础上，自愿建立的补充养老保险制度。根据《企业年金基金管理试行办法》等的规定，国家鼓励、支持企业和员工参加企业补充养老保险，企业可以与工会（如有）或职工代表集体协商成立企业年金理事会，制订企业年金方案，并报送当地劳动保障行政部门同意后实施；具体执行中应确定年金受托人，并由受托人委托账户管理人、投资管理人和托管人对年金进行管理。对此，上海市人力资源和社会保障局、上海市财政局《关于本市实施企业年金制度若干问题处理的意见》规定，按规定办理企业年金方案和企业年金基金管理合同备案手续的企业年金计划，企业缴费在规定的缴费额度内，可计入企业成本，按国家规定的标准在企业所得税前扣除。

2. 员工持股计划

员工持股计划（employee stock ownership plan，ESOP），是一种使员工成为本公

司的股票拥有者的员工受益机制。① 其主要内容是股份公司根据员工的意愿，在公司内部或者外部设立员工持股管理机构，通过合法方式（包括有偿或无偿），使员工获得本公司股票并长期持有，按约定分配给员工股份权益，并以此为基础让员工参与公司治理的制度安排。② 通常员工持股计划可通过下列方式操作：(1) 将员工奖金转为对公司的股份；(2) 由员工以自有资金按照低于评估的价格购买公司股份。③

由于持股计划使员工与公司发展密切相关，能使员工更加关注公司发展，并自觉地为公司发展做出更大贡献，有利于建立和完善劳动者与所有者的利益共享机制，改善公司治理水平，提高员工凝聚力和公司竞争力，因此，已经成为成熟市场上非常普遍的员工激励方式和福利计划。

3. 其他常见福利

除上述提到的两种福利外，休假制度、培训计划、健身鼓励、节日礼物赠送、家属慰问等也属于较为常见的福利内容。此外，公司还可以为员工提供餐饮、洗浴等福利，具体可以采取发放补贴、内部自营或与外部机构合作运营的方式。④

(二) 管理相关知识

福利制度作为企业人力资源管理的重要手段，不仅是人才竞争的战略措施，也是企业在市场上开展竞争的坚实保障，福利内容虽可能因公司的政策取向、相关配套制度等而不同，但企业在制订福利计划的过程中必须考虑一系列政策问题，如提供何种福利，哪些人能够享受福利，是否将试用期人员、离退休人员纳入福利计划，如何为福利计划筹集资金，福利计划的成本控制程序是什么，如何就可选择的福利与员工进行沟通等。⑤

通常来说，完善的福利制度应当发挥以下几方面的作用：(1) 保障员工在衣食住行、身心健康、事业发展等方面的需求，减轻其后顾之忧，从而使员工能够专注于工作，提高工作效率；(2) 增强企业对于员工的吸引力，降低员工流动率，从而保持企业人力资源的连续性；(3) 通过设定相关项目，实现合法避税，以降低企业的运营成

---

① 参见杨欢亮、王来武：《中国员工持股制度研究》，北京大学出版社2005年版，第90页。转引自朱大明、孙慧：《员工持股计划的法律制度研究——兼评〈关于上市公司实施员工持股计划试点的指导意见〉》，载《商事法论集》2016年第1期。
② 参见朱大明、孙慧：《员工持股计划的法律制度研究——兼评〈关于上市公司实施员工持股计划试点的指导意见〉》，载《商事法论集》2016年第1期。
③ 参见姜俊禄：《深圳劳动法实务完全指南》，CCH香港有限公司2008年版。
④ 同上。
⑤ 参见〔美〕加里·德斯勒：《人力资源管理》，刘昕译，中国人民大学出版社2017年版，第467页。

本；(4) 实现企业社会责任，树立良好的企业形象以增加企业的商誉价值。①

当然，在企业管理实践中，福利计划主要是作为员工激励的手段来考虑的。企业员工福利计划可以通过满足员工的心理需要，发挥出有效的激励作用。② 因此，实践中，企业从满足员工不同层次的心理需求出发，将福利分为普适福利与特殊福利。普适福利是指那些全体员工符合一定条件都可以享有的福利，譬如带薪年休假、年终双薪、家庭子女保险等。这些福利待遇不针对特殊的员工群体，只要符合一定的条件，任何员工都可以获得相应的福利待遇。这些福利主要满足了员工共同性的较低层次心理需求，是在安全需要和社会需要层面为员工提供额外的支持，从而让员工对企业产生更大的认同感和归属感。特殊福利往往针对特定的群体实施，譬如 MBA 教育、出国考察、高技能培训、股权激励等。这些福利待遇主要针对企业的关键人才和高级管理人员实施，主要满足了员工尊重需要、自我实现方面的更高心理需求。

(三) 实务操作难点

由于现行法律法规未对福利待遇的发放作出明确规定，因此有关是否发放、发放什么、如何发放以及何时发放等问题均属于企业的用工自主权，由企业自主决定。但是，随着员工福利在劳动者总体薪酬中的比重越来越大，相关的争议也越来越多，实务操作的风险也在增加。

首先，企业要面临福利成本问题。作为常见的一种企业薪资待遇，福利不仅包括房贴、车贴，还包括一系列实物福利和假期等，因此，福利是否可以折算成货币工资，是否可以纳入企业成本税前列支，是否纳入个人所得税计税范围，是否纳入工资总额和社保基数，以及补贴类福利是否可计入经济补偿金的计算基数往往是实务中存在争议较多的方面。《上海市企业工资支付办法》规定，工资是指企业根据国家和本市的规定，以货币形式支付给劳动者的劳动报酬，包括计时工资、计件工资、奖金、津贴、补贴、加班工资等。因此，在上海地区，用人单位发放的各类货币形式支付的补贴计入工资范畴，构成经济补偿金的基数，非货币形式支付的福利则不纳入经济补偿金的计算基数。

其次，企业要面临发放操作问题，主要的核心矛盾不在于发多发少，而在于该不该发。如果企业在规章制度、集体合同或者劳动合同中对于福利待遇事项作出了明确约定，则应按约定向员工发放；而对于按照惯例发放福利待遇的企业，员工主张享受

---

① 参见姜俊禄：《深圳劳动法实务完全指南》，CCH 香港有限公司 2008 年版。
② 参见朱孟霞：《浅谈企业员工福利激励作用》，载《理论月刊》2000 年第 21 期。

相关福利待遇的，需对存在发放惯例及发放惯例的具体内容承担相应的举证责任。因此，在企业暂停、取消或者调整发放范围时，需要非常谨慎，仔细考虑福利的性质与相关制度，在合法、合理的基础上准备操作方案。此外，如果福利待遇涉及同工同酬问题，也会使问题更加复杂。①

二、案例及分析

（一）基本案情

周某某与 TA 公司福利待遇纠纷案②

周某某于 1994 年 8 月 1 日进入外企 TA 公司处工作，双方依法建立了劳动关系。2001 年 1 月 31 日，双方终结了劳动关系。

2009 年 12 月 18 日，TA 公司制定了《TA 公司员工安置分流办法》，主要内容为：因世博配套工程用地需要，TA 公司将于 2009 年 12 月 18 日起停产，公司地块将整体搬迁，为稳定、有序地推进员工安置分流，特制定该办法；该办法施行时间为 2009 年 12 月 18 日；员工安置分流的范围是与 TA 公司签订劳动合同且在合同期内的员工；安置分流政策有五种，其中一种为协商解除劳动合同，针对的是自愿提出与 TA 公司协商解除劳动合同的员工，经济补偿包括："（5）住房基金补贴：在 1994 年 8 月—2002 年 9 月，对在本公司工作且在合同期内的员工，按规定可享受住房补贴，补贴原则按员工在上述时间实际工作月份计发，最高足额享受补贴为 20800 元"等。

2010 年 2 月 8 日，周某某向上海市某区劳动争议仲裁委员会申请仲裁，要求 TA 公司分配住房基金补贴 20800 元。

（二）双方观点及法院观点

双方观点

周某某认为，《上海市外商投资企业劳动人事管理条例》规定，外商投资企业必须按月提取中国职工工资总额 15%—20% 的金额，作为中国职工的住房基金。TA 公司发放的住房基金补贴正是来源于 1994—2002 年 TA 公司提取的住房基金。住房基金作为员工福利的一部分，TA 公司应该向员工支付。TA 公司对于退休职工也发放了住房

---

① 参见陆胤主编：《劳动争议律师实务》，法律出版社 2014 年版，第 69 页。
② 参见（2010）沪一中民三（民）终字第 1463 号民事判决书。

基金补贴，故周某某理应享受该笔补贴。

TA公司认为，TA公司在本次员工安置分流方案中发放住房基金补贴的对象是解除劳动合同时在职的员工，周某某早已离职，不在发放补贴范围之内。至于公司退休人员，属于方案之外的情形，是公司董事会考虑到该部分人员一直为公司服务至退休，才同意发放的。TA公司过去从未提取过住房基金。如果提取过住房基金，住房基金的使用也必须依据有关规定，需放在应付福利费下设的住房基金科目中，没有规定已离职的员工也可享受住房基金。

法院观点

当事人对于自己提出的诉讼请求所依据的事实有责任提供证据加以证明。周某某称TA公司曾于1994—2002年提取过住房基金，但并未提供证据予以证明。《上海市外商投资企业劳动人事管理条例》于2002年9月失效，根据上海市有关规定，对于企业截止到2002年9月30日的中方职工住房基金余额，全部转入"应付福利费"下设的"中方职工住房基金"科目。

对于外商投资企业的离职员工在终结劳动关系时，是否可从住房基金中获得一定的补偿，相关的法律法规并无明确规定。

TA公司制定的员工安置分流办法的适用范围是与TA公司签订劳动合同且在合同期内的员工，其中住房基金补贴发放的范围，又是针对分流时自愿提出与TA公司协商解除劳动合同的员工。周某某作为安置分流办法实施之前已与TA公司终结劳动关系的员工，不在TA公司应发放住房基金补贴的范围之内。故周某某要求TA公司发放住房基金补贴，缺乏事实及法律依据，本院难以支持。

（三）人力资源、法务、律师三方观点

HR观点

员工的收入一般主要体现在三个方面：岗位薪资、年度奖金和企业福利。岗位薪资是由市场价值和员工自身的经验能力所决定的，相对来说是固定的。企业福利是企业依据自身实际运营的状况和业绩表现来设定的，其主要目标是：让员工在享受企业业务发展所带来的红利的同时，鼓励员工能和企业一起成长发展。所以，相对于薪资来说，福利由企业自主决定，是相对灵活的，不是绝对固定的。福利的品种是多样化的，有按岗位特点设定的，有按岗位级别设定的，有为激励员工而设定的，也有为保留员工而设定的；企业同时也会为此设定员工获得各种福利的条件和资质，以及获取的方式和方法。有些福利面对所有员工，有些则针对特定群体或特定服务期限的员工，这些都是企业在设定之初就设计和构想好的。

本案中，TA公司已设定了发放住房基金补贴的对象：（1）分流时自愿提出与TA公司协商解除劳动合同的员工；（2）公司退休人员。相关规定清晰，操作明确，最终TA公司的主张也得到了法院的支持。

综上，我们可以看出，无论福利怎么考虑公平性和普适性，都改变不了企业发放福利的初衷——员工激励。因此，在实践操作中，任何福利的设置都应当对其目标和效用作审慎的预测和评估。

当然，在企业成本压力日益沉重的当下，如何既满足员工日益增长的个性化福利需求，又在有限的预算范围内控制福利成本，是一个非常有挑战性的问题。对于这个难题，企业与其自己在"螺蛳壳里做道场"，顾此失彼，不如借助市场化的力量，从外部寻求更好的解决方案。近年来，针对企业的福利需求，市场上开始出现提供"弹性福利"的相关产品和服务。很多保险机构可以为企业开办多样化的保险产品；很多人力资源机构也开办了福利平台，整合多方面的福利供应商来为企业员工服务；更有不少电商平台看好这个市场，开办了相应的企业员工福利商城。

法务观点

发放福利本身是一件员工喜闻乐见的事情，也是国家所提倡的，但这并不意味着企业就毫无风险。实践中，很多用人单位恰恰忽视了发放福利所产生的合规风险。

首先，法律虽然鼓励企业设置相关福利，但是也有相应的限制和规范。这种限制和规范通常是针对特定的用人单位主体的。对于国有企业和事业单位而言，相关福利并非完全是基于用人单位的自主意志，而是基于国家法律法规或规范性文件的规定设置的。例如，上海市在对事业单位的相关管理规定中，就曾明确应定期给予事业编制员工相应数额的旅游、疗休养津贴；国家有关部委早前也曾建立过对部分京外事业单位员工的住房补贴制度等。2012年出台的《中共中央政治局关于改进工作作风密切联系群众的八项规定》以及2015年开始实施的《中央管理企业负责人薪酬制度改革方案》都对国有企业原有福利和高管福利进行了约束，从而极大地约束了国有企业在员工福利方面的行为。

其次，福利发放操作的合规性。如果用人单位已将相关福利纳入制度，在制度中明确符合一定条件的员工应享有与之对应的相关福利等，就构成用人单位的承诺。例如，有些企业会在制度中明确，对于达到一定薪级的员工，每年可享有一定数额的旅游补贴等。在此情况下,如果未能向符合条件的员工履行一定的福利待遇,就可能引发相关仲裁或诉讼。此外,若福利规定只向部分员工发放,未能获得福利的员工也可能提出福利主张,要求"同工同酬"。这就要求福利发放条件的设置具有合法性与合理性。

最后,福利内容本身也是合规的重要领域,蕴含很多的法律风险,譬如企业员工福利资金的来源。曾有企业以供应商的返利作为员工福利的支出,形式上看起来避免了多重缴税,也给员工带来了实际的利益,但是却对企业和具体的经办人都带来合规的风险。企业不将其纳入营业外收入,不仅违反财务会计准则,还有逃税的嫌疑;而具体操办人员的行为不仅可能违规,还面临职务侵占的刑事风险。有的企业的福利项目要求员工也承担部分成本,譬如"员工储蓄计划",但是操作中缺乏对合规的考量,将员工承担的成本挪作他用,最终演变成为以高息回报向员工集资的非法行为。

律师观点

近年来发生的劳动争议案件中,出现了越来越多的福利纠纷,很多的福利纠纷不仅形式多样,所涉及的金额与标的也越来越大。

"住房补贴"近年来已经逐渐淡出企业的福利方案,但是本案所涉的"住房基金补贴"并非常规的"住房补贴",而是在企业安置分流员工方案中的一项安排,因此本质上并非一项制度性福利。

在本案中,双方对住房基金补贴内容并无异议,而是对其发放范围存在争议。企业在员工安置分流方案中明确规定,住房基金补贴是对符合安置分流方案适用条件又愿意与TA公司协商解除劳动合同的员工发放的一次性补贴。周某某作为安置分流办法实施之前已与TA公司终结劳动关系的员工,并不符合安置分流方案中确定的发放条件,因此法院并未支持周某某关于住房基金补贴的主张。

但是,TA公司在员工分流安置方案中又将退休人员纳入其中,这一点值得商榷。因为从法律规定来看,退休人员是因到达退休年龄而与企业终止劳动关系的人员,也是非在职人员。将一项福利待遇扩大至非在职人员的时候,就存在潜在的风险。一个比较安全的做法是将非在职人员与在职人员的方案彻底区分开来,避免非在职人员参照在职人员的方案。

作为员工方的律师,能够以住房补贴的名义提出这一主张,本身已经非常难得。这当然一方面有赖于相关的历史政策和文件规定,另一方面也有赖于TA公司在安置分流方案中设置的这项特殊待遇太容易令人产生联想。但是,从法律而言,一名离职员工想要胜诉确实非常困难。因此，实践中，与企业达成某方面的和解或许是更好的选择。

[类似案例]

上海某某柴油机有限公司与任某某福利待遇纠纷案((2011)浦民一（民）初字第30762号)

[思考题]

➢ 企业如何调整福利待遇？

第三节 社会保险

一、背景知识

(一) 法规制度

社会保险是社会保障制度的重要组成部分。1961年的《美国统计摘要》把美国社会福利保障制度的主要内容分为七类：(1) 社会保险；(2) 公共援助；(3) 健康医疗项目；(4) 其他福利服务项目；(5) 退伍军人项目；(6) 教育；(7) 住房。[①] 社会保险基金是社会保险乃至整个社会保障体系持续健康运行的物质基础，具有特殊的社会功能和伦理价值。经过多年的努力，我国基本上建立起了覆盖全民的社会保险体系，社会保险基金的规模不断扩大。根据国家人力资源和社会保障部的统计，截至2013年末，我国基本养老保险基金累计结存31275亿元、城镇基本医疗统筹基金累计结存5794亿元、失业保险基金累计结存3686亿元、工伤保险基金累计结存996亿元、生育保险基金累计结存515亿元，共计42266亿元。[②]

我国最早的社会保险可以追溯到中华人民共和国成立之初。1951年2月26日，中华人民共和国政务院发布了《劳动保险条例》，并在1953年1月2日进行了修订。之后的二十多年内，我国主要以此为基础建立了城镇职工劳动保险制度，迄今该条例都有效，部分内容还在执行。

随着我国社会主义市场经济建设的推进，原有的劳动保险体系无法满足社会需求，为此我国开始了新的社会保险体系建设。1986年4月通过的《国民经济和社会发展第

---

① 参见黄安年：《当代美国的社会保障政策》，中国社会科学出版社1998年版，第1—2页。转引自董保华等：《社会保障的法学观》，北京大学出版社2005年版，第1—2页。
② 参见张新民：《社会保险反欺诈综合法律对策研究》，载《现代法学》2015年第1期。

七个五年计划》在我国首次提出要有步骤地建立具有中国特色的社会保障制度。

1991年6月26日，国务院颁布《关于企业职工养老保险制度改革的决定》，提出建立多层次的养老保险体系，规定养老保险实行社会统筹，费用由国家、企业和职工三方负担。1993年11月14日，国务院发布《关于建立社会主义市场经济体制若干问题的决定》，提出"城镇职工养老和医疗保险由单位和个人共同负担，实行社会统筹和个人账户相结合的制度"。1997年7月16日，国务院发布《关于建立统一的企业职工基本养老保险制度的决定》，对统账结合的规模、结构和养老金计发办法进行明确界定。2005年12月3日，国务院发布《关于完善企业职工基本养老保险制度的决定》，包括完善企业职工基本养老保险制度的指导思想和主要任务等内容。

此外，我国还相继建立了工伤、医疗、失业和生育保险制度。2010年10月28日，我国颁布《社会保险法》，标志着我国社会保险体系已经全面建立。

征缴是社会保险制度的重要方面，也是确保社会保险体系健康、可持续运行的基本保障。1999年1月22日，国务院发布《社会保险费征缴暂行条例》，规定实行三项社会保险费（基本养老、基本医疗、失业）集中、统一征收。社会保险费的征收机构由省、自治区、直辖市人民政府规定，可以由税务机关征收，也可以由劳动保障行政部门按照国务院规定设立的社会保险经办机构征收。2003年，国务院颁布的《工伤保险条例》规定，工伤保险费的征缴按照《社会保险费征缴暂行条例》中关于基本养老保险费、基本医疗保险费、失业保险费的征缴规定执行。

2018年7月20日，中共中央办公厅、国务院办公厅印发了《国税地税征管体制改革方案》，明确从2019年1月1日起，将基本养老保险费、基本医疗保险费、失业保险费、工伤保险费、生育保险费等各项社会保险费交由税务部门统一征收。至此，我国的社会保险征缴体制发生了根本性的变化，从主要由社保经办机构征缴全面改革为由税务部门统一征收。法律上并无实质性的变化，也属法律规定原有之义，但是由于两个部门征收力量和方法的差异，可以预期，社保征收力度将会大大加强。其后续对劳动关系双方的影响，以及社保经办机构与税务部门之间的工作衔接，还有待具体实践的观察。

（二）管理相关知识

随着国家社会保险制度的完善和实施的推进，基本养老、基本医疗、失业、工伤、生育保险乃至住房公积金的覆盖面已经越来越高，企业在这些基本社会保险方面并无太大的操作空间，随着每年社会平均工资的上涨，社保缴费成本也越来越高。

虽然企业的自主空间很小，但是缴纳社保还是企业人力资源管理日常工作中非常重要的内容。除了法律规定的及时、足额依法缴纳之外，管理中还需要注意以下几个

方面:

其一,各类人员应保尽保。对于新入职的员工,应当尽快办理社会保险,以免发生工伤却脱保的情形,造成企业巨大的经济负担。同时,对于一些不能参加社会保险的特殊劳动关系人员,譬如全日制在校学生、已退休人员等,应当通过购买商业保险(如雇主责任险等)来分散工伤带来的风险。对于外包、派遣人员,应当及时核对承包商、派遣公司为员工缴纳社保的情况,避免缴纳的资金被挪用,造成保险不能理赔的风险。

其二,依法确定社保缴费基数。社会保险费是主要的人工成本之一,在很多地区,企业和员工承担的社会保险费占企业支付给劳动者的劳动报酬总额40%以上。因此,依法而合理地确定社保基数,很大程度上会决定企业人工成本的竞争力和劳动者薪酬的吸引力。需要注意的是,社保基数每年都会调整,一方面法定的最低基数和最高基数会调整,这会导致一部分员工的实得工资减少;另一方面,新一年的社保基数需要根据上一年度的工资总额进行核定。有些地区,如上海,还会对企业的社保缴费情况进行审计,随机抽取一部分企业审核其缴费情况,若出现少缴或者漏缴情况,就需要补缴甚至处罚。

此外,随着异地用工的日趋普遍,为了解决异地员工参加社会保险的问题,选择挂靠代缴社保的企业也越来越多。尤其是对于单位所在地在北上广深等一线城市,在全国各地又设有分支机构的企业来说,寻求用工当地的第三方人力资源服务机构为派驻当地工作的员工代缴社保成为便利员工在用工当地享受社会保险待遇的主要途径。但这一方式在给企业管理带来便利的同时,也暗藏风险。

1. 员工工伤待遇的享受

一方面,在挂靠代缴社保的情况下,由于企业所在地与社会保险缴纳地不一致,社会保险经办机构可能会以此为由,不支付工伤保险相关待遇。另一方面,根据社会保险费的缴纳规则,社保缴费基数最高不得超过当地上年度社保平均工资的3倍。由于各地经济发展存在客观差距,极有可能导致为派驻当地的员工实际缴纳的社会保险费低于用人单位所在地的水平的情况,从而影响员工享受高标准的工伤保险待遇,此时员工可能会主张用人单位补足差额部分;还有些员工在遭受工伤事故后,会要求到用人单位所在地(通常是大城市,具备更先进的医疗水平)接受治疗服务,此时异地参保的矛盾将更加突出。

2. 员工其他权利的保障

目前,越来越多的大城市,如上海、广州,在外地员工办理居住证积分申请、居转户过程中,均要求劳动合同单位必须与社保缴费单位一致。如果实际用工单位与缴费主体不一致,很有可能影响员工的居转户申请,从而引发争议。

此外,在用人单位非社会保险费的实际缴纳单位的情况下,如果劳动者提出用人单位未为其缴纳社会保险费从而主张相应的赔偿,则用人单位需承担一定的举证责任和法律风险。

(三)实务操作难点

社会保险争议是指用人单位、劳动者、社会保险经办机构、工伤认定机构、工伤鉴定机构及职业病诊断机构等,就社会保险的参保登记、缴费基数、保险待遇、工伤认定、伤残鉴定、职业病诊断等发生的纠纷。它主要可以分为社会保险劳动争议、社会保险行政争议和其他相关争议。① 这里就其中的社会保险争议常见问题作一解读。

1. 社会保险可否通过约定放弃

有些用人单位为降低用工成本,往往会让劳动者作出书面承诺,表示自愿放弃缴纳社保。由于依法缴纳社会保险费是用人单位的一项法定强制性义务,因此,这种做法属违法约定,劳动者事后仍有权要求用人单位为其补缴社会保险费。实践中还存在另外一种情况,即部分劳动者为了使到手工资更多或出于其他原因,往往会主动向用人单位提出将企业应缴部分发放给个人,由个人进行安排。由于依法参加社会保险不仅是劳动者的权利,也是义务,因此这种约定亦属无效。此种情况下,即便企业已经将应缴的社会保险费折算成现金发放给劳动者,事后劳动者再以用人单位未缴纳社会保险费提出仲裁请求的,企业仍可能面临再次承担社保缴费责任的风险。

2. 外国人在华就业的社会保险费缴纳

根据《在中国境内就业的外国人参加社会保险暂行办法》,在中国境内依法注册或者登记的企业、事业单位、社会团体、民办非企业单位、基金会、律师事务所、会计师事务所等组织依法招用的外国人,应当依法参加职工基本养老保险、职工基本医疗保险、工伤保险、失业保险和生育保险,由用人单位和本人按照规定缴纳社会保险费;与境外雇主订立雇佣合同后,被派遣到在中国境内注册或者登记的分支机构、代表机构(以下称"境内工作单位")工作的外国人,应当依法参加职工基本养老保险、职工基本医疗保险、工伤保险、失业保险和生育保险,由境内工作单位和本人按照规定缴纳社会保险费。因此,用人单位应当为在华就业的外国人依法缴纳社会保险费。

当然,根据中国政府和部分外国政府间达成的社会保险费互免协定,如果外籍劳动者来自已与中国达成协定的国家,根据相关规定,履行相关手续后可以免予缴纳社会保险费。但是,无论基于什么理由不缴纳社会保险费,在发生相关劳动法责任时,

---

① 参见姜俊禄:《深圳劳动法实务完全指南》,CCH香港有限公司2008年版。

用人单位还是要承担相应的责任。

二、案例及分析

（一）基本案情

蒋某诉上海浦东S汽车服务公司社会保险纠纷案[①]

1993年11月，蒋某由M厂经协商调至S公司从事出租车驾驶员工作。1999年4月，M厂为蒋某开具《上海市职工退工通知单》，通知单记载蒋某因辞职于1994年12月9日退工。

2014年6月，蒋某达到退休年龄，符合可以享受基本养老保险待遇的条件，在办理养老金的相关手续时，蒋某得知S公司存在漏缴其部分在职期间的社会保险费的情况。

2014年11月19日，蒋某向上海市浦东新区劳动人事争议仲裁委员会申请仲裁，要求S公司赔偿其少缴社会保险费导致的养老金损失64800元。2014年11月24日，该仲裁委员会作出不予受理通知书。蒋某不服，诉至浦东新区人民法院，请求判令S公司赔偿其少缴社会保险费导致的养老金损失78880元。

经上海市社会保险事业管理中心浦东分中心核查与核算，S公司于1999年4月起为蒋某缴纳社会保险费；2014年9月，蒋某开始领取养老金，至2015年4月，每月领取养老金3611.80元；若S公司为蒋某补缴了1995年1月至1999年3月的社会保险费，截至2015年4月，应发放蒋某养老金的差额合计为2814.80元。

（二）双方观点及法院观点

双方观点

蒋某认为因S公司未为其缴纳1995年1月至1999年3月的社会保险费，继而主张领取养老金差额的损失；由于S公司确实没有为蒋某缴纳1995年1月至1999年3月期间的社会保险费，S公司理应承担相应法律责任。

S公司认为，蒋某直至1999年4月才与案外人M厂解除劳动关系，故其无须为蒋某补缴1999年之前的社会保险费；蒋某的社会保险费可以补缴，所以也无须赔偿蒋某的养老金损失。

[①] 参见（2015）沪一中民三（民）终字第1253号民事判决书。

法院观点

S 公司与蒋某均确认 1993 年 12 月 S 公司向案外人 M 厂开具过蒋某的商调函，S 公司亦认可蒋某于 1993 年 11 月进入公司从事出租车驾驶员工作，之后蒋某一直在 S 公司工作至 2014 年 6 月。由此可认定，1993 年 11 月至 2014 年 6 月期间，蒋某与 S 公司具有劳动关系。

用人单位为劳动者缴纳社会保险费，是用人单位的法定义务。S 公司未为蒋某缴纳 1995 年 1 月至 1999 年 3 月期间的社会保险费，理应承担相应法律责任。现 S 公司不同意为蒋某补缴社会保险费，蒋某要求 S 公司赔偿上述期间因少缴社会保险费而导致的养老金损失，理由正当，应予支持。

根据上海市社会保险事业管理中心浦东分中心的核查函件，S 公司应赔偿蒋某 2014 年 9 月至 2015 年 4 月期间的养老金损失 2814.80 元。

（三）HR、法务、律师三方观点

HR 观点

首先，企业为员工缴纳社保是法律规定的应尽义务。员工和企业都没有权利不缴纳社保。因为，社保中很大部分属于社会统筹，缴纳社保还涉及社会公共利益。根据《社会保险法》第 58 条的规定，用人单位应当自用工之日起 30 日内为其职工向社会保险机构申请办理社会保险登记。

其次，企业为员工缴纳社保也是员工愿意为企业工作的最基本的条件。因为社保为员工提供了基本保障，解决了一定的后顾之忧（如养老、医疗、生育等）。现在，社保对于一些在大城市工作的员工来说甚至超出了其本义。越来越多的城市在购房、办理居住证和户口时把社保缴纳时限作为重要的条件，所以不缴、少缴社保的企业，是很难吸引或留住优秀员工的。

最后，企业缴纳社保也可在一定程度上降低企业风险和成本。例如，对于工伤保险，员工发生工伤事故后，如平日按时缴纳了工伤保险费，企业就可以避免为此付出高昂的医疗费用和补偿金。又如，对于生育保险，女员工生产后，国家还会发放生育津贴给员工，也在一定程度上减轻了企业的负担。再从另外的角度来看，如果企业不缴或少缴社保，国家相关机关可以要求其补缴并缴纳滞纳金，反而增大了企业成本。因此，在管理中，如果企业故意逃避社会保险责任，往往是短视和得不偿失的。

当然，从企业角度看，社保缴费比例企业占了大头，确实增加了企业用工成本，这是部分中小企业少缴或不缴社保的原因。随着我国社保体系越来越完善，社保基金不断充实，国家有关部门未来应当考虑适当调整缴费的比例，以支持中小企业的生存和发展。

法务观点

缴纳社保是企业的一项法定义务。实践中，缴纳社保已成为企业人力资源成本的一项重要内容。在此背景下，部分企业出于节约支出的考虑，往往会与劳动者私下签订协议，或是要求劳动者出具"请求用人单位不为其支付社保，且承诺不因此而向用人单位提出仲裁或诉讼"的所谓申请书、承诺函等，进而起到实质上不为员工缴纳社保的效果。

虽然这种安排短期内确实会为企业节省大量的人力成本支出，但法律风险也是显而易见的。这种风险包括：一是由于违反国家强制性法律规定，而导致被劳动保障行政机关行政处罚的风险；二是劳动者向仲裁机关申请仲裁或向法院提起诉讼要求赔偿或补缴社保费用的风险；三是如果劳动者出现工伤，但由于未缴纳工伤保险费，导致用人单位需承担赔偿责任的风险；四是由于存在违法行为，对企业后续IPO产生的阻碍风险。当企业面临股权转让或引入战略投资者时，收购方或战略投资者在对其开展的尽职调查中，必然会将社保缴纳情况作为考察的一项内容。因为这不仅反映了企业合法经营的情况，也在很大程度上反映了公司的规范化、成熟化水平。走上正轨的大型企业集团鲜见存在不为其员工缴纳社保的情况。因此，对于渴望做大做强的企业而言，应切实按照法律法规的要求，为其员工足额缴纳社保。

从本案来看，S公司在合规管理上显然出现了一个盲区。一方面，S公司已经从1993年12月起与蒋某建立了劳动关系；另一方面，蒋某原单位一直到1999年4月才开出退工单。据此，S公司错误地认为可以从1999年4月后才为蒋某缴纳社保。

事实上，作为用人单位，只要与劳动者开始建立劳动关系并实际履行，就有义务缴纳社保，否则就会产生违法责任和出险后无法理赔的风险。当遇到员工入职手续不完整导致无法及时办理社保的情况，法务应当及时提示企业风险，并及时采取措施办理社保或者终止劳动关系。

律师观点

本案中的争议焦点就在于1995年1月至1999年3月间，应当由S公司还是M厂承担蒋某的社保缴纳义务。相对应的证据是那份1999年4月开具，但内容为1994年12月9日退工的退工单。对于这份证据，S公司、蒋某和案外人M厂的理解和解释肯定是不相同的。站在S公司的立场，认为蒋某应当是在退工单开具的时间即1999年4月才与案外人M厂结束劳动关系，因而1995年1月至1999年3月间应当由M厂继续缴纳社保。而站在蒋某的立场,显然追溯 M 厂的难度要远远大于 S 公司,而且实际劳动关系也是发生在与 S 公司之间,因此坚持 S 公司应当承担该期间社保缴纳义务更为有利。

从本案中法院的态度来看,也是以实际履行劳动关系的 S 公司作为社保缴纳义务的承担者的,这可以给很多产生事实用工的用人单位以警示。

当然,本案还蕴含着另一个当事人或者另一个潜在案件,就是 M 厂在长达 5 年多的时间里未及时开具退工单,是否应当承担法律责任;蒋某或者 S 公司是否有权利向 M 厂追索由此造成的经济损失。

对于这些问题的分析,要结合案件中关于"商调""退工单"、社保办理等当时的劳动行政管理制度的实际情况来考虑。因此,对于律师而言,持续关注劳动法,并且对劳动争议的事实有纵深的历史视角,是非常重要的。

[类似案例]

上海鲁迪劳务派遣有限公司与纳峰真空镀膜(上海)有限公司劳务派遣合同纠纷案((2015)青民二(商)初字第 1934 号)

[思考题]

> 派遣员工的社会保险基数如何确定?

第六章
劳动保护管理及争议

本章概要

劳动保护是一个涉及安全生产、卫生防护、法律等跨学科领域的概念，具体到劳动法领域，几乎可以涵盖劳动关系的方方面面，用以规制的也不仅限于劳动法，还包括《工伤保险条例》《职业病防治法》《女职工劳动保护特别规定》等一系列法律法规。与"劳动保护"这一概念的全过程规范不同，劳动保护争议案件主要发生在劳动者工伤后、职业病期间或者女职工"三期"期间，即劳动保护不到位时。由于在这些情形下，劳动者通常短期或者长期无法提供正常劳动，但用人单位仍需按照法律法规给付员工相关的待遇，因此有关待遇的给付条件、给付标准等常常成为引发争议的导火索。考虑到工伤、职业病、女职工"三期"保护是实践中最常发生争议的几种情形，故本章将围绕这三个方面的问题展开。

第一节 工 伤

一、背景知识

广义上，工伤也称"职业伤害"，是指企业职工在生产岗位上，从事与生产劳动相关的工作，或者由于劳动条件、作业环境等原因引起的人身伤害事故或职业病。工伤通常包括意外事故工伤和职业病两大类。其中，意外事故工伤是工伤的主要形式。我国工伤的概念中包括伤、残、亡三种情况。"伤"是指劳动者在生产过程中因工伤事故或职业病，致使身体器官或生理功能受到损伤而引起暂时性部分丧失劳动能力；"残"是指劳动者在遭遇工伤事故或职业病之后，虽经治疗休养仍不能完全恢复，以致身体或智力机能部分丧失劳动力；"亡"是指因工伤事故或职业病导致劳动者死亡。① 所以，若非特别说明，本节接下来要讨论的内容主要是意外事故导致工伤的情形。

（一）法律制度

1. 工伤认定

工伤认定主要是指以国家法律、法规、政策为依据，确定员工受伤是否由于工作原因造成的一种事实认定。我国有关工伤认定的主要依据是《工伤保险条例》。该条例第14条对应当认定为工伤的情形作出规定："（一）在工作时间和工作场所内，因工作原因受到事故伤害的；（二）工作时间前后在工作场所内，从事与工作有关的预备性或者收尾性工作受到事故伤害的；（三）在工作时间和工作场所内，因履行工作职责受到暴力等意外伤害的；（四）患职业病的；（五）因工外出期间，由于工作原因受到伤害或者发生事故下落不明的；（六）在上下班途中，受到非本人主要责任的交通事故或者城市轨道交通、客运轮渡、火车事故伤害的；（七）法律、行政法规规定应当认定为工伤的其他情形。"第15条就视同工伤的情形作出规定："（一）在工作时间和工作岗位，突发疾病死亡或者在48小时之内经抢救无效死亡的；（二）在抢险救灾等维护国家利益、公共利益活动中受到伤害的；（三）职工原在军队服役，因战、因公负伤致残，已取得革命伤残军人证，到用人单位后旧伤复发的。"

总而言之，我国目前有关工伤认定的标准大体上遵循"三工"原则，即"工作时间""工作地点""工作原因"。超越"三工"之外的，除视同工伤的三种情形外，基本上不认定为工伤，但是近年来也有些个案中略有突破。

除正向列举外，《工伤保险条例》也对工伤的排除情形作出了具体规定，首先是故意犯罪的；其次是醉酒或吸毒的；最后是自残或者自杀的。凡是涉及这三种情形的，不论是否发生在工作时间与工作地点，也无论是否与工作内容存在联系，都不能被认定为工伤。通常认为，对于是否存在以上三种排除情形，需要依据公安机关、人民法院的判定或法医的鉴定而定。

2. 工伤待遇

工伤待遇涉及的项目繁多，且各个地区之间由于经济发展状况的不同，标准上亦存在一定的差异，因此本书仅以上海地区为例，通过图表的方式进行简单介绍。

---

① 参见陆胤：《劳动争议律师实务》，法律出版社2016年版，第139页。

表 6-1 上海地区工伤待遇标准[①]

费用承担主体	支付项目	基数	死亡	一级	二级	三级	四级	五级	六级	七级	八级	九级	十级
用人单位	伤残津贴（按月）	负伤前12个月平均月缴费工资						70%	60%				
用人单位	一次性伤残就业补助金	上年度全市职工月平均工资						18个月	15个月	12个月	9个月	6个月	3个月
用人单位	停工留薪期内待遇	（1）工资收入；（2）缴纳社会保险费；（3）护理费											
工伤保险基金	一次性伤残补助金	负伤前12个月平均月缴费工资		27个月	25个月	23个月	21个月	18个月	16个月	13个月	11个月	9个月	7个月
工伤保险基金	一次性工伤医疗补助金	上年度全市职工月平均工资						18个月	15个月	12个月	9个月	6个月	3个月
工伤保险基金	伤残津贴（按月）	负伤前12个月平均月缴费工资		90%	85%	80%	75%						
工伤保险基金	生活护理费（按月）	上年度全市职工月平均工资	生活完全不能自理50%、生活大部分不能自理40%、生活部分不能自理30%										
工伤保险基金	一次性工亡补助金	上年度全国城镇居民人均可支配收入	20倍										
工伤保险基金	丧葬补助金	上年度全市职工月平均工资	6个月										
工伤保险基金	供养亲属抚恤金（按月）	上年度全市职工月平均工资	30%—50%										
工伤保险基金	工伤复发	（1）工伤医疗费；（2）康复费用；（3）住院伙食费（20元/人/天）；（4）交通费（实报实销）、食宿费（150元/人/天）、辅助器具费；（5）生活护理费；（6）停工留薪期内待遇											
工伤保险基金	其他费用	（1）工伤医疗费；（2）康复费用；（3）住院伙食费（20元/人/天）；（4）交通费（实报实销）、食宿费（150元/人/天）、辅助器具费；（5）劳动能力鉴定费（350元/次）											

[①] 参见《上海市工伤保险实施办法》（沪府令93号），2013年1月1日起施行。

（二）管理相关知识

除遵守工伤相关法律政策外，企业还必须致力于保证工作场所的安全性。一般来说，导致工伤事故发生的原因主要有三点：偶然事故、不安全的工作条件和员工不安全的工作行为。① 其中，对于偶然事故，由于其常常超出了企业的控制范围和控制能力，故不作展开，我们主要讨论针对不安全的工作条件和员工不安全的工作行为，企业可以采取的预防措施。

1. 制度预防

"安全生产，重在预防。"日常中许多工伤事故都是由于员工不遵守安全生产流程所致。因此，管理者应当在日常管理中提醒员工注意安全生产以及劳动保护相关事宜，自上而下地树立安全生产意识。对此，企业可以通过完善规章制度，包括员工手册和各种单行制度，如生产标准制度、岗位操作制度和业务流程制度等，将安全生产流程以制度规定的形式固定下来。这样一方面可以提高员工的安全生产意识，另一方面如果由于员工的违规操作给企业造成经济损失，企业可以据此要求员工赔偿。

2. 安全教育

安全培训是预防工伤事故发生的另一重要方法，对于新员工来说尤其重要。企业应当指导员工在日常工作中使用安全的方法和程序，并对潜在的安全隐患进行适当的提醒。对此，企业可以通过开展专题培训的方式普及安全生产知识、强化安全生产流程。宣传警示也十分重要，如果说培训的作用范围是局限的，那么宣传的效能则是广泛的。例如，对于生产制造型的企业来说，可以在工厂醒目位置张贴安全生产标语、海报、操作流程图等进行宣传，真正做到"警钟长鸣"。

3. 隐患排查

除建立制度与教育宣传这两种主观上的努力外，企业还应当从软、硬件上作出充足的准备，努力营造安全、健康的生产环境，通过减少引发事故发生的隐患和行为，从源头上防范工伤事故的发生。例如，企业可以定期检查生产设备等器械，如机床、车辆、楼梯、台阶等，通过定期进行安全检查，找出那些可能对员工工作安全和身心健康造成威胁的要素，确保提供的工作场地、劳动工具等安全性能达标。

4. 及时处理

对于工伤事故的处理主要包括两方面：一方面是工伤认定流程上的把握；另一方面是对受伤员工本人及其家属的安抚工作。对于前者来说，有具体的法律法规作为指

---

① 参见〔美〕加里·德斯勒、〔新加坡〕陈水华：《人力资源管理（亚洲版·第2版）》，赵曙明、高素英译，机械工业出版社2013年版，第354页。

导,在此不再赘述,此处要重点强调的是后者。对于受伤员工本人及其家属,企业应从关怀员工的角度出发,在法律规定的底线之上,同时结合企业的制度规定和事件的实际情况,包括员工的伤情、家庭经济状况等,及时对员工及其家属提供力所能及的关心和帮助,为事件的妥善解决营造友善互信的氛围,避免激化矛盾。

(三) 实务操作难点

1. 依法缴纳工伤保险费

如果用人单位做到依法缴纳工伤保险费,那么工伤赔偿的责任主体就相对明确了,由于大部分工伤待遇由工伤保险基金承担,用人单位的责任相对较小,因而产生争议的可能性也较小。但如果用人单位未缴纳工伤保险费,并由此导致劳动者无法享受工伤保险待遇,那么本应由工伤保险基金承担的费用则需由用人单位来承担,产生劳动争议的可能性就加大了。因此,依法缴纳工伤保险费是避免相关争议的第一步。

对于一些不能缴纳社会保险费的特殊劳动者群体,企业可以通过购买商业保险的方式来降低风险。在商业保险中,与社会保险中的工伤保险类似,能够分担、转移用人单位工伤赔偿责任的保险品种是"雇主责任险"。

2. 及时申请工伤认定

按照《工伤保险条例》第17条的规定,申请工伤认定是用人单位的法定义务,如因用人单位未在法定期限内(通常为事故伤害发生之日起30日内)提交工伤认定申请,导致劳动者未能及时享受工伤保险待遇的,在此期间发生的工伤待遇等有关费用应由用人单位承担。因此,如果员工发生事故伤害,企业应首先确认是否存在劳动关系。如果存在劳动关系,应立即着手对是不是工伤进行事实搜集、判断以及证据固定。同时,企业应及时向社会保险行政部门提交工伤认定申请,切不可因企业主观认为不是工伤而怠于提出工伤认定申请,否则将可能承担相应的赔付风险。

3. 正确处理工伤与第三人侵权赔偿竞合

法律法规对于工伤保险待遇的相关内容已进行了详细规定,但对于其与第三人侵权赔偿竞合的处理,各地则有不同政策。有的地区采取择一享有的做法,有的地区则采取可以双享的做法,而更多的地区会采取具体项目补差就高的原则。依据《上海高级人民法院民一庭关于审理〈工伤保险赔偿与第三人侵权损害赔偿竞合案件若干问题〉的解答》,上海地区对于工伤待遇与第三人侵权赔偿竞合的处理方式采用的是具体项目补差就高的原则,具体可以分为以下三种情形:

(1) 重复赔偿项目,如原工资福利和误工费、医疗费、护理费、住院伙食补贴费等。同一类型赔偿项目按照就高原则进行认定,即按照各自的计算标准,确定两者之中数额较高的作为劳动者最终应获得的赔偿数额。

(2) 兼得项目，如一次性伤残补助金和残疾赔偿金、一次性工亡补助金和死亡赔偿金。此类项目下，劳动者可以同时获得工伤保险待遇赔偿和第三人侵权赔偿。

(3) 专属项目，如伤残津贴和营养费、一次性工伤医疗补助金和精神抚慰金等。此类项目下，针对同一类型的赔偿项目，劳动者仅可获得一次赔偿，即如果劳动者已获得工伤待遇，则不可再获得第三人侵权赔偿，反之亦然。

二、案例及分析

（一）基本案情

李某与上海默土有限公司、某学校提供劳务者受害责任纠纷案①

李某系某学校2011级模具专业学生，农业家庭户口。2013年7月8日，李某、某学校、默土公司三方签订学生实习协议书，约定经李某与默土公司双向选择，李某自愿到默土公司实习，期限自2013年7月8日起至2014年6月25日止。实习期间，关于李某的实习津贴，默土公司按国家规定的每周不超过40小时计每月人民币1800—2000元进行支付，至于超过规定时间的加班及因工作需要安排的中班、夜班和特殊岗位，李某与默土公司职工享受同等待遇。

协议还约定，默土公司在安排实习生上岗前应先对其进行企业文化、岗位要求、专业技能、操作规范、安全生产、劳动纪律等方面的培训教育，安排到相应的部门和岗位从事与国家劳动保护法规相符合的对人身无危害、对青少年身心健康无影响的工作，并指派带教师傅对其实习进行指导评价；对易发生意外工伤的实习岗位，默土公司在实习生上岗前除了加强安全生产教育外，还应提供应有的劳动保护措施，而学校则应为实习生购买"学生实习责任保险"。

2013年11月2日周六上午11时许，李某在默土公司加班操作数控折边机，在更换模具时不慎踩到开关，致使机器截断其右手第2—5指。李某随即被送至上海市第六人民医院急诊治疗，后于次日住院行植指术；又于2013年11月14日转入上海市松江区九亭医院，行清创及环小指残修术，于2014年1月10日出院。后续李某还接受了多次门诊治疗。

2014年10月9日，经法院委托，司法鉴定科学技术研究所司法鉴定中心对李某伤势出具鉴定意见书：李某右手部等处因故受伤，后遗右手功能障碍等，相当于道路交通事故×××伤残。

---

① 参见（2015）沪二中民一（民）终字第1807号民事判决书。

李某随后向法院提起诉讼，要求默土公司与学校共同承担人身伤害的赔偿责任。

（二）双方观点及法院观点

双方观点

李某认为，自己尚不具备能力独立操作机器。李某作为实习生，受到某学校和默土公司的双重管理，默土公司在李某前一天上晚班的情况下，安排李某于事发当日即周六继续加班，且没有带教老师陪同，某学校与默土公司对李某受伤均负有责任。同时，李某系某学校在校学生，该学校坐落于上海市青浦区公园东路×××号，李某的残疾赔偿金应适用本市城镇居民标准；误工费应当按照李某实习期的实际所得月工资计算。

默土公司认为，李某是实习生，没有固定上班时间，事发当天是周六，加班是李某自己选择的，带教老师不上班，但当时有班长在，李某完全可以向班长请教。李某对事故的发生具有过错，默土公司已经对其进行过岗前培训，也发放了劳动手套，事后也积极救治，已经尽到了相应义务；某学校对李某也负有一定的安全保障义务，应承担相应责任。

某学校称，不清楚李某能否独立操作；学校确实对李某负有安全保障义务。根据相关规定，职校学生顶岗实习期间，实习单位不得安排加班，某学校也会与实习企业强调不要安排实习生加班。

法院观点

本院认为，本案中李某作为中等职业学校在校学生，通过与某学校、默土公司签订学生实习协议书后到默土公司实习，该法律关系的三方当事人除受该协议约定约束外，还应受到中等职业学校学生实习相关法律法规的约束。依据《中等职业学校学生实习管理办法》及《教育部办公厅关于应对企业技工荒进一步做好中等职业学校学生实习工作的通知》的规定，学校及相关企业"不得安排学生每天顶岗实习超过8小时；不得安排学生加班"。然而，本案中，依据三方当事人庭审中的一致确认，事发当日李某确系周六加班，且带教老师未陪同加班。

对于李某在此次加班过程中因操作危险工作设备所受之伤害，各方承担责任如下：首先，默土公司系李某实习期间的直接管理人，能支配和安排李某如何从事实习工作，并能够对工作过程实施监督和管理，李某虽为实习生，但其所从事的劳动客观上系为默土公司创造经济利益，因此他享有获得劳动保护的权利，而李某此次受伤的危险来源也属于其所从事之劳动的正常风险范围内。综合考量默土公司与李某之间支配与被支配的地位、劳动所创造经济利益的归属、默土公司应当承担的劳动保护以及劳动风险控制与防范的职责和义务,默土公司应当对李某所受之损害承担主要赔偿责任。

其次,某学校作为李某实习期间的间接管理人,虽无法直接支配李某的工作,但其作为职业教育机构,应当清楚学生参与实习工作的危险性,可以通过对学生的安全教育以及与企业的沟通协商,控制和防范风险。然而,某学校在清楚实习单位不得安排实习生加班规定的情况下,本可以通过加强对学生的安全教育以及与企业明确约定等方式予以防范,实际上却放任实习生加班情形的存在,因此,某学校未尽到其职责。考虑到某学校无法直接支配李某在默土公司的具体工作,故某学校应当对李某所受损害承担次要责任。

最后,李某作为实习生,技能尚处于学习阶段,劳动报酬也区别于默土公司正常员工,因此,李某在劳动过程中所应尽到的谨慎注意义务不能以默土公司正常员工为标准。事发当日,李某在没有带教老师陪同加班的情况下所出现的操作不当尚不足以构成重大过失,相较于默土公司、某学校对风险防范所应承担的义务,李某的一般过失不能减轻默土公司及某学校所应承担的赔偿责任。故判令默土公司对李某的人身损害后果承担80%的赔偿责任,剩余20%的赔偿责任由某学校承担。

(三)HR、法务、律师三方观点

HR 观点

企业是否要使用实习生,是一个有争议的话题。对企业而言,实施实习生计划,能为企业建立潜在的未来的人才储备库,有利于企业的雇主品牌推广、提高社会知名度,也能在一定程度上降低用人成本。对学校而言,通过实习生计划,能与企业建立良好、长期的校企合作关系,既能及时了解企业的用人需求,从而合理地、有前瞻性地设计学校的相关课程,又能确保学生学以致用,尽早确定合适的就业方向。对学生而言,实习,顾名思义就是在实践中学习,在实践中运用所掌握的知识,并且通过实习来了解实际的工作环境,充分做好从一名在校学生向一名职场人士角色转换的准备。由此可见,"实习生"这一特定的形式,有其客观存在的需求,也有长期存在的社会价值。

然而,根据现行的相关法律法规,实习生与企业之间并未形成劳动关系,很多权利义务并没有明确的界定,这给企业使用实习生也带来一定的潜在风险。正如本案中所反映的,实习生工伤就是一个典型的情形。

因此,企业在实施实习生计划时,应该充分考虑到在校学生本身具有的特殊性,在严格遵循相关法律法规的同时,设计一套合情合理的、有针对性的实习生管理制度,尽可能避免实习生在工作中可能出现的劳动伤害事故，避免可能因此而产生的纠纷，降低企业所面临的潜在法律风险，也避免对企业的声誉造成不良的影响。在企业内部人力资源管理上，应从以下几个方面着手，预先做好风险防范工作：

（1）确保合理的工作时间，考虑到在校学生的实际情况，避免安排加班加点。

（2）企业的劳动保护制度应充分覆盖至实习生，确保实习生接受完善的岗前培训与安全生产培训，从而具备相应的安全意识。

（3）配发必要的安全防护装备，熟悉安全防护设备设施的使用。

（4）配备相应的带教老师，尤其是在一线岗位，必须确保在有带教老师在场的前提下进行操作。

法务观点

这是一起实习生在实习时受伤引发的人身伤害赔偿案件。因为可以达到"校企共赢"的目的，目前职业学校甚至普通高校的学生去企业实习已越来越普遍。但是，由于实习生与企业之间未形成劳动关系，企业无法利用工伤保险制度分散自己的风险。如果管理不当，不仅会像本案一样，企业要承担民事损害赔偿责任，而且如果处理不当，甚至还有可能演变为社会事件，对企业的声誉造成不良影响。因此，如何事前防范实习生带来的风险，是企业法务需要认真对待的一个问题。

企业法务应配合人事部门在以下几个方面做好防范措施：

首先，保证企业制定的实习生管理规定符合国家和地方法律法规的相关规定。本案中，默士公司安排李某顶岗实习超过8小时，并允许其加班的行为违反了教育部的规定。实习生长时间疲劳工作容易发生伤害事故。因此，法务应在法律层面上严格把关，审查人事部门制定的实习生管理规定有没有不合法的内容，从源头上减少法律风险的发生。

其次，起草或审查企业与学校、实习生签订的三方实习协议书。法务在起草或审查三方实习协议书时，除了要注意协议书不能有不符合法律法规规定的内容，如本案三方实习协议书中有关加班待遇规定的问题，还应特别注意学校对实习生管理应承担的责任规定是否明确，划清企业和学校的责任范围，以避免发生事故时企业和学校相互推诿，最后由企业承担过重责任的问题。

最后，选择投保适当的保险。正如本案法官所认定的，即使实习生存在一般过失，也不能减轻企业的赔偿责任。对于实习生的工伤，因为不能申请工伤保险赔偿，所以如何分解和控制企业的赔偿责任风险，投保适当的保险，需要事先认真考虑。本案中，学校承担20%的责任,并且学校已经为学生购买了"学生实习责任保险",成功地化解了自己的责任压力。而默土公司承担80%的赔偿责任,却不见有默土公司事先购买保险的信息。假使默土公司预先购买了适合的保险产品,那么对其所应承担的主要责任,默土公司应对起来也会从容很多。而对哪些实习岗位需要投保、投保何种保险、保险额多少、受益人是谁等,需要由法务与人事、财务部门共同研究后决定。

律师观点

根据劳动部《关于贯彻执行〈中华人民共和国劳动法〉若干问题的意见》中的相关规定,企业招用全日制在校学生开展实习活动的,双方不建立劳动关系。由于按照《工伤保险条例》的有关规定,员工认定工伤的条件之一,就是双方存在劳动关系,因此全日制在校学生在企业工作期间发生伤害事故不受《工伤保险条例》调整,而应当按照最高人民法院发布的《最高人民法院关于审理人身损害赔偿案件适用法律若干问题的解释》处理。也就是说,在校学生实习期间,在用人单位受到人身损害的,应由雇主承担相应的赔偿责任,即"雇主责任"。

本案中,李某作为全日制在校学生,于默土公司实习期间发生人身损害事故,理应根据《最高人民法院关于审理人身损害赔偿案件适用法律若干问题的解释》,按照雇主责任相关规则解决该争议。首先,李某本人在此次事件中虽然存在操作不当等过失,但考虑到其实习生身份,对于工作技能的掌握本就有所欠缺,故难以认为其构成重大过失。其次,虽然学校对于李某也存在一定的管理责任,但由于其在李某实习期间无法直接参与对于李某的管理,且默土公司对于该起损害事故的发生负有监管不足、管理不到位等责任,因此默土公司对于李某的人身损害应承担主要的赔偿责任。

为了避免上述情况的发生,企业在使用实习生时,应当注意以下几点:首先,应当与学校签订实习协议,约定好相关的事故责任承担比例,并同时约定学校应当为实习学生购买人身意外险,具体操作办法可以参照《职业学校学生顶岗实习管理规定(试行)(征求意见稿)》。其次,企业可以购买雇主责任险作为补充,尤其是对于直接与学生签订实习协议的情况。最后,落实安全保障工作,并留下相关证据。企业应在实习生入职时做好安全教育,并对相关安全生产流程、操作规程等进行培训、告知,提供相关的劳动保护措施,在明显的地方张贴安全标语与操作指示等。由于在雇主责任中主要适用的是过错责任原则,因此如果企业能够证明已经尽到了相应的安全保障义务,则可以相应降低责任承担的比例。

[类似案例]

张某等工伤保险待遇纠纷案((2014)三中民终字第13817号)

[思考题]

➢ 精神疾病能否认定为工伤？

第二节 职 业 病

一、背景知识

职业病，是指劳动者在职业活动中，因接触粉尘、放射性物质和其他有毒、有害因素而引起的疾病。[①] 作为广义工伤的一种类别，职业病管理是工伤管理的题中应有之义，也是工伤管理中的重点和难点。科学有效地加强职业病防治，妥善解决职业病相关伤害，不仅有利于培育员工的爱岗敬业精神，也有利于企业人力资源的开发利用和生产秩序的稳定。

（一）法律制度

我国有关职业病防治的立法起步相对较晚。1984年，原卫生部颁布了《职业病诊断管理办法》，首次针对职业病诊断作出了规定。其后，由原卫生部、原劳动人事部、财政部、中华全国总工会联合颁布的《职业病范围和职业病患者处理办法的规定》首次对职业病的概念作出了界定："职业病系指劳动者在生产劳动及其他职业活动中，接触职业性有害因素引起的疾病。"该规定是第一次发布以职业病待遇为主的规定，通过对职业病待遇进行系统规定，确定了职业病待遇的基本框架。此外，上述规定还附有"职业病名单"，使得职业病范围更加清晰。2002年5月1日，《职业病防治法》实施，系统性地规定了职业病防治和职业病待遇，明确了企业应承担部分职业病待遇的给付责任。《工伤保险条例》在此基础上进一步完善了职业病待遇的相关规定，成为职业病待遇现行的主要法律依据。

1. 职业病预防

有关职业病的防治主要规定在《职业病防治法》中，其中第14条规定："用人单位应当依照法律、法规要求，严格遵守国家职业卫生标准，落实职业病预防措施，从源头上控制和消除职业病危害。"因此，预防职业病不仅是企业人力资源管理的管理内容，更是劳动法规定的法定义务。具体而言，职业病防治管理措施主要包括：（1）设

---

① 参见2017年修正的《职业病防治法》第2条第2款。

置或者指定职业卫生管理机构或者组织，配备专职或者兼职的职业卫生管理人员，负责本单位的职业病防治工作；（2）制订职业病防治计划和实施方案；（3）建立、健全职业卫生管理制度和操作规程；（4）建立、健全职业卫生档案和劳动者健康监护档案；（5）建立、健全工作场所职业病危害因素监测及评价制度；（6）建立、健全职业病危害事故应急救援预案。

此外，企业还应当提供职业病防护设施、检测职业病危害因素、组织职业卫生培训、公开职业病岗位相关情况等。

2. 职业病诊断

《职业病防治法》不仅就职业病诊断机构的资质进行了规定，对于职业病诊断的具体方式方法以及诊断过程中一些必备材料的提供亦予以明确。其中值得注意的是第46条第1款和第2款的规定："职业病诊断，应当综合分析下列因素：（1）病人的职业史；（2）职业病危害接触史和工作场所职业病危害因素情况；……没有证据否定职业病危害因素与病人临床表现之间的必然联系的，应当诊断为职业病。"该条规定不仅明确了诊断职业病应当考虑到劳动者的过往职业经历，同时对职业病的认定采取放松的态度，没有证据否定职业病危害因素与病人临床表现之间具有必然联系的，应当诊断为职业病。这无疑对企业的安全生产管理提出了很高的要求，一方面要严把招聘关，严格实施职业经历调查和入职体检，及时发现存在职业病隐患的员工；另一方面，加强日常预防，在生产作业的过程中尽量避免或降低职业病危害因素。

3. 职业病待遇

立法对于工伤待遇进行了详细规定，而职业病作为工伤的一种，除了按照国家规定可以享受工伤保险待遇外，劳动者还可以享受以下职业病待遇：

（1）有害作业期间

A. 企业应当按照国家有关规定，安排从事有害作业的劳动者进行定期检查、上岗检查和离岗检查。

B. 企业对从事接触职业病危害作业的劳动者，应当给予适当的岗位津贴。

C. 从事有害作业的职工，因按规定接受职业性健康检查所占用的生产、工作时间，应按正常出勤处理；如职业病防治机构（或诊断组）认为需要住院作进一步检查时，不论其最后是否被诊断为职业病，在此期间均可享受职业病待遇。

D. 从事有害作业的职工，其所在单位必须为其建立健康档案。变动工作单位时，事先须经当地职业病防治机构进行健康检查，其检查材料装入健康档案。

（2）确诊职业病期间

A. 企业应当按照国家有关规定，安排职业病病人进行治疗、康复和定期检查。

B. 劳动者被确诊患有职业病后，其所在单位应根据职业病诊断机构（或诊断组）的意见，安排其医治或疗养。在医治或疗养后被确认不宜继续从事原有害作业或工作的，应在确认之日起的两个月内将其调离原工作岗位，另行安排工作；对于因工作需要暂不能被调离生产、工作岗位的技术骨干，延迟调离期限最长不得超过半年。

C. 职业病病人除依法享有工伤保险外，依照有关民事法律，尚有获得赔偿的权利的，有权向用人单位提出赔偿要求。

D. 劳动者终止或解除劳动合同后发现患有职业病的，相关诊疗费用由造成该职业病的单位负责。

（3）变动工作期间

A. 患有职业病的职工变动工作单位时，其职业病待遇应由原单位负责或由原单位和新单位协商处理，双方商妥后方可办理调转手续，并将其健康档案、职业病诊断证明及职业病处理情况等材料全部移交新单位。调出、调入单位都应将劳动者患职业病情况报各单位所在地的劳动卫生职业病防治机构备案。

B. 职工到新单位后，新发现的职业病不论与现工作有无关系，其职业病待遇由新单位负责。过去按有关规定已作处理的不再改变。

C. 劳动合同终止或解除劳动合同后，在待业期间新发现的职业病与上一个劳动合同期工作有关时，其职业病待遇由原终止或解除劳动合同的单位负责；如原单位已与其他单位合并，由合并后的单位负责；如原单位已撤销，应由原单位的上级主管机关负责。

（二）管理相关知识

职业危害预防是企业安全生产管理的重点工作之一，相比较出现危害后治理和赔偿的成本，预防措施能够带来的效益增加和成本降低是投入产出比最高的。企业的职业危害预防措施林林总总，需要根据具体的生产环境和危害因素来确定。

以某汽车制造公司的属冲压车间、焊装车间、涂装车间、树脂车间、总装车间中接触锰、电焊烟尘、苯系化合物、一氧化碳、噪声、高温等有害因素的现场作业人员为例，根据基线调查结果，明确作业环境中存在的主要职业健康危害因素，据此设计健康促进干预方案如下：[1]

1. 职业健康教育

分别对管理层、生产骨干和员工进行不同内容的职业卫生培训。管理层的培训针对职业卫生管理的各个环节，主要为关于改善作业环境、保护员工健康、防治职业病

---

[1] 参见李学军、杨焕静、陈晨、肖辉：《职业危害的干预效果研究》，载《中国健康教育》2006年第7期。

危害、预防职业病措施等方面的技术业务知识和实际操作技能;对员工的培训主要采用讲座、宣传图板展览、发放职业卫生常识手册等方式,使其掌握基本的职业卫生知识。

2. 加强防护措施

针对职业健康危害,对于职业病危害严重的岗位,应采取有效防护措施,设立检查表对工人个人防护用品的发放和使用进行监督,定期考核工人个人卫生习惯,如饮食、吸烟、饮酒等,并给予奖惩。

3. 改善作业环境

定期检修和维护车间的通风除尘设施,安装空调,降低车间温度,对产生高噪声的岗位采取隔声降噪措施。

4. 职业健康咨询

定期举办职业健康咨询,内容主要包括心理咨询、营养咨询、个人卫生咨询等。

当然,自从有工业化以来,职业危害就伴随而生,纵使防范可以极大地降低危害发生和危害程度,但却无法彻底消除危害。因此,企业管理中对危害发生的风险防范和应对预案就显得非常重要。

1. 强化风险共担意识

风险共担首当其冲的就是依法缴纳工伤保险费。如果企业未缴纳工伤保险费,一旦发生工伤事故,相关待遇和费用均由企业承担。此外,很多企业还会在工伤保险之外增加额外的商业保险,以增加对劳动者的保障力度,进一步降低企业的风险。

2. 细化职业危害应急预案

职业危害除了常态管理的预防措施之外,还应当建立危害出现时的应急应对预案。2009年3月,国家安全监管总局颁布了《生产安全事故应急预案管理办法》,并在2016年进行了修订。预案是事前准备的工作方案,其主要功能是平时牵引应急准备、战时指导应急救援,可以说是应急机制的载体、应急培训的大纲、应急演练的脚本和应急行动的指南。①预案编制后还应定期演练,让全体员工都具备相应的意识和技能。

(三)实务操作难点

实务操作中,常见的争议点和难点在于如何确定员工患病与职业危害之间的关联。一方面,这是员工主张职业病待遇的前提;另一方面,企业需要承担排除职业病危害因素的举证责任。为避免员工带"病"入职和带"病"工作,企业可以从以下几点入

---

① 参见《〈生产安全事故应急预案管理办法〉深度解读》,http://www.cnki.com.cn/Article/CJFDTotal-XFJE201611005.htm,2018年5月20日访问。

手，减少职业病争议风险：

1. 招聘时，充分了解员工的病史、工伤史和职业经历

根据《劳动合同法》的规定，企业在招用劳动者时，有权了解其与劳动合同直接相关的基本情况，劳动者应当如实说明。因此，企业可以要求应聘人员书面陈述自己的基本情况，包括家庭状况（如是否有遗传病史）、工作经历、身体状况（如是否有工伤史、是否有职业禁忌）等；同时，企业也应向应聘人员充分阐明招聘岗位对于身体状况的要求和可能产生的影响。

2. 入职和转岗前，按规定对员工进行上岗前的健康检查

如果企业的工作环境存在职业健康危害因素，或者属于对身体状况有特殊要求的岗位，仅进行常规入职体检是不够的，而应该根据具体岗位的要求，有针对性地检查特定项目，以确定员工是否在前雇主处已患有职业病，或存在职业禁忌。例如，高血压患者可以从事一般的工作，但属于高处作业的职业禁忌症。

需要特别注意的是，在员工入职后，如果需要从有职业危害的岗位转岗到新的岗位，企业也应进行离岗健康检查；同时根据新岗位的要求，确定是否需要进行入职健康检查。

3. 入职后，建立员工职业健康监护档案

在员工入职后，企业应当为员工个人建立职业健康监护档案，记录其历次职业健康检查情况及处理情况、职业史、既往病史和职业病危害接触史等。职业健康监护档案应由专人负责管理，并按照规定的期限妥善保存。需要提醒企业注意的是，要确保相关医学资料的秘密性，注意保护劳动者的职业健康隐私权、保密权，避免相关争议的发生。

二、案例及分析

（一）基本案情

夏某某与 GM 公司劳动合同纠纷案[①]

夏某某于 2006 年 2 月进入 GM 公司工作，任冲压工，双方签订的最后一份劳动合同期限为 2009 年 7 月至 2015 年 7 月。2009 年 9 月，GM 公司因生产经营发生严重困难致公司停产，开始大规模裁减人员。其间，GM 公司向员工公布了《GM 公司职工分流实施细则》。该实施细则规定如下："公司对冲压工、炉前热成型工、熔炉烧火工、

[①] 参见（2010）嘉民四（民）初字第 317 号民事判决书。

电镀工等岗位人员,每人发放一次性体检费200元,由本人自行鉴定。鉴定结果为职业病的,须在本实施细则经职代会审议之日起两个月内提供鉴定结果,公司将按国家有关规定给予补偿。鉴定结果不属职业病的,鉴定费用由本人自理。"

同年9月17日,夏某某与GM公司签订了《职工解除劳动合同、领取经济补偿及相关事宜的确认书》,该确认书载明:"本人确认,领取公司给予的其他未尽事宜一次性补偿后,本人与公司不再有任何经济上的未尽事宜,也不存在任何劳动争议的未了事项。"当日,夏某某领取了GM公司向其支付的经济补偿18728元和一次性体检补贴200元。此后,夏某某未再至GM公司处上班。

同年9月22日,夏某某至上海疾控中心检查站进行职业健康检查。9月24日,得到检查结论为:双耳听阈增高,复查听力。后经两次复查,上海疾控中心检查站于2009年12月7日出具复查结论为:客观听阈测试基本正常,健康检查结论为:其他疾患。

因夏某某对上述检查结论持有异议,后经上海市嘉定区卫生局协调,安排夏某某至华山医院进行职业病诊断,并由GM公司向华山医院出具证明如下:"兹夏某某同志……于2006年2月1日进入我公司一车间冲压岗位工作至2009年8月27日止,从事落料(冲压)操作工作,每天工作时间为八小时,公司工龄为三年六个月,作业时接触的职业病危害因素为噪声。夏某某工作期间,我公司未组织其进行上岗前和在岗期间的职业健康检查,无上岗前和在岗期间的职业健康监护资料。同时,我公司未曾对一车间作业场所进行职业病危害因素检测,无一车间作业场所职业病危害因素的历年检测报告。2009年,我公司因生产经营发生困难,已于2009年8月28日起停产至今。特此证明,请贵院依法给予职业病诊断。"

2010年7月28日,华山医院向夏某某出具了《职业病诊断证明书》,诊断结论为:(1)建议调离噪声工作岗位;(2)随访纯音听力检查,每年一次;(3)观察对象按疑似职业病处理。

2010年8月10日,夏某某向嘉定区劳动仲裁委提起仲裁,要求GM公司:(1)自2009年9月起与夏某某恢复劳动关系;(2)为夏某某报销职业健康检查的医药费及车费1292元。

(二)双方观点及法院观点

双方观点

夏某某认为,他自2006年2月进入GM公司工作,任冲压工。2009年9月17日,公司在未为他做离职体检的情况下与他解除了劳动关系。后经嘉定区卫生局出面协调,在公司为他出具书面证明后,夏某某至华山医院进行职业病检查。2010年7月28日,华山医院向夏某某出具《职业病诊断证明书》，诊断结论为：观察对象按疑似职业病处理。根据法律规定，公司不可与他解除劳动关系，且职业病检查和诊断的费用均应由公司承担。

GM 公司认为，因经营发生困难进行经济性裁员，故而与夏某某解除劳动合同。夏某某离开时公司向他支付了较多的补偿，且一直发放工资至 2009 年 10 月，故双方劳动关系正式解除的时间应为 2009 年 10 月，公司安排夏某某所作的职业健康检查并未超过法律规定的时间。公司并不十分了解夏某某在 2010 年 7 月重新做的检查，从第一次检查结果显示正常到第二次检查结果为疑似职业病，期间相隔大半年，夏某某无法有效证明疑似职业病的诊断结果是由其在公司的工作引起的，故请求驳回夏某某的所有诉讼请求。

法院观点

夏某某作为 GM 公司的员工，GM 公司有权与其解除劳动合同，但该种劳动关系的解除必须符合法律的规定。夏某某在 GM 公司从事多年的冲压工工作，长时间接触噪声，属于从事接触职业病危害作业的劳动者，但 GM 公司在未安排夏某某进行离岗前检查的情况下即与其签订了解除劳动合同确认书，有违法律的规定。

后夏某某经职业病诊断机构——华山医院诊断为疑似职业病，该次诊断系由夏某某依法提出，GM 公司出具了夏某某系公司员工的相关证明，足以证明公司明知诊断程序启动并给予配合，由于该种配合系得出诊断结果的前提条件，故公司关于夏某某的诊断结果并非因公司的工作引发的辩称，本院不予采纳。

根据职业病诊断结果，夏某某属于疑似职业病病人，正处于观察期间，而我国劳动法律规定，疑似职业病病人在诊断或者医学观察期间的，用人单位不得以经济性裁员等理由与其解除劳动合同，故 GM 公司在 2009 年 9 月 17 日与夏某某签订的《职工解除劳动合同、领取经济补偿及相关事宜的确认书》因违反法律的强制性规定而归为无效。因 GM 公司与夏某某解除劳动关系的行为属于违法解除，故夏某某要求恢复劳动关系的诉讼请求，于法有据，本院予以支持，恢复的日期应以双方解除劳动关系之日——2009 年 9 月 17 日为准。

（三）HR、法务、律师三方观点

HR 观点

现代企业越来越注重可持续发展，在很多企业的可持续发展战略报告中，对于生产环境的安全防护,以及对员工健康的管理,均设定了明确的衡量指标。同时,国家也高度重视劳动者的健康,已针对职业病伤害的预防出台多项法律法规。但是,在企业生产过程中,难免会存在有毒、有害,或者放射性伤害的可能性。因此,对于由此而可能产生职业病的防范,已经成为企业的重要关注因素之一。

从企业角度出发,企业应该更为关注通过提高生产环境的安全,以降低职业病危害存在的风险。例如,优先采用有利于防治职业病和保护劳动者健康的新技术、新工艺、新材料,逐步替代职业病危害严重的技术、工艺、材料,做到源头治理。

从本案的事实来看,GM 公司的人力资源管理在一些方面需要改进。

首先,GM 公司在日常管理中疏于职业危害的规范管理,包括进行职业危害的检测和评估,以及建立相关员工的健康管理及档案等。GM 公司的管理缺失严重,以至于在争议发生时,公司无法提供相关的资料和档案,无法厘清员工听力受损与公司职业环境所存在的关系。

其次,经济性裁员操作不规范。虽然 GM 公司在《GM 公司职工分流实施细则》中提到给予员工 200 元去做职业病鉴定,但是在操作中却忽视了解除劳动合同与职业病鉴定之间的程序关系,导致争议和风险的发生。

由此看来,一定的职业危害难以避免,但是争议的风险却是企业可以通过规范管理来避免的。

法务观点

企业应对职业病问题予以足够的重视,因为如果处理不好,会给企业带来很大的合规风险,主要表现在以下几个方面:

1. 解除劳动合同无效的风险

《劳动合同法》第 42 条第 1、2 项以及《职业病防治法》第 33 条和第 35 条规定了企业不得解除劳动合同的各种情形。如果企业违反了上述规定,最后就会发生被判违法解除的风险。

2. 违反《职业病防治法》,被追究法律责任的风险

2016 年 7 月 2 日《职业病防治法》第二次被修正,企业被处行政罚款的金额提高了,在一定程度上加大了企业的违法成本。对一些大企业来讲,区区几十万罚款可能算不了什么,但如果情节严重,最后被责令停建、停业,甚至被关闭,这样的风险恐怕是企业难以承受的。

另外，除了以上被追究行政责任的处罚之外，根据《职业病防治法》的规定，如果造成重大职业病危害事故或者其他严重后果，企业、直接负责的主管人员和其他直接责任人员要被追究刑事责任。

3. 因"失信"受到多个行政主管部门"联合惩戒"

《国家职业病防治规划（2016—2020年）》提出要建立用人单位"黑名单"制度，定期向社会公布并通报有关部门。

2014年11月26日，国务院安全生产委员会发布指导意见，提出要加强企业安全生产诚信制度建设，建立安全生产承诺制度、安全生产不良信用记录制度（包括重大职业病危害隐患）、安全生产诚信"黑名单"制度、安全生产诚信评价和管理制度、安全生产诚信报告和执法信息公示制度等五个制度。

2016年5月9日，国家发展改革委员会等18个部委联合签署了《关于对安全生产领域失信生产经营单位及其有关人员开展联合惩戒的合作备忘录》，针对违反安全生产诚信制度的单位及其法定代表人等负责人提出了29项惩戒措施。

因此，法务在企业日常工作中，应当加强两方面的合规审核：（1）企业内部职业危害防治规章的合规审核。法务应当帮助企业建立和完善职业病防范的管理体系和相关文件，在合法的基础上结合企业实际情况，使企业运营有制度的保障。（2）职业危害应对措施的合规审核。在企业职业危害发生后，企业应当根据应急预案，启动相关的应对措施，其中法务应当严格把关，确保企业依法操作，避免本案中类似的违法行为出现。

律师观点

本案的争议焦点在于GM公司解除与夏某某的劳动合同是否合法。《劳动合同法》规定，从事接触职业病危害作业的劳动者未进行离岗前的职业健康检查，或者疑似职业病病人在诊断或者医学观察期间的，用人单位不得依据非过错性解除以及经济性裁员的相关规定与其解除劳动合同。对于该条规定的理解，有两点需要注意。

第一，用人单位应当安排从事接触职业病危害作业的劳动者进行离岗前检查。本案中，夏某某从事的岗位是冲压工，日常工作中主要接触噪声，属于从事接触职业病危害作业的人员范围，因此GM公司应当在其离职时安排其进行职业健康检查，否则，即便按照GM公司所述存在经济性裁员的客观情况，也不得据此与夏某某解除劳动合同。

第二，疑似职业病病人在诊断或者医学观察期间的，用人单位不得因非过错性解除以及经济性裁员的相关规定与其解除劳动合同。本案中，华山医院于 2010 年 7 月 28 日为夏某某出具的《职业病诊断证明书》写明，夏某某属疑似职业病，且尚在观察期内。因此，GM 公司不得与其解除劳动合同。同时，在恢复劳动关系以后，只要夏某某仍处于职业病观察期或诊断期间，GM 公司均不可以与其解除劳动合同。

本案中，作为企业一方确实明显违规。假使企业在流程操作上做些改进，或许在争议中就不会如此被动。首先，企业应当先安排鉴定，然后再予以解除；其次，即便是依据经济性裁员规定解除，企业也应当首选与存在疑似或者确诊职业病的劳动者协商解除劳动合同，并作出额外补偿；最后，对于解除后职业病发生变化的情况，双方在协议中也应当作出相应的约定，以避免道德风险的出现。

[类似案例]
李春利与北京市化学工业研究院劳务合同纠纷案（（2015）海民初字第 24579 号）

[思考题]
➢ 企业有哪些防治职业病的义务？

第三节　女职工保护

一、背景知识

女性劳动者因其自身生理上的特殊性，以及社会分工的特殊性，承担着生育和哺育下一代的责任，在劳动关系履行中会遇到一些特殊的困难。作为人类社会文明进步的重要成果之一，各国劳动立法都给予女性劳动者以特殊的福利待遇和保护措施，我国也不例外，但是实施的效果却备受争议。女性劳动者在职场上处于弱势的状况并未发生根本改变，甚至一些法律的保护措施还进一步削弱了女性劳动者在职场上的竞争力，成为性别歧视的一个重要来源。由于国家对于女性劳动者的强制性特殊保护，使得企业在录用、管理女性员工时往往会更加谨慎和小心，但争议还是时常发生。

（一）法律制度

1. 女职工特殊假期

女职工特殊假期涉及的种类较多，且各个地区之间由于经济发展状况的不同，标准上亦存在一定的差异，本书仅以上海地区为例，通过图表的方式进行简单的介绍。

表 6-2 女职工特殊假期及待遇一览表

假期种类	享受条件	期限	工资待遇	法律依据
产前假	经单位同意	两个半月	原工资的80%	《上海市女职工劳动保护办法》
产假	正常生育	98 天	原工资待遇	《人口与计划生育法》《上海市人口与计划生育条例》《女职工劳动保护特别规定》
	上海	增加 30 天		
	难产	增加 15 天		
	生育多胞胎	每多一胎增加 15 天		
流产假	怀孕未满 4 个月流产的	15 天	原工资待遇	《女职工劳动保护特别规定》
	怀孕满 4 个月流产的	42 天		
哺乳期	婴儿未满一周岁	1 小时/天	原工资待遇	《女职工劳动保护特别规定》
	生育多胞胎	每多哺乳 1 个婴儿增加 1 小时/天		
哺乳假	经单位批准	6 个半月	原工资的80%	《上海市女职工劳动保护办法》

除了以上一些传统认知中的女职工特殊假期外，近几年，各地也创新性地陆续出台了一些新增假期，如痛经假。《安徽省女职工劳动保护特别规定》规定，女职工因月经过多或者痛经不能正常上班申请休息的，用人单位根据医疗机构的证明，安排其休息 1—2 天。《浙江省女职工劳动保护办法》也规定，经本人提出，经医疗机构证明患有重度痛经或者经量过多的，给予 1—2 天的带薪休息。对于此类假期，一些人称赞这是为女性劳动者谋福利，值得推广；另一些人则认为这种假期增加了企业的用工成本，不值得提倡。对于企业来说，规定是好是坏已无法改变，作为管理者应做的是精准遵守各地立法中的不同规定，避免踩到法律的红线。

2. 女职工特殊保护

除假期福利外，立法对于女职工的特殊保护几乎涵盖了从招聘入职到劳动合同解除、终止的各个阶段。

（1）招聘入职

《妇女权益保障法》规定，各单位在录用职工时，除不适合妇女的工种或者岗位外，不得以性别为由拒绝录用妇女或者提高对妇女的录用标准；劳动（聘用）合同或者服务协议中不得规定限制女职工结婚、生育的内容。该规定主要是针对企业在招录员工时可能涉及的性别歧视作出的规制。同时，该规定还强调，结婚、生育的权利是女职工的法定权利，企业不能对此进行限制或剥夺。

《妇女权益保障法》同时规定，单位不得安排女职工从事不适合女性从事的工作和劳动。对此，该法还专门规定了女职工禁忌从事的劳动范围，以保护女职工的健康权。从另一个角度来讲，如果企业招录岗位属于女职工禁忌从事的劳动范围，企业以此为由不招用女职工的，不涉及性别歧视。

（2）薪资福利

《妇女权益保障法》《女职工劳动保护特别规定》均规定，企业不得因女职工结婚、怀孕、产假、哺乳等情形，降低女职工的工资。正常情况下，只要企业依法缴纳生育保险费，女职工生育期间的生活津贴就由生育保险基金支付。但是，《上海市人民政府关于贯彻实施〈社会保险法〉调整本市现行有关生育保险政策的通知》规定，从业妇女的月生育生活津贴标准，为本人生产或者流产当月所在用人单位上年度职工月平均工资。从业妇女生产或者流产时所在用人单位的上年度职工月平均工资高于本市上年度全市职工月平均工资300%的，按300%计发，高出部分由用人单位补差。根据这一规定，在女职工月平均工资高于本市上年度全市职工月平均工资300%的情况下，企业需要对高出部分补差；同时，对于本人工资低于本单位上年度职工月平均工资的，其生育津贴则将高于其本人正常出勤的工资收入，容易引发道德风险。

（3）解除终止

《劳动合同法》规定，女职工在孕期、产期、哺乳期的，用人单位不得依照第40条、第41条的规定解除劳动合同。《妇女权益保障法》同样规定，任何单位不得因结婚、怀孕、产假、哺乳等情形，辞退女职工，单方解除劳动（聘用）合同或者服务协议，女职工要求终止劳动（聘用）合同或者服务协议的除外。因此，对于"三期"女职工来说，除非其存在《劳动合同法》第39条规定的企业可以单方解除劳动合同的六种过错情形，或是双方协商一致，女职工同意解除劳动合同，否则企业不得单方解除劳动合同。另外，如果女职工处于"三期"，即便劳动合同到期，企业亦不能终止劳动合同，而是应当顺延至"三期"情形消失。

（二）管理相关知识

有关女性的管理常常引发争议。随着商业文明的进步，已有越来越多的企业意识到女性是企业人力资源中不可忽视的群体，甚至在新兴服务经济中，女性还扮演着越来越重要的角色。

当前，女性领导力越来越受到企业管理界的重视。女性领导力主要表现在核心专业技术能力、敏锐性、进取心、组织力和创造环境能力等几个方面。① 我国台湾地区学

---

① 参见童兆颖：《女性领导力与柔性化管理》，载《领导科学》2004年第20期。

者黄丽蓉将女性领导力特征归纳为五个方面：互动型的领导风格；组织关系呈包容性的蛛网状；全面而多元的思考方式；授权与团队建立；重视员工的教育与成长。① 女性特有的亲和力能够满足追随者得到尊重和认可的需求，善于化繁为简的简约领导能力能够满足追随者自我领导的需求，较强的沟通能力能够符合柔性领导的需求，等等。女性领导力的这一系列特征与转型时代未来组织发展所需的领导新趋势不谋而合，有利于女性领导力在新形势下的发展。②

但是，女性在职场中还是经常遭遇不公平的对待。即便近年来在许多著名公司的高层管理者中已经出现了很多女性的面孔，如格力空调的董明珠、阿里巴巴的彭蕾、滴滴出行的柳青等，但是这并没有从根本上改变女性在职场中受到不公平对待的基本面。

全国妇联妇女发展部 2011 年发布的《女大学生就业创业状况调查报告》指出，56.7%的受访女大学生在求职过程中感到"女生机会更少"，91.9%的受访女大学生感受到用人单位的性别偏见。③ 虽然一些需要精细和耐心的行业有大量的女性劳动者，甚至在一些行业中女性已经成为占据绝对主力的群体，但是在培训机会、晋升空间以及薪资待遇方面，女性还是与男性存在差距。

另外，女性在职场中还容易遭受各种侵犯，尤其是性骚扰。2005 年 8 月 28 日，我国修订了《妇女权益保障法》，首次旗帜鲜明地规定了"禁止对妇女实施性骚扰"，但对何为性骚扰并未作出界定。江苏省 2008 年修订的《江苏省实施〈中华人民共和国妇女权益保障法〉办法》对"性骚扰"作了定义："禁止违背妇女意愿，以含有淫秽色情内容的语言、文字、图片、电子信息、肢体动作等形式对妇女实施性骚扰。"

对于以上问题，企业管理者需要从法律、文化、伦理、管理等多方面考虑，营造有利于女性发挥其独特才干的工作环境，并且在性别公平、职场女性安全等方面担负起企业应尽的责任。

(三) 实务操作难点

由于劳动立法对于女职工保护的重点在于女职工在特定"三期"内的劳动保护和待遇，因此与女职工待遇变动相关的争议是实务操作中的难点。常见的待遇变动是由于岗位调整所引起的。根据提出调岗的主体是女职工还是企业，可以分为以下两种情况：

---

① 参见蒋莱：《女性领导力研究综述》，载《中华女子学院学报》2011 年第 2 期。
② 参见余艳清：《领导活动发展新趋势与女性领导特质优势》，载《重庆行政（公共论坛）》2007 年第 3 期。
③ 参见李梦雪：《性别歧视对女性人力资本投资的影响及对策探析》，载《人力资源开发》2017 年第 4 期。

第一，如果调岗由女职工提出，则女职工需要证明自己的身体状况不适合现在的工作岗位，如提供由医疗机构开具的证明等。当然，如果女职工所在岗位是"三期"禁忌岗位，那么即便其本人没有提出调岗，企业也应当根据相关法律规定将女职工由禁忌岗位调至非禁忌岗位。这种情形下的调岗由于是基于女职工本人的生理隐私与岗位禁忌而发生，与女职工本人的过错无关，因此通常不应降低其相关待遇。当然，有些与岗位相关的福利有差异是合理的。

第二，如果调岗由企业提出，则企业需要证明调岗的合法性和合理性。首先，从合法性角度来看，根据《劳动合同法》第40条第2项的规定，用人单位有权以"不能胜任"为由对劳动者进行调岗，但要注意对于"不能胜任"证据的留存，如考勤记录、客户投诉、绩效考核记录等。如果企业无法证明女职工存在"不能胜任"的事实，则需要与其协商一致后方可调岗。其次，从合理性的角度来看，与原岗位相比，女职工新岗位的工作强度应适当降低，或工作内容与之前不同，以适应处于"三期"的女职工特殊的身体状况。这种情况下，通常可以根据新的岗位相应调整女职工的劳动报酬，但是要充分考虑"三期"的影响因素，而不是简单等同于普通员工的不胜任调岗。

当然，对于处于"三期"的女职工的调岗，无论基于何种原因，如能尽量维持其原有的薪资水平不变，则可以降低法律风险。

二、案例及分析

（一）基本案情

永基纺织用品公司与叶某某劳动纠纷案①

2007年7月1日，叶某某进入永基纺织品公司工作，双方签订了一份自2007年7月1日起至2007年12月31日止的劳动合同，合同约定叶某某的基本工资为人民币2200元。该合同到期后，双方续签了多份合同，最后一份劳动合同期限至2012年4月30日止。

2012年4月27日，叶某某至医院就诊，检查结果为"停经42天，早孕"。之后，叶某某向永基纺织品公司寄送了4月27日至5月3日、5月7日至5月20日的病假单。其间，永基纺织品公司分别于5月11日及16日向叶某某发出书面通知，要求与叶某某续签劳动合同。5月23日，叶某某通过快递形式向永基纺织品公司寄出了5月21日之后的病假单。5月24日，永基纺织品公司以叶某某未答复视为不愿续签合同为由，出

---

① 参见（2012）沪二中民三（民）终字第1615号民事判决书。

具了《终止劳动合同通知书》及退工证明。

叶某某随后向劳动争议仲裁机构提起仲裁申请,要求恢复劳动关系。

(二) 双方观点及法院观点

双方观点

永基纺织品公司表示,永基纺织品公司在叶某某怀孕后并未在5月1日终止劳动合同,而是通知叶某某续签劳动合同,同时也告知了叶某某不来续签的后果;但叶某某不仅不来续签,还要求永基纺织品公司赔偿钱款,故永基纺织品公司依照《劳动合同法实施条例》第5条的规定,依法终止了劳动合同,该行为完全合法。

叶某某认为按照《劳动合同法》的规定,女职工怀孕的,劳动合同自然顺延至该女职工哺乳期结束为止,现永基纺织品公司在明知叶某某怀孕的前提下提出终止劳动合同,严重违反了法律规定,永基纺织品公司需要承担违法终止劳动合同的法律后果。叶某某的病假单在2012年5月21日已经开具,不能因为病假单晚寄一天就否定病假的事实。叶某某怀孕的事实已经有医院出具的证明予以证实。

法院观点

劳动合同期满后,如果女职工在孕期、产期、哺乳期的,劳动合同应当续延至该情形消失时止。此乃法律对处于"三期"的女职工的特殊保护,并不需要通过双方再续签劳动合同予以确认。当然,如果女职工与用人单位在女职工"三期"内达成一致意见,续签劳动合同,对双方劳动权利义务予以确定,亦无不可,但如果双方不能就劳动合同达成一致,或者怀孕女职工拒绝续签劳动合同,则用人单位还应当按照法律规定将原劳动合同延续至"三期"结束,而不能以怀孕女职工未续签劳动合同为由终止或解除劳动合同。

本案中,叶某某怀孕的事实有医院的病假建议书确认,永基纺织品公司对此有疑义,但无证据佐证,故应认定永基纺织品公司在合同到期前已经知晓叶某某怀孕的事实。既然叶某某在劳动合同到期前已经怀孕,则劳动合同的期限依法应该自动延续至叶某某"三期"终止时止。确实,双方在原劳动合同到期后曾协商续签劳动合同,但因故双方未能就合同内容达成一致,致使永基纺织品公司未与叶某某续签劳动合同,此时永基纺织品公司应当顺延原劳动合同至叶某某"三期"结束时终止,而不能认为叶某某不续签劳动合同则可以解除或者终止合同。

因此,永基纺织品公司基于对相关法律的误解作出的终止劳动合同决定确有不妥,理应承当相应的责任。

（三）HR、法务、律师三方观点

HR 观点

本案是关于女职工在"三期"内的劳动合同争议。女职工"三期"保护，一直是令很多企业感到"头疼"的话题。尤其在国家实行"全面二孩"政策以及各地推出一系列辅助政策之后，有人甚至开始担心这一政策是否会影响到女性未来的就业。

其实，对于女职工"三期"保护，企业应该本着积极正面的态度，冷静理智地面对。在依法合规的基础上，对女职工，尤其是处在"三期"内的女职工，要充分体现企业的人文关怀。在企业内部人力资源管理上，应充分考虑到以下几个方面：

（1）对"三期"内女职工的关心要前置化。及时了解她们由于生理状态的变化而对心理产生的影响，并适时帮助她们进行调整和适应。一个好的人力资源管理人员，同时也应该具备心理咨询师的部分技能。

（2）合理安排"三期"内女职工的工作，确保合法、合理、合情，同时兼顾公平原则。在工作岗位和工作内容的安排上，既要体现对"三期"内女职工的保护，又要确保她们在这些工作岗位上能充分发挥自身的才能，继续为企业创造价值，而不是将她们当成企业的"包袱"。

（3）充分信任企业的员工，弘扬正确的企业文化。其实，大多数女职工都是讲道理、有责任心的，即使处在"三期"内，她们仍然能够坚守岗位，保质保量地完成自己的工作。对于这类好员工，企业应该适时给予表扬和鼓励，并在企业内部形成一种"扬善"的文化，从而避免极少数女职工在"三期"中的懈怠行为在企业内部造成负面的"破窗效应"。

（4）企业内部应该依法制定明确的规章制度，并严格按规章制度实施。法律在保护"三期"内女职工的同时，也赋予企业可以依法处理严重违纪员工（包括处在"三期"内的女职工）的合法权利。女职工在"三期"的不同阶段，所适用的规定也是不同的。例如，企业依法制定规章制度，可在其中明确规定任何病假都必须提供相关的医疗证明及病假单，即使是在孕期中的女职工，也必须严格遵守，否则，企业就可以依照相关的规章制度采取相应的处理措施。

从本案中人力资源管理的应对来看，还是有些方面值得汲取教训的。首先，对于叶某某的怀孕及病假管理太过鲁莽。因为叶某某的怀孕和病假应属真实，因此在这个过程中如果叶某某没有及时提交病假单和申请，也应当进行催促核实后再采取行动。永基纺织品公司在没有及时收到叶某某的后续病假单后立即通知终止，显然属于投机取巧的行为,最后的结果也是置公司于风险之中。其次,永基纺织品公司在续约流程的操作上也有失妥当。正如法院判决所指出的,虽然法律上企业有义务也有权利要求员工签署书面劳动合同,但是对于一个处于孕期的女职工而言,要求对方一定要签约似乎有点刁难。合理的做法是将续约通知快递给女职工,并告知其劳动关系会在"三期"内自动顺延。

法务观点

国家对女职工实施特殊的劳动保护,确实提高了企业使用女职工的人工成本。一些法律意识不强的企业为了追求经济利益,降低成本,就会出现违反国家对女职工特殊劳动保护相关规定的情形。随着"全面二孩"政策的实施,今后"三期"内女职工的问题会更加突出。因此,一方面如何避免发生"三期"内女职工问题的法律风险,另一方面如何运用合法手段,处理好"三期"内女职工问题,需要 HR 与法务共同努力,妥善应对。

在实践中,企业对以违纪解除"三期"内女职工劳动合同的行为应慎之又慎,比如企业以"三期"内女职工工作态度不积极、休假太多、休假手续不符合规定等违纪为由解除劳动合同。企业的确有权根据《劳动合同法》第39条规定解除"三期"内女职工的劳动合同,但企业在行使该权利时,应充分考虑到"三期"内女职工身体的特殊情况,从人性化管理角度出发,不能过于苛刻。当然,对于违纪情节严重,态度恶劣,企业在多次指出后仍不改正的,在证据确凿的前提下,企业还是可以合法行使自己的权利。

在本案中,永基纺织品公司可能不了解怀孕女职工劳动合同顺延的规定,导致最后败诉。所以,首先,HR 必须熟悉相关的劳动法规定,在自己无法确定的情况下,事先与法务商议,法务也无法确定时,可以求助于外部专业律师。其次,很多此类问题的发生,是因为经营层领导"重利益、轻保护"造成的,HR 和法务应设法共同努力,提高领导的法律意识。最后,企业内部缺乏监督制约机制也是发生此类问题的原因之一,不敢违背上级意志,盲目顺从领导,导致违法行为发生。因此,可以考虑在企业内部设立合规举报热线等,鼓励员工匿名举报,从而更好地防止此类问题的发生。

律师观点

本案的争议焦点在于永基纺织品公司终止与叶某某的劳动合同是否合法。

《劳动合同法》规定，劳动合同期满，女职工在孕期、产期、哺乳期的，劳动合同应当续延至相应的情形消失时终止。本案中，叶某某与永基纺织品公司签订的最后一份劳动合同于 2012 年 4 月 30 日期满，而在 4 月 27 日，叶某某被医院确诊为怀孕，并向公司提交了病假单。因此，叶某某与公司的劳动合同依法应顺延至"三期"结束。

永基纺织品公司在向叶某某寄出了要求与其续订劳动合同的通知后，叶某某没有回复，于是公司与其终止了劳动合同。由于女职工处于"三期"属于劳动合同的法定顺延情形，并不会因用人单位一方的行为而改变，除非双方协商一致终止劳动合同、"三期"情形消失或者劳动者存在《劳动合同法》第 39 条规定的重大过错情形，否则永基纺织品公司无权与叶某某终止劳动合同。

当然，作为企业方的律师，有时候难免要面临必输之局，此时如果律师能说服企业拿出耐心与诚意，与员工在仲裁、诉讼过程中协商，或许能够达成一个避免两败俱伤的结局。

同样，作为员工一方的律师，在依法帮助员工争取合法权益的同时，也应提醒员工合理维权。在本案中，叶某某未能及时提交病假单，导致永基纺织品以此终止劳动合同。虽然最后的诉讼结果维护了叶某某的合法权益，但是这个环节的疏漏也是需要员工汲取教训的。本案中最终令叶某某胜诉的关键是其怀孕，尚处在"三期"内，但是如果叶某某并非"三期"内女职工，那么她在劳动合同到期后不能及时提交病假单，或者病假单不连续的话，就有可能导致劳动合同法定顺延情形的消失，从而导致劳动合同终止。因此，员工出现劳动合同法定顺延的情形时，应当及时、真实地提交相关证明文件，以免企业作出误判，引发不必要的纠纷。

[类似案例]

穆某某与某塑料包装有限公司追索劳动报酬纠纷案（(2009)嘉民一（民）初字第 2810 号）

[思考题]

➤ "三期"内女职工是否不能解除劳动合同？

第七章
解雇管理及争议

> **本章概要**
>
> 劳动合同解除是指劳动合同生效以后，尚未履行或尚未全部履行以前，当事人一方或双方依法提前消灭劳动关系的法律行为。[①] 由于劳动合同解除通常意味着劳动关系的终结以及劳动合同履行期间权利、义务的清算，因此劳动争议发生的风险也最高。本章将针对劳动合同解除的三种情形一一阐述。

第一节 协商解除

一、背景知识

(一) 法律制度

协商解除是一种双方解除行为，是指劳动合同双方当事人经协商达成一致，从而解除劳动合同。[②]《劳动合同法》第36条规定："用人单位与劳动者协商一致，可以解除劳动合同。"因此，在解除条件上，双方协商一致即可解除劳动合同。在解除程序上，劳动合同的解除时间由双方协商确定，立法对于任何一方均无提前通知的要求。在经济补偿上，尽管解除是在双方协商一致的基础上达成的，但《劳动合同法》还是以提出动议的主体为标准作出了辞职性解除与解雇性解除的区分。如果解除意向是由用人单位提出的，那么用人单位应当支付经济补偿金；如果解除意向是由劳动者提出的，那么是否支付经济补偿金以及支付多少金额均由双方协商确定，用人单位无法定

[①] 参见董保华主编：《中国劳动法案例精读》，商务印书馆2016年版，第28页。
[②] 同上书，第29页。

的支付义务。协商解除主要依靠劳动合同双方的意思自治，立法对此并无进一步的细致规定，实务操作中主要以用人单位和劳动者双方协商一致的书面记载为准。

协商一致是平等自愿的表达形式，在双方意见存在分歧的情况下，应当通过协商达成统一。① 但由于劳动关系所具有的人身性、隶属性特征，劳动者与用人单位之间存在天然的不平等，基于平等自愿的协商一致也就变得难以实现。因此，在实践中，经常会有劳动者在协商达成一致意见之后以遭到胁迫或者受到用人单位误导为由要求认定协议无效。

根据《劳动合同法》第26条的规定，下列劳动合同无效或者部分无效：(1) 以欺诈、胁迫的手段或者乘人之危，使对方在违背真实意思的情况下订立或者变更劳动合同的；(2) 用人单位免除自己的法定责任、排除劳动者权利的；(3) 违反法律、行政法规强制性规定的。因此，在协商解除的过程中，一方面要注意协商内容的合法性，另一方面也要注意协商过程的合法性，并保留相关协商的过程性证据。

在协商中，双方可能面临的另一个法律问题是主体资格及行为能力的问题。《民法通则》第13条规定，不能辨认自己行为的精神病人是无民事行为能力人，由他的法定代理人代理民事活动。不能完全辨认自己行为的精神病人是限制民事行为能力人，可以进行与他的精神健康状况相适应的民事活动。第14条规定，无民事行为能力人、限制民事行为能力人的监护人是他的法定代理人。所以，在协商过程中，首先需要确定协商中的劳动者本人是否具有完全的民事行为能力。一旦劳动者的民事行为能力有瑕疵，由此达成的协议的效力就可能是有疑问的。

用人单位作为法人，通常也有民事行为能力的问题。《民法通则》第36条规定，法人是具有民事权利能力和民事行为能力，依法独立享有民事权利和承担民事义务的组织。第38条又规定，依照法律或者法人组织章程规定，代表法人行使职权的负责人，是法人的法定代表人。当然，实践中代表用人单位处理劳动关系的并非都是法定代表人，而是其他具有授权的管理者，譬如总经理或者人事经理等。但是，《民法通则》第66条规定，没有代理权、超越代理权或者代理权终止后的行为，只有经过被代理人的追认，被代理人才承担民事责任。未经追认的行为，由行为人承担民事责任。所以，参与解除劳动合同协商的用人单位的代表应当具有相应的授权。总经理、人事经理通常被认为根据其职权享有相应的授权，而其他管理者若代表公司出面与劳动者协商解除劳动合同，应当有相应的授权。

---

① 参见董保华：《十大热点事件透视劳动合同法》，法律出版社2007年版，第19页。

(二)管理相关知识

协商解除在法律上只是双方达成一致后处理双方劳动关系的一种方式,但是在管理上要达到协商解除的结果,却需要经历艰难的谈判。作为一名HR,很重要的一项职业技能就是谈判能力。谈判学的"鼻祖"、《谈判技巧》一书的作者,同时也是哈佛大学法学院全球谈判项目的主席威廉·尤瑞(William Ury)指出,"谈判技能是人力资源工作者必须具备的基本技能之一"。[①] 无论是员工的薪资调整、绩效评估沟通、岗位调整、工作安排还是劳动合同的签订、续约,都需要HR具备一定的谈判能力。其中,与员工协商解除劳动合同的谈判是最为艰难的。

早些年,企业与员工间的谈判往往是竞争式谈判和妥协式谈判,自20世纪80年代开始,合作式谈判开始受到注意。[②] 合作式谈判要求HR在谈判过程中,应尽量加强沟通,疏解各方的矛盾,建立对话的共同基础。特别是在冲突调解中,各方常常过于情绪化,不能理性地考虑问题。此时,HR应以职业的态度,协助各方梳理冲突中存在的实质问题,强调共同目标,从而缓解情感对立,起到化解冲突的良性作用。[③]

协商解除的核心在于通过协商达成一致,从而实现解除劳动合同的最终目的。然而,由于企业与员工的立足点不同,常常导致协商陷入僵局。在协商陷入僵局时,双方要把不同观点之间的分歧看作潜藏的能量(这通常需要由企业来引导员工),而要想做到正确掌握这种能量,在协商的过程中需要注意以下四个步骤:(1)读懂对方的潜台词。超越就事论事的争论,试图理解对方在谈话中的情绪——探求对方最关心的事情是什么。(2)承认矛盾,为分歧承担责任,承认己方如何制造了这些价值观之间的冲突、分歧和取舍,面对内心的冲突和矛盾。(3)用双向思考替代单向思考,表达愿意打破明显的价值冲突的意愿。(4)关注未来的可能,而非当下的妥协,把目标放长远,在现有空间之外搜寻、联系、构想和创造。[④]

(三)实务操作难点

1.协商主体适格

所谓主体适格,一方面,要求协商主体必须是劳动合同的双方当事人或其委托的代理人,任何第三方(包括亲属、朋友)未经用人单位或劳动者的授权,不得就劳动合同的解除与用人单位或劳动者进行协商,否则,在无当事人进行追认的情况下,该

[①] 参见王敏:《双赢谈判:HR的战略选择》,载《人力资源》2006年第2期。
[②] 参见苏勇、程骏骏、吴展:《合作式谈判研究述评与展望》,载《外国经济与管理》2014年第3期。
[③] 参见王敏:《双赢谈判:HR的战略选择》,载《人力资源》2006年第2期。
[④] 参见〔美〕贾森·杰伊、加布里埃尔·格兰特:《高难度沟通:没有解决不了的事,只有不会沟通的人》,美同译,中国友谊出版公司2018年版,第143—166页。

协商结果对劳动合同双方不发生法律效力。

另一方面，协商主体应满足《劳动合同法》对于劳动合同双方主体资格所做的要求，其中，用人单位是指中华人民共和国境内的企业、个体经济组织、民办非企业单位等组织，劳动者是指年满16周岁的成年人；除满足年龄要求外，劳动者还应当精神健康、心智健全，即为具有完全民事行为能力、可以独立进行民事活动的人，否则其订立的协商解除协议极有可能被认定为无效。

实务中就曾发生过劳动者先与用人单位协商解除劳动合同，而后以自己具有精神疾病的理由提出反悔的案例。因此，用人单位在与劳动者签订协商解除协议之前，应充分了解劳动者的个人情况，避免主体不适格导致协商解除协议无效。

2. 意思表示真实

由于我国十分强调劳动合同的书面形式，因此实践中往往要求订立、变更、解除劳动合同的要约与承诺均应采用书面形式，无论是用人单位还是劳动者，凡需要协商解除劳动合同的，一般都应以书面形式向对方提出，另一方也应当以书面形式答复，或者双方就解除劳动合同签订协议。书面形式虽然烦琐，但更有助于双方权利义务的确定，可以有效避免争议。

需要注意的是，"白纸黑字"并不等于"铁证如山"。《劳动合同法》规定，以欺诈、胁迫的手段或者乘人之危，使对方在违背真实意思的情况下订立或者变更劳动合同，劳动合同无效或部分无效。也就是说，如果协商解除的书面内容违背事实，并非当事人的真实意思表示，甚至是一方当事人在受到胁迫情形下签订的，那么协商解除协议极有可能被认定为无效。因此，用人单位在设计协商解除协议时，可以增加明确解除方式为协商解除以及劳动者理解并同意相关内容的条款。

3. 协商结果纠正

实务中还存在另一种情形，即用人单位可能会利用自身的强势地位，在解除协议中约定一些不利于劳动者权益的条款，如降低、放弃部分赔偿，对于这种条款的效力，目前的司法认定中尚存争议。一旦争议发生，对于用人单位的举证责任要求较高，需要证明相关条款的约定确实出于劳动者主观自愿，属于劳动者真实意思表示。否则，该条款就可能无效或者部分无效。

最后，应当注意的是，作为一种"终极解除方式"，只要符合任何一种单方解除的情形，都可以适用协商解除；同时，协商解除所达成的结果也并非一定以双方协商为形式，也有可能是双方确定以劳动者单方辞职或用人单位单方解除的方式实行。

二、案例及分析

（一）基本案情

孙某诉白成城市规划设计（上海）有限公司劳动争议案[①]

孙某于2012年3月26日作为人才引进人员进入白成公司工作，白成公司在上海市长宁区就业促进中心办理了用工手续。双方签订过两份劳动合同，最后一份劳动合同期限为2015年4月1日至2020年3月31日，合同约定孙某担任城市规划师，月收入14396元，其中基本工资12304元，补贴2092元。

2015年10月23日，白成公司与孙某签订了协商解除劳动合同协议书。该协议书载明："经过甲（白成公司）乙（孙某）双方平等协商，双方就协议解除劳动合同达成一致意见如下：(1)双方劳动关系于2015年10月23日协商解除；(2)甲方向乙方支付的2015年10月工资结算至2015年10月23日……(3)甲方向乙方支付协商解除的经济补偿金是93658.39元……(4)甲方将于2015年10月23日乙方完成离职手续的15个工作日内向乙方支付上述第3条的款项；(5)乙方确认除上述第2条和第3条的约定以外，甲方无论任何时候无须向乙方支付任何经济补偿金或者其他任何费用……(8)本协议书自甲乙双方签字和盖章后即生效，一切与协商解除双方劳动关系有关的善后事项均以本协议书之约定为准。在本协议书签署后，除上述条款规定的事项外，其他事宜，协议双方无争议，任何一方不得再就此向对方提出任何额外的索赔或要求。"孙某、白成公司均在该协议书上签名盖章。协议书附了计算明细表，孙某在明细表上签名确认同意计算明细表的各项计算依据。

2015年10月30日，孙某办理了移交手续，白成公司为孙某出具了解除劳动关系证明，并于2015年11月13日按约定支付孙某经济补偿金93658.39元。2015年11月10日，白成公司在网上为孙某办理了退工手续，单位使用外来从业人员就业登记备案系统显示"办理成功"。2015年11月12日，白成公司为孙某办理了养老保险转出手续。上海市长宁区就业促进中心系统显示孙某的退工手续于2016年5月5日办理成功。2016年3月，孙某由其他单位为其缴纳社会保险费。

2016年3月，孙某向劳动仲裁委员会提出请求，要求白成公司支付在职期间的加班费和迟延退工的经济损失。

[①] 参见（2016）沪01民终10423号民事判决书。

（二）双方观点及法院观点

双方观点

孙某认为，虽然其与白成公司签订了解除劳动合同协议书，但加班费属于工资性质，可以追偿，且公司在给予的补偿金中未支付加班工资，虽然其加班时间已全部补休，但那是不合法的，公司应支付加班工资；并且经查询，他在长宁区就业促进中心的系统中仍显示为就业状态，白成公司未完全退工，应当以离职前12个月平均工资的标准赔偿其延迟退工造成的损失。

白成公司认为孙某的主张没有任何依据，应予驳回。

法院观点

劳动者与用人单位就解除或者终止劳动合同办理相关手续以及支付工资报酬、加班费、经济补偿或者赔偿金等达成的协议，不违反法律、行政法规的强制性规定，且不存在欺诈、胁迫或者乘人之危的情形的，应当认定为有效。

本案中，孙某与白成公司已签订解除劳动合同协议书，该协议书系双方真实意思表示，且不违反法律、行政法规的强制性规定，对双方均具有约束力，双方应恪守履行。根据该协议书的内容，双方已就劳动关系的解除、薪资、补偿款项作出约定，并明确白成公司无须再向孙某支付任何经济补偿金或其他任何费用，双方无争议，任何一方不得再向对方提出任何额外的索赔或要求。

该协议书签订后，白成公司已依约履行了支付义务。结合孙某自认其在职期间的加班时间均已补休，孙某对此从未提出过异议，在签署协议书时亦未就加班工资事宜提出主张，双方对于加班补偿方式已经达成合意，孙某在签署协议书明确双方无其他争议后，又要求白成公司支付加班工资，无依据，本院不予支持。

（三）HR、法务、律师三方观点

HR 观点

随着员工维权意识的高涨，与员工协商谈判达成一致意见，和平地解除双方劳动合同的难度越来越大。因为来之不易，在处理上更应小心谨慎、仔细周全，避免本案中类似的情形出现。

本案中，虽然企业最终赢得了案件，但是，从另一个角度看，员工提起额外的诉请，就说明当时的谈判是失败了，虽然不一定是完败。HR 在协商谈判中，首先，应当将员工一方可能的主张都一一列明，并核算清楚，然后在这个基础上展开谈判，这样双方的主张与让步才能够有一个客观的尺度来衡量。在这个过程中，有些谈判参与者总是希望通过信息不对称来获得谈判中的主动权与优势，这在其他领域中或许有用，但是在劳动关系领域中却是无用的。因为劳动法是保护劳动者（员工）的，在很多案例中，HR费尽心机为企业在谈判中赢得了利益，但是一旦员工明白，通过仲裁和诉讼，该利益又会被拿回去。所以，谈判中，员工的权利信息应当透明，账算在明处。

其次，一旦双方达成一致意见，如何在协议文件中表述也常常是斗智斗勇的较量。企业往往希望写一句"所有项目均已结清，双方再无争议"的兜底条款；而员工往往希望列清楚明细。实际上，如果双方通过信息的充分沟通，真正地达成一致意见，就应该毫无顾虑地把明细列明；如果有些金额太过敏感，也可以将项目罗列清楚，如在本案中，双方在协议中可以把兜底条款细化一下，表述为"所有项目包括但不仅限于工资、奖金、加班费……"这样和员工表达清楚，才能避免协议达成后的额外诉讼。

法务观点

协商解除的适用范围非常广泛。对于用人单位无法行使单方解除权，且合同未到期，但又确有解除合同需要的，原则上均首选通过协商一致的方式来解决。例如，企业发展战略或组织机构作重大调整、劳动者无法有效胜任但又尚不构成可以行使单方解除权的条件、企业经营情况恶化但又不具备经济性裁员的特定条件等。在此情况下，只能通过与劳动者进行协商来寻求就提前解除劳动合同达成一致意见。用人单位主动提出的协商解除，双方的协商点往往主要集中在经济补偿方面。

实践中，会出现劳动者在与用人单位达成一致意见且领取相关补偿后再次反悔的情况，本案即是这一情形的反映。劳动者提出新的补偿或赔偿诉求，理由往往是：原协议未包括与用人单位存在的其他争议，如加班费问题、工伤赔偿问题、奖金问题等。

为了避免劳动者在协商一致并获得补偿后又反悔，引发新的诉讼的情况，可以采取两种做法：一是在解除劳动合同的协议中明确，补偿金额包括但不限于经济补偿金、加班费用、奖金费用、单位应支付的其他赔偿或补偿费用等，从而将可能存在的潜在争议点纳入已达成一致的协议范畴。二是在协商解除劳动合同的协议中明确"双方再无其他争议"或"劳动者在收到用人单位按照本协议约定的全部费用后，不得再向用人单位提出任何新的经济支付诉求"，以此类兜底性的条款明确双方之间已无其他争议点。

律师观点

协商解除是解决企业和员工之间劳动争议的常见方法。对企业来说,协商解除相比由企业提出单方解除劳动合同,大大降低了可能存在的诉讼争议。即便如此,也无法排除如本案一般,员工或者企业在签订协商解除协议后,另行向对方进行主张,提出仲裁或者诉讼。但是,在通常情况下,如果协商解除协议是在平等、自愿、诚实、守信的前提下签订的,协商解除协议被仲裁委员会或者法院推翻的可能性极低,法院更倾向于通过双方已经达成的书面协议来确定双方的权利义务。因此,对于任何一方的律师而言,都需要对协议的内容和表述进行认真的审核,避免表述的歧义和疏漏。

在仲裁或诉讼过程中,作为员工一方的代理律师,应当首先核实协议内容是否减损了员工的权利,如在没有额外补偿的情况下,未结算部分劳动报酬等情形。若客观存在劳动权利的减损,那么根据《劳动合同法》关于合同无效的规定,员工可以额外主张相应的差额。但是,如果企业支付的协议补偿金已经高于员工应得的权利,那么员工的额外主张得到支持的可能性就不大了。

作为企业的代理律师,其工作首要的内容与员工方的律师是一样的。若企业根据协商解除协议支付的款项已经超过员工依法应得的部分,那么企业的立场还是非常容易获得法院支持的。但是,如果确实存在给付不足的情况,通常还是建议企业依法补差,以免产生更大的风险。如果企业主张员工主动做了权利的减让,那么企业一方应当提供充分的证据证明员工明知并自愿放弃了部分权益。

从本案来说,白成公司与孙某签订的协议书是双方真实意思的表示,也不违反法律的强制性规定。从诚实守信的角度来说,双方应当信守约定,并诚实履行。另外,建议除了在协议中设置兜底条款外,还应尽可能多地将劳动关系存续期间可能发生的工资、奖金、津贴、补贴、年休假、加班费、高温费,以及依规章制度可以折现的福利等项目都包括在离职折算中。

不得不指出的是,不论协议如何约定,都不消灭员工或公司向对方主张权益的诉权和请求权。员工可以通过司法途径(如劳动调解仲裁机构和法院)或是非司法途径(如向上级单位反映、进行上访等)主张权益。针对这种情况,部分协议会约定,员工如果通过司法或非司法途径向企业或者企业的关联方主张权益的,应当返还部分或者全部的款项,或者支付违约金。这样的约定不一定会全部被仲裁委员会和法院支持,但是可以对违约方起到一定的遏阻作用。

[类似案例]

陈雪玉诉上海康桥高科创业发展有限公司劳动合同纠纷案((2014)沪一中民三(民)终字第902号)

[思考题]

➤ 协商解除是否无效?

第二节 单方解除

一、背景知识

(一) 法律制度

劳动合同的单方解除是指劳动合同的一方当事人,无须对方同意,单方面行使劳动合同解除权,① 可以分为劳动者单方解除劳动合同和用人单位单方解除劳动合同。劳动者的单方解除主要规定在《劳动合同法》第37条和第38条,主要包括劳动者即时解除劳动合同和提前通知解除劳动合同两种情况。

有学者把劳动者即时解除称为"被动辞职""推定解雇",是指形式上由劳动者提出辞职而实际上是用人单位解雇的一种行为。② 一般情况下,当用人单位出现以下几种情形时,劳动者可以即时解除劳动合同:(1)未按照劳动合同约定提供劳动保护或者劳动条件的;(2)未及时足额支付劳动报酬的;(3)未依法为劳动者缴纳社会保险费的;(4)用人单位的规章制度违反法律、法规的规定,损害劳动者权益的;(5)因《劳动合同法》第26条第1款规定的情形致使劳动合同无效的;(6)法律、行政法规规定劳动者可以解除劳动合同的其他情形;(7)用人单位以暴力、威胁或者非法限制人身自由的手段强迫劳动者劳动的,或者用人单位违章指挥、强令冒险作业危及劳动者人身安全的。从解除条件上不难发现,尽管单方解除是由劳动者提出,但均是出于用人单位存在过错,因此《劳动合同法》第46条第1项规定:"劳动者依照本法第三十八条规定解除劳动合同的,用人单位应当向劳动者支付经济补偿。"除了上述这七种法定事由外,劳动者需要提前30日以书面形式通知用人单位,或在试用期内提前三日通知用人单位,方可解除劳动合同。

此外,由于《劳动合同法》在劳动合同期限之外设置了服务期的概念,违反服务

---

① 参见董保华主编:《中国劳动法案例精读》,商务印书馆2016年版,第29页。
② 同上书,第34页。

期相关约定的,劳动者须支付违约金,因此,服务期成为对于劳动者单方无因解除的一种限制性条件。

不同于劳动者单方解除,用人单位进行单方解除相对复杂,无论是从解除事由上,还是从解除程序上,立法均作出了诸多规定和限制,并同时赋予劳动者多项权利,因此也成为劳动争议的多发地带。从解除事由来看,用人单位的单方解除主要规定在《劳动合同法》第39条和第40条①,除六种过错性解除外,还包括三种非过错性解除与经济性裁员。其中,过错性解除是指劳动者出现了法定的过错行为,用人单位无须提前通知也无须征得劳动者同意即可单方解除,且无须支付经济补偿金的情况。非过错性解除是指劳动者虽无主观过错,但基于某些客观原因,用人单位可以单方解除的情况。但此时,用人单位行使单方解除权受到一些限制,具体规定在《劳动合同法》第42条中。如劳动者在医疗期内、女职工在"三期"内等情况下用人单位不得以《劳动合同法》第40条的规定解除劳动合同。此外,非过错性解除需要支付经济补偿金。对于经济性裁员,本章第三节会有专题论述,此处不再赘述。从解除程序来看,用人单位单方解除劳动合同,应当事先将理由通知工会,用人单位违反法律、行政法规规定或者劳动合同约定的,工会有权要求用人单位纠正,用人单位应当研究工会的意见,并将处理结果书面通知工会。

(二)管理相关知识

企业与员工之间的合作关系始终处于变动状态,因此,除了改革开放之前的计划经济时代,人员流动可以说是一个企业保持组织新陈代谢的重要保障;同时,从员工职业生涯发展的视角看,跳槽往往也意味着更好的平台、更高的职位、更丰厚的待遇,因此也是劳动者实现自我价值的重要方式。

离职在管理上有两种,一种是员工主动离职,另一种是员工被动离职。员工被动离职相对于企业管理而言就是主动进行人员的优化行为;而员工主动离职的背后总是有着对企业的种种不满,或是对现状或未来发展的不满。因此,对员工离职率的研究,就成为人力资源管理上非常重要的基础工作。

---

① 《劳动合同法》第39条规定:"劳动者有下列情形之一的,用人单位可以解除劳动合同:(一)在试用期间被证明不符合录用条件的;(二)严重违反用人单位的规章制度的;(三)严重失职,营私舞弊,给用人单位造成重大损害的;(四)劳动者同时与其他用人单位建立劳动关系,对完成本单位的工作任务造成严重影响,或者经用人单位提出,拒不改正的;(五)因本法第二十六条第一款第一项规定的情形致使劳动合同无效的;(六)被依法追究刑事责任的。"第40条规定:"有下列情形之一的,用人单位提前三十日以书面形式通知劳动者本人或者额外支付劳动者一个月工资后,可以解除劳动合同:(一)劳动者患病或者非因工负伤,在规定的医疗期满后不能从事原工作,也不能从事由用人单位另行安排的工作的;(二)劳动者不能胜任工作,经过培训或者调整工作岗位,仍不能胜任工作的;(三)劳动合同订立时所依据的客观情况发生重大变化,致使劳动合同无法履行,经用人单位与劳动者协商,未能就变更劳动合同内容达成协议的。"

造成员工流失的潜在或隐性因素有很多，将员工流出作为心理过程来考察，理论上形成四种模型的学说：马奇和西蒙模型、普莱斯模型、莫布雷中介链模型，以及扩展的莫布雷模型。① 综合起来，理论上都认为员工离职与员工对工作的满意度、对内部机会的预期以及外部机会的预期有关。

根据企业界的经验，员工流动率保持在15%左右（淘汰率5%、辞职率10%）是比较合适的。过高的离职率会对企业管理带来一系列的不利影响，包括增加企业的人力资源成本，对其他员工造成不良影响，影响企业员工的稳定性，导致企业管理绩效下降，还会损害企业商业秘密和品牌形象；核心员工的离职还可能导致核心客户和核心竞争力的丧失等。② 因此，控制离职率，特别是降低优秀人才的主动离职率，是HR工作的核心之一。

并非所有的员工离职都是出于自愿，当员工在非自愿的情况下被迫与企业解除劳动关系时，争议往往就会发生，为了避免单方解除中可能产生的劳动争议，企业应从以下几个方面入手：

首先，强化日常管理。完善规章制度，明确列举员工的哪些行为会导致企业的处罚或解除劳动合同，在程度表述上，能量化的尽可能量化；如果员工违反了某项规定，要在有证人在场的情况下让员工陈述整个事件的前因后果，并让其在记录上签字确认，然后对整个事件过程进行核查；确保至少每年对员工进行一次书面绩效评价，如果有证据显示其不能胜任本职工作，应及时告知本人，并为其提供改进绩效的机会；妥善保管员工的绩效评价结果、受到的处罚或发出的通知等所有管理记录。③

其次，重视解雇面谈。解雇面谈可以有效缓解员工对于解雇决定的不理解情绪，避免矛盾的滋生。企业在组织面谈时可以着重把握以下几个方面：(1) 仔细规划，具体包括面谈时间、面谈地点、离职协议等；(2) 直奔主题，当员工到达谈话地点后，给他一点时间适应环境，然后告诉他企业的决定；(3) 描述情况，用三四句话简单解释企业为什么作出解雇决定，同时强调该决定是不可改变的，在这个过程中要注意维护被解雇员工的尊严；(4) 倾听，持续进行面谈，直到被解雇员工的心绪平静下来，思维趋于理性；(5) 审查遣散费条款，就遣散费、各种福利以及求职推荐信等作出说明，但注意不要承诺企业能够提供的范围外事项；(6) 明确下一步措施，向员工说明接下来要做的事情。④

---

① 参见谢晋宇、王英：《企业雇员流失分析模型介评（上）》，载《外国经济与管理》1999年第5期。
② 参见王艺秋：《离职率对现代企业管理的影响》，载《劳动保障世界》2013年第18期。
③ 参见〔美〕加里·德斯勒：《人力资源管理》，刘昕译，中国人民大学出版社2017年版，第364页。
④ 同上书，第365—366页。

最后，规范离职交接。为顺利完成离职过程，企业应当设计一份清单明确各环节事项，例如，确保员工归还了所有的钥匙和公司财物，注销其所有电脑、数据库、相关系统的账户和密码，在公司内部和外部适时发出通知，员工及时离开工作场所，遵循必要的防范措施和确保公司安全等。①

（三）实务操作难点

由于单方解除的争议主要发生在用人单位单方解除的情况下，故此处只就用人单位单方解除可能引发风险的若干情形作一提示。根据法律规定，当事人对其主张的事实应当提供证据证明，未能提供证据或提供的证据不足以证明其主张的，应当承担举证不能的法律后果。因此，因用人单位作出的辞退、解除劳动合同而发生的劳动争议，用人单位负举证责任，不仅要做到解除事由、程序合法，同时也要注意避免合同解除后附随义务引发的争议。

1. 解除事由

首先，由于我国适用严格的解雇保护制度，因此解除事由必须基于法定情形，任何基于超出法定事由之外的解除事由作出的解除均有可能被认定为违法。其次，法定解除事由的适用需把握各自的重点。例如，严重违反用人单位规章制度的，用人单位需证明规章制度经过民主程序、已公示或告知劳动者、规章制度的内容合法且合理，以及对于劳动者的行为制度有明确规定、情节构成"严重"等；对于两次不能胜任的解除，用人单位需证明劳动者初次不能胜任，经过培训或调整工作岗位再次不能胜任，其中还包括对于考核目标和考核过程的合理合法性证明等。最后，解除程序须遵守法律规定，应先将理由通知工会，工会认为用人单位违反法律、行政法规规定或者劳动合同约定的，有权要求用人单位纠正，用人单位应当研究工会的意见，并将处理结果书面通知工会，之后方可向劳动者发出解除劳动合同的通知。

2. 离职办理

根据《劳动合同法》的相关规定，用人单位应当在解除或者终止劳动合同时出具解除或者终止劳动合同的证明，并在15日内为劳动者办理档案和社会保险关系转移手续；劳动者应当按照双方约定，办理工作交接；对已经解除或者终止的劳动合同的文本，用人单位至少保存两年备查。因此，妥善办理离职交接不仅是基于诚实信用原则的一项附随义务，更是立法明确的一项法定义务。对于单位延迟办理退工的，劳动者可以就因此造成的损失主张赔偿。同样，劳动者也应当遵循诚实信用原则，正常办理工作交接，协助用人单位工作的平稳过渡，对于因劳动者在劳动合同履行期间不配合

---

① 参见〔美〕加里·德斯勒：《人力资源管理》，刘昕译，中国人民大学出版社2017年版，第364—367页。

离职交接给用人单位造成损失的，用人单位可以依法追偿。①

此外，若依法需要支付经济补偿金，用人单位应在办理工作交接时及时一次性向劳动者支付。根据《劳动合同法》的规定，用人单位未及时向劳动者支付经济补偿金的，由劳动保障行政部门责令限期支付，逾期不支付的，责令用人单位按应付金额50%以上100%以下的标准向劳动者加付赔偿金。

二、案例及分析

（一）基本案情

李某某与LK系统（上海）公司劳动合同纠纷案②

上海LK实业发展有限公司（以下简称"LK实业公司"）与LK系统公司系关联公司。2012年11月2日，李某某入职LK实业公司，与该公司签订了期限为2012年11月9日至2015年11月9日的劳动合同。2013年3月31日，李某某与LK系统公司签订了期限为2013年4月1日至2016年3月31日的劳动合同。后一份合同明确：李某某所在岗位执行固定工时制，具体为每周工作五天，每天工作八小时；李某某如有严重违反LK系统公司规章制度的情形（如上班时间擅自脱岗、有旷工行为等），LK系统公司可随时解除劳动合同，不支付任何离职补偿/赔偿金。

LK系统公司、LK实业公司于2012年7月1日修订的规章制度中，明确员工上班时间为8:30—12:00及13:30—17:00，员工必须按公司规定打卡，工作日早上直接外出的需填写考勤补签单；纪律处分分为书面警告、记小过、记大过、立即解聘四类，记小过的情形有"无故连续迟到、早退2次以上"，记大过三次，给予辞退性解聘。此外，规章制度还规定了年休假规则。在2012年11月5日签署的"员工入职承诺书"中，李某某承诺已学习和明确该规章制度。

2015年5月4日，LK系统公司出具解聘书，内容为：李某某在职期间，不遵守公司的规章制度，特别是2015年4月29日上午，在没有跟任何人请假的情况下未到公司上班，按旷工处理。决定给予李某某立即解聘的处理。

李某某承认自2014年9月起，他的工作时间一直是8:30到15:30，并于审理中提供了2015年4月29日携子就医进行屈光检查的证明。

2015年5月25日，李某某向上海市杨浦区劳动人事争议仲裁委员会申请仲裁，要

---

① 参见陆胤：《劳动争议律师实务》，法律出版社2014年版，第109页。
② 参见（2015）沪二中民三（民）终字第1407号民事判决书。

求 LK 系统公司支付李某某违法解除劳动合同的赔偿金等。

（二）双方观点及法院观点

双方观点

李某某认为，LK 系统公司曾发过通知，不再实行固定工时制，可以按照工作量来安排工作时间，每天按项目完成工作量后上交工作日报就可以。李某某在 LK 系统公司担任硬件研发工程师，公司其他研发人员的上班时间也都是不固定的，李某某即使提前离开公司也不代表就不工作了，可以在家里或客户现场工作，有时甚至加班到凌晨。因此，李某某并未严重违反公司纪律，公司的解除系违法解除。

LK 系统公司认为，李某某存在严重违纪事实，LK 系统公司解除劳动合同行为合法，无须支付任何赔偿金。李某某在工作期间，存在长时间的持续早退行为，李某某在仲裁期间亦自认早退事实。LK 系统公司实行的是标准工时制，员工每天的工作时间是 8 小时，李某某自 2014 年 9 月起每天早退一个半小时以上，作为用人单位是无法接受的。LK 系统公司确有管理不规范之处，但这并不能成为李某某可以严重违纪的理由或借口。事实上，LK 系统公司已经为自己的管理不规范承担了代价，即李某某每天工作 6.5 小时，LK 系统公司则发放其 8 小时工资报酬。因此，李某某严重违纪的行为被证实后，理应承担被解除劳动合同的法律后果。

法院观点

根据法律规定，劳动者严重违纪的，用人单位可以解除劳动合同。是否违纪应当以劳动者本人有义务遵循的劳动纪律及用人单位的规章制度为准，违纪是否严重一般应当以劳动法律、法规所规定的限度和用人单位内部规章制度关于严重违纪行为的具体规定为衡量标准。

作为用人单位，LK 系统公司即使不对员工进行考勤（在一审法院审理中，LK 系统公司自认没有考勤），也应对员工的上下班情况进行掌握、管理，LK 系统公司直至 2015 年 4 月才发现李某某存在早退的行为，明显有悖常理，本院难以采信。而在长达八个月的时间里，LK 系统公司并无证据证明曾对李某某早退的行为进行过处罚。

就本案而言，劳动者确有违反上下班纪律之举，但用人单位提供的证据并不足以证明其单方解除劳动合同的正当性。理由是：首先，与用人单位规定的纪律处理原则相悖。LK 系统公司对违纪行为的纪律处分有书面警告、记小过、记大过、立即解聘四类，体现了由轻至重、渐进处理的原则，如记大过三次，给予辞退性解聘；对违反劳动纪律的行为,可予记小过处理,如"无故连续迟到、早退 2 次以上"记小过。用人单位 2015 年 5 月 4 日的解聘行为,越过警告、记小过、记大过处理方式,直接给予辞退性解聘,与其规章制度体现的由轻至重、渐进处理原则相悖,存在随意性。

其次,给予辞退性解聘的处理依据不足。解聘书的解聘理由具体包括:一是李某某"2015 年 4 月 29 日上午,在没有跟任何人请假的情况下未到公司上班"。但解聘书并未查明李某某是否无故未到公司上班,特别是在李某某提出携子就医的申辩理由下,单凭前述事实,难以认定劳动者严重违反用人单位的规章制度。二是"李某某在职期间,不遵守公司的规章制度"。据李某某自认,他自 2014 年 9 月起工作时间一直是 8:30 到 15:30。对此,用人单位表示:2015 年 4 月 29 日上午没找到李某某,调阅了监控录像后才发现李某某之前均存在早退情况,因为没有发现李某某早退情况,故没有对李某某作出处分。按用人单位的规章制度,员工必须按公司规定打卡,工作日早上直接外出的需填写考勤补签单,但 LK 系统公司自认没有考勤,由此可见,其劳动纪律管理松懈。

李某某在没有跟任何人请假的情况下未到公司上班,既有自身原因,也有 LK 系统公司的管理原因。在此情形下,用人单位以辞退性解聘的方式让李某某对自身迟到早退的行为承担责任,回避了其管理松懈的责任,属滥用解除权。综上,LK 系统公司当支付李某某违法解除劳动合同赔偿金。

(三)HR、法务、律师三方观点

HR 观点

从本案中企业的管理来看,有两方面的教训值得汲取。

首先,日常的规范管理是解除行为合法的重要保证。

本案中 LK 系统公司对于员工的考勤,明显缺乏有效管理,这也是本案产生争议的焦点。在对员工进行单方解除时,HR 应和执行经理充分沟通,收集相关证据,作出分析,然后再决定何时采取措施。

本案中,LK 系统公司出具解聘书,内容为:李某某在职期间,不遵守公司的规章制度,特别是 2015 年 4 月 29 日上午,在没有跟任何人请假的情况下未到公司上班,按旷工处理。决定给予李某某立即解聘的处理。很显然 HR 忽视了两个问题:第一,2015 年 4 月 29 日,李某某在没有跟任何人请假的情况下未到公司上班,此情况没有和当事人核实。日常工作中,员工递交相关证明会有滞后性,但司法判决中往往会认可其有效性。第二,公司因李某某一天旷工就辞退员工,从流程上看显然是"量刑过重"。

其次，处罚得当，教育惩戒相结合，是解除行为合理的重要衡量标准。

就本案来看，HR在得知员工"之前的早退行为"时，应及时予以纪律处分，如记大过等，这样既对员工有警示教育作用，也体现了公司管理的积极作为，更为未来对再违规行为的处理奠定基础；另外，也体现了由轻至重、渐进处理的企业规章制度本身的合理性。当员工再犯时，如果累计达到可以解除的程度，再采取单方解除措施会比较合适。

法务观点

用人单位因劳动者的个人重大过错而与其解除劳动关系的，需要重点关注三个方面的合规要点：

一是将劳动者存在重大过错的证据固化，切实避免因认定事实的证据存在缺失，导致承担举证不利的被动局面。实践中，有些单位由于缺乏科学而精细的考勤管理，导致不能对劳动者旷工或早退的事实进行认定。即使是由其同事或上级出庭证明其旷工或早退的事实，实践中也不能据此作出事实上的认定。

二是解除劳动关系的依据必须充分，或是直接基于国家法律的规定作出，或是基于用人单位自身规章制度的规定作出。其中，对于依自身规章制度作出的解雇行为，用人单位应特别审慎对待，包括：审查规章制度是否履行民主程序，规章制度是否已在早前向当事人告知（如劳动者签收用工手册，且用工手册中明确包括相关内容），规章制度对相关解雇决定的授权是否准确、充分。本案中，用人单位越过了较轻的处罚方式，直接采取顶格处理的决定显然与规章制度中明确的量化性的规定存在显著的不一致，而这也是用人单位败诉的直接原因。

特别要强调的是，对于劳动者偶然性的旷工行为，需要审慎排除是否存在因病假、公序良俗或者其他不可抗力等特定原因，不能仅仅根据其缺勤的事实，而贸然地采取解雇之类极为严厉的处罚措施。

三是解雇程序是否合法合规。实践中，大量存在因劳动者未签收退工单或解除合同通知书，用人单位又缺乏相关的证据意识，而产生的解除行为是否生效的争议。当然，在送达解除劳动合同的通知之前，法务还应当提示HR部门征求工会的意见，并做好与劳动者的离职沟通，降低争议发生的风险。

律师观点

由用人单位进行单方解除,是最易给用人单位带来法律风险的一种劳动合同终结方式,是需要慎之又慎的一种解除方式。《劳动合同法》中对于用人单位可以解除劳动合同的理由进行了列举式的规定,即用人单位如要解除劳动合同,必须有符合法律规定的解除理由、解除流程。同时,由于"因用人单位作出开除、除名、辞退、解除劳动合同、减少劳动报酬、计算劳动者工作年限等决定而发生争议的,由用人单位对决定所依据事实负举证责任",所以用人单位在上述劳动争议发生的时候,需要充分地举证,以证明作出解除劳动合同决定的合法性和合理性。

在本案中,用人单位解除劳动合同的行为之所以没有被裁审机构支持,主要就是因为解除劳动合同的合理性不够。也就是说,劳动者的违纪程度是否构成严重没有得到充分证明。这也是司法实践中常见的问题。

在这个方面,作为用人单位的代理人,可以从两方面进行论证。一方面是劳动者的违纪行为造成非常严重的后果。譬如,对用人单位造成重大的经济损失或者声誉的影响,或者是违反了法律的相关规定,如食品安全规定。在本案中,如果李某某当天的缺勤导致比较严重的后果,如导致与客户的会议未能召开,或者导致公司某项工作延期而产生损失等,就更具有说服力。

另一方面,可以从劳动者的行为屡教不改的角度进行论证。本案中,用人单位似乎是从这个角度来论证的,即以监控资料来说明李某某长期上班早退。但是,李某某的上班早退是否违纪?用人单位是否有及时的批评教育,且劳动者屡教不改?显然在本案中用人单位的管理是有缺陷的。就如法院在判决中阐述的一样,日常管理的疏失,本身也是用人单位的过错,因此不能由劳动者独自承担最终的违纪后果。

[类似案例]
宜家采购(上海)有限公司诉颜于勤劳动合同纠纷案((2017)沪01民终541号)

[思考题]
➢ 用人单位依法单方解除劳动合同需要满足哪些条件?

第三节　经济性裁员

一、背景知识

（一）法律制度

《劳动合同法》所称的"经济性裁员"是指用人单位需要裁减 20 人以上或者裁减不足 20 人但占企业职工总数 10%以上的人员的情况。在适用条件上，经济性裁员主要包括以下四种情形：

（1）依照《企业破产法》规定进行重整的，也称"重整性裁员"。《企业破产法》第 2 条规定："企业法人不能清偿到期债务，并且资产不足以清偿全部债务或者明显缺乏清偿能力的，依照本法规定清理债务。企业法人有前款规定情形，或者有明显丧失清偿能力可能的，可以依照本法规定进行重整。"（2）生产经营发生严重困难的，也称"经营性裁员"。但对于"严重困难"的标准，法律并未作出统一规定，对此，有些地区作出了细化①，上海地区并未明确相关细则。（3）企业转产、重大技术革新或者经营方式调整，经变更劳动合同后，仍需裁减人员的情形，也称"结构性裁员"。它是指用人单位在业务方向及所提供产品或服务发生变化的情况下，为调整内部组织结构而进行的裁员。此种情形下，用人单位不一定是基于经济上的困境，而是基于持续发展的战略考量来进行裁员。但结构性裁员有一个前置条件，即必须经过变更劳动合同，且就变更未能达成一致方可裁员。（4）其他因劳动合同订立时所依据的客观经济情况发生重大变化，致使劳动合同无法履行的。因难以穷尽裁员的所有情形，此项条款为原则性的兜底条款。

此外，经济性裁员还需满足一定的禁止条件和限制条件。首先，根据《劳动合同法》第 42 条的规定，对于以下人员不得适用经济性裁员：（1）从事接触职业病危害作业的劳动者未进行离岗前职业健康检查，或者疑似职业病病人在诊断或者医学观察期间的；（2）在本单位患职业病或者因工负伤并被确认丧失或者部分丧失劳动能力的；（3）患病或者非因工负伤，在规定的医疗期内的；（4）女职工在孕期、产期、哺乳期

---

① 例如，《北京市企业经济性裁减人员规定》规定："连续三年经营性亏损且亏损额逐年增加，资不抵债、80%的职工停工待工、连续 6 个月无力按最低生活费标准支付劳动者生活费用的"，视为经营状况发生严重困难。《天津市企业经济性裁减人员暂行规定》规定："生产经营状况发生严重困难确需裁减人员，应当同时具备下列条件：（一）生产经营实际亏损连续三年（财政决算年度）以上，亏损额逐年增加，且生产经营状况无明显好转；（二）连续两年开工率不足 60%，有 50%以上职工下岗待工；（三）连续六个月以上在岗职工工资不能按照本市规定的最低工资标准支付。"

的；(5) 在本单位连续工作满 15 年，且距法定退休年龄不足 5 年的；(6) 法律、行政法规规定的其他情形。

同时，还有一些人员在裁员过程中应予优先留用：(1) 与本单位订立较长期限的固定期限劳动合同的；(2) 与本单位订立无固定期限劳动合同的；(3) 家庭无其他就业人员，有需要扶养的老人或者未成年人的。与此同时，立法还规定了优先招用制度，即用人单位裁员后，在六个月内重新招用人员的，应当通知被裁减的人员，并在同等条件下优先招用被裁减的人员。

就程序而言，立法规定用人单位在进行裁员时要提前 30 日向工会或者全体职工说明情况，听取工会或者职工的意见并对方案进行修改和完善，及时向当地劳动行政部门进行备案。从司法实践的角度来看，无备案的，法律上一般不认可裁员的合法性。

(二) 管理相关知识

裁员，或称"生产率转型方案"，主要是指通过削减一家企业雇用的员工人数降低成本、提高利润水平。[①] 管理上通常要求企业遵循以下裁员流程：

1. 员工分类

裁员中，企业可能裁掉一个或几个部门，也可能裁掉与某个业务相关联的人员。因此，企业首先需要确定裁员的大致范围及人员，并结合员工工龄、薪资水平、合同期限、合同签订次数、工作岗位、工作表现以及有无"三期"、工伤等特殊情形对员工进行分类，以便针对不同类别的员工作出适宜的补偿政策。同时，确保计划裁掉的人确实是应当裁减的人，从而真正达到减员增效的目的。值得注意的是，对于一些特殊员工，主要是基于过往表现可能会在裁员过程中提出过高诉求或是在员工中具有较强动员能力的员工，企业应给予特殊关注，避免对于裁员过程的推进造成障碍。

2. 制订补偿方案

裁员补偿方案一般可以分为基础补偿方案和额外奖励方案。基础补偿方案即法定补偿方案，也就是我们平常所说的"N+1"，其中的"N"是指按照劳动者在本单位工作的年限，每满 1 年支付 1 个月工资，6 个月以上不满 1 年的，按 1 年计算，不满 6 个月的，向劳动者支付半个月工资的经济补偿；"1"是指代通知金。虽然法律并没有规定经济性裁员需要提前 1 个月通知或者支付 1 个月代通知金，但是由于法律要求用人单位提前 1 个月与工会沟通、向政府备案，因此在实践中形成了代通知金的惯例。

由于法定补偿方案往往是法定标准的补偿方案，因此，为了鼓励员工尽早接受企业裁员的安排，企业通常会在方案中安排一些奖励性的额外补偿内容。例如，在指定

---

① 参见〔美〕加里·德斯勒：《人力资源管理》，刘昕译，中国人民大学出版社 2017 年版，第 368 页。

日期前签署裁员补偿协议书的,可以额外再获得 X 个月工资或者法定补偿 X％的额外奖励;或者对于工资较低的企业员工,采用社会平均工资、企业平均工资等作为补偿基数,或者对于高薪员工不作三倍封顶等。在初步确定了补偿方案后,企业要对裁员过程中产生的费用作核算,评估裁员成本,并可以根据核算,适当调整补偿方案。

3. 员工沟通

如果不是全体裁员,那么对于被裁员工,企业应该通过发送邮件或者其他更加具有私密性的方式——告知,这样能够最大程度地做到对被裁员工的尊重;同时,应尽量减少未被裁减员工的不确定感,消除他们的担忧,安抚他们的情绪。通常情况下,这涉及在裁员之后发布通知,并实施一些项目,包括举行会议,请企业的高层管理人员回答留在企业的员工提出的各种问题等。

此外,企业还应组织召开裁员大会,就裁员的必要性与员工进行坦诚的沟通,并清楚释明裁员的日程安排、涉及范围、补偿方案等事宜,听取员工提出的意见和建议,并给员工提问的时间和机会;同时,对于个别被裁员工,企业可以酌情安排面谈,以便有针对性地处理个性化诉求。

沟通并无定法,千万不要套用模式去开展沟通,因为任何的模式都是僵硬和没有情感的;沟通的关键是真诚。因此,企业要根据不同的客观情况,因地制宜地与员工开展真诚的沟通,而不是把沟通作为例行公事。

(三) 实务操作难点

裁员本质上是批量解雇员工,解雇单个的员工已经是员工关系的难点了,而裁员所带来的是批量的难点在短期内集中叠加,其实操难度可想而知。

裁员实务操作的首要难点就是如何处理好群体的员工关系。这里包括在方案起草过程中,如何平衡不同群体的利益诉求。一名员工的诉求再多,其主张是单一维度的,企业满足的难度比较低;而多名员工提出不同的诉求,其主张就是多维度的,甚至是相互矛盾和冲突的,此时企业要满足所有人主张的可能性就非常低了。因此,在实操中要摒弃让所有人满意的思想,抓住重点人群和主体人群。另外,在方案操作过程中,也需要积极应对群体性事件。由于裁员往往是在短时间内集中进行的,具有类似情况的员工非常容易达成共识,进而共同对抗企业的管理。因此,在裁员方案实施过程中,要有针对性地形成应对员工群体性事件的应急预案,避免员工的集体行动对公司的经营管理和决策产生不良的影响。

此外,裁员不仅涉及企业与员工的劳动关系处理问题,还涉及企业与政府及相关部门的沟通协调问题,因此需要周全的考虑和准备。企业除了应当依照法律规定在裁员之前向工会进行说明,向劳动行政部门进行备案以外,在实操中,还应与可能牵涉的相关部门开展沟通,譬如园区管委会、公安部门、上级工会、劳动监察部门以及新闻单位等。

如何把握裁员的操作流程也是一个难点。一方面,裁员的程序性规定比较复杂但并不具体,如法律规定用人单位应提前 30 日向工会或者全体职工说明情况,这个"提前 30 日"的时间节点很难被界定清楚,究竟是以裁员实施时间为准还是以备案时间为准,法律上未明确;同时,一旦提前告知裁员而不推行补偿方案,容易引发被裁员工的不安定情绪,增加企业和社会的压力。另一方面,由于《劳动合同法》第 41 条和第 42 条分别对于"优先留用人员"和"不能被裁减人员"作了规定,不仅难以操作,而且操作起来难以达到裁员的预期效果。

因此,即便企业已经符合经济性裁员的条件,还是应尽可能优先考虑通过其他方式(如协商一致或依据《劳动合同法》第 39、40 条中所列举的情形)解除劳动关系,尽量避免经济性裁员。

为了应对裁员操作的挑战性,建议从两方面做好裁员的准备:

1. 组建内部强有力的团队

裁员是企业内部重大的管理行为,需要企业调动全部的管理力量来应对。裁员绝对不仅仅是人力资源管理部门或者法务部门的事情,而是企业从 CEO 到相关业务部门全部需要参与并协同的事情。例如,除了人力资源管理部门和法务部门的工作贯穿整个裁员始终之外,还需要财务部门参与相关资金的筹备、发放和相关税务处理;需要业务部门参与确保业务运行的稳定,拟订业务运行的应急方案,以及参与所属员工的沟通;需要公共关系部门参与并提供来自政府、媒体等方面的支持,以应对群体性事件所造成的社会影响等。

2. 借助外部专业的力量

通常,企业的管理团队很少有裁员的经验,因为裁员毕竟不是企业经营管理的常态,仅仅依靠企业内部的力量往往会顾此失彼,产生疏漏,甚而酿成大祸。因此,聘请外部专业的团队对裁员的全过程提供专业的服务和支持,可以避免企业陷入不必要的雷区,降低发生冲突的风险。

另外,当裁员发生的时候,情绪激动的员工往往很难与企业管理层展开有效的沟通,从而导致双方陷入僵局。这时候,外部的专业团队可以很好地缓冲双方的情绪,并且以专业第三方的立场给予员工客观的法律分析和意见,有利于裁员方案的顺利实施。因此,在西方发达国家,多年来已经形成专业裁员顾问的社会分工。

二、案例及分析

(一) 基本案情

TB(上海)商贸有限公司诉小永劳动合同纠纷案①

小永于2008年7月15日进入TB(上海)商贸有限公司(以下简称"TB公司")工作,担任财务经理兼人事经理,双方签订有三份劳动合同,其中最后一份劳动合同为自2012年7月15日起的无固定期限劳动合同。小永每月工资税后人民币6600元,TB公司每月5日以银行转账的形式支付小永上月全月工资。TB公司另以报销的形式支付小永上下班交通费每天12元,午餐费每天15元,通信费每月50元。TB公司2010—2014年的审计报告显示其每年都有亏损,其中2014年10月的利润表显示当年累计净利润总额为-4392724.03元。

2014年10月16日,TB公司向小永等人发送电子邮件,表示当日TB公司在上海本部召开关于裁员说明的会议,附件是会议纪要内容,要求各位员工务必查看附件,店铺员工每人传阅。会议纪要载明,当天出席人员为总经理、副总经理、人事主管、办公室员工(王某因病未出席,小永出席但拒绝在签到表上签字),地点为会议室,议题为公司裁员相关事项及裁员方案。TB公司另通过快递方式向上海之外其他区域的相关负责人邮寄了裁员说明会议纪要。TB公司于2014年11月20日以经济性裁员为由与小永解除劳动合同,小永最后工作至当日,工资结算至当日。TB公司已支付小永经济补偿金58083元。双方确认TB公司共27人,裁员人数为5人,裁员比例为18%。

2014年11月24日,上海市徐汇区人力资源和社会保障局出具回执,回执载明:"本局于2014年11月19日收到TB(上海)商贸有限公司送交的裁减人员报告材料,编号为(2014)5号。郑重提示:望贵单位通过实施减少工时、适当降低工资等积极的补救措施,尽量避免或减少裁员……"

裁员时TB公司留用财务部的另一名员工王某某,王某某与TB公司签订有两年期的劳动合同,月工资为税后3500元;留用人事部另一名员工竺某某,竺某某于2014年4月入职,月工资为税后5000元。

小永不服公司的裁员决定,提起劳动仲裁,要求公司支付违法解除劳动合同的赔偿金。

---

① 参见(2015)沪一中民三(民)终字第1312号民事判决书。

(二) 双方观点及法院观点

双方观点

小永认为，根据法律规定，用人单位在进行经济性裁员时应当优先留用三类人员，TB 公司与其签订了无固定期限劳动合同，符合优先留用条件；同时，他一人可兼顾人事和财务两部门的工作，但 TB 公司却留用了两名入职时间、劳动合同期限均比他短的员工分别处理两部门的工作。TB 公司解除与他的劳动合同的行为，违反法律规定，TB 公司应支付违法解除劳动合同赔偿金。

TB 公司认为，首先，公司因长期亏损，故实施经济性裁员。小永属于经理级别员工，公司在不需要也无能力继续雇用高管的情况下，只能选择留用普通员工。其次，劳动保障行政部门虽提示希望能够先行尝试协商降低工资，但公司客观上无法与小永进行协商，而且劳动保障行政部门的提示并非强制性规定，不应作为法院判决的依据。最后，小永任职期间在坏账处理的问题上没有尽到高管职责，少申报坏账 10 万元，导致公司遭受税款损失 2 万元，考虑到小永的工作能力和公司的客观情况及需求，公司对小永作出经济性裁员是合法的。

法院观点

依据《劳动合同法》第 41 条的规定，用人单位在进行经济性裁员时应当优先留用三类人员，即与本单位订立较长固定期限劳动合同的人员、与本单位订立无固定期限劳动合同的人员，以及家庭无其他就业人员，有需要扶养的老人或者未成年人的人员。

小永与 TB 公司签订有自 2012 年 7 月 15 日起的无固定期限劳动合同，属于上述法律规定应当优先留用的人员。现 TB 公司将小永裁减掉而留用财务部另一名签订了两年期劳动合同的员工及人事部另一名刚入职的员工，并不符合上述法律规定。TB 公司主张其因常年亏损没有实力留用高薪人员，而小永的工资高于另两名留用的员工，但低薪人员并非法定应当优先留用的人员，且 TB 公司也无证据表明自己按照劳动保障行政部门的意见，通过与小永协商降低工资等方式来留用小永。因此，TB 公司与小永解除劳动合同并不符合上述法律规定，系违法解除劳动合同，应当向小永支付赔偿金。

(三) 人力资源、法务、律师三方观点

HR 观点

企业的运营总会有好的时候和不好的时候，当企业运营发生困难时，企业总要采取一些措施来改善运营状况，以期获得良好的企业收益。主要措施之一就是降低各类成本，其中包括运营成本和人工成本，经济性裁员是比较常见的一种。

但是，企业裁员考虑的对象往往和《劳动合同法》的保护对象有所区别。《劳动合同法》规定应当优先留用三类人员，即与本单位订立较长固定期限劳动合同的人员、与本单位订立无固定期限劳动合同的人员，以及家庭无其他就业人员，有需要扶养的老人或者未成年人的人员。而企业往往考虑留下来的员工是那些能够给企业运营带来改善的员工，即便他们工资高或进企业时间短，这是非常典型的趋利避害行为，无可厚非。试想，如果留下的员工虽然符合劳动法规定的三类人员，但对企业扭亏为盈没贡献，最终导致企业倒闭或破产，只能会使更多的员工失去工作。

所以，企业在对经济性裁员进行优化时，对于关键岗位和关键人才还是需要保留，对于《劳动合同法》规定的三类人员有适合的岗位应当优先考虑，实在安排不了的话，应当充分考虑给予恰当的经济补偿，以展现企业的人文关怀和社会责任。

综上，裁员并不是一个很精准的减员手段，更不是一条没有风险的企业自救之路。在实务操作中，建议 HR 要扩展思路，采用多种方式来应对企业减员增效的压力，包括采取降薪、主动休假、个别解除等方式来应对和调整人力资源布局和结构，以实现帮助企业渡过难关的目标。

法务观点

在裁员过程中，法务部门是重要的参与者，肩负着确保裁员流程依法进行的职责，应当在以下几个方面为企业提供专业意见：

首先，在企业决策期，向管理层说明裁员的风险，以及可以采取的相关法律途径和依据，帮助管理层作出决策。其次，在企业作出裁员的决策后，协助对外采购的相关部门，考察和评估外部专业机构，确定与外部专业机构的合作方式及职责分工。再次，在裁员实施过程中，参与项目团队的工作，提供合规审核的支持，确保裁员在合法与合规的前提下实施和推进。最后，在裁员结束后，难免会有一些遗留的争议和诉求，法务需要协助 HR 部门共同应对，化解纠纷。

本案就是企业在裁员执行中遇到的遗留问题,最后引发劳动争议。从本案的案情来讲,要避免最终的劳动争议或者这样一个不好的诉讼结果,在裁员的整个流程操作中,有很多环节可以进一步完善。

首先,确定裁员名单时,应当考虑法律对于不得裁员和优先留用的要求,避免与法律规定的直接冲突。当然,对于那些在企业的裁员对象范围内,但是又受到劳动法保护的劳动者群体,显然就不能采用裁员的方式来直接解除劳动合同。意识到这个风险后,公司可以通过其他方式来分步骤实施针对特殊人群的减员增效,如通过个别协商解除;以客观情况发生重大变化变更劳动合同;停产超过一个月后降低劳动报酬等方式,寻求双方都能接受,或者符合法律规定的解决方案。

其次,裁员方案的适用性。从本案提供的事实来看,企业向劳动保障行政部门作了裁员方案的备案,但是除了解除劳动合同并支付法定的经济补偿金,并没有什么其他的方案备选。就如劳动保障行政部门所建议的,减薪等方案也是政府所期待的。从法律的角度来看,可以在方案中增加保留劳动关系,但是减薪或者调岗的选项。有比较才有优劣,这样有选择的方案才能让员工作出主动的选择,而不是被动地接受,从而降低员工的对抗性和后续的争议风险。

律师观点

经济性裁员是一柄双刃剑。采用经济性裁员的优势在于减轻了与员工协商解除劳动合同的压力;同时,从总成本上说,采用经济性裁员最低只需要支付法定经济补偿金,比较目前的批量协商解除劳动合同的一般经济补偿金来说,显然更低。采用经济性裁员的弊端在于经济性裁员具有强制性的法定程序要求。

首先,本案中,对于企业向劳动保障行政部门的报备方案,法院持批评态度,原因就在于劳动保障行政部门的建议是通过实施减少工时、适当降低工资等积极的补救措施尽量避免或减少裁员。而对于这一点,庭审中企业一方认为法律并无规定企业应当遵循劳动保障行政部门的建议。这一法律观点本身并不错,但是却未能解决裁员合理性的问题。实际上,在类似的问题上,与其去讨论法律逻辑,不如以事实说话,如在裁员过程是否对员工有其他的安排,以及为保留工作岗位做了哪些努力等。虽然不是法律规定的必要措施,但是可以展现企业在裁员中的善意和履行法律义务、社会责任的诚意。

其次,案件中的另一个焦点是小永属于签订无固定期限劳动合同的人员,依法应当优先留用。但是，法律对于如何比较优先，以及在怎样的范围和标准内比较都不明确。因此，企业方如何阐述其合理的考量，以及小永不属于优先留用的范围，是本案胜负的关键。当然，从逻辑上讲，优先留用的前提是企业存在留用人员，如果没有留用人员，全部裁员，也就不存在优先留用的问题了。

[类似案例]
张玉平与中联重科股份有限公司劳动合同纠纷案((2016)沪0120民初7108号)

[思考题]
➢ 裁员中如何优先保留法定的劳动者？

第八章

灵活用工管理及争议

本章概要

作为最基本、最重要的社会关系之一，劳动关系不只是劳动者和用人单位之间的双方经济关系，更是生产关系中的重要组成部分。伴随着互联网的发展以及"新常态""供给侧改革"等经济结构转型战略的提出，当前我国的经济发展模式和用工模式已悄然发生深刻的变化。以肯德基、麦当劳等企业为代表的非全日制用工，广受企业欢迎却受到国家立法限制的劳务派遣，以及滴滴出行、饿了么等为代表的网络平台用工等灵活用工方式迅猛发展。灵活用工一方面在促进就业、降低企业用工成本、满足劳动者个性化需求方面发挥着重要作用，另一方面则对于传统的用工方式和社会保障制度提出了全新的挑战，因此也常常成为劳动争议发生的重灾区。

第一节 非全日制用工

一、背景知识

随着第三产业的蓬勃发展，大规模的以小时工为主要形式的非全日制用工得到了快速的发展，这一用工形式突破了传统的全日制用工模式，满足了企业灵活用工和劳动者灵活就业的双重需要，已经成为促进就业的重要途径。

(一) 法律制度

原劳动和社会保障部出台的《关于非全日制用工若干问题的意见》中对于非全日制用工曾做过这样的描述："非全日制用工是指以小时计酬、劳动者在同一用人单位平均每日工作时间不超过 5 小时累计每周工作时间不超过 30 小时的用工形式。"《劳动合同法》出台后,将非全日制用工的工作时间限制进一步收紧,规定非全日制用工的劳动者在同一用人单位一般平均每日工作时间不超过 4 小时,每周工作时间累计不超过 24 小时。

由此可以看出,判断一种用工形式是否为非全日制用工的主要依据有二:一是"以小时计酬";二是工作时间上的限制。对此,《上海市劳动合同条例》第 46 条第 1、2 款规定:"非全日制劳动合同是劳动者与用人单位约定的以小时作为工作时间单位确立劳动关系的协议。劳动者与一个或者一个以上用人单位确立非全日制劳动合同关系的,劳动者与每个用人单位约定的每日、每周或者每月工作时间,应当分别在法定工作时间的百分之五十以下。"

除了工作时间上的限制外,非全日制用工还具备一些其他的特征。

第一,非全日制用工可以不订立书面劳动合同。根据《劳动合同法》第 69 条的规定,非全日制用工双方当事人可以订立口头协议。根据《上海市劳动合同条例》的规定,订立非全日制劳动合同可以采用书面形式,也可以采用其他形式,劳动合同当事人一方提出采用书面形式的,应当采用书面形式。不订立书面劳动合同虽然可以简化企业的人力资源管理流程,但与此同时,由于欠缺书面劳动合同导致权利义务关系约定不清晰所引发的劳动争议也时有发生。

第二,非全日制用工双方当事人不得约定试用期。这是由于非全日制用工作为一种即时清结的用工制度,本身工时单位就很小,没有必要再使用试用期的概念。① 当然,从另一个角度讲,由于非全日制用工方式非常灵活,双方相互考察不满意可以随时终止用工,因此试用期制度就没有用武之地了。

第三,非全日制用工双方当事人任何一方都可以随时通知对方终止用工;终止用工,用人单位不(需要)向劳动者支付经济补偿金。透过《劳动合同法》的这条规定我们可以看到,在非全日制用工的模式下,不存在提前解除,只存在通知终止。而根据《关于非全日制用工若干问题的意见》的规定,"非全日制劳动合同的终止条件,按照双方的约定办理。劳动合同中,当事人未约定终止劳动合同提前通知期的,任何一方均可以随时通知对方终止劳动合同;双方约定了违约责任的,按照约定承担赔偿责任"。这同样是由非全日制用工即时清结的本质特征所决定的,同时,更加宽松的合同终止制度也满足了企业和劳动者双方对于灵活用工的需要。

第四,非全日制用工劳动报酬结算支付周期最长不得超过 15 日,且小时计酬标准不得低于用人单位所在地人民政府规定的最低小时工资标准。实务操作中,工资结算

---

① 参见董保华:《十大热点事件透视劳动合同法》,法律出版社 2007 年版,第 515—516 页。

支付周期常常会被用来作为判定是否为非全日制用工的要素之一,但这并不能作为认定是否构成全日制用工的充分条件,具体还要结合劳动者的工作时间是否超过了法定限制这一关键要素。

第五,有关非全日制用工的社会保险费缴纳,《上海市劳动合同条例》规定,非全日制劳动者的劳动报酬包括小时工资和法律法规规定应当缴纳的社会保险费等。同时,根据《上海市工伤保险实施办法》的相关规定,"招用非全日制从业人员的用人单位应当按照本办法规定的缴费基数和费率,为其缴纳工伤保险费"。也就是说,在上海地区,非全日制用工的社会保险费除工伤保险费外,其他的由劳动者自行缴纳。

(二) 管理相关知识

非全日制用工也称"小时工",是随着经济发展衍生出来的一种新型用工方式。随着企业对于组织灵活性要求越来越高,成本压力越来越大,以非全日制用工为代表的灵活性用工逐渐成为一种潮流。为了降低劳动成本和保持竞争力,企业实施有效的弹性就业已经是国际通行做法,是在激烈的竞争中企业制胜的一大法宝。有资料显示,美国的企业在不断降低长期雇佣的固定职工人数,大量使用小时工。1996年,在美国福特汽车公司美国本土的16万多雇员中,小时工就占65%。[①] 因此,从人力资源管理的视角看,非全日制用工将越来越成为人力资源配置中不可忽视的部分。

不同用工模式的法律关系不同,给日常的人力资源管理带来很大的挑战。为了规范管理,让非全日制用工发挥其价值,企业在使用和管理非全日制员工的实操中应注意以下几个环节的问题:

1. 工作岗位评估

非全日制用工与标准劳动关系相比具有用工灵活、成本较低、风险较小等特点,但是相应的员工归属感和企业管理的管控力也会下降。因此,企业可以采用非全日制用工方式,但是不能滥用、乱用,应当对岗位进行评估,对适合使用非全日制用工的岗位有计划地安排使用非全日制员工。

2. 劳动合同管理

虽然相关法律法规规定非全日制用工可以不订立书面劳动合同,但是一旦发生劳动争议,劳动合同往往是最直接也是最有效的能够证明双方是非全日制用工关系的证据。一方面,企业可以通过与员工订立书面劳动合同明确双方建立的是非全日制用工关系,避免员工事后主张按照全日制用工标准享受相关权利;另一方面,书面劳动合同有助于明确双方的权利义务关系,一定程度上降低企业的管理难度。因此,对于长

---

① 参见刘须宽:《弹性就业渐入佳境》,载《时代潮》2003年第22期。

期使用的非全日制员工,企业最好能够与之订立书面劳动合同,并就相关权利、义务、责任等事先协商一致。

通过书面劳动合同,可以具体约定以下事项:非全日制员工与其他单位建立劳动关系的,应当及时告知企业,否则需要承担相应责任;非全日制用工双方当事人任何一方可以随时通知对方终止用工,终止用工,用人单位不向劳动者支付经济补偿金,等等。

3. 工伤风险防范

通常企业会在支付给非全日制员工的工资中包含社会保险的费用,这样也就免除了单位社保缴费和相应的待遇支付义务,但是一旦发生工伤,似乎还是无法避免风险。因此,工伤是非全日制用工中主要的用工风险。根据《上海市工伤保险实施办法》的相关规定,企业招用非全日制员工的,应当为其缴纳工伤保险费。由于非全日制员工经常同时为两个或多个用人单位提供劳动,而在劳动过程中造成工伤的,原则上应当由其受伤时为之工作的用人单位承担工伤保险责任。

(三) 实务操作难点

非全日制用工最显著的特点即为灵活性,包括在订立合同的方式、工资支付周期、工作时间、劳动关系的终止等方面都与全日制用工形式存在较多区别。因此,在劳动合同的履行过程中,需要严格把握以下几个方面的操作问题,尤其是对于工作时间这条"红线",不可轻易触碰。一旦被认定为全日制用工关系,随之而产生的双倍工资、无固定期限劳动合同,以及可能产生的经济补偿金或者赔偿金等对于企业来说都将是巨大的法律风险。

1. 遵守最高工时标准

与全日制用工相比,非全日制用工最大的特点就是劳动者在同一用人单位的工作时间一般为平均每日工作时间不超过 4 小时,每周工作时间累计不超过 24 小时。对于这一问题,应从两个层面把握:首先,企业需要严格把控的是每周累计工作时间。举例来说,如果员工只是在一周内的某天工作了 8 个小时,但该周内的累计工作时间并未超过 24 小时,就不会被认定为全日制用工。其次,对于非全日制用工的加班问题,国家层面的立法对此并未作出明确规定。实务操作中,各地的处理方法不同,有些地方规定,对超出法定工时限制的直接认定为全日制用工,如北京。① 因此,对于非全日

---

① 《北京市非全日制就业管理若干问题的通知》第 2 条规定:"本通知所称非全日制从业人员是指:本市行政区域内的企业、个体工商户、民办非企业单位、国家机关、事业单位及社会团体(以下统称为用人单位)所雇用的每日工作时间不超过 4 小时(包括 4 小时),并以小时为单位计算发放工资的劳动者,劳动者在同一用人单位每日工作时间超过 4 小时的视为全日制从业人员。"

制员工,要实行比全日制员工更为严格的工时管理。

2. 遵守工资支付周期

虽然《劳动合同法》中规定非全日制用工劳动报酬结算支付周期最长不得超过15日,但在实际操作中,许多单位出于便于管理的考虑,通常会按月支付非全日制员工的劳动报酬。虽然工资支付周期并非认定全日制用工的充分条件,司法判例中也极少出现仅凭工资支付周期为一个月就判定双方建立的是全日制用工的判例,但为了降低法律风险,企业对于非全日制员工的工资支付周期最好不要超过15日。

此外,虽然《劳动合同法》设定专门章节对于非全日制用工进行了规定,但对于社会保险、加班等关键性问题并未作出明确的说明。对于这些问题,各地有着不同的法规规定和实操口径,对于用工分散的企业,应当认真研究用工当地对于相关问题的政策规定并精准执行。

二、案例及分析

(一) 基本案情

孙某与时代公司劳动合同纠纷案[①]

孙某于2008年5月9日至时代公司工作,负责室内保洁。孙某每日工作2小时,一周工作5天,工资按小时结算。2008年7月起,孙某至华腾公司从事相同的工作,工作时间为每日3小时。

在时代公司,孙某2008年7月1日至2009年10月15日的工资通过现金方式支付。孙某2009年10月16日之后的工资,通过银行转账的方式支付。孙某的工资自2009年1月起为每小时人民币10元,自2010年1月起为每小时12元。

2010年8月5日,时代公司辞退孙某。2010年8月31日,孙某向上海市静安区劳动争议仲裁委员会申请仲裁,要求时代公司支付2008年8月至2010年6月未签订劳动合同的双倍工资、违法解除劳动合同的赔偿金、2008年至2010年的高温费、2008年至2009年的年终奖、全日制劳动合同员工福利(如节日礼品及过节费)、法定节假日工资、年休假折薪,并为孙某补缴2008年7月至2009年9月的社会保险费。

---

① 参见(2015)沪二中民三(民)终字第9号民事判决书。

（二）双方观点及法院观点

双方观点

孙某认为，自己与时代公司形成的是全日制用工的劳动关系，时代公司应当承担未与其签订劳动合同的法律责任，理由为：孙某是由时代公司录用的，之所以每日在时代公司工作2小时后另至华腾公司工作3小时，是由于时代公司的派遣，而非华腾公司另行将其录用。时代公司派遣孙某至华腾公司工作时并未告知其是为两家不同的公司提供保洁服务，也未签订任何协议明确其服务对象是两家不同的公司；时代公司和华腾公司同属中邮普泰上海分公司下属子公司，股东以及人事、财务部门均相同，故孙某虽在两家公司工作，但本质上是时代公司一家公司的员工；孙某在时代公司每日工作5小时，每周工作25小时，从工作时间上看，应认定为全日制用工形式。非全日制员工的工资应是每15日结算一次，而孙某工资则由时代公司每月支付一次，不符合关于非全日制用工的法律规定。

时代公司辩称，孙某至华腾公司工作一事，时代公司事先明确告知孙某，每日3小时是为华腾公司提供劳动，该期间的报酬也是由华腾公司承担，由时代公司一并支付。孙某在华腾公司工作的两年多时间里，对此从未提出异议。2009年10月16日起，孙某的工资由时代公司和华腾公司共同委托一家劳务公司支付。

法院观点

本案争议的焦点在于孙某是属于全日制用工还是非全日制用工。《劳动合同法》第68条规定，非全日制用工，是指以小时计酬为主，劳动者在同一用人单位一般平均每日工作不超过4小时，每周工作时间累计不超过24小时的用工形式。因此，判断是否全日制用工的主要标准就是劳动时间和计酬方式。

对于本案中孙某的用工性质，本院具体意见如下：首先，从劳动时间来看，本案中确实存在孙某在时代公司每日工作2小时，在华腾公司每日工作3小时的事实，孙某亦认可。只是孙某认为，时代公司和华腾公司实际是一家公司，自己在华腾公司工作是受时代公司派遣，且时代公司未明确告知其是向两家公司提供劳动。本院认为，时代公司并无派遣资质，而两家公司的工作场所系两个不同地点，工作场所均有公司名称的明确标识，且孙某至华腾公司工作时间长达两年之久，理应知道其是在为两家不同的公司工作。孙某现提出异议，称其对于为两家不同公司提供劳动并不知情，于理不合，本院亦不能认可。

其次,从工商登记来看,时代公司与华腾公司是两个独立的法人单位,孙某也确实是在两家公司各自的办公地点为两家公司分别提供保洁服务,故孙某的工作并非全部是时代公司的业务组成部分。同时,孙某在两家公司每日工作时间均未超过 4 小时,而即使累计计算每日工作 5 小时,每周累计工作 25 小时,亦不符合全日制用工形式。

再次,从工资支付来看,劳务公司已出具证明证实孙某的工资是共同委托劳务公司通过银行账户转账支付,对此,孙某也无证据反驳。因此,本院认为,孙某主张每日工作 5 小时的工资全部由时代公司一家支付,自己是为时代公司一家提供劳动的依据不足,本院不予采信。

最后,从计酬方式来看,孙某自 2008 年 5 月起至时代公司工作,自 2008 年 7 月起分别在时代公司和华腾公司工作,其劳动报酬均是以小时工资为计算标准,符合非全日制用工形式,孙某本人也清楚这种计酬方式。

综上,孙某与时代公司形成的是非全日制用工的劳动关系,时代公司无须承担用人单位基于标准劳动关系所应承担的相应责任,故孙某基于双方存在标准劳动关系而提出的各项诉请均无法支持。

(三) 人力资源、法务、律师三方观点

HR 观点

人力资源管理的企业属性决定了它并不以个体劳动者劳动权利的实现与保护为目标。企业中,HR 研究的是人力作为诸生产要素之一,在企业生产、经营、发展中的合理配置问题。其衡量指标是人力资源配置的有效性,并以追求人力资源投入产出比最大化为目标。这一性质决定了 HR 不仅要研究人力资源本身的获取、组织、配置、管理、价值开发等问题,更需要研究其与企业生产力结构,包括地域、空间、工具、技术、信息、资本、组织流、出资人以及社会价值体系等的相互关系。这些问题和关系的产生,丰富和发展了现代企业人力资源管理"组织规划、招聘配置、薪酬福利、绩效评价、培训开发、企业文化(员工关系)"六大模块的内涵与外延。

企业 HR 对于固定用工和灵活用工本身并没有特殊偏好,这两种用工方式在人力资源结构中的比例分布是企业适应市场的结果,并非某个理论指导的结果。HR 持续关注企业形态和生命周期变化过程中人力资源的效率与效益问题,并不断寻找与之相匹配的配置管理方式。简言之,针对不同的业务形态、业务性质和业务阶段需要设计不同的劳动力价值提供方案。

在本案中,时代公司、华腾公司均非劳务派遣公司,"保洁"工种也不构成企业市场的竞争要素，一般 HR 在组织规划中自始就不会将这一类岗位纳入标准劳动关系设计中。如果时代公司 HR 在合同设计之初，就能对从事此类工作/任务的性质、地点、时间、薪资依据、给付标准与方式、成果交付和成果管理办法作出明确的书面界定和告知，就能在很大程度上避免无谓的争议。

与本案相比更为普遍的情况是，当企业产出，尤其是利润增长乏力或呈负增长趋势时，HR 会优先选择调整和控制人力成本占企业总成本的比例，以维护人力资源投入产出效率。优化组织流程或生产流程、建议改进技术手段或生产方式、尝试业务分割与外包、缩减员工招聘总量、控制人才流动结构和比率、调整薪资福利结构和水平，甚至裁员都是企业可能采取的救济手段。

但在采取上述激烈的手段之前，如果能具体到某类业务/任务或工种/岗位，通过灵活用工的方式予以实施，由于其在社保福利、薪资水平、给付方式、管理成本、财务税收等方面都明显有利于减少人力成本支出，就会成为 HR 的更优选择。事实上，与普遍认知不同，企业中，人力资源管理部门是最有主观意愿与内在动力推动产业技术变革、促进机械化生产和智能迭代的部门之一，因为这将使其能更加有效地把精力和战略聚焦到核心人才资源上来，大幅提升人力资源投入产出比。

法务观点

企业日常经营管理中部分工作需要外包给第三方机构或者个人，企业向后者支付相应的服务费。在缔结这种服务关系之前和履行双方服务合同的过程中，需要企业法务在合同条款设定和规范使用第三方服务环节中做到审慎把关，预防相应的法律风险。在企业选择灵活性用工方式和接受第三方提供服务过程中，企业法务可以通过以下几方面的工作帮助企业有效防范其中蕴藏的法律风险：

（1）建立雇佣标准。对于类似本案中"保洁"之类的非核心岗位的工作需求，企业应避免与这些岗位人员直接建立标准劳动关系，而应通过向外包企业或者第三方中介企业购买服务的方式解决。

（2）建立外包商管理规范。对于企业的外包业务，发包商企业和承包商企业都应当在双方的服务合同中明确约定涉及服务个人的劳动关系归属。作为非用人单位的发包商企业，应避免直接与承包商企业员工个人结算任何与服务内容有关的费用，所有资金往来应当在承包商企业和发包商企业之间进行。

（3）建立特殊劳动关系管理规范。如果企业因业务需要招聘在校学生或使用退休人员提供的劳动，企业法务应当谨慎处理。在向国内大学生开放企业实习机会之前，企业内部业务部门应当明确候选人资格要求、实习工作内容和期限、实习津贴和付款方式。如果企业招聘已经达到法定退休年龄的社会人员，应当先行核实其是否已经开始领取退休金，避免用工不当的风险。

律师观点

本案的争议焦点是孙某与时代公司形成的是否为非全日制用工关系。根据《劳动合同法》的规定，非全日制用工是指以小时计酬为主，劳动者在同一用人单位一般平均每日工作时间不超过 4 小时，每周工作时间累计不超过 24 小时的用工形式。通过这一概念不难看出，工作时间是我国对于是否为非全日制用工的主要判定标准。

本案中，孙某在时代公司工作期间每日工作 2 小时，一周工作 5 天，工资按小时结算，符合非全日制用工的特点；与此同时，孙某在华腾公司工作，工作时间为每日 3 小时，一周工作 5 天，亦符合非全日制用工的特点。虽然孙某主张这两家公司的股东以及人事、财务部门均相同，其本质上是为时代公司一家公司工作，因此在工作时间上已经超过了非全日制用工的法定工时，应当属于全日制用工，但并未提出相关证据，故法院最终并未支持其诉请。

反观时代公司在本案中的行为，实际上还是存在一些侥幸。首先，时代公司与华腾公司存在实际上的混同，不仅背后属于同一个企业集团，其内部管理也存在一定程度的混同，办公场地也可能存在一些混同。这些方面的混同，容易造成孙某对两份工作的混同，若被认定为一份工作的两部分职责，那么本案结局可能就完全不一样了。其次，在操作上，时代公司安排孙某去华腾公司工作，并且两家的报酬共同委托第三方支付，这一做法也是存在较大法律风险的。例如，时代公司安排孙某去华腾公司工作，其中就代表了时代公司的管理权延伸到了华腾公司，容易被认为孙某是在同一个劳动关系下工作；而劳动报酬的支付上更是无法区分为两个非全日制劳动关系。最后，在整个用工过程中，都没有书面的约定来澄清双方的权利义务和法律关系性质，最后引发的争议也正是由于约定不清带来的理解分歧。因此，即使本案中时代公司的主张被采纳，但是并不意味着其做法没有瑕疵。

[**类似案例**]

美卓自动化（上海）有限公司与金建平劳动合同纠纷案（(2015)浦民一（民）初字第 8667 号）

[思考题]

➤ 非全日制员工能否超时加班？能否按约结算工资？

第二节 劳务派遣与外包

一、背景知识

劳务派遣也被称作"人力租赁""劳动派遣""工人派遣""临时劳动"等，是指由劳务派遣单位与被派遣劳动者签订劳动合同，然后向用工单位派出该劳动者，使其在用工单位的工作场所内劳动，接受用工单位的指挥、监督，以完成劳动力和生产资料的结合的一种特殊用工方式。一种人力资源配置方式，亦是一种就业形式、一种劳务经济。[①]"外包"（outsourcing）一词最初来源于传统的"信息技术资源外包"（IT outsourcing）。后来随着市场竞争越来越激烈，企业为了生存，不得不追求在最短的时间内以最低的成本获得最大的收益，于是应用服务提供商（application service provider，ASP）便应运而生了。所谓"外包"，即企业在内部资源有限的情况下，将某项业务工作的部分或整体，委托给专门从事这种工作的服务商来完成，而自己则专注于其最具竞争优势的业务。[②]

（一）法律制度

在我国，劳务派遣是时代发展和政策创新的产物。从改革开放开始，大量外资企业进入中国市场，在北京、上海等地设立代表处，但这时的代表处并没有独立用工权，受当时用工需求的驱使，劳务派遣开始产生。20世纪80年代中期，一批从事农村富余劳动力输出的劳务派遣服务机构开始出现。到了90年代中后期，由于劳务派遣适应了企业用工灵活化的需求，吸纳了大批下岗失业人员、农村剩余劳动力和高校毕业生，一定程度上缓解了就业压力，因此得到快速发展。2000年以来，尤其是2008年1月1日《劳动合同法》实施以来，一些国有企业、机关事业单位的后勤系统（解决国企编制限额问题）、外资企业开始大范围使用劳务派遣工，我国劳务派遣工的数量快速增长。

《劳动合同法》第一次以法律的形式规范了劳务派遣用工形式，结束了关于劳务派遣立法的空白。《劳动合同法》对于劳务派遣公司的设立资质、劳务派遣合同的期限和

[①] 参见董保华：《十大热点事件透视劳动合同法》，法律出版社2007年版，第437页。
[②] 参见李会欣：《人力资源管理外包的利弊分析》，载《企业改革与管理》2009年第10期。

内容、劳务派遣适用的岗位以及被派遣劳动者的"同工同酬"待遇等内容规定得十分详细。同时，也明确了劳务派遣单位和用工单位的法定义务，赋予被派遣劳动者相应的权利。

然而，伴随着劳务派遣作为一种用工方式被依法确立，劳务派遣用工数量大幅攀升，由此也产生了大量的劳动争议。在2012年的《劳动合同法》修正中，立法对于劳务派遣的规范进一步细化。修正后的《劳动合同法》中，不仅将劳务派遣公司的注册资本由原来的人民币50万元提高到人民币200万元，而且为避免劳务派遣被滥用，立法改变了原来"劳务派遣一般在临时性、辅助性或者替代性的工作岗位上实施"的说法，着重强调劳务派遣只能在临时性、辅助性或者替代性（"三性"）岗位上实施，并对于临时性、辅助性、替代性的含义作出了详细的界定。

为落实修正后的《劳动合同法》的规定，进一步规范劳务派遣，2014年1月，《劳务派遣暂行规定》应运而生。作为劳务派遣领域内首个专门性的部门规章，《劳务派遣暂行规定》以"维护劳动者的合法权益，促进劳动关系和谐稳定"为立法宗旨，对劳务派遣用工进行了更为细致的规制。其中，首次对于企业使用劳务派遣用工的人数比例作出了限制，规定企业使用的被派遣劳动者数量不得超过其用工总量的10%；超过的，应当制订调整用工方案，于该规定施行之日起两年内降至规定比例。同时，该规定也指出，用人单位以承揽、外包等名义，按劳务派遣用工形式使用劳动者的，按照规定处理。

随后，上海市出台《关于规范本市劳务派遣用工若干问题的意见》（以下简称《意见》），对于劳务派遣用工比例、同工同酬、辅助性岗位、劳务派遣员工工伤等八大问题进行了全面且细致的规定，并首次提出"人力资源服务外包"的概念，对于劳务派遣用工方式的转型提出了极具方向性的指导。同时，《意见》也指出："劳务派遣单位和用工单位将派遣用工转为人力资源服务外包的，应当调整原劳务派遣法律关系所形成的对劳动者的管理方式，根据人力资源服务外包的性质，参照直接管理和间接管理的原则合理确定管理界限，防止引发相关纠纷。"这一方面说明劳务派遣用工和外包用工存在本质上的差异，主要在于管理界限是直接管理还是间接管理；另一方面，企业以外包为名，实为派遣的，将按照劳务派遣相关规定处理。

劳务派遣和外包的区别到底在哪里呢？除了本节开篇所阐述的二者在概念上的不同以外，两者对于员工的管理方式也存在差异。如图8-1所示，在劳务派遣用工中，用工单位对于员工可以进行劳动过程的直接管理；而在传统的业务外包用工中，公司对于员工无任何管理权限，公司对于工作内容的指挥管理只能通过外包公司进行。

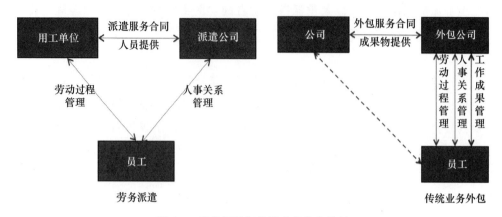

图 8-1 劳务派遣与传统业务外包比较

人力资源服务外包与传统业务外包又存在何种差异呢？传统的业务外包分为生产外包、供应外包、销售外包等，是一种企业间的分工；人力资源服务外包则是一种人力资源配置方式。如图 8-2 所示，在传统的外包用工中，企业对于外包员工无任何管理权限；而在人力资源服务外包中，企业则可以基于消防、安全生产、产品服务质量、工作场所秩序等方面的管理需要对承包单位的劳动者行使部分指挥管理权。

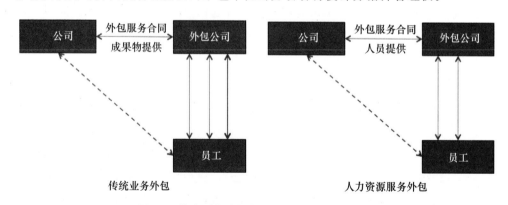

图 8-2 传统业务外包与人力资源服务外包比较

总体而言，立法对于劳务派遣用工的相关规定呈现出逐步收紧的态势；而对于外包用工，无论是传统的业务外包还是上海市率先提出的人力资源服务外包，除要求企业清晰界定管理权限，不得以外包之名行派遣之实外，立法均未作出其他限制。因此，将劳务派遣用工逐渐过渡到外包用工将是今后用工的一种发展趋势。

(二) 管理相关知识

虽然劳务派遣与外包无论从概念定义上还是实际操作上都是不同的，存在很大的区别，但是从本质上看，都是一种社会分工形态。业务外包是社会分工的一种体现，业务外包与分工两者是相辅相成的。业务外包必须在分工发展到一定程度的基础上才能出现,而业务外包的发展又会促进分工的进一步深化。① 所以,劳务派遣与外包是社会分工在不同阶段的表现,也可以说,劳务派遣是一种比较初级的外包。无论是国家政策的导向,还是产业的实践,都已从劳务派遣向彻底的业务外包发展。

外包有很多原因,普遍认为,主要原因有降低营运成本、改善业务焦点、降低风险、增加管理控制等。② 因此,外包具有降低企业管理成本和风险,促进企业管理的专业化、规范化,增强企业的人才凝聚力,有助于培养企业的核心竞争力等方面的优势。但是,外包也存在诸如安全性风险、破坏企业文化的风险、管理失控的风险等不足,需要企业注意防范。③

在我国,劳务派遣是一种比较特殊的存在,它主要作为一种替代固化的劳动合同制用工的手段而存在。因此,虽然理论上劳务派遣分为长雇型与登录型两种,但是在我国主要存在的是登录型。劳务派遣可以给企业带来的益处主要有以下两点:第一,剥离劳动人事管理成本,相对减少企业劳动人事方面的事务性开支;第二,降低劳动争议法律风险,因为劳动关系建立在员工和劳务派遣公司之间,相关责任主要由劳务派遣公司承担。

(三)实务操作难点

企业使用劳务派遣或者外包用工主要存在两大法律风险:一是劳务派遣公司或外包公司侵害劳动者权益,用工单位亦存在过错的,需要与劳务派遣公司或外包公司承担连带责任;二是劳务派遣公司不具备劳务派遣资质或者用工单位对外包员工超越管理权限进行指挥管理的,可能会被认定为用工单位与劳动者之间存在事实上的劳动关系。因此,在实务操作中,应当注意以下几个方面:

1. 规范合作协议

《劳动合同法》第 92 条规定:"用工单位给被派遣劳动者造成损害的,劳务派遣单位与用工单位承担连带赔偿责任。"第 94 条规定:"个人承包经营违反本法规定招用劳动者,给劳动者造成损害的,发包的组织与个人承包经营者承担连带赔偿责任。"

根据上述规定,无论是劳务派遣还是外包,用工单位并不能彻底地撇清全部责任和风险。因此,用工单位应特别注意在相关协议中约定双方关联行为的操作程序和责任分担,诸如退回、解除劳动合同时的相关权利和义务,工伤赔偿责任承担的原则和

---

① 参见金莹:《业务外包的理论解释及其对比》,载《江西金融职工大学学报》2007 年第 6 期。
② 参见郭雷、袁伦:《中国企业人力资源管理外包的分析和建议——基于社会分工理论》,载《经济研究导刊》2004 年第 4 期。
③ 参见李会欣:《人力资源管理外包的利弊分析》,载《企业改革与管理》2009 年第 10 期。

比例，绩效考评，奖惩的权限及程序等。

此外，由于《劳务派遣暂行规定》对于企业劳务派遣用工人数比例的控制，许多企业在无法一时将劳务派遣用工转为直接用工的情况下，往往会选择将劳务派遣用工转为外包用工。但事实上，很多外包协议只是把原来的劳务派遣协议简单加以修改，用工方式的实质并没有太大变化，这就形成通常所说的"假外包，真派遣"。对于这样一种用工形式，司法实践中常常将其认定为违法派遣从而对用工企业进行相应的处理。因此，企业在派遣用工转为外包用工的调整过程中，应当注意用工方式的改变一定要符合外包用工的实质要求，而非仅作协议字面上的更换。

2. 规范用工操作

无论是劳务派遣还是外包，其复杂性均在于虽然名义的用人单位只有一个，但是事实上的管理方有两个，因此从两方的劳动合同关系到三方的劳务派遣或者外包关系，其操作的复杂程度成倍增长。而操作的复杂度往往导致约定内容在实操中变形和走样，最终导致实际履行内容与约定内容不一致。这将产生很大的法律风险。

譬如"真派遣，假外包"的现象。外包方不履行承包人的管理职责，发包人僭越外包范围对外包员工无差别地与自雇员工同等管理，其实际履行的结果就是外包与自雇员工的混同。

对外包员工的管理，在企业人力资源管理上是一个难题，一方面要根据法律的规定有所区别，或者依赖承包方的管理；另一方面，需要在工作场所或者业务流程上确保管理的统一性，希望外包员工达到自雇员工同等的管理达成率，这就像是货币的两面，相互依存又无法统一。因此，在实操中尤其要注意规范性。

通常有两个思路来确保实操与约定内容的统一性。一个思路是将约定内容具体化为一系列的管理标示，如员工身份标示、工作区域标示等，以区别外包员工与自雇员工；另一个思路是通过具有外包商标示的系统工具来实施管理，如通过一个操作管理系统，由外包商对外包员工根据发包商的要求发布具体的工作指令，并进行过程和结果的管理。随着技术的发展，原本非常困难的外包现场管理可以通过移动通信工具来实时进行，变得可行而且更便利。

3. 特别约定

《劳动合同法》主要以标准劳动关系作为对象进行规范，因此很多的制度设定也仅仅考虑了标准劳动关系的情形，而忽视了劳务派遣和外包的用工方式，造成相关制度与劳务派遣、外包的不匹配。这需要企业在实际操作中对相关内容作出特别的约定，以弥补法律规定的不足。

首先是保密和竞业限制制度。《劳动合同法》第23条规定，用人单位与劳动者可以在劳动合同中约定保守用人单位的商业秘密以及与知识产权相关的保密事项。法律上并未授权劳务派遣的用工单位或者外包的发包单位与被派遣劳动者或者外包劳动者约定保密和竞业限制事项。但是,在实际履行过程中,被派遣劳动者和外包劳动者真正接触的企业商业秘密都应当是用工单位或者发包单位的。为了弥补这一制度缺失,应当在协议中作出特别的补充,以免用工单位和发包单位丧失保密和竞业限制的权利。

其次是培训和服务期制度。《劳动合同法》第22条规定,用人单位为劳动者提供专项培训费用,对其进行专业技术培训的,可以与该劳动者订立协议,约定服务期。同样的,这里也只规定了用人单位有这项权利。但是,在实际履行过程中,越来越多的用工单位或者发包单位主动承担起了出资培训的责任,并要求相应的被派遣劳动者和外包劳动者继续服务一定的年限。这些权利义务,若不加以特别的约定,就无法受法律的保护。

二、案例及分析

（一）基本案情

陈某与A公司劳务派遣合同纠纷案[①]

陈某曾由A公司派遣至B公司工作,2008年3月31日,陈某解除了与A公司和B公司间的劳务派遣合同。2008年8月1日,陈某重新至B公司工作,任重点客销售主管,B公司告知陈某仍采取由A公司派遣陈某至B公司的用工方式,A公司对此予以认可。

B公司每月根据劳动派遣合同,将陈某的工资及管理费等统一支付给A公司,由A公司按月向陈某发放工资。

2010年5月24日,陈某通过发送电子邮件的形式向B公司提出辞职。2010年7月2日,陈某、A公司、B公司终结劳务派遣关系。

2010年7月26日,陈某向上海市徐汇区劳动争议仲裁委员会申请仲裁,要求A公司因未签订劳动合同支付2008年9月1日至2009年7月31日的双倍工资差额100176元等。

---

① 参见（2010）徐民一（民）初字第6384号民事判决书。

(二)双方观点及法院观点

双方观点

陈某认为,2008年8月1日,应B公司邀请,她重新回到B公司工作,任重点客户销售主管。B公司称仍由A公司派遣她至B公司工作,并仍由B公司代发工资和缴纳社会保险费等费用。她曾多次要求A公司和B公司签订劳动合同,但两公司均未履行签订劳动合同的义务。

A公司认为,陈某于2008年8月至B公司工作,B公司通知本公司陈某的用工形式仍采用劳务派遣的方式,本公司根据与B公司合作的惯例,在陈某入职后一个月内,将陈某的入职材料及两份劳动合同转交给B公司的人事负责人,并由该人事负责人将以上材料转交给了陈某。A公司已履行了与陈某签订劳动合同的法定义务,所以不应支付陈某未签订劳动合同的双倍工资差额。

B公司认为,A公司与陈某之间存在劳动关系,劳动合同应当由A公司与陈某签署,B公司不应承担未签订劳动合同的法律责任。A公司所述寄送劳动合同事实不存在。

法院观点

法律规定用人单位自用工之日起满一年未与劳动者订立书面劳动合同的,自用工之日起满一个月的次日至满一年的前一日应当依照《劳动合同法》第82条的规定向劳动者每月支付两倍的工资。

2008年8月1日,陈某重新至B公司工作,B公司告知陈某仍采取由A公司派遣陈某至B公司的用工方式,A公司对此予以认可。因A公司与B公司之间签订有劳务派遣合同,B公司未与陈某签订书面劳动合同,故三方形成事实劳务派遣关系。A公司作为用人单位与陈某建立劳动关系,B公司作为用工单位与陈某建立聘用关系。三方应依法行使权利和履行义务。

A公司主张自己在陈某入职后的一个月内已将包括劳动合同在内的入职材料邮寄至B公司,即A公司已将以上材料转交给了陈某,而B公司称未收到以上材料,陈某对A公司的该主张亦不予确认,故本院对A公司该主张不予采纳。

因A公司与陈某未签订劳动合同也未提供证据证明其已就签订劳动合同尽了诚实磋商的义务,故陈某可以向A公司主张2008年9月1日至2010年7月31日未签订劳动合同的双倍工资差额。

但是,当事人应当在法律规定的期限内积极主张自己的权利,否则其权利可能因怠于行使而得不到法律保护。双倍工资就其性质而言，是劳动者在正常劳动报酬之外，依照《劳动合同法》第 82 条之规定，对于用人单位应签却未签劳动合同的行为可取得的等同于正常劳动报酬数额的惩罚性赔偿，不属于劳动报酬的范畴，故应适用劳动争议仲裁一年时效的一般性规定。

本案中，陈某于 2010 年 7 月 26 日申请仲裁向 A 公司主张双倍工资差额，可追回自其申请仲裁之日逆推一年的未签订劳动合同的双倍工资差额。至于陈某主张的 2008 年 9 月 1 日至 2009 年 7 月 25 日的双倍工资差额的诉讼请求已超过法律规定的一年申诉期间，本院难以支持，A 公司仅需向陈某支付 2009 年 7 月 26 日至同年 7 月 31 日期间的双倍工资差额 1847.83 元（8500 元/该月 23 个工作日×5 个工作日）。

（三）HR、法务、律师三方观点

HR 观点

现实中，部分企业大量、长期使用派遣制员工的主要原因在于：派遣制员工和直雇员工对于企业的财务价值不同。直雇员工的人力成本包括员工工资、各类社会保险保障和税收，属于刚性支出；而向派遣公司支付的费用，虽然其内涵是派遣制员工的人工成本加派遣公司的管理费，但在企业之间相互结算，属于企业经营成本。将一部分企业人工成本转化为企业经营成本，有利于企业在结构上控制人力规模、节省税收差、组织现金流、争取社会融资以及享受地方企业扶持计划、税收减免政策或政府补贴。另外，由于管理风险的转移，也有利于企业降低日常管理成本。但是，如果企业对劳务派遣方式的使用管控不周全、不严谨，也很容易造成各种负面影响，本案就是其中较有代表性的一例。

本案仲裁中，值得探讨的一点是：虽然陈某先后两次均与 A 公司发生劳动关系且被 A 公司派遣至 B 公司工作，但情况略有不同。第一次为 A 公司与陈某订立劳动合同后派遣其至 B 公司工作；第二次为 A 公司受 B 公司邀约，并经 B 公司、陈某、A 公司三方达成关系共识后，方派遣陈某至 B 公司工作，三者之间 A 公司属于被动方。本案中 A 公司声称其委托 B 公司向陈某当面交付和签订劳动合同的情况，在现实中是很有可能存在的。据此，A 公司虽与陈某自始（2008 年 8 月）未签订劳动合同属实、应承担相应劳动法上的责任，但 B 公司亦不应完全就此免除责任，A 公司根据相关事实和证据可以要求 B 公司承担相应的民事责任。

上述第二种情况——企业对符合工作需求，但因种种原因无法直接签订劳动合同的工作人员，主动委托第三方代理公司录用后再派遣回本企业工作——经常发生。这种情况下，由于第三方代理公司始终处于劳动供给信息失衡状态，在劳动关系存续、劳动保护保障、考核与奖惩，甚至薪资福利标准设定和给付时间、方式等方面都很被动，非常容易出现劳动关系管理盲点。实际工作中，凡发现存在大量派遣制员工劳动合同不规范不完整、社保登记缺失或遗漏缴纳、未及时办理城镇居住证等问题的，大多属于此类状况。

如果派遣工作关系发起单位对此不闻不问，或者在发生纠纷后把责任简单地推给派遣公司，不仅会对今后与派遣公司的合作产生不利影响，而且会给仍然存有派遣工作关系的员工带来极大的不稳定感和隔离感，进而影响这些员工的工作责任心与积极性，影响团队合作与凝聚力。

因此，作为主动发起派遣工作关系的主体单位，应当尽到对派遣公司的监督、提醒义务，例如，定期与派遣公司核对、更新被派遣人员信息，核查被派遣人员劳动合同签订情况、社保登记缴纳情况，对终止派遣聘用人员优先、及时完成工作交接等，并将之纳入双方的工作协议。派遣公司也应当对自身在签约三方中客观存在的信息劣势有充分的认识，凡须依托其他签约方履行的责任义务，均应做到如实告知、立照存证。

法务观点

本案中派遣公司因为没有与劳动者订立书面劳动合同而被法院判令承担未签书面劳动合同的双倍工资差额，虽然因为时效问题侥幸逃过大额赔偿责任，但仍然突显了派遣公司未能审慎管理与被派遣人员的劳动合同而必须承担法律责任的问题。派遣公司的法务，在为公司提供日常内部法律服务支持过程中应当注意以下合规要点：

（1）及时与客户签订劳务派遣协议，同时与被派遣人员签订劳动合同。首先，客户向派遣公司发来用人需求时，公司法务应当核实与该客户的劳务派遣服务协议是否已经签署且在有效期内，否则应当首先与客户订立劳务派遣服务协议，预先设定各方的权利义务边界。

其次，对于客户选定的候选人，因派遣公司通常没有介入候选人筛选和面试环节，而且候选人在前往派遣公司的客户处工作之前，往往不会去派遣公司报到或签署劳动合同等相关法律文件，派遣公司通常会将这些法律文件直接提供给客户，即用工单位，请客户安排被派遣人员签署劳动合同、员工手册以及入职文件等。本案中，派遣公司在这一环节存在疏忽大意之处，没有在被派遣人员开始工作之日起30日内获得被派遣人员签署的劳动合同，也没有证据证明曾委托用工单位向被派遣人员提出签订书面劳动合同的要求，导致派遣公司随时面临被要求支付未签书面劳动合同的双倍工资差额的问题。因此,派遣公司必须在法定时限内主动与被派遣人员签署劳动合同,即使委托客户签署,也必须敦促客户在用工之日起 30 日内完成签署,同时应当保留与客户以及被派遣人员磋商签订劳动合同的所有书面证据。

(2)审查客户退回被派遣人员的事实理由,及时搜集保全证据。为预防客户随意退回被派遣人员,派遣公司应当在劳务派遣服务协议中明确约定,客户在决定退回之前,必须与派遣公司事先沟通退回事实与理由,派遣公司有权对此提出意见或建议。若派遣公司认为退回事实与理由不充分,如派遣公司无法据此合法解除与被派遣人员的劳动合同,派遣公司应当建议客户暂缓退回,或者补充支持退回理由的书面证据,或者告知派遣公司违法退回的后果,即直接退回导致派遣公司因此解除劳动合同时,客户因此可能承担的违约责任内容。

律师观点

就本案来说,涉及的主要是因未签订书面劳动合同引发的争议。

本案中,除去本身具有争议性的事实以外,律师还需要应对三方关系中的微妙博弈。譬如在本案中,B 公司与 A 公司的陈述与答辩似乎都只关注自身责任的撇清,而没有关注双方配合是否存在不足和缺陷。因此,A、B 公司的相互推诿,不仅不能保证自身的安全,而且还做实了劳动者的相关控告。

在劳务派遣关系中,作为用工单位或者派遣公司一方的代理人,最不应采取的立场就是推卸责任,法律对于这种推卸责任的做法早有预见,于是规定了连带责任。所以,回归事实,厘清劳动者权益是否受损,是案件更为重要的核心。

然而,抛开看似简单的案情表象,我们更应该注意的是暗藏在本案中的另一风险点,即劳务派遣的法律风险。试想一下,如果 A 公司不具有劳务派遣资质,或者 A 公司拒绝承认其曾经认可将陈某派遣至 B 公司,那么本案的判决结果将截然不同,法院极有可能判定 B 公司与陈某形成事实劳动关系,从而由 B 公司承担相应的赔偿责任。

根据《劳动合同法》的相关规定,经营劳务派遣业务须具备一定的资质并依法申请行政许可;未经许可,擅自经营劳务派遣业务的属违法行为。在劳务派遣行为被认定为违法的情况下,自然也就不存在劳务派遣关系,此时,原本存在于用工单位和劳动者之间的用工关系极有可能被认定为劳动关系,企业此时则需依法承担劳动关系中用人单位的全部法定义务。

[类似案例]

上海承衡信息科技有限公司诉张斌劳动合同纠纷案（（2015）沪一中民三（民）终字第2185号）

[思考题]

➢ 劳务派遣用工形成事实用工时，如何认定事实用人单位？

第三节 互联网用工

一、背景知识

近几年来，互联网用工引发的劳动争议频发，如被称为"网约工劳动争议第一案"的7名厨师诉"好厨师"APP案、"e代驾"系列案件等。虽然不同案件的具体案情存在差异，但案件的争议焦点均主要集中于服务提供者与互联网平台是否存在劳动关系。进入"互联网＋"时代，网络平台就其功能而言，最初为广告信息平台，继而为网上销售平台，后又发展为生产要素组织平台，即利用网络平台组织生产要素以产出产品和服务，于是步入平台经济阶段。在这个阶段，劳动形态（或称"用工形式"）发生新的变化，带来平台企业与网约工的劳动关系问题。①

（一）法律制度

由于互联网用工为近些年兴起的一种用工方式，因此无论是在理论界还是在实务界，对于服务提供者和互联网平台之间的法律关系如何界定、双方权利义务如何分配等问题都尚无定论，法律制度接近于空白。目前，与之相关的立法仅有一部《网络预约出租汽车经营服务管理暂行办法》（以下简称《办法》）。

2016年7月27日，《办法》由交通运输部、工业和信息化部、公安部、商务部等七部门联合颁布。《办法》主要针对网约车平台公司的经营资质以及网约车车辆和驾驶员的情况作出规定，对于服务提供者与网络平台之间权利义务的调整仅在第18条有粗略的规定："网约车平台公司应当保证提供服务的驾驶员具有合法从业资格，按照有关法律法规规定，根据工作时长、服务频次等特点，与驾驶员签订多种形式的劳动合同或者协议，明确双方的权利和义务。"对于互联网平台对驾驶员的义务也仅仅规定了"网约车平台公司应当维护和保障驾驶员合法权益，开展有关法律法规、职业道德、服

---

① 参见王全兴：《"互联网＋"背景下劳动用工形式和劳动关系问题的初步思考》，载《中国劳动》2017年第8期。

务规范、安全运营等方面的岗前培训和日常教育"。

仅仅这样一条简短的规定能够有效解决当前网约车领域或者互联网领域用工中存在的争议吗？答案显然是否定的。首先，《办法》的法律位阶较低。它属于国务院部门规章的范畴，效力与法律、法规相比较低，且前面加了"暂行"二字，说明有很多探索性、试验性的举措，稳定性较差。其次，《办法》的规定过于笼统，可操作性差。对于如何规定工作时长标准、服务频次标准等均未明确，多种形式的劳动合同或者协议到底包括哪些也未能列举。[①] 此外，由于互联网用工领域不只网约车一种领域，还涵盖诸如家政、租房、技术服务等其他领域，故仅对网约车领域的劳动用工情况作出规定，并不能消解其他互联网用工领域存在的不规范情况。

但同时我们也应当看到，即便《办法》存在诸多不完善之处，它仍为截至目前国内唯一一部用以规范互联网用工的行业管理办法，其开创性依然值得肯定。对于实践中大量存在的互联网平台与服务提供者的法律关系认定相关问题，我们从法院已有的判例中或许可以寻找出一些规律。法官在对相关案件作出判决时，主要有以下三种倾向：

1. 谨慎认定劳动关系

（1）避免群体性的诉讼反应

劳动关系所具有的群体性，使得在劳动争议解决体系内的法官和仲裁员都天然地对个案处理采取谨慎态度。这种谨慎主要是对于个案背后的群体性现象缺乏充分把握而作出的一种理智选择。

因此，对于社会中存在巨大存量的法律关系，司法实践总是吝于作出否定的判断。现在的网约车如此，之前的建筑工程违法分包、出租业个人承包等亦如此。

对于这种司法现象，不是简单冠之以"司法不公"或者"法不责众"就可以解释的。司法裁判的审慎保守，反映的是现行法律与当下社会生活的脱节，或者是立法的滞后，导致新兴的社会关系得不到相应法律制度的规范和调整；或者是立法技术的落后，导致现行的法律制度存在缺陷，无法适应社会生活与时俱进的要求。

（2）避免劳动标准扩大适用

虽然学界对于我国劳动标准的高低还存在理论上的纷争，尚无法形成共识，但在实务界却可以看到司法裁判对劳动标准扩大适用的谨慎态度。正如董保华教授所分析

[①] 参见徐新鹏、高福霞、张昕宇：《共享经济的冷思考——以劳动保护为视角》，载《理论导刊》2016年第11期。

的,"只有'低标准'才可能有'广覆盖'"①,较高的劳动标准只能是窄覆盖。虽然王全兴教授对此并不同意,认为"在我国劳动法制实践中,'高标准—窄覆盖—宽执法'和'低标准—广覆盖—严执法'不是必然的逻辑"②,但是客观上,身处实务一线的法官、仲裁员都没有将高标准的劳动法适用于互联网用工的相关案件审判中。

试想一下,如果我国的劳动标准较低,事实劳动关系不会有双倍工资,解雇没有那么多的限制和赔偿,可能法官、仲裁员认定劳动关系的阻力会小很多。在"e代驾"系列案件中,虽然劳动者只主张确认劳动关系,也没有额外主张全部的劳动法上的权利,但是法官们依然否定了存在劳动关系,而是从雇佣或者职务关系的角度满足了劳动者的诉求。这样的处理非常保守,但是非常有效。

如果法官判决某案中劳动者与代驾公司存在劳动关系,那么这些劳动者在处理完伤害产生的赔偿责任之后,后续就会向企业提起关于双倍工资、加班工资、社会保险、经济补偿金等的诉求。而这些正是新兴的互联网经济所不能承受之重。

2. 优先认定职务行为

以"e代驾"系列案件为例,其中多起案件均涉及司机对第三方的人身侵权。法院在处理这样的三方法律关系时,明显采用了一种优先处理的思路,即优先处理侵权产生的对消费者权益保护的漏洞。这样的选择,不仅是明智的,也是法律追求的价值所在。相比之下,亿心宜行公司("e代驾"的实体公司)与司机之间采取的协商、合作方式,使得消费者在这其中显然处于相对更为被动的地位,因为其无法参与亿心宜行公司与司机之间就服务标准、价格的协商,也无法就司机提供的服务预先提出个性化要求,一切服务标准、内容和价格都是预设好的,消费者并无议价权。也就是说,消费者权益的保护不能依赖于另外两方的协商和自觉,而是需要法律提供规则。法院的裁判很好地呼应了这样的需求。

因此,在亿心宜行公司与司机之间法律关系的认定上,法院采取了实用主义的有限认定,即只认定与消费者侵权责任相关的法律关系要素,而搁置其他要素。由此,司机提供服务是否构成职务行为成为认定的关键。

3. 模糊认定雇佣关系

一方面,基于前文已经提及的两点原因,法院极难直接认定平台与服务提供者之间存在劳动关系;另一方面,当服务提供者与消费者发生侵权纠纷时,由于需要就产

---

① 董保华:《锦上添花抑或雪中送炭——析〈中华人民共和国劳动合同法(草案)〉的基本定位》,载《法商研究》2006年第3期。

② 王全兴:《劳动合同立法争论中需要澄清的几个基本问题》,载《法学》2006年第9期。转引自董保华:《中国劳动基准法的目标选择》,载《法学》2007年第1期。

生的侵权损害赔偿明确赔偿责任的承担主体，法官又不得不对平台与服务提供者之间的法律关系作出认定。因此，实务操作中，法官通常趋向于将二者之间的关系模糊认定为雇佣关系。这样一种认定结果一来能够妥善解决赔偿责任的分担问题，二来可以避免直接认定劳动关系可能导致的一系列后果。

最高人民法院曾在司法解释中明确："前款所称'从事雇佣活动'，是指从事雇主授权或者指示范围内的生产经营活动或者其他劳务活动。雇员的行为超出授权范围，但其表现形式是履行职务或者与履行职务有内在联系的，应当认定为'从事雇佣活动'。"[1]

但是，对于雇佣关系与劳动关系存在怎样的联系与差异，学界存在意见分歧，司法实践亦不明确。一部分学者认为，雇佣关系本质上不属于民事关系，而是劳动关系的一种特殊形态，属社会法范畴。[2] 另一部分学者认为，劳动合同适用劳动法调整，基本上属公法范畴，劳动关系双方存在组织领导关系以及管理与被管理的关系；雇佣合同适用民法调整，属私法范畴，当事人之间的法律地位平等。[3] 还有一部分学者认为，雇佣关系涉及的是民事权利义务，由于民法上关于雇佣合同的规定为一般规定，故在劳动法关于劳动合同无特别规定时，应适用雇佣合同的规定。[4]

然而，无论是立法上的界定还是学界中的诸多观点，均未有观点将劳动关系等同于雇佣关系。也正因为如此，雇佣关系被认为不受《劳动合同法》调整，即便认定双方存在雇佣关系，也只是意味着双方存在有偿劳动的交换，而不会使企业全面适用劳动标准。

（二）管理相关知识

中国人事科学研究院原院长王通讯教授曾提出："对工人，不养而用是上上之策。"他说："如何用工人，现在有三种现象：（1）养人用人；（2）养人不用人；（3）不养人而用人。对用人单位来说，'工人不养而用'是上上之策，追求工人'为我所用'要比'为我所有'有利得多。"[5] 虽然专家的表述从世俗的角度看有点冷冰冰，但是其间的逻辑却是市场选择的残酷真相。

---

[1] 《最高人民法院关于审理人身损害赔偿案件适用法律若干问题的解释》（法释〔2003〕20号）第9条第2款。
[2] 参见许建宇：《雇佣关系的定位及其法律调整模式》，载《浙江大学学报（人文社会科学版）》2002年第2期。
[3] 参见文学国：《论雇佣合同》，载《法律科学》1997年第1期。
[4] 参见彭万林主编：《民法学》，中国政法大学出版社1999年版，第730页。
[5] 转引自龚丹：《境外施工企业劳务派遣的现状、问题及对策》，载《中国市场》2013年第18期。

1. 关于员工管理

作为典型的"不求所有,但求所用"[①]的用工方式,互联网用工对于传统劳动关系的挑战主要表现在以下几个方面:

第一,组织构架扁平化和虚拟化,形式上没有管理者。互联网平台采用信息和互联网技术,使得消费者与服务提供者可以直接在平台上对接交易,服务提供者的工作指令直接来自消费者的订单需求。

第二,人员流动更为自由和频繁,对企业的组织依附性较弱。服务提供者的加入和离开都基于自身的意愿和自由,某些互联网平台虽然也会设定基本的条件和审核乃至背景调查流程,但是与传统企业基于组织内岗位的需要而进行招聘、遴选和录用的程序相比尚存在一定差异。同样,在服务提供者离开平台的时候,由于其并非平台组织体系内的岗位成员,因此也无须告知或者取得平台的同意,通常只要删除 APP 或者关闭、不激活 APP 即可。

第三,消费者直接参与交易和管理,弱化了企业对劳动者的管理。互联网平台对于服务提供者的考核和评价主要来自平台上消费者的反馈。通过消费者的评价,而不是平台的评价,来实现对服务提供者的激励和管理,这与传统企业管理有非常大的区别。

第四,劳动者工作独立性强,时间自主性强。大部分的服务提供者都会选择利用业余时间提供有偿服务,平台虽然可以通过制定一些与奖励相关的政策来引导服务提供者提供更长时间的服务,但是无法在管理上直接实现。换句话说,服务提供者对于自己的工作时间具有更大的决定权。

第五,企业业务较难界定,企业与劳动者双方的经济联系难判定。就如在"e代驾"系列案件中亿心宜行公司所声称的,其作为信息发布者,提供网络平台撮合代驾司机与需求者达成交易,本身并非交易的一方,仅起居间的作用。[②] 但是,如果我们就此粗略地去界定亿心宜行公司的业务范围,并以此来判定司机从事的服务与其业务的关系,还是可能有失偏颇。

第六,劳动者来源广泛,类型多样,工作缺乏稳定性。之所以很难对某个互联网平台的业务进行准确的界定,另一个重要的原因是其从业的服务提供者来源非常广泛,并且在实际运营中其从业状态也非常多样,缺乏稳定性,从而给法律判定带来困难。

---

① 刘瑛:《关于"网约工"劳动权益保障的思考》,载《工会理论研究》2017 年第 3 期。
② 参见北京亿心宜行汽车技术开发服务有限公司诉章俊等机动车交通事故责任纠纷一案二审民事判决书((2015)沪一中民一(民)终字第 1778 号)。

总体来说，在互联网用工中，明显的企业管理与劳动者有限的独立性是并存的。对于劳动者在互联网用工中的性质，应当着眼于企业对劳动者的依赖而非劳动者对企业的依赖。① 企业在日常管理中应当针对互联网用工不同于传统用工的特点入手，避免相关争议的产生。

2. 关于证据固定

与互联网用工密切相关的还有电子证据的固定问题。伴随着 E-HR 系统的普及和完善，企业提倡无纸化办公，HR 的很多日常工作都是通过电子邮件或微信来完成，比如会议通知、考勤、工作安排等。现代化的办公手段虽然提高了工作效率，但同时也为 HR 带来了不少问题。比如，当劳动争议案件发生时，电子邮件虽然可以作为有效的证据，但前提是必须经由公证机构公证后方可被采信。因此，HR 对于日常工作中的关键性文件需格外谨慎，如需要员工亲笔签名的劳动合同、规章制度、处罚单、报销单等财务相关文件等材料，还是应当以书面形式留存。

那么，微信图片是否可以独立作为证据直接使用呢？实务中已有多起相关案例。例如，某公司员工在病假期间，在自己的朋友圈发布旅游照片，公司得知后以其请虚假病假为由解除了劳动合同。争议处理过程中，公司提供了员工发布的旅游照片作为证据，但员工称该照片并非拍摄于此次病假期间。一时之间，事件的真相难以得到确认。由于诉讼中的证据应具备客观性、关联性和合法性三个要件，因此，微信图片能否作为证据还要看其是否能够与其他证据形成完整的证据链。如果仅凭微信朋友圈的图片或是聊天记录就对员工作出相关处理，企业可能需要承担极大的法律风险。

此外，由于电子证据往往具有易被篡改性、易被伪造性等特点，因此其证明力往往不高。企业在实际操作中应注意系统操作规范，留存系统操作痕迹，必要时对相关内容进行公证。②

(三) 实务操作难点

基于几近空白的立法现状以及互联网用工所体现出的与传统用工不同的特点，企业在实务操作中应注意以下几个方面的问题：

1. 规范用工管理

目前有关劳动关系判定的依据主要是 2005 年颁布的《关于确立劳动关系有关事项的通知》（以下简称《通知》）。《通知》规定："用人单位招用劳动者未订立书面劳动合

---

① See Robert Sprague, Worker (Mis) Classification in the Sharing Economy: Trying to Fit Square Pegs into Round Holes, *ABA Journal of Labor & Employment Law*, Vol. 31, No. 1, 2015.
② 参见张晓莉：《透视劳动关系"四化"新趋势》，载《人力资源》2015 年第 5 期。

同,但同时具备下列情形的,劳动关系成立。(一)用人单位和劳动者符合法律、法规规定的主体资格;(二)用人单位依法制定的各项劳动规章制度适用于劳动者,劳动者受用人单位的劳动管理,从事用人单位安排的有报酬的劳动;(三)劳动者提供的劳动是用人单位业务的组成部分。"

如果严格依据《通知》规定的三要素,当前存在的互联网用工鲜有能够被认定为劳动关系的,而这也正与法院的若干判例结果一致。因此,如果企业想要避免与服务提供者之间的关系被认定为劳动关系,则应注意规范业务运行中的用工管理。例如,明确企业的规章制度不适用于服务提供者,相关的奖励或处罚只是为了约束服务提供者的行为,使其合乎双方约定;又如,企业不应对服务提供者提供服务的时间或者是否提供服务作出强制性要求;再如,服务提供者的收入不应由企业每月固定发放等。

对于互联网平台而言,用工方式将在很大程度上决定其商业模式运行的成败,因此,在对互联网用工进行针对性的规范设计时,聘请专业的咨询机构和律师把关,是非常重要的。

2. 重视权利义务约定

在开始提供网约服务前,服务提供者和互联网平台之间应书面约定确认双方的权利义务,并约定所签订合同或协议所依据的法律法规。如双方属于平等的商务合作关系,应签订相关协议,约定公平合理的分配机制,由服务提供者自主确定工作时间、服务类型和内容。合作期间,平台可以对服务提供者的服务质量进行监督,但不得在合同或协议中约定具有劳动关系性质的权利义务内容。在履行合同过程中,服务提供者完成约定的服务数量、质量,即可按约定计算标准获得相应的报酬等对价。此外,平台不得要求服务提供者遵守有关工作时间、工作场所、考勤制度等有关企业劳动纪律方面的管理制度。[1]

3. 购买相关保险

正如"e代驾"系列案件所展现出来的,虽然法院并未认定亿心宜行公司与司机存在劳动关系,但无论认定双方存在的是非劳动关系[2]、职务行为[3]、非雇佣关系[4]还是

---

[1] 参见董柳:《"互联网+"新业态下的网约工:是合作伙伴还是平台员工?》,载《中国工人》2017年第7期。
[2] 参见王哲拴诉北京亿心宜行汽车技术开发服务有限公司劳动争议案民事判决书((2015)一中民终字第01359号)。
[3] 参见北京亿心宜行汽车技术开发服务有限公司诉赵宝春、陈志国、程晓刚、中国人民财产保险股份有限公司北京市分公司机动车交通事故责任纠纷案民事判决书((2014)二中民终字第07157号)。
[4] 参见徐小银诉北京亿心宜行汽车技术开发服务有限公司等机动车交通事故责任纠纷案民事判决书((2015)三中民终字第04810号)。

雇佣关系①，均不约而同地判定亿心宜行公司应对司机在提供服务的过程中给乘客造成的损害承担一定的赔付责任。正如前文所述，这样的判决结果一来避免了轻易对双方的法律关系性质下结论，二来妥善解决了消费者权益保护漏洞的问题，且这样一种判决倾向在一段时间内可能仍会继续保持。但是，非劳动关系无法缴纳社会保险费，无法获得相应的风险保障，因此，为尽量减少由于服务提供者的不当行为所导致的赔偿风险，企业应购买相关保险，分担可能产生的赔付费用。

二、案例及分析

（一）基本案情

庄某与北京亿心宜行汽车技术开发服务有限公司劳动争议案②

2011年10月6日上午，庄某按照招工广告，到亿心宜行公司应聘，成为该公司的司机，从事代驾服务工作。2012年1月起，他在亿心宜行公司提供代驾服务。2013年4月15日，庄某签署了"e代驾"驾驶员合作协议，其中载明："一、合作内容：由甲方向乙方提供代理驾驶送车服务的信息，由乙方为客户提供代理驾驶服务（以下简称'代驾服务'）。乙方按照甲方对社会公布的各项收费标准收取并获取服务收益，甲方收入从乙方的信息费中扣除相应费用，作为甲方提供信息服务的费用……三、合作服务流程：1. 由甲方接受客户预约后通知乙方服务内容，或客户直接与乙方联系。2. 乙方依据本协议执行'代理驾驶'的合作任务……五、收益分配与结算形式：1. 甲方向乙方提供代驾服务信息，暂定按每次代驾实际收费的20%收取信息费用，扣除税后其余部分为乙方所得。2. 通过e代驾正规预约渠道进行预约乙方的，视为甲方向乙方提供代驾服务信息，甲方有权收取对应的信息费。3. 随着市场的变化以及竞争的改变，甲方有权调整对乙方收取的信息费，其他特殊情况信息费用的收取甲方另行通知乙方……"

2013年4月2日，亿心宜行公司对庄某处罚款500元。2013年8月，亿心宜行公司在其网站发布公告，以庄某多次恶意逃单为由与其解除合作关系。

亿心宜行公司为提供代驾服务的公司，该公司开发了一个手机软件，代驾司机如果有时间，可以打开软件接受订单，如果客户需要代驾，可以选择附近的代驾司机与其联系进行代驾业务。亿心宜行公司按20%向代驾司机收取信息服务费。亿心宜行公

---

① 参见北京亿心宜行汽车技术开发服务有限公司诉章俊等机动车交通事故责任纠纷案民事判决书（（2015）沪一中民一（民）终字第1778号）。

② 参见（2014）一中民终字第6355号民事判决书。

司每月预先收取一定数额的服务费，代驾司机提供服务成单后，亿心宜行公司再从预存款中扣除服务费。代驾司机工作时间灵活，是否提供、何时提供代驾服务由其本人决定。代驾司机有专职亦有夜间兼职。

(二) 双方观点及法院观点

双方观点

庄某认为，在向"e代驾"的客户提供服务的劳动过程中，代驾司机必须穿工服、带工牌，以"e代驾"员工身份、以"e代驾"的名义并按照其指定的收费标准收费，同时遵守其他规定。

代驾司机有一定的自主权，工作场景灵活多变，但是，司机是用人单位员工的身份没有变，人身隶属关系没有变，遵守"e代驾"的各项规定及收费标准的要求没有变。上述事实完全符合劳动关系的构成要件。亿心宜行公司不签劳动合同，双方属事实劳动关系。

亿心宜行公司认为，庄某说按招工广告应聘为司机，所谓的广告仅仅是对外宣传的形式，并没有明确的招工意思；签约时也向庄某说明，双方是合作协议。庄某有相应的文化水平，对合同的内容是可以理解的。合同写得非常清楚，包括其获得报酬的方式，亿心宜行公司只提取信息服务费。在此情况下，可以明确双方系合作关系，不是劳动关系。

关于穿工服、带工牌等问题，这只是形式上的东西，实质上是否构成劳动关系应看是否发工资，以及用工方式、获得报酬方式等。穿工服是帮助代驾司机有更好的形象，这是按双方合作协议履行。

从本质上说，如果具有劳动关系，就必须接受公司统一管理，派活的话不能拒绝，在一定的时间内必须工作。而事实上本案中庄某有自主选择权，可以选择拉客户，也可以选择不拉客户。因此，公司提供信息，庄某根据信息选择是否与客户签约，这种模式中双方是合作的关系，是平等的，不存在隶属关系。故双方不存在劳动关系。

法院观点

劳动关系的成立需要劳动者为用人单位提供有偿劳动，接受用人单位的管理，服从用人单位的劳动分工及安排，遵守劳动纪律及相关规章制度；同时，用人单位必须为劳动者提供工作条件，按照劳动者的劳动数量和质量给付其劳动报酬，保障劳动者享有相关福利待遇。

需要明确的是，认定是否具有劳动关系的要素应参照劳动和社会保障部《关于确立劳动关系有关事项的通知》第1条之规定："用人单位招用劳动者未订立书面劳动合同，但同时具备下列情形的，劳动关系成立。（一）用人单位和劳动者符合法律、法规规定的主体资格；（二）用人单位依法制定的各项劳动规章制度适用于劳动者，劳动者受用人单位的劳动管理，从事用人单位安排的有报酬的劳动；（三）劳动者提供的劳动是用人单位业务的组成部分。"

从本案主要事实来看，庄某没有固定的工作场所，工作时间可自行掌握，庄某亦非按月从亿心宜行公司获取劳动报酬。结合代驾司机的行业特点以及本案中庄某与亿心宜行公司签订了"e代驾"驾驶员合作协议的情况，本院认为庄某与亿心宜行公司之间并不存在劳动关系，故庄某基于其与亿心宜行公司存在劳动关系而提起的各项诉讼请求，缺乏事实和法律依据，本院均不予支持。

（三）HR、法务、律师三方观点

HR 观点

本案中，亿心宜行公司既不独占生产工具（车辆），也不独占生产信息；既不独占劳动力，也不独占劳动成果，与庄某并不存在劳动关系。根据双方的合作协议，在内容条款中，亿心宜行公司为庄某提供的需求信息，和庄某是否为第三方提供有形劳动之间没有必然联系，与庄某提供劳动成果是否满足第三方需求也没有必然联系；在收益条款中，亿心宜行公司收益完全取决于庄某收益；在流程条款中，生产信息供给完全取决于第三方客户的意愿；在分配条款中，亿心宜行公司的收费对象，并非庄某提供的劳动成果。

在本案中，亿心宜行公司收益的实质，是信息费+增值费，即亿心宜行公司为庄某组织和提供有效信息的服务费，以及同意庄某利用亿心宜行公司信息开展营利性活动的授权费；庄某付费（亿心宜行公司代扣）的实质，是取得对亿心宜行公司公开提供的某一信息的独占权；双方收益归属关系的实质，是合作分成，即在所有取得的权益中，亿心宜行公司按技术服务比例分成、庄某按有形劳动比例分成。庄某既是劳动成果的直接提供者，也是劳动报酬的直接获得者，亿心宜行公司自始未参与劳动关系的构建。

亿心宜行公司向社会公布的各项收费标准及着装要求，应视为允许庄某依据社会通识规范利用亿心宜行公司信息开展营利性活动的前置条款；亿心宜行公司与庄某解除合作关系，其实质为因庄某多次恶意逃单造成公司信息服务价值贬值，公司单方面解除庄某获取信息服务及利用信息开展营利性活动的权利。亿心宜行公司自始至终未对庄某的劳动本身实施管理。

在面对互联网用工、分享经济等眼花缭乱的新生事物时，HR一方面要保持学习和接受新事物的能力，另一方面也不能乱了方寸，失去了原本企业发展所依赖的人力资源的根本。

法务观点

企业法务在处理公司与个人业务合作关系时应当明确一个原则，即"合作非雇用"。在秉承这一原则的前提下，企业法务应当全面规范服务合同中以此原则为导向的所有合同条款，防范合作个人对企业提出劳动关系相关诉求或未经企业授权代理企业从事民事活动，保护企业保密信息不因合作而被披露等。

以本案为例，在互联网企业与代驾司机之间的劳动关系认定争议中，有很多类似的风险把控点，值得我们借鉴。

首先，企业与个人签署了一份合作协议，约定了合作内容、合作服务流程以及收益分配与结算形式等。在协议中，应明确约定个人与企业为共同利益向第三方公开合作关系时，任何情况下个人都不得主张与企业之间缔结或存在劳动关系。

其次，在人身依附属性认定上，劳动关系背景下劳动者对企业有较强的人身依附属性。而在本案中，代驾司机可以自主决定是否接单和接单时间，作为甲方的互联网企业对代驾司机也没有指派工作任务并进行考核的权利，这是划清个人与企业是劳动关系还是合作服务关系的重要标志。

再次，在服务报酬结算环节，劳动关系背景下个人收入相对固定，而且有规律地由企业定期发放。而在本案中，代驾司机收入并非固定收入，也不是由互联网企业定期发放，这点成为法官认定双方不存在劳动关系的考量因素之一。

最后，企业与个人合作过程中还应当防范个人在未经企业授权的情况下，以企业代理人的身份从事活动。对于因合作可能接触到企业保密信息的个人，企业还应当在签署合作协议的同时要求个人签署保密协议。

律师观点

近年来，由互联网用工引发的劳动争议屡见不鲜，其中，服务提供者主张与互联网平台存在劳动关系的案件占据了相当大的比例，这也正是本案的争议焦点。

本案中，庄某通过应聘的方式到亿心宜行公司从事代驾服务工作。工作期间，庄某遵守公司的各项规章制度，穿工服，戴工牌，以"e代驾"的名义按照其指定的收费标准收费；同时，庄某不是从亿心宜行公司获取劳动报酬，没有固定的工作时间，可以自主选择是否接活，且双方签署的是合作协议。

这样一种关系表面上看似乎符合劳动关系的特征，但如果按照劳动和社会保障部《关于确立劳动关系有关事项的通知》关于劳动关系认定的三要素进行仔细衡量，似乎又缺少了一些劳动关系的内核。也正因为如此，法院最终没有认定双方存在劳动关系。

细心留意不难发现，在与本案类似的其他互联网用工争议案件中，也鲜见法院认定为劳动关系的。这一方面是由于互联网用工属于新型用工模式，无论是理论界还是实务界都尚未达成共识，为避免诉讼本身的示范效应所造成的劳动标准被扩大适用，法院判决比较谨慎；另一方面则是因为在目前的互联网用工模式中，如果严格适用《关于确立劳动关系有关事项的通知》确定的劳动关系的认定标准，确实鲜有完全符合的。因此，如果企业想借互联网用工的东风使用劳务人员的，尤其要注意避免容易与劳动关系特征相混淆的要素，如指挥管理、劳动报酬发放等。

作为劳动者一方而言，在目前司法实践对劳动关系认定趋于谨慎的情况下，可以将权利主张的重点放在具体的权利义务内容上，而不是法律关系的认定上，如工伤待遇的具体赔偿项目、劳动报酬待遇、女职工的特别保护等。

[类似案例]

顾某某与上海拉扎斯信息科技有限公司劳动关系确认纠纷案（(2017)沪0107民初22421号）

[思考题]

➢ 网约工有哪些劳动权利和义务？

第九章

工会集体谈判管理及争议

○ 本章概要

近年来，群体性劳动争议频发，不仅严重影响了企业正常的生产经营秩序，也制约了国家经济发展；同时，劳动者在群体矛盾中遭受不同程度的身体伤害，甚至为此承担法律责任，也一定程度上造成个人财产的损失，破坏了社会的安定秩序。本章将从工会和职代会、集体谈判、集体行动三个方面出发，探讨有效处理群体性劳动争议发生的方法和路径。

第一节 工会和职代会

一、背景知识

（一）法律制度

我国《工会法》规定："工会是职工自愿结合的工人阶级的群众组织。中华全国总工会及其各工会组织代表职工的利益，依法维护职工的合法权益"，"维护职工合法权益是工会的基本职责"。《劳动法》规定："工会代表和维护劳动者的合法权益，依法独立自主地开展活动。"《劳动合同法》虽并未直接明确工会职能，但通过一系列具体事项强化了工会的代表权，如对于规章制度的审查、建立健全三方协调机制、指导订立和履行劳动合同、提出裁员意见等。因此，维护职工合法权益是工会的基本职责。

从国家立法层面来看，工会法律体系主要是由《工会法》以及散布在《劳动法》和其他法律中与工会职能相关的规定组成。但是，在我国，中华全国总工会作为中国共产党领导的中国工人阶级的群众组织和免于在中华人民共和国民政部登记的社会团体，其自身制定了非常多的关于工会的文件，包括《中国工会章程》《基层工会经费收支管理办法》《企业工会工作条例》《工会基层组织选举工作条例》等。这些文件在规范各级工会的组织和运行，完善工会制度方面发挥了非常重要的作用。但是，其中的一些规定也引发了很多争议，争议集中在这些文件是否能够对企业和劳动者产生法律上的约束力。例如，《企业工会工作条例》第24条规定："国有、集体及其控股企业工会主席候选人，应由同级党组织和上级工会在充分听取会员意见的基础上协商提名。工会主席按企业党政同级副职级条件配备，是共产党员的应进入同级党组织领导班子。专职工会副主席按不低于企业中层正职配备。私营企业、外商投资企业、港澳台商投资企业工会主席候选人，由会员民主推荐，报上一级工会同意提名；也可以由上级工会推荐产生。已建党组织的企业工会主席候选人须经党组织审核。工会主席享受企业行政副职待遇。"这一规定中的"工会主席享受企业行政副职待遇"引发了一些争议案件。由于这一规定缺乏法律依据，同时也没有具体的待遇内容，实践中无法具体执行，因此鲜有主张工会主席享受企业行政副职待遇的成功案例。但是，这一规定的存在，还是引发了对类似规定效力范围的讨论。

《工会法》第6条规定："工会依照法律规定通过职工代表大会或者其他形式，组织职工参与本单位的民主决策、民主管理和民主监督。"职工代表大会制度是工会协调劳资关系、维护职工权益的主要手段之一。职工代表大会是企业实行民主管理的基本形式，是职工行使民主管理权力的机构，依照法律规定行使职权。对此，《上海市职工代表大会条例》第44条规定："市和区人力资源社会保障行政管理部门，同级工会和企事业单位代表，通过劳动关系三方协商机制，共同推进企事业单位建立健全职工代表大会制度。"

职工代表大会制度与工会制度有联系，但又是完全不同的两项法律制度。《上海市职工代表大会条例》第4条规定："职工代表大会（或者职工大会，下同）是企事业单位实行民主管理的基本形式，是协调劳动关系的重要制度，是职工行使民主管理权力的机构。"第6条规定："企事业单位的工会是职工代表大会的工作机构，承担职工代表大会的日常工作。"

职工代表大会依法行使审议建议、审议通过、审查监督、民主选举、民主评议等职权。其中与企业管理关系比较密切、影响比较大的是审议通过权。《上海市职工代表大会条例》第11条规定："下列事项应当向职工代表大会报告，并由职工代表大会审议通过：（一）涉及劳动报酬、工作时间、休息休假、保险福利等事项的集体合同草案；（二）工资调整机制、女职工权益保护、劳动安全卫生等专项集体合同草案；

（三）企事业单位因劳动关系变更方案引发群体性劳动纠纷，依照规定开展集体协商形成的专项集体合同草案；（四）国有、集体及其控股企业的薪酬制度，福利制度，劳动用工管理制度，职工教育培训制度，改革改制中涉及的职工安置方案，以及其他涉及职工切身利益的重要事项；（五）事业单位的职工聘任、考核奖惩办法，收益分配的原则和办法，职工生活福利制度，改革改制中涉及的职工安置方案，以及其他涉及职工切身利益的重要事项；（六）法律法规规定或者企事业单位与工会协商确定应当提交职工代表大会审议通过的其他事项。"

（二）管理相关知识

在西方现代企业管理文化中，工会具有非常重要的作用，觉得工会只会给企业带来负面影响的认识是错误的。例如，有时工会通过提升员工的专业性以及促使公司的管理实践变得更加系统化，是可以起到帮助企业改进绩效的作用的。① 因此，在西方发达国家，企业应该学会如何正确地与工会打交道。

首先，企业需要了解员工为什么要组织起来。组建工会的基本条件是，员工认为只有联合起来才能保护自己免受雇主单方意愿的侵害。在实践中，如果员工士气低落、担心有失去工作的风险或雇主实施了专断的管理行为等，都会促使员工组建工会。对于这些情况，企业应保持高度注意，除可能会促使员工组建工会之外，这些情况还可能会成为引发集体行动的导火索。②

其次，企业需要清楚工会想得到什么。总的来说，工会主要有两方面的目标，一方面是寻求保障性，即努力争取赢得代表一家企业中的员工的权利，并且成为能够代表该企业中的全体员工的唯一谈判代表，进行集体谈判；另一方面则是改善工会会员的工资、工时、工作条件及福利，典型的劳资协议还允许工会参与其他一些人力资源管理活动，如员工招募、遴选、薪酬决定、晋升、培训以及解雇等。③

因此，一方面，如果中国的企业走出去投资、建企业，尤其要重视与工会合作的问题。中国福耀玻璃集团2016年在美国俄亥俄州莫兰市开设了工厂，该公司计划在美投入10亿美元。④ 2016年11月8日和9日，福耀玻璃美国工厂举行了工会选举，有1500多名劳动者参加投票。投票结果显示，反对工会成立的一方获胜（反对成立的票

---

① 参见〔美〕加里·德斯勒：《人力资源管理》，刘昕译，中国人民大学出版社2017年版，第537页。
② 同上书，第538页。
③ 同上书，第538—539页。
④ 参见《福耀玻璃赢了？美国工厂员工投票否决成立工会》，http：//www.sohu.com/a/204149822_180520，2018年9月6日访问。

数为886，支持的票数为441，还有3张无效票及186张有争议的选票)。① 这应该说是中国企业适应西方工会文化的一个成功案例。

另一方面，对于很多进入中国投资的外商投资企业而言，它们在管理上也面临不同的工会文化和制度的挑战。它们在经历了最初进入中国时对中国工会制度和文化的不理解之后，了解到中国工会倡导的"不是对立是对话、不是斗争是协商、不是单赢是双赢"。而它们拒绝组建工会的原因不是担心"对立"，而是避免"花钱"。许多企业工会之所以组建不成，都是在拨缴2%的工会经费环节上卡住了。②

（三）实务操作难点

在企业与工会关系的处理过程中，法律对于工会主席③的特别保护是一个企业迈不过去的坎，也经常是工会维权的矛盾焦点和难点。

作为劳动者群体中的特殊人员，工会主席除了负有维护职工合法权益的义务外，任期内还享有一些特殊权利，如劳动合同期限顺延至任期满，不得被随意调动工作岗位等。此种特殊保护在实务中常常引发争议，争议焦点主要在于用人单位是否可以按照与其他劳动者同等的标准解除与工会主席的劳动合同。在对工会主席的日常管理中，企业应从实体性事项和程序性事项两个方面进行把握。

在实体性方面，首先，不能基于劳动者参加工会活动或履行工会职责的事实而作出违纪和解除的处理，劳动者对此享有豁免；其次，依据《工会法》的规定，工会主席的劳动合同期限应顺延至任期届满，除非出现"个人严重过失"和"达到法定退休年龄"两种情况，否则劳动合同不能到期终止。

在程序性方面，根据《工会法》第17条的规定，工会主席任期未满时，不得随意调动其工作。因工作需要调动时，应当征得本级工会委员会和上一级工会的同意；罢免工会主席必须召开会员大会或者会员代表大会讨论，非经会员大会全体会员或者会员代表大会全体代表过半数通过，不得罢免；解除工会主席的劳动合同须事先将理由通知工会，并向上级工会报备。由于现行立法对于解除、终止、变更工会主席劳动合同的程序有较为明确的规定，因此建议企业在实操过程中必须特别注意与本级工会以及上一级工会保持密切的沟通，必要时依法履行通知、报批等手续，确保程序合法。

---

① 参见《福耀玻璃美国工厂员工投票决定不成立工会》，http：//www.sohu.com/a/203509317_617157，2018年9月6日访问。
② 参见《由外商投资企业工会组建难引发的几点思考》，http：//www.shzgh.org/renda/node5902/node5907/node6570/userobject1ai1271065.html，2018年9月6日访问。
③ 这里所说的"工会主席"包括"工会副主席"。

二、案例及分析

(一) 基本案情

J物流公司与郑某某劳动合同纠纷案[①]

郑某某于2009年8月24日进入J物流公司工作,双方于2013年7月22日签订自2013年8月24日起的无固定期限劳动合同。J物流公司自2013年至2015年连续三年亏损。

2015年4月1日,J物流公司召开董事会,因公司经营状况持续发生重大的困难,决定上海总部与各分公司进行业务部门重组和组织架构调整。公司向郑某某发送面试通知,告知郑某某因业务调整拟将其调至某国际货运(上海)有限公司,要求其于2015年9月21日前往面试。

2015年10月12日,J物流公司告知郑某某不要来上班了,并向其出具解除劳动合同通知函,主要内容为因公司业务调整,公司决定自2015年10月12日起解除与郑某某的劳动合同。

郑某某于2015年11月4日申请仲裁,要求J物流公司支付违法解除劳动合同赔偿金、代通知金等。

(二) 双方观点及法院观点

双方观点

郑某某认为,(1) J物流公司所谓的长期亏损和续约失败都不构成公司与其解除劳动合同的依据,长期亏损和续约失败是市场风险。(2) J物流公司仅调整安置部分员工,这与解除与其的劳动合同没有必然关系。(3) J物流公司未提前30天通知,虽然支付了代通知金,但解除行为违背常识,恶意损害了员工的就业权利。(4) 解除未遵循法定程序,J物流公司未通知工会,也没有提前30天通知。

J物流公司认为,公司的营业额和利润持续下滑和萎缩,不得不缩减团队人员;公司向员工征求意见,提供了多个岗位供员工选择,并向郑某某发出了面试通知。但由于郑某某岗位面试失败,以及其他岗位因其自身原因不同意接受等,致使双方未能就调整岗位事宜达成一致意见。基于上述原因,公司通知郑某某解除双方的劳动合同,并按照"N+1"的补偿方式支付郑某某经济补偿金人民币29224.91元和一个月的代通知金3580元。

[①] 参见(2016)沪0118民初1477号民事判决书。

郑某某则认为，即使J物流公司与工会沟通了，也是在2016年2月26日，是在与包括他在内的四人解除劳动合同之后。即使J物流公司在全公司发布了公告，也只是向全体员工的告知，并非履行通知工会的程序，故J物流公司解除与包括他在内的四人的劳动合同程序违法。

法院观点

根据法律规定，用人单位单方与劳动者解除劳动合同，应当事先将解除事宜及解除理由告知工会，至迟应于起诉前补正有关程序。J物流公司自认在起诉前没有通知过工会要解除与郑某某等四人的劳动合同，仅于公司内张贴了公告，直至2016年2月26日起诉后才与工会沟通解除与郑某某等四人劳动合同一事。J物流公司虽抗辩称原工会主席芦某离职后就无从联系工会成员，但工会一直存在，且工会属于公司内设组织，公司即使对工会组成成员不清楚，也应依法履行通知工会的程序。

故本院认定，J物流公司与郑某某解除劳动合同不符合法定程序，应属违法，J物流公司应依法支付郑某某违法解除劳动合同的赔偿金。

（三）HR、法务、律师三方观点

HR观点

人力资源管理以保障企业市场存续与发展为前提，工会组织以代表和维护职工合法权益为己任，两者出发点不同，出现冲突在所难免。现代人力资源管理理论源自西方，整部西方人力资源管理发展史，就是一部企业与工会的博弈史。在持久的劳资斗争过程中，一些企业发现，通过优化组织和生产流程、提高劳动保护和生活待遇、加强工人知识技能培训、调整企业利润分配结构、建设企业文化、改善员工关系、建立具有激励性的奖惩机制等内部管理方式变革，能够有效缓解劳资矛盾、削弱工人对工会组织的依赖、强化企业经营管理自主权。这些管理方式不断变革的成果，构成现代人力资源管理学的主干。

因此，考察沃尔玛等全球500强企业可以发现：凡在人力资源管理领域领先的西方企业，其工会组织往往薄弱或根本不存在，而那些工会组织强有力的行业、企业，其人力资源管理往往薄弱。

但是，在我国社会主义市场经济条件下，企业的市场存续与发展同职工合法权益并没有本质的冲突。我国《宪法》规定："中华人民共和国是工人阶级领导的、以工农联盟为基础的人民民主专政的社会主义国家。"我国《工会法》规定："工会组织和教育职工依照宪法和法律的规定行使民主权利，发挥国家主人翁的作用，通过各种途径和形式，参与管理国家事务、管理经济和文化事业、管理社会事务"；"工会依照法律规定通过职工代表大会或者其他形式，组织职工参与本单位的民主决策、民主管理和民主监督"；"工会在维护全国人民总体利益的同时，代表和维护职工的合法权益。"因此，维护职工合法权益和发展社会主义市场经济并行不悖。

企业人力资源部门应当积极参与所在单位工会的组建，建立良好的、定期的工作沟通机制，善于通过工代会、职代会等法定形式，将员工手册、规章制度、组织文化、战略愿景等提升到企业内部法地位，形成职工的自我约束机制。

但同时，也必须充分维护与市场竞争主体地位相匹配的企业经营管理自主权，在依法合规的前提下，在与工会组织和当事人协商并履行相关告知义务的情况下，坚持按企业规章制度办事。

在本案中，显然人力资源部门与工会的沟通是不畅的，不仅没有有效的沟通机制，甚至连工会组成和运作情况也不了解，最后在企业发生重大调整时，彻底缺失了工会的角色和作用。应该说，本案给企业的教训是非常深刻的。

法务观点

在企业已经成立工会的情况下，工会有权代表员工与企业进行平等协商，签订集体合同；对于企业违反集体合同，侵犯员工劳动权益的行为，工会有权要求企业承担责任；对企业作出解除员工劳动合同的行为，工会有权提出意见。在法务日常工作中，必须谨慎防范与工会相关的合规风险，这里试从以下几个方面分析：

（1）对于工会提出的关于企业克扣员工工资、没有提供劳动卫生条件、随意延长劳动时间、违章指挥、强令员工冒险作业、侵犯女职工和未成年工特殊权益、存在重大事故隐患和职业危害，以及其他严重侵犯员工劳动权利的违法、违约行为的处理要求或建议，企业法务务必配合人力资源部门及时给出书面答复。不论员工诉求是否有事实依据，以及企业是否接受工会建议，企业都要及时给出答复。同时，企业法务还要注意保留与工会的沟通和协商书面记录，作为后续应对工会向相关政府部门或司法部门提出权利诉求时的应对证据。

（2）企业扩建生产厂房及进行技术改造工程时，应当确保在设计主体工程的同时设计劳动条件和卫生安全设施，而且必须同时施工、同时投产。工会对该项工作依法享有监督权，监督企业是否落实"三同时"保障员工的安全生产劳动和卫生条件。因此，企业应当采取适当的措施回应工会对此提出的意见。如果是口头建议，则应该建议工会以书面形式提交并说明事实与理由；对工会提出的书面建议，企业必须及时以书面形式向工会反馈处理结果。同样，企业法务也应当妥善保管与工会进行此类沟通的所有书面往来文件。

（3）企业调查处理员工因工伤亡事故或其他严重危害员工健康的问题时，应当要求工会参加。企业法务应当建议书面通知工会事故或事件调查处理会议的时间和内容，明确要求工会在合理时间内给出是否参加的书面答复，以及逾期不答复的法律后果。即使工会没有派员参加事故或事件调查处理会议，在企业经调查作出处理决定后，企业法务也应建议企业将该书面决定副本向工会送达一份，并做好文件归档和记录。

（4）企业在解除与员工的劳动合同时，虽然工会对于解除决定没有否决权，但是不能因此免去企业先行征求工会意见的法定程序。因此，在企业向被解除员工送达解除决定之前，企业需要提前准备好工会意见征询函，向工会说明解除事由和依据。同时可以建议工会在指定时间内对企业的解除决定给予书面答复意见，并告知逾期没有书面答复，企业将采取的行动及其法律含义。企业需要保留送达工会解除决定通知的书面证据。如果企业在向被解除劳动合同的员工送达解除决定之前，没有征求工会意见，为防止被解除劳动合同的员工以解除程序违法为由要求确认解除无效，企业应当尽快补正书面通知工会的手续，即使解除行为已经成为事实，但也不妨碍企业履行程序补正手续的合法性和有效性。

律师观点

本案中，企业对工会组成成员不清楚，还要通知工会，似乎不合情理。但仔细思考后，会发现其实本案判决具有相当的合理性。

首先，依照《最高人民法院关于审理劳动争议案件适用法律若干问题的解释（四）》第12条的规定，允许用人单位在一审起诉前补正通知工会的程序，即在一般需要45天到60天的劳动仲裁阶段，给予单位充分的时间补正手续。其次，企业自称在仲裁发生后又与工会安排了会议并且发送了邮件，说明企业对工会的存在及工会的联系方式是知情并认可的。因此，对于起诉前怠于通知工会，企业需要承担相应的不利后果。最后，依据我国《工会法》，上级工会组织领导下级工会组织。即使企业不确定企业内工会的具体情况，也可以将解除决定通知上级工会。上级工会可以是乡镇、城市街道工会，也可以是更上一级的地方各级总工会以及全国或者地方的产业工会。因此，不存在企业无法找到并通知工会的情况。可以说，企业在劳动合同解除的程序上存在瑕疵。

在实践中，也存在部分用人单位在解除与员工的劳动合同时疏于通知工会的情况。对于尚未建立工会的用人单位，解除劳动合同时是否仍需通知工会，目前司法观点存在争议。上海一部分裁审机构认为，必须通知上级工会，完成相关的程序。另一部分裁审机构则认为，如果企业内未设工会，解除劳动合同时不通知工会也不构成违法解除。但是，总体而言，通知上级工会的风险要显著低于不通知工会的风险。即使律师在劳动仲裁阶段接受委托介入，仍需提醒用人单位补全相关程序，以规避相关的法律风险。

[类似案例]

郭健如与中远（江门）铝业有限公司离退休人员返聘合同纠纷案（（2016）粤07民终1177号）

[思考题]

➤ 如何确定工会主席的行政同级副职待遇？如何主张？

第二节 集体谈判

一、背景知识

（一）法律制度

集体谈判，在法律文件中表述为集体协商，也称"团体交涉"，是工会或职工代表与用人单位（雇主）或其团体（雇主协会）就劳动条件进行交涉以求达成协议（集体合同或集体协议）的一种方式。集体谈判是工会与雇主或雇主协会之间对工作报酬、工作时间及其他雇佣条件，依据特定的程序所进行的协商和交涉，目的是签订集体协议，建立谈判共同体内部的基准劳动条件，以使劳资合作持续进行。① 我国《集体合同规定》第4、5条明确规定："用人单位与本单位职工签订集体合同或专项集体合同，以及确定相关事宜，应当采取集体协商的方式。集体协商主要采取协商会议的形式。""进行集体协商，签订集体合同或专项集体合同，应当遵循下列原则：（一）遵守法律、法规、规章及国家有关规定；（二）相互尊重，平等协商；（三）诚实守信，公平合作；（四）兼顾双方合法权益；（五）不得采取过激行为。"

---

① 参见刘诚：《集体谈判与工会代表权》，载《社会科学战线》2012年第4期。

1. 集体协商的主体

集体协商代表是按照法定程序产生并有权代表本方利益进行集体协商的人员。职工一方的协商代表由本单位工会选派；未建立工会的，由本单位职工民主推荐，并经本单位半数以上职工同意。职工一方的首席代表由本单位工会主席担任，工会主席可以书面委托其他协商代表代理首席代表；工会主席空缺的，首席代表由工会主要负责人担任；未建立工会的，职工一方的首席代表从协商代表中民主推举产生。用人单位一方的协商代表，由用人单位法定代表人指派，首席代表由单位法定代表人担任或由其书面委托的其他管理人员担任。

2. 集体协商的内容

一般来说，集体协商的内容可以分为两个方面：一是职工与企业就劳动关系标准条件所作的约定；二是保证集体合同实施以及维持劳动秩序的约定。[①] 其中，前者是有关团体劳动关系具体内容的约定，标准往往高于劳动基准，低于或等于劳动合同约定，具体包括：劳动报酬；工作时间；休息休假；劳动安全与卫生；补充保险和福利；女职工和未成年工特殊保护；职业技能培训；劳动合同管理；奖惩；裁员。除此之外，集体合同还可以就保证集体合同本身得以顺利实施以及维持劳动秩序等相关事项作出约定，具体包括：集体合同期限；变更、解除集体合同的程序；履行集体合同发生争议时的协商处理办法；违反集体合同的责任；双方认为应当协商的其他内容。

3. 集体协商的程序

广义上的集体协商程序是指从提出协商要求一直到集体合同生效公布的整个过程，主要包括：提出协商要求，集体协商会议（集体协商会议又包括会前准备和正式的会议程序），中止协商，职代会或全体职工审议通过，签订集体合同（又包括重签、续签、变更、解除），集体合同备案审查及公布等一系列程序。

(二) 管理相关知识

在西方制度体系中，工会是集体谈判的当然代表；集体谈判也是有工会代表的企业在人力资源管理中必须要积极应对的重要事项。一旦工会成为员工的代表，就确定了资方与劳方会在某一天会面，并就劳资协议进行协商，劳资协议中将包括有关工资、工时及工作条件等方面的具体条款。因此，通俗地讲，集体谈判就是法律要求劳资双方就工资、工时以及雇佣期限和雇佣条件等进行有诚意的谈判。[②] 何为有诚意的谈判呢？它意味着劳资双方通过沟通和协商，就对方的建议提出相应的意见和建议，为达

[①] 参见董保华：《十大热点事件透视劳动合同法》，法律出版社2007年版，第61页。
[②] 参见〔美〕加里·德斯勒：《人力资源管理》，刘昕译，中国人民大学出版社2017年版，第551—552页。

成协议而尽可能作出合理的努力,而不是一方强迫另一方同意某个建议,也不要求任何一方作出任何特殊的让步。①

集体谈判是企业劳动关系民主化的主要体现方式,也是经济民主化的重要保证。通常认为,在企业与雇员的关系中,企业是当然地处于强势地位,这是基于雇佣的本质所决定的,在管理上被称为"企业劳动关系系统的非均衡性"。企业劳动关系系统的均衡性指的是系统内部各角色之间权力分布的公平状态或均衡状态,非均衡性则是一种权力分布的极不均等状态,并使各角色在系统内部的地位不平等。非均衡的权力分布主要存在于雇主与雇员之间、管理者与雇员之间。②

为了纠正这种不平衡状态,通常国家会通过立法进行纠正,即形成劳动立法上的倾斜保护。但是,很显然,立法不可能非常具体,无法顾及具体的企业及其劳动者群体,因此集体协商就起到了一种重要作用。二战后,西方国家运用集体谈判机制大大降低了传统企业劳动关系系统的非均衡程度。集体谈判提高了雇员与雇主或管理方权力相抗衡的集体力量,通过劳权保护及稳定的劳资契约实现了主导产业的长期稳定发展。集体谈判减弱了劳动关系系统的非均衡程度,但并没有彻底改变劳动关系系统的非均衡特征,非均衡特征在劳动关系系统中仍普遍存在。③ 因此,人力资源管理在近几十年里越来越成为调整企业劳动关系均衡性系统的重要手段之一。

就目前我国企业劳动关系的现状而言,集体谈判离不开人力资源管理部门的工作,后者有时甚至起到主导作用。通常情况下,企业一方的集体谈判组织可以从以下几个方面着手准备:(1)成立企业方谈判小组,通常由主要管理者担任企业方的谈判首席代表,人力资源管理部门、法务部门、业务部门、财务部门等管理人员组成谈判小组。在小组成员的遴选中,要注意中国特色的环境因素,因为我国劳动法上并没有区分雇主与雇员群体,因此小组成员虽然是高级管理人员,但是在劳动法上他们也是劳动者,也是集体合同的受益方。(2)确定谈判主题、内容和目标,包括劳动报酬、福利待遇、劳动保护条件、女职工保护等。通常谈判主题是由发起谈判的一方提出来,但是双方在共同的谈判主题上的目标是不同的。(3)获得谈判信息,即调查、收集与谈判主题和谈判目标相关的劳动数据、社会保障信息、财务信息等,以便对谈判主题的内容进行针对性的分析,确定谈判思路和策略。(4)做好谈判会务准备,通常而言,企业一方需要提供相应的集体谈判的场地和其他会务安排。

---

① 参见〔美〕加里·德斯勒:《人力资源管理》,刘昕译,中国人民大学出版社 2017 年版,第 552 页。
② 参见张立富、王兴化:《现代企业劳动关系系统的非均衡问题分析》,载《中国劳动》2016 年第 5 期。
③ 同上。

(三) 实务操作难点

从全世界的经验来看,集体谈判的难点主要是如何破解谈判僵局。应对集体谈判僵局的主要方式是产业行动和调解。① 虽然产业行动曾经在历史上成为工人运动的主要形式,但是随着社会进步,和平方式的调解成为打破谈判僵局的主要方式,也是更为行之有效的方式。

避免僵局的首要措施,就是在集体协商的过程中,协商双方必须严格履行各自的义务。首先,提出集体协商是协商一方的权利,而回应集体协商的要求则是另一方的义务。因此,一方提出进行集体协商要求的,另一方应于法定期限内给予回应,无正当理由不得拒绝进行集体协商。其次,协商双方必须从真诚沟通的角度出发进行协商,具体表现在:(1) 协商代表应当维护本单位正常的生产、工作秩序,不得采取威胁、收买、欺骗等行为;(2) 协商代表应当保守在集体协商过程中知悉的用人单位的商业秘密。除此之外,职工代表一方还享有特殊保护,如参加集体协商视为提供正常劳动、协商代表履责期间劳动合同期满顺延等。用人单位一旦违反相关规定,作为协商代表的员工可以向当地劳动争议仲裁委员会申请仲裁。

即便如此,由于协商双方在谈判目标上的实质性分歧,集体谈判还是可能陷入僵局,我国立法上也提供了相应的调解措施。《集体合同规定》明确,这种陷入谈判僵局的争议由"劳动保障部指定的省级劳动保障行政部门组织同级工会和企业组织等三方面的人员共同协调处理","协调处理"实质上就是一种行政调解。

具体而言,因集体协商发生争议,双方不能自行协商解决的,一方或双方可向劳动保障行政部门的劳动争议协调处理机构提出协调处理申请;未提出申请的,劳动保障行政部门认为必要时,也可视情况主动进行协调处理。值得注意的是,集体协商争议不同于合同履行争议,不能诉诸仲裁和诉讼,只能由劳动保障行政部门进行行政调解,通过行政调解达成的协调处理协议书具有强制执行力,双方必须遵守执行。

二、案例及分析

(一) 基本案情

工会与沃尔玛(湖南)百货有限公司常德水星楼分店劳动争议案②

2009年1月13日,沃尔玛(湖南)百货有限公司常德水星楼分店(以下简称"被

---

① 参见刘诚:《集体谈判散论》,载《上海师范大学学报(哲学社会科学版)》2016年第3期。
② 参见〔2014〕常劳人仲字50号仲裁裁决书。

申请人")依法成立,营业执照上所登记的企业类型为外资经营企业分支机构。被申请人的工会为申请人。

2010年2月8日,申请人依法取得工会法人资格证书。2011年7月18日,申请人与被申请人签订《集体合同书》,合同书中"公司"系指被申请人。

《集体合同书》第2条约定:"本合同规范劳动合同管理、劳动报酬、工作时间和休息休假、保险福利和劳动安全卫生。"第6条约定:"劳动合同的内容以及其订立、变更、解除或终止,应符合法律、法规的有关规定。"第20条约定:"当一方就本合同的执行情况和变更提出商谈时,另一方应予答复,并在15天内进行集体协商。"第24条约定:"本合同在履行过程中有下列情况之一,本合同终止:(一)公司被撤销、解散或依法宣告破产;(二)因不可抗力原因,致使本合同条款无法履行;(三)本合同期满或双方约定的终止条件出现。"

2014年3月5日,被申请人与工会主席及工会委员就员工安置事宜进行沟通。申请人表示,被申请人必须向其发出书面谈判的邀约函,申请人才会参与正式谈判,对此,被申请人不予认可。

会后,被申请人通知全体员工于当天参加沟通大会,但只有部分员工参加。沟通大会结束后,被申请人将《安置通知》进行张贴。《安置通知》称:被申请人将于2014年3月19日起停止营业,并提供了转职、升职及领取"N+1"经济补偿等几种方案供员工选择。

2014年3月5日至3月28日,被申请人与申请人、员工多次就员工安置问题进行沟通。截至3月28日,有54名员工与被申请人协商一致解除劳动合同。2014年3月24日,申请人向被申请人发送谈判邀约函,称:经过前期沟通,被申请人与申请人已就11条诉求条款口头达成共识,但需进一步协商和具体落实,将3项劳资双方还存在较大分歧的诉求作为此次协商谈判的重点。被申请人收到此函,但未书面回复。

2014年3月28日18:00,沃尔玛(湖南)百货有限公司董事会作出决议:"因经营不善,同意公司撤销位于常德市武陵区城南办事处东湖巷社区人民中路水星楼负一楼名为'沃尔玛(湖南)百货有限公司常德水星楼分店'的分支机构,并办理工商注销手续"。同日,沃尔玛(湖南)百货有限公司根据董事会决议,决定撤销被申请人。

2014年3月31日,湖南省常德市总工会向申请人与被申请人发送《关于邀请沃尔玛公司常德水星楼分店劳资双方开展协商谈判的函》,被申请人未书面回复。

截至2014年3月31日,被申请人共终止与69名员工的劳动合同。2014年4月25日,申请人向常德市劳动人事争议仲裁委员会提起仲裁申请。

申请人主张被申请人未履行《集体合同书》第2条、第6条、第20条约定的义务,由此提出三项仲裁请求：一是确认《安置通知》无效；二是责令被申请人承担违反集体合同的违约责任，即公开向员工和申请人道歉；三是责令被申请人与申请人就闭店问题进行集体协商。

(二) 双方观点及仲裁观点

双方观点

申请人认为，依据《劳动合同法》第 4 条之规定，被申请人闭店是关乎会员切身利益的重大事项，被申请人在未召开职工代表大会或者经过全体职工讨论，也未与申请人协商的情况下，单方面宣布闭店，违反了《劳动合同法》的相关规定。

鉴于双方签订的《集体合同书》尚在有效期内，且闭店事宜直接关系到《集体合同书》规范的劳动合同管理、劳动报酬等事项，直接关系到《集体合同书》本身的履行。申请人认为，根据《公司法》的规定，分公司不具备解散的主体资格，被申请人以公司解散为由，适用《劳动合同法》第 44 条终止劳动合同，是违法行为，这种行为也直接违反了《集体合同书》第 6 条规定。

综上，被申请人的粗暴关店行为严重违反了《劳动合同法》第 4 条、第 41 条、第 43 条，《工会法》第 52 条规定，严重违反了《集体合同书》第 6 条、第 20 条的相关约定。

被申请人则认为，关于申请人的第一项请求，被申请人的员工安置方案不对员工产生必然的效力，该请求毫无意义。本案被申请人因被撤销，丧失了继续履行合同的权利，双方的集体合同也因被申请人被撤销而终止。被申请人向员工提供的安置方案系被申请人与员工沟通的通知，不具备约束力。

工会作为集体合同的主体，代表的是全体员工，在安置过程中已经有 54 人签订了解除劳动合同协议，是员工个人意思的表示，非集体合同争议，工会无权代表这些员工提出安置方案无效的主张。

关于第二项请求，没有事实依据和法律依据。赔礼道歉并不是劳动争议中应当承担的责任，根据《集体合同书》第 22 条之约定，该请求也没有法律依据、合同依据和事实依据，被申请人单方终止行为合法有效。

关于第三项请求，从申请人提交的证据看，申请人提交了 2014 年 3 月 24 日的谈判邀约函和 3 月 31 日常德市总工会发出的邀请谈判的函，但 3 月 24 日之前，已有 54 名员工与公司协商解除劳动合同。

集体谈判应代表全体员工，而申请人所代表的员工有一部分已经离开公司，申请人不能在这个背景下代表全体员工。

仲裁观点

关于第一项请求,首先,无论从内容、形式,还是法律后果上看,被申请人的《安置通知》均应有别于用人单位单方面作出的解除或终止劳动合同决定。《安置通知》内容并不违反劳动法律法规的规定。《安置通知》中的内容既可以被员工接受,也可以不为员工接受,也就是说,在员工未作出选择之前,《安置通知》对双方的劳动关系不产生任何影响。

其次,从逻辑上说,假定该通知违法被确认为无效,按照自始无效的理论,是否导致已经与被申请人协商一致解除劳动合同的行为也当然无效呢?这个结论显然有悖常理,并有违自愿、公平和意思自治的民事活动原则。

最后,从事实上看,2014年3月5日,被申请人就《安置通知》主动与申请人沟通和协商,但申请人坚持认为被申请人必须出具书面的谈判邀约函才能视为协商程序的正式启动。

在不能与申请人协商一致的情况下,被申请人以张贴的方式将《安置通知》向全体员工告知。2014年3月5日至2014年3月28日,被申请人采取挂号信、短信等多种方式向员工告知《安置通知》的内容,并有部分员工与被申请人协商解除了劳动合同。

如果认定被申请人完全没有履行协商程序,显失公平。申请人主张《安置通知》无效,无法律依据和事实依据,本会不予支持。

关于第二项请求,公开道歉并不是《劳动法》《劳动合同法》等劳动法律法规规定的承担责任的方式。同时,申请人与被申请人依法签订的《集体合同书》中有关违约责任的责任承担方式亦无此种约定,故申请人的此项请求既无法律规定,也无当事人约定,本会不予支持。

关于第三项请求,首先需要明确的是,我国法律没有"闭店"一说,申请人所称的"闭店"指被申请人被撤销,而公司撤销分公司属于市场经济条件下市场经营主体的经营自主权,是不需要与劳动者协商的事项。

其次,就集体协商本身而言,无论是《集体合同规定》《湖南省集体合同规定》等规定,还是双方签订的《集体合同书》的约定,均只明确"一方提出集体协商,另一方应予回复,无正当理由不得拒绝集体协商",并未就不予回应的一方应承担何种责任或如何承担责任予以规定或约定。而仲裁委并非行政执法部门,亦无权作出"责令"任何一方进行协商的裁决。

另外,从《劳动法》《工会法》《劳动合同法》三部法律规定来看,均明确了只有履行集体合同,争议才能够由工会提起仲裁和诉讼。履行集体合同,首先要保证一个前提条件，即当事人因履行集体合同发生争议时，该集体合同还合法有效地存在。本案申请人申请仲裁时，本会只对申请仲裁所需要的立案证据材料进行必要的形式上的审查。

基于仲裁立案的需要，申请人所主张的事实和理由，在仲裁申请时只是一种假定，假定发生纠纷的权利为申请人所享有，这种假定在仲裁过程中始终被认为存在，直至查明案件事实为止。

本案通过庭审查明，双方当事人签订的《集体合同书》第24条对"被申请人被撤销，集体合同终止"有明确的约定，同时，该约定也符合《集体合同规定》第38条集体合同"期满或双方约定的终止条件出现，即行终止"的规定。又根据《公司登记管理条例》第49条、《企业法人登记管理条例施行细则》第40条之规定，公司有权撤销其设立的分支机构。

故本会认为，自2014年3月28日沃尔玛（湖南）百货有限公司作出撤销被申请人决定之日起，双方所订立的《集体合同书》自行终止，申请人所提出的履行集体合同的事实基础已经不复存在，故申请人要求被申请人就闭店问题进行集体协商的仲裁请求，本会亦不予支持。

（三）HR、法务、律师三方观点

HR 观点

当 HR 面临类似的场景，是否要开展与员工代表或者工会的协商、谈判，确实是一件非常为难和高风险的事情。虽然在通常情况下，企业总被认为是强势的，但是企业毕竟有劳动法的约束，企业的强势不能超越法律的边界；而劳动者的弱势却是相对的，一旦劳动者集合起来，以团体的力量与企业进行对抗，企业将陷入束手无措的境地，因为似乎企业无法从劳动法中找到任何的条款来约束员工的行为。

所以，在实践中，HR 需要在方案保密与了解员工需求预期的两难中进行艰难的平衡。根据我国的实际情况，HR 可以结合工会制度、职代会制度，在人力资源的日常管理中与员工加强沟通，力求在类似的危急时刻能够化对立为有效的沟通。

在我国，企业通过人力资源管理部门进行内部组织流程管理、行政职能管理和通过工会进行职工民主管理、自我管理并没有本质的冲突。但是，企业需要在战略层面上解决好企业发展与职工权益的结合点问题。人力资源管理部门最重要的职责和目标之一，就是必须寻找和立足这一结合点，设计和建设一个组织与员工共生共荣、可持续发展的企业生态环境，这是现代人力资源管理六大模块系统的轴心。

HR 在日常工作中，尤其是在企业经历类似本案中的阶段性变化的过程中，应当特别注意与工会就企业生存权和职工劳动保护权、企业发展权和职工发展权在总体判断上达成一致。而在具体问题的实施策略上,应当注意区分代表职工整体权益的工会和作为职工个体的独立意见表达之间的差异。

在现实中,确实存在一些工会过于看重自身的"组织"身份而忽略了"代表"本质的状况,在和企业商讨重大事项之前,本身缺乏召开会员大会就权益诉求和行动策略达成一致的民主过程,造成"组织"利益表达和职工个体意愿相违背。因此,HR在开展相关工作时,要善于对具体问题具体分析,根据个体设计具体方案,充分运用企业作为市场主体享有的管理自主权和法律赋予的其他权利,在依法合规的前提下,在履尽向工会和当事人协商、告知程序、义务的情况下,坚持按企业规章制度办事。

法务观点

本案中沃尔玛(湖南)百货有限公司遣散分公司的员工是通过与员工协商签订协商解除协议的方式进行的,这在公司日常法务管理实践中是比较常用的一种方法。这种方法有利于企业尽快遣散员工,尤其是在企业因其他考虑不能依据《劳动合同法》第44条规定立刻作出解散公司决定时。但是,无论方案采取怎样的解除方式或者补偿标准,方案本身如何履行民主协商程序,是企业法务在关注方案实体合规性的同时,必须要关注的程序合规性。

通常情况下,企业需要与工会开展适当的沟通,并注意以下几个方面:

(1)沟通的时间。不同的法律适用有不同的程序性规则,若企业实施裁员,则应当提前30天与工会开展沟通。但是,类似本案中,虽然企业可以选择裁员,但还是采用协商解除的方式,而关于这一方案的平等协商沟通是否需要提前30天,目前在实践中还是存在争议的。不过,无论如何,选择适当的时间开展沟通是非常重要的。

(2)沟通的对象。通常沟通有两种对象,一种是全体员工,另一种是全体员工的代表——工会或者职工代表。通常而言,与工会或者数量有限的职工代表的沟通会比较容易些,也比较容易符合法律的规定;而与全体员工的沟通就意味着方案的全公开,因此难度比较大。

(3)沟通的方式。结合不同的沟通场景,企业可以考虑不同的沟通方式,但是操作中确保沟通的有效性是非常重要的。譬如与工会、职工代表的沟通,应当做好相关的沟通会议记录;而与全体员工的沟通,就需要考虑如何以适当的方式,让全体员工都能够参与沟通,表达意见。全体大会、布告、意见箱、分组沟通等方式,都是可以结合实际情况考虑采用的。

律师观点

本案涉及《公司法》《工会法》《劳动合同法》等多部法律，还涉及立法的一些空白地带，需要从理论和法律规定上进行分析。

从集体谈判的角度讲，关闭盈利能力不过关甚至经营亏损的店面属于企业的经营自主权；与员工终止劳动关系依据的是《劳动合同法》第44条的规定，属于用人单位决定提前解散的情形，也是劳动合同终止的法定情形。在此种情形下，法律并没有规定用人单位应当提前30天向工会或者全体职工说明情况并报告劳动保障行政部门的义务。

而本案中，被申请人已被撤销，主体资格消灭，丧失了集体协商的基础。仅从法律规定而言，在此种情况下，被申请人需要履行的义务只有支付劳动者终止劳动合同的经济补偿金一项。但申请人能够通过仲裁方式要求和被申请人进行集体协商，这对履行工会职责、推进集体合同订立、开展集体协商、维护职工合法权益，在涉及群体性的劳动关系处置和集体协商谈判过程中发出工会的声音，具有重要且积极的意义。

从本案中我们可以看到律师服务是类似案件中的重要环节。首先是法律依据的选择。本案中企业方选择以用人单位解散而劳动合同终止作为依据，这一依据并非完全没有风险。首要的风险就在于企业解散的时间节点并不确定。一方面企业要出面与员工协商解除劳动合同，另一方面又要向员工说明企业已经被撤销，主体资格消灭，这本身就存在一定的矛盾性。因此，选择适当的法律依据，并以此建立起缜密的操作步骤，是确保行为合法的首要条件。

其次是劳动关系的构建。从本案中我们可以看到，沃尔玛是将员工的劳动关系都建立在基层门店，这样就避免了与母公司层面发生直接的法律纠葛。因此，在集团化公司的劳动关系管理中，建立管理有效、风险可控的劳动构架，是非常重要的前期工作，也是后续劳动关系管理的基础，更在很大程度上决定了后续争议的解决路径与结果。

[类似案例]
叶某某与上海某公司追索劳动报酬纠纷案（(2009)徐民一（民）初字第2463号）

[思考题]
➢ 集体合同与劳动合同的效力如何？

第三节 集体行动

一、背景知识

(一) 法律制度

理论上,产业行动,又称"集体行动"(collective action)、"工业行动"(industrial action),"是指劳资关系双方为在劳动关系中实现自己的主张和要求,依法采用罢工或闭厂等阻碍企业正常运营手段等进行对抗的行为"[①]。但是,在我国,集体行动是否有法律依据,以及如何界定,在学界存在巨大的分歧。

劳动法学者大多从《宪法》及《工会法》的非否定性规定出发,认为我国默认了"罢工"的合法性。2009年修正的《工会法》第27条在1992年《工会法》第25条的基础上规定:"企业、事业单位发生停工、怠工事件,工会应当代表职工同企业、事业单位或者有关方面协商,反映职工的意见和要求并提出解决意见。对于职工的合理要求,企业、事业单位应当予以解决。工会协助企业、事业单位做好工作,尽快恢复生产、工作秩序。"这里所说的"停工",实际上是指"罢工"。另外,《经济、社会和文化权利国际公约》(以下简称《公约》)于2001年7月在我国开始生效。《公约》中规定劳动者有"罢工"的权利,而我国在接受《公约》时并没有对"罢工"的规定提出保留,即表明我国实际上默认劳动者的罢工权。[②]

劳动法学者常凯教授认为,我国法律虽然没有明确对罢工权作出规定,但其立法原则和成文法规定均是以承认工人享有罢工权为前提的。而《工会法》第27条是我国现行法律中关于罢工问题最集中和最明确的规定。这一规定应该是对待罢工和处理罢工的基本的法律依据。[③]

但是,很多非劳动法领域的学者从其他法律层面看,更多地认为罢工行为违反相关法律规定,应当受到相应的法律制裁。通常这些观点认为,罢工违反《集会游行示威法》,罢工行为是违反《劳动合同法》的违约行为,同时也违反了企业的劳动规章,更有甚者,有人认为罢工触犯了刑法中的聚众扰乱社会秩序罪。[④]

[①] 刘诚:《集体谈判散论》,载《上海师范大学学报(哲学社会科学版)》2016年第3期。
[②] 参见董保华:《中国劳动关系的十字路口——管制与自治:富士康、本田案件提出的法治命题》,载《探索与争鸣》2011年第3期。
[③] 参见常凯:《关于罢工的合法性及其法律规制》,载《当代法学》2012年第5期。
[④] 同上。

梳理上述观点，主要涉及以下相关法律规定：

2001年2月，全国人大常委会批准了《公约》。《公约》第8条第1款（丁）项规定："有权罢工，但应按照各个国家的法律行使此项权利。"我国在批准这一公约时发表的声明中，并没有对这一内容作出保留或者其他特别的说明。但这一国际法的规定要在我国具有国内法的效力，还需要通过国内罢工立法的形式来实现。这一公约的可诉性问题在国际法学界一直存在争议，其法律条文也无法在我国直接适用。[①]

我国《集会游行示威法》（1989年）第7条规定，举行集会、游行、示威，必须依照本法规定向主管机关提出申请并获得许可。该法第28条规定，举行集会、游行、示威，有违反治安管理行为的，依照治安管理处罚法有关规定予以处罚。举行集会、游行、示威，有下列情形之一的，公安机关可以对其负责人和直接责任人员处以警告或者15日以下拘留：（1）未依照本法规定申请或者申请未获许可的；（2）未按照主管机关许可的目的、方式、标语、口号、起止时间、地点、路线进行，不听制止的。第32条还规定，在集会、游行、示威过程中，破坏公私财物或者侵害他人身体造成伤亡的，除依照刑法或者治安管理处罚法的有关规定可以予以处罚外，还应当承担赔偿责任。

《刑法》第293条规定："聚众扰乱社会秩序，情节严重，致使工作、生产、营业和教学、科研无法进行，造成严重损失的，对首要分子，处三年以上七年以下有期徒刑；对其他积极参加的，处三年以下有期徒刑、拘役、管制或者剥夺政治权利。"

（二）管理相关知识

工会的集体行动有集体怠工、集体休假、联合抵制、占领工厂、设置纠察线、罢工等，雇主的产业行动有闭厂、雇用罢工替代者、复工运动等。其中，罢工和闭厂是主要形式。至于企业的闭厂权，我国立法根本没有涉及。[②] 因此，实践中，对于企业如何应对劳动者的集体行动，我们只能从西方管理学实践中学习一二。

在集体谈判中，当谈判双方不能进一步接近最终解决方案时，就出现了僵持局面，这通常是由于一方的要求远远超过对方的出价而形成的。有时，僵持局面可以通过"第三方"（在我国，通常为劳动保障行政部门）介入进行化解，但如果第三方也无法化解僵局，那么工会则有可能号召员工停工或罢工，[③] 甚至员工也会脱离工会（又称"野猫罢工"）自发采取一些更为极端的集体行动，如消极怠工、堵厂、静坐、抗议游行等。

---

① 参见常凯：《关于罢工的合法性及其法律规制》，载《当代法学》2012年第5期。
② 参见刘诚：《集体谈判散论》，载《上海师范大学学报（哲学社会科学版）》2016年第3期。
③ 参见〔美〕加里·德斯勒：《人力资源管理》，刘昕译，中国人民大学出版社2017年版，第554—555页。

在面临罢工等集体行动时，企业通常可以采取以下几个方面的措施：一是关闭受影响的区域，停止运营，直至集体行动结束；二是将工作外包出去以减少集体行动对企业产生的影响；三是继续运营，但或许要用一线主管人员和其他未参与集体行动的员工来代替参加集体行动的员工；四是雇用新员工替代参加集体行动的员工。①

除此之外，企业还可以遵循以下原则以最大限度地减少集体行动造成的混乱：（1）在集体行动的第一天就将拖欠员工的钱悉数支付（仅限于因拖欠金钱引发的集体行动）；（2）保护企业设施，管理人员应当尽量控制参与集体行动的员工接近企业财产，如果必要的话，企业甚至应当考虑雇用安保人员护送作为"替代者"的员工上下班；（3）通知所有客户，并准备好应对所有询问的官方标准回答；（4）与所有的供应商取得联系，建立其他的获得物资供应的渠道；（5）在必要时为需要在工作场所通宵滞留和送餐做好准备；（6）在参与集体行动的员工设置纠察线之前、期间以及以后分别对办公设施进行拍照，可以安装录像设备和仪器，记录员工的不当行为；（7）如实记录任何与参与集体行动的员工的行为和活动有关的事实，如使用暴力、威胁、破坏企业财产等行为。②

虽然上述在西方行之有效的措施不见得都能够在我国适用，但是其背后的管理思想是相同的。总的原则是，企业应当在管理上建立集体行动的风险预防和应对机制，做好相关预案，并在日常管理中注重对相关人员应对能力的培养。这样，企业在面临相关危机的时候才能从容应对。

（三）实务操作难点

由于我国相关立法缺乏明确的操作规则，因此，集体行动的发生通常都会伴随着员工的某些不合规甚至违法等过激行为。如何合法、合理地处理好这些行为成为实务操作中的难点问题。

1. 集体行动期间的工资支付

工资作为劳动者向用人单位提供劳动的一种对价给付，只有在劳动者提供正常劳动的情况下，用人单位才需按照约定支付。一方面，由于我国立法对于用人单位侵犯劳动者法定权利的行为规定了仲裁、诉讼等司法救济途径，故劳动者因权利性事项采取集体行动属于突破法律规定的不合规行为；虽然可能具有一定的合理性，但原则上不受法律保护，在集体行动期间用人单位也无须支付工资。另一方面，对于由权利性事项引发的争议，由于其往往是围绕双方未来之不确定的权利义务产生的争议，不具

---

① 参见〔美〕加里·德斯勒：《人力资源管理》，刘昕译，中国人民大学出版社2017年版，第556页。
② 同上书，第557页。

有法定性，在目前的劳动争议处理机制下亦不具有可诉性，故用人单位亦无支付工资的义务。

当然，法律是一方面，企业在面对集体行动的局面时，还需要考虑如何化解双方陷入僵局的因素，因此，对于工资是否支付，以及如何支付都需要结合管理的需要来综合考量。

2. 对参与集体行动的员工的处置

一方面，集体行动可能对企业正常经营活动的开展造成影响；另一方面，员工的某些过激行为也可能损坏企业的生产、办公设备，甚至造成企业其他人员的人身伤害。

根据《工资支付暂行规定》，因劳动者本人原因给用人单位造成经济损失的，用人单位可按照劳动合同的约定要求其赔偿经济损失，并可从劳动者本人的工资中扣除，但每月扣除的部分不得超过劳动者当月工资的20%，扣除后的剩余工资部分也不得低于当地月最低工资标准。此外，如果劳动者在集体行动中的行为被依法追究刑事责任，用人单位可以依据《劳动合同法》第39条解除劳动合同，且无须支付经济补偿金。

在实践操作中，企业有权对参与集体行动的员工进行处置，但对于是否处置及何时处置，也需要结合企业管理的需要，尤其是化解双方冲突僵局的需要来考量，而不能仅以法律的规定作为唯一准则，从而诱发双方冲突的升级，造成更大的损失和僵局。

二、案例及分析

（一）基本案情

张某某与上海D设备有限公司经济补偿金纠纷案[①]

张某某系上海市外来从业人员。上海D设备有限公司经工商登记注册成立于2001年10月14日。张某某与上海D设备有限公司之间签订的最近一份劳动合同是自2011年1月1日起的无固定期限劳动合同。

2015年5月，上海D设备有限公司告知员工工作地点将从嘉定区曹新公路×××号搬迁至嘉定区前曹公路×××号，并着手搬迁事宜。2015年6月2日下午起，张某某等人停止工作，并向当地政府、劳动保障行政部门反映上海D设备有限公司搬迁至的嘉定区前曹公路×××号不符合劳动合同约定的工作环境和条件，以劳动环境恶劣并严重威胁生命安全为由提出解除劳动关系，并要求上海D设备有限公司支付经济补偿金。

---

① 参见（2016）沪02民终9227号民事判决书。

之后，在当地公安机关、劳动保障行政部门的协调下，张某某等人在与上海D设备有限公司管理人员沟通过程中，再次明确以工作场所不符合劳动合同约定的工作环境和条件为由提出解除劳动关系，并要求上海D设备有限公司支付经济补偿金。

2015年6月4日，上海D设备有限公司决定暂不搬迁，维持现状，并将此决定多次以张贴公告的形式告知包括张某某在内的全体员工，还要求员工恢复工作。张某某等人仅在上海D设备有限公司嘉定区曹新公路×××号厂区内打卡，但拒绝上班。

2015年6月9日、16日及25日，上海D设备有限公司分三批解除与张某某等18人的劳动关系，解除理由为张某某等人存在"策划或参加集众、聚会、罢工""连续旷工3天以上"的严重违纪行为。

张某某不服公司的处理决定，提起仲裁要求公司支付解除劳动合同的经济补偿金。

（二）双方观点及法院观点

双方观点

张某某认为上海D设备有限公司提供的前曹公路×××号厂房与法律规定和劳动合同约定的劳动环境不符，部分员工将部分机器设备、原材料搬迁至该处厂房，已经在该处开始工作。至此，劳动合同实际上已经不能履行，并非员工恶意旷工；所谓的参加聚会，是与公司正常的谈判，是法律所赋予的权利。公司解除劳动合同，应当向其支付经济补偿金。

上海D设备有限公司认为，公司原来是打算搬迁至前曹公路×××号，后来没有完成搬迁，张某某等人没有在该处工作过，其他员工目前是在关联公司工作，对双方的劳动合同履行没有任何影响。张某某等人拒绝履行劳动义务，借机闹事，因违纪而被解除劳动合同，依法没有经济补偿金。

法院观点

张某某、上海D设备有限公司的劳动关系因作为劳动者的张某某提出辞职而解除。

劳动合同法对于用人单位应当支付经济补偿金的情形有明确的规定，只有符合法定情形时，用人单位才有相应的支付义务。本案中，张某某等人于2015年6月2日以上海D设备有限公司搬迁至的前曹公路×××号厂房劳动环境恶劣并严重威胁生命安全为由提出解除劳动合同，并主张经济补偿金。张某某等人行使的是随时解除权，但只有符合法定情形时，用人单位才有支付经济补偿金的义务。

首先，张某某于2015年6月2日停止工作后向有关部门反映情况时提出解除与上海 D 设备有限公司的劳动合同，随后在上海 D 设备有限公司管理人员参与协调的过程中再次明确提出解除劳动关系。但是，关于张某某所述的前曹公路×××号厂房环境恶劣、严重威胁生命安全的情况，无有效的证据可以证实。

其次，上海 D 设备有限公司尚未在前曹公路×××号生产经营，在张某某提出解除劳动关系之前上海 D 设备有限公司尚在原地址正常生产经营，包括张某某等人在内的劳动者也并未实际至前曹公路×××号从事生产劳动。

最后，上海 D 设备有限公司于 2015 年 5 月开始着手搬迁，员工提出异议后，公司在强调厂房安全问题可以检测的同时宣布停止搬迁，维持现状，而张某某等人自始至终都在原工作地点打卡考勤，却不提供劳动，张某某等人以实际行动拒绝继续履行劳动合同义务。

张某某提交的证据无法证实上海 D 设备有限公司存在未按照劳动合同约定提供劳动保护或者劳动条件的情形，张某某提出的解除理由并不成立，张某某因此要求上海 D 设备有限公司支付经济补偿金的诉讼请求，于法无据，难以支持。

（三）HR、法务、律师三方观点

HR 观点

工厂整体搬迁属于重大情势变更，是比较极端的情形。企业经营中更多发生的是因业务需要而导致的工作场所、工作地点或工作条件的变更。HR 工作具有整体性和个体性双重属性。就资源配置而言，其方案设计需要强调整体效益；就员工管理而言，其实施策略需要突出个体差异。HR 的日常，就是在整体与个体之间寻求兼顾与平衡。

针对类似本案的情况，首先，HR 应当在劳动合同设计中，明确企业基于经营管理和政策法规，对包括但不限于工作场所、地点、条件等的情势变更具有自主决策权。其次，应当在员工手册中，就涉及变更的处置程序予以明确，包括但不限于与所在单位工会沟通告知、集体公告、个别告知与协商等。再次，在具体实施中，应当根据分类分层分级的原则针对不同个体独立协商解决方案，并以企业规章制度和法律法规作为最终救济手段。最后，必须全程关注上述行为是否依法合规，并注意留存证据，相关协商结果应告知工会。在实施过程中，比较重要的是能够针对不同个体提供不同的方案。

当然，即便企业完美地做好了这些准备工作，也无法避免类似张某某这样的员工一意孤行。因此，HR 如何应对和处理类似与极端个别人员之间的冲突就显得尤为重要。这其中最为困难也最为关键的是，如何将其个人的诉求与其他员工的集体行动区别开来。就当下中国的集体行动而言，由于缺乏工会的有效组织，HR 无法与工会建立有效的信息互动和谈判博弈，因此集体行动的方向和进程很大程度上取决于其中的一个或者几个关键员工。而缺乏工会对劳动者全体利益诉求的集中，导致集体行动中的劳动者主张有很大的虚假性，关键员工的自身需求往往隐含在背后，成为解决问题的难点。

法务观点

　　生产制造企业的工厂搬迁不仅涉及新工厂选址、环境影响评估和注册地址变更等重大经营决策，而且关系到每位在职员工的切身经济利益，极易引发员工集体行动。因此，对企业法务规范用工管理也是一项非常大的挑战。结合本案，我们认为企业法务在日常业务管理中应在以下几个方面加强风险防范意识，并积极采取有效的应对措施：

　　（1）确保安全生产依法合规。新地址首先要符合法律法规和当地地方法规要求达到的安全生产和环境保护标准。企业选定新地址之后应当尽快完成相应的行政审批或备案手续，尤其是涉及生产作业安全与环境保护的行政管理程序。这些手续或程序往往是企业在新地址合法安全生产的必备前置条件。如果企业在没有满足这些前置条件的情况下，即宣布将生产转移至新地址，同时要求现有员工前往新地址工作，极有可能使企业遭受违规经营、生产的严重行政处罚；同时也会成为现有员工拒绝前往新地址工作的正当事由。因此，企业法务在企业决定搬迁开始选址时，就应当考虑备选新地址能否满足企业安全生产和当地环境保护的要求，确保企业能获得合法生产所需的全部行政审批文件。

　　（2）拟订充分周全的预案。如果新地址具备所有安全生产和环境保护的前置条件，企业在启动内部正式搬迁之前，还需要评估搬迁所需员工人数、是否需要给予合理激励促使员工随迁；现有员工如果不同意随迁，企业是否可以单方解除劳动合同，如果协商解除劳动合同，企业能承受的赔偿上限范围如何等诸多关系企业和员工重大利益的重要事项。企业法务必须将工厂搬迁可能引发的员工个别或集体抗议风险防控和制订的相应处理方案提前向企业决策层反馈，同时还必须对因搬迁可能引发的协商解除劳动合同和单方解除劳动合同的赔偿方案和违法责任作充分分析，然后在此基础上给企业决策层提供合理安全的法律建议。

　　（3）依法给予补偿。如果工厂进行跨省市搬迁，现有工厂停止经营，所有生产转移至外省市工厂，则由此不仅导致员工劳动合同约定的工作地点发生变更，而且还会直接引发员工现有劳动合同的主体中甲方的变更，造成劳动合同的实质性变更。如果现有劳动合同甲方在工厂整体搬迁之前不能完成解散注销手续，那么企业必须在新工厂完成工商注册登记之后尽快与员工协商解除现有劳动合同，并向愿意随迁的员工提供工龄连续计算和适当加薪或给予补贴等待遇，促使员工与新工厂登记的公司订立新的劳动合同。

当然，在本案中，企业的搬迁行为仅仅是在上海市嘉定区的范围内所作的有限调整，并不影响双方劳动关系履行所依赖的社会保险费缴纳、劳动合同主体等主要因素，企业完全可以要求员工继续履行劳动合同，而不支付经济补偿金。因此，本案中，张某某要求解除劳动合同并获得经济补偿金的行为本身缺乏依据。

律师观点

劳动合同法中明确规定了用人单位未按照劳动合同约定提供劳动保护或者劳动条件的，劳动者以此为由提出解除劳动合同，用人单位应当支付经济补偿金。但是，实践中对这一条款的行使应当谨慎。

工作地点是劳动合同的必备条款之一，工厂搬迁通常可能涉及工作地点的变更与劳动条件的变化，但是变化的程序不同决定了对劳动关系履行的影响也不同。因此，不是任何工作地点的变动都会构成劳动条件的重大变化，导致劳动合同无法继续履行。

纵观本案，上海D设备有限公司告知员工工作地点将从嘉定区曹新公路×××号搬迁至嘉定区前曹公路×××号，并着手搬迁事宜，但在员工们提出抗议并采取停止工作、向当地政府和劳动保障行政部门反映情况等行动后，公司宣布停止搬迁，维持现状，并要求员工恢复工作。因此，应该说预期发生的工作地点变更最终并未实际发生。

然而，张某某等人并未实际恢复工作，仅在原工作地点打卡考勤却未实际提供劳动。本案中的员工们在工厂不再搬迁后的集体行动，可视为以实际行动拒绝履行原劳动合同义务的行为。张某某等人在公司宣布搬迁并开始着手搬迁工作之初进行的一系列维权行动有值得借鉴的地方，但是，在集体行动取得效果后，公司宣布不再搬迁并要求他们恢复劳动时，他们仍旧以实际行动拒绝履行劳动合同的行为是不妥当的。

而在本案的争议处理过程中，应该说双方都得到了一个非常意外的结果，因为法官并没有采信任何一方的主张，而是自己根据事实作出了判定。法官的这个选择在司法实践中虽然不多见，但也不失为一个明智的决定。因为在司法实践中，对于劳动者在集体行动过程中拒绝履行劳动义务的行为是否构成严重违纪，是存在一定的争议的；同时，客观上说，由于集体行动造成企业事实上的停产，部分员工的到岗不一定能够完成原有的工作内容，因此在本案中，张某某等人到公司考勤但不上岗工作，很难排除客观上无法开展工作的可能性。而法官选择以劳动者的主张为依据，作出不支付经济补偿金的判定，就回避了这一问题。

当然，本案中，劳动者两次主张因用人单位的过错要求解除劳动合同，最终用人单位也以劳动者过错作出解除劳动合同的决定，对于以哪一次解除行为作为劳动关系实际解除的依据，在本案中也存在一定的分歧。由于本案中双方并未就此展开不同的论述，也就为本案的处理留下了一个悬念。

[类似案例]
陶某与SK阀门有限公司经济补偿金纠纷案((2015)园民初字第00711号)

[思考题]
➤ 参与停工是否就构成严重违纪？

第十章

高管、外籍员工管理及争议

本章概要

我国《劳动合同法》第1条规定:"为了完善劳动合同制度,明确劳动合同双方当事人的权利和义务,保护劳动者的合法权益,构建和发展和谐稳定的劳动关系,制定本法。"纵观整部《劳动合同法》,并未就劳动者的类型作进一步的划分,由此导致实务中部分特殊的劳动关系无法得到有针对性的调整。这些劳动关系中的劳动者或在身份上具有特殊性,如兼具部分雇主性质的高级管理人员、需要办理就业证方能在我国境内工作的外籍人员,或在工作地点上具有特殊性,如被企业派往境外工作的人员等。由于立法上的不完备以及实务操作中的复杂性,企业对于这部分人员的管理难度较大,用工风险较高,劳动争议或民事争议时常发生。因此,本章特选取此类特殊劳动关系中比较常见的三种类型进行分析,希望能为读者针对特殊劳动关系的处理提供指引和参考。

第一节 高 管

一、背景知识

以公司法为视角,有学者认为,企业高管人员不仅包括我国《公司法》第216条[1]规定的人员,也包括企业的董事、监事。也有学者认为,企业高管人员是指法律、公司章程中规定的,或经董事会授权的,对企业进行日常经营管理并能对外代表企业处

---

[1] 我国《公司法》第216条规定:"本法下列用语的含义:(一)高级管理人员,是指公司的经理、副经理、财务负责人,上市公司董事会秘书和公司章程规定的其他人员"。

理事务的负责人。① 在劳动法领域中，国家立法对于高管的范围并无明确界定。本节所称高管主要是指与企业签署劳动合同或存在事实劳动关系，经企业授权参与经营与管理的劳动者。具体来说，高管除了包括公司法所规定的董事会成员以外，还包括经理、财务负责人、人力资源负责人、法务负责人和相关业务部门的负责人等。

虽然根据《劳动法》和《劳动合同法》的规定，高管与企业之间建立的是劳动者与用人单位之间的劳动关系，高管适用劳动法之规定并无疑义，但从公司法视野来考察，高管与企业之间属于民法上的委任合同关系，权利义务的确定应适用民法上有关委任合同的规定。② 两种截然不同的视角引发了对于高管适用劳动法保护的质疑，争议主要集中在加班工资的支付、职务任免以及工作岗位的变更上。

（一）法律制度

1. 关于加班工资

劳动部《关于企业实行不定时工作制和综合计算工时工作制的审批办法》（以下简称《审批办法》）第4条规定，对于企业中的高级管理人员，企业可以实行不定时工作制。《〈国务院关于职工工作时间的规定〉问题解答》对此也有规定："企业中从事高级管理的职工可实行不定时工作制。"基于法律规定，同时考虑到高管工作性质的特殊性，部分企业会选择对于高管实行不定时工作制。

对于不定时工作制下的加班，《审批办法》规定，实行不定时工作制的劳动者应适用《劳动法》第一章、第四章中有关延长工作时间的规定。《关于贯彻执行〈中华人民共和国劳动法〉若干问题的意见》中将该规定放宽，改为实行不定时工作制的劳动者"不受劳动法第四十一条规定的日延长工作时间标准和月延长工作时间标准的限制"。因此，对于实行不定时工作制的高管加班的认定通常只有法定节假日加班这一种情形，不存在延时加班和双休日加班的说法。

2. 关于职务任免

根据《公司法》的规定，由董事会聘任或者解聘公司经理、副经理、财务负责人；由经理聘任或者解聘除应由董事会聘任或者解聘以外的负责管理人员。除此之外，立法并未规定对于高管的解聘需要附何种理由。然而，根据《劳动合同法》的相关规定，用人单位单方调整劳动者的工作岗位或解除劳动合同需满足法定条件。由于高管身份与劳动者身份通常存在竞合关系，如果企业依据《公司法》相关规定无因解聘高管，是否与劳动者的劳动权利保障相冲突？

---

① 参见高源：《公司高管人员劳动争议解决之困境》，载《商业现代化》2014年第22期。
② 参见马君、刘岳庆：《公司高管人员劳动法保护的边与界》，载《中国劳动》2012年第10期。

对于这一问题,从不同的法律视角来考察会得出不同的结论。虽然从公司法角度看,公司通过股东会、董事会免去高管职务符合相关规定,但从劳动法角度观之,免去高管职务是否就意味着双方的劳动关系解除?如答案是肯定的,则涉及解除是否合法的问题;如不是,则属公司对于高管的工作岗位进行变动,需与其协商一致,但这又与公司法相冲突。① 这其中存在两方面的矛盾。

(1) 免去高管职务与解除劳动合同

任何法律都存在效力边界,对高管的聘任关系和劳动关系应作区分对待。公司法从公司治理的角度对公司内部各个部门之间的相互制衡作出规定,规定公司董事会可以不附条件地解除高管职务。但其效力也仅止于此,公司法并未对被解聘高管的劳动关系如何处理作出更进一步的规定。

根据《公司法》的规定,当高管出现《公司法》第146条第1款规定的禁止任职资格的情形时,公司"应当解除其职务"。但是,《劳动合同法》则规定,只有在出现《劳动合同法》第39条、第40条和第41条所列举的情形时,用人单位才有解除劳动合同的权利,并且解除还受到第42条的反向限制,因而时常出现高管被解除职务却无法解除劳动关系的现象。

董事会解聘高管职务因其符合公司法的规定而当然有效,但高管被公司解除职务之后的劳动关系处理已经超出了公司法的效力边界,而转化为劳动法领域的问题——一个需要基于劳动法律的规定,对被解聘高管的劳动合同作出处理的问题。②

(2) 免去高管职务与调整工作岗位

企业对高管调岗既可以选择依据《公司法》第46条的规定,在董事会决议中对高管解聘后重新安排新岗位③;也可以选择依据《劳动合同法》第40条的规定,视不同情况对高管进行调岗④。二者的不同之处在于,如果参照《公司法》对高管进行调岗,则先要依据董事会决议解聘高管职务,然后再重新对其安排岗位,此时可以"客观情况发生重大变化"为由,根据《劳动合同法》第40条第1款第3项的规定与员工协商

---

① 参见马君、刘岳庆:《公司高管人员劳动法保护的边与界》,载《中国劳动》2012年第10期。
② 参见徐文进、姚竞燕:《公司治理语境下解聘高级管理人员的法律冲突及解决路径》,载《人民司法(应用)》2014年第15期。
③ 我国《公司法》第46条规定:"董事会对股东负责,行使下列职权:……(九)决定聘任或者解聘公司经理及其报酬事项,并根据经理的提名决定聘任或者解聘公司副经理、财务负责人及其报酬事项"。
④ 《劳动合同法》第40条规定:"有下列情形之一的,用人单位提前三十日以书面形式通知劳动者本人或者额外支付劳动者一个月工资后,可以解除劳动合同:(一)劳动者患病或者非因工负伤,在规定的医疗期满后不能从事原工作,也不能从事由用人单位另行安排的工作的;(二)劳动者不能胜任工作,经过培训或者调整工作岗位,仍不能胜任工作的;(三)劳动合同订立时所依据的客观情况发生重大变化,致使劳动合同无法履行,经用人单位与劳动者协商,未能就变更劳动合同内容达成协议的。"

调岗。此外,也可以根据对高管的绩效评估结果,对于不能胜任本职工作的高管,根据《劳动合同法》第40条第1款第2项的规定安排高管调岗。

(二) 管理相关知识

高管团队控制着企业的战略方向并影响企业经营绩效,是企业活动中最为重要和最有影响力的群体。①

现代企业制度中,基于所有者与管理者的相互委托关系,形成股东与高管团队的权利义务分配。为了避免委托代理可能带来的管理者决策偏离股东价值最大化目标,最优契约理论认为,可以通过有效的契约安排将管理者薪酬与股东财富紧密联系起来,以激励管理者基于股东利益最大化而行事。然而,高管权力理论(管理层权力理论)认为,管理层同董事会之间的关系远超最优契约理论的预期,由于管理层权力的存在,董事会受管理层影响,可能使最优报酬合同不但解决不了代理问题,反而本身就成为一种代理问题。②

因此,在现代企业管理中,对高管团队的激励就成了一个重要并且棘手的问题。纵观目前的理论和实践,一方面是通过薪酬激励来引导和约束高管团队的行为,另一方面则是通过对管理流程的控制和事后的惩戒来引导和约束高管团队的行为。劳动法在这些方面为企业提供了相应的工具。

对于高管的日常管理,需要把握好《公司法》与《劳动合同法》的选择与适用。公司法属于商法,强调对利益的追逐,追求效率是其第一要义;劳动法属于社会法,强调的是非经济的效益,追求非营利目标,更加侧重对处于弱者地位的劳动者的保护。③

(三) 实务操作难点

作为介于雇主与雇员之间的特殊群体,高管与企业之间的劳动关系不同于一般劳动者与企业之间的劳动关系。因此,高管与企业之间关系的法律适用,既应考虑适用《劳动合同法》,还要考虑《公司法》对高级雇员的特别规定。

1. 关于加班

为避免高管主张加班费相关争议的发生,企业可与高管明确约定实行不定时工作制。对此,需要注意以下事项:

---

① 参见汪金爱、李丹蒙:《高管团队动力研究述评——基于高阶梯队理论过程模型》,载《外国经济与管理》2017年第10期。
② 参见毛新述:《高管团队及其权力分布研究:文献回顾与未来展望》,载《财务研究》2016年第2期。
③ 参见潘国宁:《公司经理双重角色下辞职、辞退适法冲突之解决——以劳动法和公司法的规定为视角》,载《经营管理者》2017年第13期。

(1) 行政审批

企业需事先向劳动保障行政部门提出申请实行不定时工作制，经批准方可实行。对此，上海的规定是"向企业工商登记注册地的区县劳动和社会保障局提出申请"[①]。

(2) 员工确认

企业在招聘时就应向劳动者履行告知义务，明确其所在岗位实行的工时制度，并要求劳动者签字确认，相关确认文件作为证据留存。

(3) 实际履行

实际履行包括应为和勿为两种行为模式。应为是指企业在劳动者的工作性质、工作时间、考勤管理和劳动报酬等方面均应按照不定时工作制的特点实施管理，如允许劳动者自主安排工作时间等。勿为是指企业不能做与不定时工作制的工时特点相悖的工作安排，如对劳动者实行严格的考勤，甚至是将考勤结果作为评定绩效、工资水平的考量因素等。

2. 关于解除劳动合同

(1) 经济补偿金的计算

根据《劳动合同法》第47条的规定，经济补偿金基数以各地政府公布的上年度职工月平均工资（即"社平工资"）的三倍为上限，一般而言，高管受限的可能性较大。同时，根据2009年《上海市高级人民法院关于适用〈劳动合同法〉若干问题的意见》的规定，符合《劳动合同法》规定三倍封顶的情形，实施封顶计算经济补偿金的年限自《劳动合同法》施行之日起计算，即《劳动合同法》施行之前的工作年限仍按以前规定的标准计算经济补偿金。

(2) 特殊待遇返还

高管离职，企业是否能够要求其返还高额签约金、住房福利等？目前国家法律层面尚无文件对此进行专门规定。在实际操作中，《上海市高级人民法院关于适用〈劳动合同法〉若干问题的意见》明确规定："劳动者违反合同约定的期限解除合同，用人单位要求劳动者返还特殊待遇的处理：用人单位给予劳动者价值较高的财物，如汽车、房屋或住房补贴等特殊待遇的，属于预付性质。劳动者未按照约定期限付出劳动的，属于不完全履行合同。根据合同履行的对等原则，对劳动者未履行的部分，用人单位可以

[①] 《上海市劳动保障局关于印发〈本市企业实行不定时工作制和综合计算工时工作制的审批办法〉的通知》第4条规定："企业实行不定时工作制和综合计算工时工作制的，应当向企业工商登记注册地的区县劳动和社会保障局提出申请。但企业实行以年为周期综合计算工时工作制（包括同时申请实行不定时工作制）的，应当向市劳动和社会保障局（以下统称劳动保障行政部门）提出申请。中央直属企业实行不定时工作制和综合计算工时工作制的按国家有关规定执行。"

拒绝给付；已经给付的，也可以要求相应返还。因此，用人单位以劳动者未完全履行劳动合同为由，要求劳动者按照相应比例返还的，可以支持。"因此，如果高管自身违反合同约定的期限提前解除合同，企业有权要求其返还特殊待遇。

（3）离职交接

由于高管手中往往掌握着大量的商业机密并享有企业的特殊福利，因此需要特别注意其离职交接，通常包括但不限于以下项目：1）工作事项；2）保密资料；3）享受的公司福利，如住房、手机、交通工具、电脑、公司股票、期权等；4）财务事项；5）印章、证件、证书；6）外籍员工的就业许可证等。

（4）关于变更工作岗位

虽然劳动法规定用人单位与劳动者须协商一致方可变更工作岗位，但高管被董事会解聘已具有公司法上的认受性，即解聘已经成为一个被法律认可的状态，故无须再对劳动合同中对于岗位的变更是否有效进行讨论。需要注意的是，虽然董事会对高管的不附理由解聘符合法律规定，但企业对于被解聘高管新岗位的协商仍需具有合理性——应从薪资、岗位性质、工作内容等方面综合考量。例如，在薪资待遇不作调整的情形下，将高管的工作岗位由总经理调整为部门经理。①

（5）加班费

与高管相关的另一争议问题就是对于加班的认定。在高管提出的加班补偿诉求中，司法实务中存在不同的认定。法院通常认为，高管的加班事实认定证据不足，或者无法认定。第一种情况往往存在于实行不定时工作制的企业，高管为企业负责人，一般可以自行确定工作时间，因此其是否加班一定程度上说也是受到自身权力的控制。第二种情况是企业虽然实行的是标准工时制，但由于高管在工作性质与职务上的特殊性，大多数的企业并不会对其进行工作时间上的限制或实行严格的考勤，故对其是否超过了正常工作时间无法认定。②

---

① 参见徐文进、姚竞燕：《公司治理语境下解聘高级管理人员的法律冲突及解决路径》，载《人民司法（应用）》2014年第15期。

② 参见高源：《公司高管人员劳动争议解决之困境》，载《商业现代化》2014年第22期。

二、案例与分析

(一) 基本案情

上海 JH 股份有限公司与王某劳动合同纠纷案[①]

1991 年，王某入职上海 JH 股份有限公司（下文简称"公司"）担任市场部品牌经理一职。2013 年 11 月 19 日，公司、王某签订自 2014 年 1 月 1 日起的无固定期限劳动合同，约定：公司聘用王某担任总经理；王某具有严重违反规章制度或者严重失职，营私舞弊，对公司造成重大损害的情形时，公司可以随时解除劳动合同。

2013 年 11 月 20 日，公司收到中国证券监督管理委员会上海监管局沪证监〔2013〕49 号《责令改正的决定》，该决定指出："2008 年 4 月至 2013 年 7 月，上海 JH 股份有限公司与沪江日化发生采购销售、资金拆借等关联交易。"普华永道中天会计师事务所接受上海 JH 股份有限公司的委托审计了该公司 2013 年 12 月 31 日的财务报告内部控制的有效性，于 2014 年 3 月 11 日出具否定意见的《内部控制审计报告》，认为上海 JH 股份有限公司财务报告内部控制存在关联交易管理中缺少主动识别、获取及确认关联方信息的机制等三项重大缺陷。

2014 年 5 月 12 日，公司召开五届十五次董事会，认为王某在此次事件中负有不可推卸的责任，审议并通过关于解除王某总经理职务及提请股东大会解除王某董事职务的议案。5 月 13 日，公司向王某送达员工违纪处理通知书，辞退王某。

(二) 双方观点及法院观点

双方观点

公司认为，2013 年 11 月 20 日，中国证券监督管理委员会上海监管局以公司存在关联交易信息披露不合规为由对该公司作出责令改正的决定；2014 年 3 月，普华永道又对公司的内控事项给出了否定意见，给公司带来严重的负面影响。王某作为总经理，是公司内控小组的负责人，应当对此承担责任。且中国证券监督管理委员会上海监管局发出的行政处罚决定书亦认定王某是公司年度报告信息披露违法行为的其他直接责任人，并对其处以 30000 元罚款。王某存在严重失职行为，在知道公司存在严重内控缺陷问题后，也未进行有效的处理和解决。王某严重违背了公司章程及员工手册规定的公司高级管理人员应尽的忠实勤勉义务，使公司遭受了声誉和财产上的双

[①] 参见（2015）沪二中民三（民）终字第 747 号民事判决书。

重损失。公司依据董事会决议与王某解除劳动关系有事实和法律依据。王某与公司间建立劳动关系的前提是王某被公司董事会聘任为总经理。董事会决议撤销王某的总经理职务后，其原岗位及薪酬已不复存在，双方间劳动合同存续的基础已丧失，且双方历经一年多的劳动争议仲裁和诉讼，已无互信的基础，公司也不存在其他可供王某从事的职位。

王某认为，自己是公司"土生土长"的员工，并非职业经理人。公司与其签有无固定期限劳动合同，对其作出解除劳动合同的决定必须符合劳动法的规定。王某认为其在任职期间忠实勤勉，每年考核等级良好或优秀，公司业绩亦不断上升。公司有内控管理小组、内控管理办公室、审计室处理相关的内控工作，发生内控缺陷问题后，应由审计室、内控管理办公室的相关责任人以及分管领导承担责任。王某担任总经理后对有关部门的整改决定是认真执行、积极贯彻的。对行政处罚王某已提出复议，但行政处罚决定中涉及的原公司财务总监、董事秘书、独立董事等高管都未被公司除名，未受到公司任何的处罚，也未被剥夺公司的股权，唯独王某被辞退显然是区别对待，显失公平。王某在公司工作多年，与员工相处融洽，对公司业务也非常熟悉，与公司间劳动合同存续的基础是完全存在的。

法院观点

解除劳动合同是从根本上消灭劳动关系，用人单位作出此项决定，应当慎重。根据有关司法解释的规定，用人单位作出解除劳动合同决定的，用人单位应对违纪事实、适用法律及处理程序合法承担举证责任。

公司以王某严重失职、严重违反规章制度为由作出解除决定，并对其具体的失职行为及违反规章制度行为进行了列举。首先，对于王某行为是否构成严重失职应结合王某的职责范围、失职程度等综合判断。公司系上市公司，从查明事实看，公司为依法经营配备了专门的部门及专门的人员加强公司内控并为此制定了一系列制度规定。上市公司信息披露的真实、准确、完整、及时、有效，有赖于全体董事、监事和高级管理人员全面尽责，实施必要的、有效的监督。这种监督包括通过日常履职和检查督促公司切实执行有关规则，及时督促公司改正，对拒不改正的及时向监管部门举报。这是公司法确定的高级管理人员应承担的义务。根据中国证券管理监督委员会上海监管局的行政处罚决定，作为公司高管的王某与其他高管一样对其在职期间公司发生的信息披露违法行为存在不可推卸的责任，应依照公司法承担相应责任。有关部门对于王某等高管的处罚即基于此。

根据《上海JH股份有限公司年报信息披露重大差错责任追究制度》，对发生信息披露重大差错的责任人追究责任的形式规定为：（1）责令改正并作检讨；（2）通报批评；（3）调离岗位、停职、降职、撤职；（4）赔偿损失；（5）情节严重涉及犯罪的依法移交司法机关处理。该制度对于责任追究的形式根据情节轻重分为多种形式。王某对公司发生的信息披露违法行为存在责任，但其毕竟不是最主要的责任人。而中国证券监督管理委员会上海监管局在行政处罚决定书中明确处罚幅度时已相应考虑了相关人员案发后积极配合调查与整改等情况。故公司主张王某的失职行为已达到足以解除劳动合同的程度依据尚不足。现公司以王某严重失职、严重违反规章制度为由作出解除劳动合同决定缺乏依据。

（三）HR、法务、律师三方观点

HR 观点

本案中有两方面的启示值得公司深思。

一方面，公司与王某的纠纷，除去案件中涉及的因素之外，还有一个非常重要的背景事件就是公司的实际控制人发生变化，由此导致公司管理团队异动。根据现代企业制度的基本原理，公司所有人需要选择自己所信任的高管来代为管理和经营，因此在实践中，一旦公司有控制权的股东发生变化，高管团队相应换血的概率是非常大的。

当然，无论从商业角度还是从人力资源管理角度考虑，这种股东更迭引发的管理层更迭也并非没有其他选择。在近年来对高科技企业的并购过程中，很多新进入的收购方就会要求保留原始管理团队，以保留公司最有价值的人力资源。

实际上在企业收购的过程中，作为收购一方的人力资源管理部门，应当提前做好收购完成后的人力资源整合方案。无论是立即更换管理层，还是保留管理层，或是逐步调整，都应当有计划和预案，否则就会陷入被动，最后两败俱伤。

另一方面，公司在对王某的处理上，是不是有更为妥当的选择，以避免最终对簿公堂呢？这里面就涉及公司在员工关系处理上对高管的特别安排了。本案中，引发公司解除与王某劳动合同的直接缘由是证监会对公司违反上市公司规则的处罚，作为主要管理者的王某被处罚当然无可指摘。但是，我们先不论其责任是多少，以及程度有多严重，只说在此情况下解除劳动合同的方式，公司实际上就有多种选择。除了以严重违纪为由单方面解除劳动合同外，还可以协商解除，或者是由劳动者主动辞职。可能有人会质疑说法律规定协商解除与主动辞职的情形并不适用本案，但是法律只是规定一个底线性的原则，在这个底线之上，法律并不会禁止双方进行任何的协商安排。而选择怎样的劳动关系解除方案，实际上不仅仅要考虑法律的合规性，还要考虑管理的效用。

基于王某的行为、职务和业内影响力，以及公司在并购后所面临的来自监管部门、证券市场、消费者和员工多方面的关注，公司都应当在作出决定前进行综合评估，从而作出对公司最为有利的选择。

法务观点

高管虽然位高权重，但有时变动也在转瞬之间。高管的变动，无非在于如下几个原因：过错违规、业绩下滑、老板换人、裁员。法务应对类似的高管解雇，应当坚守以下基本点：

（1）有理有据：原因不同，需要依据的解除理由和解除的程序也应当不同；适用的理由程序不同，可能会令解除的合法性出现不同的结果。例如，过错违规可能的理由是严重违反规章制度等，业绩下滑大体是要从"不胜任"的方向着手找依据；裁员的话，需要经过董事会决议、报备等流程；对于因为企业老总或是董事长新上任，要对向其直接汇报的高管进行大刀阔斧的更换，就需要和老总进行深入的沟通，权衡利弊，找到合规的操作依据。

（2）确定主体：跨国公司中的高管尤其是外籍高管，通常是国外公司派遣至中国工作的，那么解除劳动合同前还需要与国外的法务团队沟通具体的解除流程和依据，以免有与国内法相抵触的地方。集团型公司的高管也存在复杂的雇佣关系，对其任命的主体往往与劳动合同的主体并不一致。因此，解除的主体是外方公司还是中方公司，是母公司还是子公司，也都需要核对明确。

（3）保驾护航：能力越大，作用越大，破坏力也越大。高管位高权重，必然知晓很多企业的商业秘密。若签订有竞业限制或是保密合同理论上可以防范商业秘密的泄露，但实际操作中还是需要对整个解除流程进行缜密的安排。通常宁可赔偿一个月的工资作为代通知金，也不宜提前通知高管解除合同的事宜。操作时，有时甚至需要安排解除当天在全程监管下交接并即刻离开办公室——这虽然冷酷无情，但从公司安全角度考虑也确实必要。

（4）协商为上：虽然解除的决定是冷冰冰的，但操作却可以人性化。尤其在解除依据并不合理充分时，或是高管同时兼任公司的董事、监事等职务时，需要尽量促成劳动合同的协商解除，以避免纷争和业务交接受阻及高额的赔偿。

（5）善始善终：高管劳动合同解除后，对于后续的房屋租赁、车辆租赁等配备的其他福利的终止，也需要提醒相关业务部门核对清楚。高管变动涉及政府报备流程的，如法定代表人、负责人变更等，须及时完善和更新。

> **律师观点**

本案的争议焦点在于公司以王某严重失职为由解除劳动合同是否合法,然而比起案情本身来说,更值得我们注意的是王某的高管身份。实务中,对于具有高管身份的劳动者来说,最具争议性的即为高管职务的任免问题。

我国劳动法中对于高管员工并无特殊规定,《公司法》中也仅针对高管职务的任免作出过规定,即由董事会聘任或者解聘公司经理、副经理、财务负责人;由经理聘任或者解聘除应由董事会聘任或者解聘以外的负责管理人员。

本案中,公司方律师的代理策略可以有两方面:其一是证明违纪解除成立;其二是证明不能恢复劳动关系。如果第一项证明能够成立,则公司方可以获得案件的全面胜利;即使第一项证明未能被采纳,如果公司方可以完成第二项证明,则也可以获得不恢复劳动关系的裁判,从而以赔偿的方式减少损失。

而相应地,作为员工一方的律师,则需要在以上两点上都抗辩成立,否则最后的裁判结果可能是员工一方所不能接受的。

当然,本案的复杂性还在于案外有案,双方劳动关系的纠纷和处理结果与王某在公司的股权激励相关,如何运用这一案外案的因素,最终也会影响本案的实际审理结果。

但是,总体而言,法庭(仲裁庭)只是双方斗智斗勇的一部分,真正的较量贯穿于双方争议之前和裁判结果发生之后。谁输谁赢,无论哪一方都很难在整个事件结束前作出定论。

[类似案例]
金国兴与史带财产保险股份有限公司追索劳动报酬纠纷案((2016)沪 0115 民初 10223 号)

[思考题]
➢ 高管考核如何与公司经营成果挂钩?

第二节 外籍和港澳台员工

一、背景知识

20 世纪 80 年代,随着我国对外开放的不断推进,外资开始来华投资设厂,并带来了很多外籍的工作人员。2000 年以后,随着我国经济的蓬勃发展,本土企业也越来越多地聘请外籍专家、顾问和高级管理人员，还有不少外国人来我国创业或者就业；同时，越来越多的港澳台人员也看好内地的经济发展和机遇，前往内地创业或者就业。因此，港澳台员工和外国员工与用人单位发生争议的数量不断上升，成为劳动关系领域的一个新问题。

（一）法规制度

1. 外国人就业

外国人就业相关规定在立法上呈现出逐步细化和逐渐完善的趋势。我国于1986年出台的《外国人入境出境管理法》《外国人入境出境管理法实施细则》对于外国人来华就业并没有进行详细的规定，之后，随着来华就业的外国人日益增多，法律法规的内容也相应逐步细化。1996年出台的《外国人在中国就业管理规定》对于外国人在华就业进行了比较系统和详细的规范，包括就业许可、申请与审批、劳动管理、擅自就业和擅自聘用的罚则等方面。该规定于2017年被修订，现已成为规范外国人在华就业的主要法律依据。

此外，《关于加强外国人在中国就业管理工作有关问题的通知》《社会保险法》以及《最高人民法院关于审理劳动争议案件适用法律若干问题的解释（四）》等相关法律文件亦从外国人在华就业的就业认定、签证的申请与办理、异地派遣、劳动关系认定等不同侧面对外国人在华就业进行了细化规定。

（1）就业许可

依据《外国人在中国就业管理规定》，外国员工是指不具有中国国籍且没有取得定居权，但取得合法就业手续的劳动者。其合法就业手续一般是指《外国人就业许可证》《外国人就业证》和外国人居留证件。

当然，也有部分外国人无须办理以上证件即可在我国就业，如由我国政府直接出资聘请的外籍专业技术和管理人员，持有《外国人在中华人民共和国从事海上石油作业工作准证》从事海上石油作业、不需登陆、有特殊技能的外籍劳务人员，以及经文化部批准持《临时营业演出许可证》进行营业性文艺演出的外国人可免办就业许可和就业证。按照我国与外国政府间、国际组织间的协议、协定，执行中外合作交流项目受聘来我国工作的外国人以及外国企业常驻我国代表机构中的首席代表、代表可免办许可证书，入境后凭Z字签证及有关证明直接办理就业证。

（2）企业报批

依据《外国人在中国就业管理规定》，企业聘用外国人，须填写《聘用外国人就业申请表》，向其与劳动行政主管部门同级的行业主管部门提出申请，并提供拟聘用外国人履历证明、聘用意向书、拟聘用外国人原因的报告、拟聘用的外国人从事该项工作的资格证明、拟聘用的外国人健康状况证明以及法律、法规规定的其他文件。经行业主管部门批准后,企业方能持申请表到本单位所在地区的省、自治区、直辖市劳动行政部门或其授权的地市级劳动行政部门办理核准手续。根据行业主管部门的意见和劳动力市场的需求状况进行核准后,省、自治区、直辖市劳动行政部门或授权的地市级劳动行政部门应指定专门机构向企业签发许可证书。

企业报批环节同样存在例外情形。中央级用人单位、无行业主管部门的用人单位聘用外国人,可直接到劳动行政部门发证机关提出申请和办理就业许可手续。外商投资企业聘雇外国人,无须行业主管部门审批,可凭合同、章程、批准证书、营业执照以及其他规定文件直接到劳动行政部门发证机关申领许可证书。

(3) 劳动管理

《外国人在中国就业管理规定》明确,企业与被聘用的外国人应依法订立劳动合同,劳动合同的期限最长不得超过五年。企业支付所聘用外国人的工资不得低于当地最低工资标准。在我国就业的外国人的工作时间、休息休假、劳动安全卫生以及社会保险按国家有关规定执行。除此之外,相关立法对于在我国就业的外国人是否与我国员工同等享有其他法定劳动权利并无具体规定,如经济补偿金、赔偿金、代通知金等。司法实践中,各地对此存在不同的理解和做法。

原上海市劳动局1998年发布的《关于贯彻〈外国人在中国就业管理规定〉的若干意见》第16条规定:"用人单位与获准聘雇的外国人之间有关聘雇期限、岗位、报酬、保险、工作时间、解除聘雇关系条件、违约责任等双方的权利义务,通过劳动合同约定。"《上海市高级人民法院关于审理劳动争议案件若干问题的解答》(沪高法民一〔2006〕17号)第2条规定:"在国内就业的外国人适用中国劳动标准的问题:(一)原劳动部、公安部、外交部、原对外贸易经济合作部等四部门颁布的外国人在中国就业管理规定(劳部发〔1996〕29号)第二十二条、第二十三条规定的最低工资、工作时间、休息休假、劳动安全卫生、社会保险等方面的劳动标准,当事人要求适用的,劳动争议处理机构可予支持;(二)当事人之间在上述规定之外约定或履行的其他劳动权利义务,劳动争议处理机构可按当事人的书面劳动合同、单项协议、其他协议形式以及实际履行的内容予以确定;(三)当事人在上述(一)、(二)所列的依据之外,提出适用有关劳动标准和劳动待遇要求的,劳动争议处理机构不予支持。"

(4) 社会保险

《社会保险法》第97条规定:"外国人在中国境内就业的,参照本法规定参加社会保险。"因此,企业应依法为在华就业的外国人缴纳社会保险费。依据《在中国境内就业的外国人参加社会保险暂行办法》的相关规定,企业招用外国人的,应当自办理就业证件之日起30日内为其办理社会保险登记。在中国境内依法注册或者登记的企业、事业单位、社会团体、民办非企业单位、基金会、律师事务所、会计师事务所等组织依法招用的外国人以及与境外雇主订立雇用合同后,被派遣到在中国境内注册或者登记的分支机构、代表机构工作的外国人,应当依法参加职工基本养老保险、职工基本医疗保险、工伤保险、失业保险和生育保险,并按照规定缴纳社会保险费。

2. 港澳台人员就业

2018年7月28日,国务院印发《关于取消一批行政许可事项的决定》(国发〔2018〕28号),正式取消港澳台人员在内地的就业许可。8月23日,人力资源和社会保障部颁布《关于废止〈台湾香港澳门居民在内地就业管理规定〉的决定》(人力资源和社会保障部令第37号,以下简称"37号令")。① 自此,港澳台人员在内地的就业管理进入新的阶段。

根据《台湾香港澳门居民在内地就业管理规定》,港、澳、台人员在内地就业采取类似外国人在华就业的管理办法,需要办理就业证。此次国务院宣布取消这一行政许可,代表着这三地的居民在内地就业将获得与内地居民同等的待遇。

当然,因为劳动关系涉及方方面面,因此在具体的执行中还会有一个逐步调整的过程,其中在《劳动合同法》的全面适用、社会保险的全面享受、税收政策的执行方面还存在一些需要澄清的问题,需要相关部门进一步明确。

(二)管理相关知识

企业在处理外国人就业相关问题时,应注意以下几个方面的问题:

1. 依法办理相关手续

企业应积极配合相关部门对于来华就业的外国人的管理,如依法申请《外国人工作许可通知》并获得批准,同时协助办理和审查《外国人工作许可证》;外国人被批准延长在华就业期限或变更就业区域、单位的,企业应在相关事项变更之日起10日内到当地公安机关办理居留证件延期或变更手续。

2. 及时签订劳动合同

企业应当依法与被聘用的外国人订立劳动合同。由于文化背景的不同,很多外国人并无签订书面协议的习惯,通常是一个offer就到用人单位上班了。但是,考虑到我国《劳动合同法》的规定,即便双方的offer已经非常详细,企业依然应当主动签订书面劳动合同。

值得注意的是,劳动合同的期限最长不得超过五年,劳动合同期限届满即行终止,

---

① 资料来源:http://www.gov.cn/zhengce/2018-08/30/content_5317707.htm,2018年10月2日访问。

就业许可即行失效。需要续订的，企业应当在原合同期满前 30 日内，向劳动行政部门提出延长聘用时间的申请，经批准并办理就业证延期手续。

3. 依法管理外籍员工

企业既已与外国人订立了劳动合同，那么就应遵守相关的劳动法律法规。首先，企业支付给所聘用外国人的工资不得低于当地最低工资标准。其次，在我国就业的外国人的工作时间、休息休假、劳动安全卫生以及社会保险按国家有关规定执行。最后，依法缴纳社会保险费。

对于社会保险费的缴纳，需要注意我国与相关国家关于社保的互免协定。根据人力资源和社会保障部公布的信息，截至 2018 年 3 月，我国已先后与德国、韩国、丹麦、加拿大、芬兰、瑞士、荷兰、西班牙等国签署了社保互免协定，可以免除相关国家公民在华就业期间的相关社会保险费缴纳义务。此外，对于外国人是否强制缴纳社会保险费，全国各地的操作也存在差异。

除以上提到的三点外，对于解除劳动合同的情形、经济补偿金、服务期、违约责任等事项，企业应与外国人在劳动合同中作出明确的约定。对于用人单位与外国人在劳动合同中约定的有别于《劳动合同法》规定的内容，其效力在各地的司法实践中也存在不同的理解。有的地区以约定优先，有的地区以法定优先，操作中需要仔细甄别处理。

4. 妥善管理专业人员

根据《关于外国人在中国就业持职业资格证书有关问题的函》的规定，外国人在我国就业，从事国家规定的职业（工种）的，应持有相应的资格证书。由于我国目前尚未与其他国家签订职业资格证书互认协议，所以外国人在我国从事国家规定的职业（工种），原则上必须持有我国的职业资格证书。但也有例外，如西式烹调师、西式面点师等，外国人可以持本国政府或行业协会颁发的职业资格证书就业或上岗，该证书须经本国公证机关公证，公证证明应为中文或英文。

5. 依法解除劳动合同

企业与被聘用的外国人解除劳动合同后，应及时报告劳动、公安部门，交还该外国人的就业证和居留证件，并到公安机关为其办理出境手续。此外，对于因违反我国法律被公安机关取消居留资格的外国人，企业应解除劳动合同。

6. 依法扣除相关个税

外国人在华就业纳税主要涉及四个方面的问题：一是居民纳税人和非居民纳税人的区别；二是个人所得税法中有关外籍人员的纳税附加扣除标准以及国家税务总局关于外籍人员部分所得免税的问题；三是财政部、国家税务总局关于外籍人员纳税有关计征的三个通知;四是年收入12万元以上收入人员的纳税申报问题。对于这些问题,企业人力资源管理部门应当与财务部门协调一致,依法纳税并履行代扣代缴义务。

(三) 实务操作难点

1. 关系认定

关于外国人就业的争议常见于对企业与外国人之间的关系认定上。通常而言,企业与外国人之间可能存在两种关系,即劳动关系和民事关系。

认定企业与外国人之间存在劳动关系,一般需要同时满足三个条件:一是企业依法为外国人办理了就业证;二是外国人合法居留;三是双方存在实际用工。由于企业与外国人建立涉外劳动关系是行政机关根据企业的申请,经依法审查,准予外国人从事特定活动的一种行政许可行为,因此,就业证、居留证等相关证件的依法办理是劳动关系建立的前提;否则,即使存在实际用工,双方之间也难以被认定为劳动关系。①

未依法办理就业证、就业证未及时续签以及实际就业单位与就业证注明的用人单位不一致等是实践中经常出现的争议情形,在这三种情形下,法院一般不会认定双方之间存在劳动关系。

2. 法律适用

(1) 可否适用他国法

依据《外国人在中国就业管理规定》,用人单位与被聘用的外国人发生劳动争议,应按照我国《劳动法》和《劳动争议调解仲裁法》处理。该规定排除了外国就业者与我国的用人单位发生劳动争议时适用他国法的可能性。② 因此,企业与来华就业的外国人发生劳动争议的,应当适用我国相关法律法规规定。

(2) 可否适用《劳动合同法》

实践操作中,对于外国人在我国就业可否适用《劳动合同法》,全国各地司法部门的意见并不统一,导致不同法院对于相同法律问题作出的裁判往往不一致。

一种观点认为法定优先,根据现有法律规定,持有就业证的外国人在中国境内就业,可以与境内用人单位之间形成劳动关系。我国相关法律法规并没有把外国人就业产生的纠纷排除在《劳动合同法》的调整之外,也未对外国人来华就业作特殊规定,

---

① 《最高人民法院关于审理劳动争议案件适用法律若干问题的解释(四)》第14条规定:"外国人、无国籍人未依法取得就业证件即与中国境内的用人单位签订劳动合同,以及香港特别行政区、澳门特别行政区和台湾地区居民未依法取得就业证件即与内地用人单位签订劳动合同,当事人请求确认与用人单位存在劳动关系的,人民法院不予支持。持有《外国专家证》并取得《外国专家来华工作许可证》的外国人,与中国境内的用人单位建立用工关系的,可以认定为劳动关系。"

② 参见柴黎平:《有关外国人在华就业的劳动争议案件处理》,载《中国劳动》2012年第7期。

因此，对于此类纠纷，应当适用《劳动合同法》。

另一种观点认为约定优先，以上海地区为代表。上海地区的裁审实践在一定程度上尊重当事人的意思自治，即用人单位可以同外国人就聘雇期限、岗位、报酬、保险、工作时间、解除聘雇关系条件、违约责任等双方的权利义务，通过劳动合同进行约定，而对于最低工资、工作时间、休息休假、劳动安全卫生、社会保险等方面的劳动标准需符合劳动法律规定。

二、案例及分析

（一）基本案情

谷口健晃与 SKS 信息技术（上海）有限公司劳动合同纠纷案①

谷口健晃和 SKS 公司于 2009 年 8 月 3 日订立了期限自当日起至 2011 年 8 月 2 日的劳动合同，约定谷口健晃的工作职责为 AMEX 部门的客服代表。该份合同期满后，双方订立了期限自 2011 年 8 月 3 日至 2014 年 8 月 2 日的劳动合同，合同约定谷口健晃在运营担任 CSR（即客户服务代表）工作。上海市人力资源和社会保障局于 2013 年 5 月 9 日向谷口健晃签发了"中华人民共和国外国人就业证"，工作单位为 SKS 公司，职业为客户服务代表，有效期至 2014 年 5 月 3 日。

双方在劳动合同第 3 条中就双方终止、解除劳动合同的权利义务事宜作出约定："在合同期内，任何一方终止合同，需提前六十天书面通知对方，否则违约方应支付对方相当于二个月的补偿金以取代提前通知期。在合同期限内，乙方（即谷口健晃）所在项目终止或解除，劳动合同也随之终止或解除，但需提前三十天书面通知乙方。"

2013 年 8 月中旬，谷口健晃与 SKS 公司就项目结束调整工作岗位的事宜进行协商，因双方意见不一，未能达成一致。2013 年 9 月 6 日，SKS 公司向谷口健晃发出书面通知写明："谷口健晃，您好！由于您仍然不接受公司为您安排的转组工作，2013 年 9 月 6 日是您在我公司的最后工作日。公司已经于 2013 年 9 月 5 日至上海出入境管理局提交申请，根据上海市出入境机构给我们的指示：请您收到此通知后，必须在十个工作日内本人提交就业证及居留许可证至上海出入境管理局办理注销手续。逾期延误者，上海出入境管理局可能将在十个工作日后自动注销您在中国境内有效期内的就业证和居留许可证，并将影响您出境、再次入境，及下次申请工作签证等。……"

谷口健晃离职前 12 个月的平均工资为人民币 14321 元，工资结算至 2013 年 9 月

---

① 参见（2015）沪二中民三（民）终字第 9 号民事判决书。

6日。

谷口健晃于2013年9月23日向上海市劳动人事争议仲裁委员会申请仲裁,要求SKS公司支付解除劳动合同的经济补偿金71605元、支付代通知金14283元、出具离职证明和税单。该仲裁委员会于2013年11月25日作出沪劳人仲（2013）办字第815号裁决：（1）SKS公司于裁决书生效之日起10日内向谷口健晃支付代通知金14283元；（2）SKS公司于裁决书生效之日起10日内向谷口健晃出具离职证明；（3）对谷口健晃的其他请求（除出具税单的请求不予处理外）不予支持。谷口健晃对裁决不服，起诉至法院。

（二）双方观点及法院观点

双方观点

谷口健晃认为，在劳动合同存续期间，因为项目终止，可视为客观情势发生了变化，SKS公司通知其不用上班并停发工资，应视为SKS公司单方解除劳动合同；尽管在双方续签的合同中约定了"在合同期限内，乙方所在项目终止或解除，劳动合同也随之终止或解除"的条款，但违反了《劳动合同法》关于用人单位可以单方解除劳动合同的法定条件，故该条款无效。

SKS公司认为，2013年8月7日，公司正式向"美国运通"项目的全体员工宣布，该项目于2013年9月6日结束，并将所有员工转至其他的项目。在转项目的过程中，保持员工的工作地点、职位、薪资待遇不变，并按个人工作年限额外支付一笔感谢费。谷口健晃不接受公司的安排，并从2013年9月6日起旷工。SKS公司认为并未与谷口健晃解除劳动合同，只是正常工作调配，并提前30天通知了谷口健晃，故不同意谷口健晃的全部诉讼请求。

法院观点

劳动者的合法权益受法律保护。《外国人在中国就业管理规定》第22条、第23条规定，外国人在中国就业，工资不得低于当地最低工资标准，工作时间、休息休假、劳动安全卫生以及社会保险按国家有关规定执行；除上述规定之外的其他劳动权利义务，可按双方劳动合同或其他协议予以确定。若在上述政策规定及双方书面约定的依据之外，任何一方提出适用国家有关劳动标准和劳动待遇要求的，均缺乏依据。

本案中，谷口健晃、SKS公司签订的劳动合同对双方终止、解除劳动合同的权利义务仅作了"在合同期限内，乙方所在项目终止或解除，劳动合同也随之终止或解除，但需提前三十天书面通知乙方"的规定,并未对终止、解除劳动合同的经济补偿作过相关约定,故谷口健晃要求 SKS 公司支付解除劳动合同经济补偿金的主张缺乏依据,法院难以支持。

(三) HR、法务、律师三方观点

HR 观点

随着我国对外交流的不断扩大以及企业国际化程度的不断提高,在华就业的外籍人员也越来越多。从最初的外籍员工被派到在华企业或代表机构工作,到现在,有相当数量的外籍员工在中国境内被直接雇用。本案属于后者。

在实务操作中,无法对外籍员工和中方员工以相同的方式方法进行管理,企业 HR 必须在外籍员工的合规雇用上特别留意。

首先,需要特别关注的是外籍员工的工作许可问题。本案中,我们看到上海市人力资源和社会保障局于 2013 年 5 月 9 日向谷口健晃签发了《中华人民共和国外国人就业证》,工作单位为 SKS 公司,职业为客户服务代表。同时,在双方发生纠纷以后,公司方至上海出入境管理局提交申请,并告知员工,必须在十个工作日内本人提交就业证及居留许可证至上海出入境管理局办理注销手续。在这个环节上,公司的管控是到位的。

现实中,常常碰到由于用人单位疏于管理,外籍员工自己也稀里糊涂,导致外籍员工就业许可证过期后没有及时延期;或是外籍员工跳槽了而没有变更用人单位,导致外籍员工陷入本人需要离开中国,再次申请的窘境;用人单位也有可能因此被记入"黑名单",影响其他外籍员工的长期居留的申请。因此,企业 HR 在外籍员工的工作许可的管理上,要建立好管控流程,不可疏忽大意。还需要特别注意的是,外籍员工只能在就业许可的用人单位工作,不可以将外籍员工以派遣的形式,或者项目承包的形式,派去客户公司工作,由客户公司实施工作任务下达、绩效考核等管理行为。否则,行政机关将会作出罚款等相应的处罚。

本案的争议焦点在于合同约定是不是优于《劳动合同法》的规定。在对外籍员工的管理中,虽然司法实践中观点并不统一,但是在管理上,有约定总比没有约定好。本案中,双方约定"在合同期内,任何一方终止合同,需提前六十天书面通知对方,否则违约方应支付对方相当于二个月的补偿金以取代提前通知期。在合同期限内,乙方(即谷口健晃)所在项目终止或解除,劳动合同也随之终止或解除,但需提前三十天书面通知乙方"。如果没有这一约定,企业的主张将很难得到法院的支持。

法务观点

外资企业由于国外总部的统一要求，有些关键岗位或是管理岗位会引入外籍人员，这在500强的大型公司内尤为常见。对于此类员工，由于其特殊的国籍身份，在录用、管理等过程中都需要关注个人的管理差异性及与其他员工的管理统一性。

外籍员工进入中国当地公司工作，通常有两种方式，一种是中国当地公司直接雇用；另一种是国外公司外派至中国当地工作。法务在协助人力资源管理部门办理相关手续的过程中，需要思考处理好以下几个合规问题，并作出相应的协议安排：（1）在中国当地签订的劳动合同如果与在国外签订的合同有抵触，应如何处理？（2）外籍员工由于不了解中国政策不愿意签订当地合同，应如何处理？（3）登记备案的格式合同与真实情况有差异是否合规？（4）如何可以防止国外总部和国内公司两方被要求重复承担同一责任？

对于由外国公司派驻中国的外籍员工，公司通常会给予一个打包的福利，包括住房、医疗、子女教育、搬家、探亲假等，以弥补其长期在本国以外工作、生活所产生的额外成本。根据外籍员工期限短、变化快的特征，在具体落实相关福利的时候需要通盘考量许多问题，如住房租赁合同中是否设置了灵活的提前终止条款、是签订租车合同还是包车（带司机）合同、实际的租客是否可以变动，以及外籍员工原有的医疗、意外等保障保险情况是否能涵盖目前的异国工作状况等。

此外，外籍员工通常位居级别较高的关键岗位或是管理层，比较容易接触到公司的商业秘密，与其就保密、竞业限制所作的约定一定要完整，对于国内外立法不同之处如竞业限制的补偿等，应当事先告知国外高层。

律师观点

本案的争议焦点在于，SKS公司根据约定提前通知员工提前终止劳动合同的行为是否合法。当然，有关这一问题的答案，并非取决于约定内容是否合法、合理，而是外国人在中国就业是否当然地适用《劳动合同法》中解除、终止劳动合同的相关规定。

对于上述问题，司法实践中是存在较大分歧的。作为用人单位与外国劳动者的律师，应当清晰地了解上述问题在争议处理地仲裁机构或法院的倾向性理解，并以此建立自己的证据链和说理逻辑。

常规而言，作为外国劳动者一方的律师相对比较被动，因为中国劳动法律所提供的保护并不完整。即便是持全面适用《劳动合同法》观点的法官，也无法轻易判决违法解除外国人劳动合同的用人单位恢复劳动关系。因为这里涉及就业许可的办理，如果没有用人单位的主动申请，就业许可就无法办理；如果就业许可缺失，劳动关系就无法实际恢复。因此，在本案中，劳动者一方并未主张恢复履行劳动关系，而是主张了赔偿。

虽然恢复劳动关系比较难，但是双方达成和解并非不可能。因此，在涉及外国人的劳动争议中，双方妥协达成和解是对双方更有利的选择，不仅减少了时间、精力、金钱的投入和损耗，可以避免两败俱伤甚至不可控的风险，还可以避免双方的名誉受损。当然，调解可以在仲裁庭或者在法院由仲裁员或者法官的主持下进行，也可以寻找第三方的调解组织进行调解，甚至双方的代理律师也可以直接开展无中间调停人的协商。

[类似案例]

中国惠普有限公司上海分公司与冷虹劳动合同纠纷案((2015)沪二中民三（民）终字第4号）

[思考题]

➢ 劳动合同期内，外国人就业证到期是否可以终止劳动关系？

第三节 跨境用工

一、背景知识

(一) 法律制度

随着经济全球化的不断深入，近年来，跨境用工已经成为一种越来越常见的用工方式，主要包括对外工程承包、对外劳务派遣以及企业外派员工三种形式。

1. 相关概念

由于高位阶立法的缺失，无论是实务领域还是理论界对跨境用工的相关概念都缺乏系统、科学的界定，比较混乱。

从输出途径来看，对外劳务合作多依靠对外工程承包和对外劳务派遣这两种方法。商务部的数据显示，2017年1—9月，我国对外劳务合作派出各类劳务人员46.1万人，较上年同期增加2.5万人，其中承包工程项下派出19.3万人，劳务合作项下派出26.8

万人。①

对于对外劳务合作,《对外劳务合作经营资格管理办法》(商务部、国家工商总局令2004年第3号)第3条规定:"对外劳务合作是指符合本办法规定的境内企业法人与国(境)外允许招收或雇佣外籍劳务人员的公司、中介机构或私人雇主签订合同,并按合同约定的条件有组织地招聘、选拔、派遣我国公民到国(境)外为外方雇主提供劳务服务并进行管理的经济活动。"这实际上是对外劳务派遣的一种表述。

所谓外派员工,是指接受中国企业内部管理制度的管理,代表企业在境外全资、控股子公司或参股公司出任公司岗位的人员。②

2. 法律适用

《对外贸易法》第2条规定:"本法所称对外贸易,是指货物进出口、技术进出口和国际服务贸易。"一方面,在我国立法和司法实践中,国际服务贸易包括对外劳务合作,这与国际通行的规定相一致。另一方面,《WTO服务贸易总协定》列举了国际服务贸易的四种形式,其中也包括对外劳务合作。其第1条第2款明确规定:"为本协定之目的,服务贸易定义为:……(d)一成员的服务提供者在任何其他成员境内以自然的存在提供服务。"因此,对外劳务输出的法律实质是国际服务贸易。

对外劳务合作主要存在三方法律关系,一是对外劳务合作企业与外派劳务人员之间的中介关系;二是境外雇主与外派劳务人员之间的雇佣关系;三是对外劳务合作企业与境外雇主之间的合同关系。由于主要法律关系即劳务合作企业与外派劳务人员之间的关系是平等主体间的民事合同法律关系,因此应适用《合同法》调整。此外,从行业管理的角度来讲,对外劳务合作还受《对外贸易法》《对外劳务合作管理条例》以及《境外就业中介管理规定》等法律法规的规制。③

2012年颁布施行的《对外劳务合作管理条例》是国务院为加强对外劳务合作监管所制定的行政法规。《对外劳务合作管理条例》第23条规定:"除本条第二款规定的情形外,对外劳务合作企业应当与劳务人员订立书面服务合同;未与劳务人员订立书面服务合同的,不得组织劳务人员赴国外工作。服务合同应当载明劳务合作合同中与劳务人员权益保障相关的事项,以及服务项目、服务费及其收取方式、违约责任。对外劳务合作企业组织与其建立劳动关系的劳务人员赴国外工作的,与劳务人员订立的劳动合同应当载明劳务合作合同中与劳务人员权益保障相关的事项;未与劳务人员订立

---

① 参见王祥军、黄萱:《我国对外劳务派遣工权益的法律保护》,载《三明学院学报》2018年第6期。
② 参见陈微微:《"走出去"企业对外派员工管理风险防控的法律思考》,载《社科纵横》2016年第5期。
③ 参见朱中华、潘咏春、王平:《对外劳务输出与劳务派遣的法律适用》,载《国际经济合作》2010年第3期。

劳动合同的，不得组织劳务人员赴国外工作。"

对于外派员工来说，虽然其工作地点在境外，但其仍受中国企业内部管理制度的管理，与国内企业的法律关系并未发生改变。"外派员工与中国企业仍是劳动合同关系，即外派员工由用人单位进行直接管理和安排，在外派期间代表用人单位在企业指定的工作地点（境外）、工作时间和工作岗位付出劳动，并获取由用人单位发放的劳动报酬。"① 因此，外派员工与中国企业之间的关系受中国劳动法调整。

（二）管理相关知识

全球化管理带来的挑战在于，在一个国家奏效的管理活动在另一个国家可能不起作用。企业面临在不同国家和人群中存在的政治、社会、法律以及文化方面的差异。② 因此，跨国企业的人力资源管理者如何迎接全球人力资源管理的挑战，是一个全球性的难题。

国际人力资源管理被定义为企业为应对自己的国际化运营带来的人力资源挑战而采用的人力资源管理观念和技术。一般来说，国际人力资源管理主要关注三个主题：（1）全球公司的人力资源管理（例如，针对那些在国外工作的员工进行甄选、培训和薪酬管理等活动）；（2）对外派员工（即被企业派到国外工作的员工）的管理；（3）人力资源管理实践在不同国家间的比较。③

由于一国的立法很难对国际用工作出全面的规范，同时境外用工与境内用工相比往往面临更多不可控的风险，因此企业对于被派往境外工作的员工，无论是在人员甄选、培训，还是在绩效考核、回国安置等各阶段的管理方面，都应力求审慎、合规。

1. 员工甄选

能够被派往境外工作的人员一般都具备与其外派岗位相称的管理水平或专业技能，除此之外，企业在作出外派决定时还应对这些人员的身体状况、政治思想水平、情商、人格、服从力、执行力等方面进行多纬度的考察，剔除可能给其自身和企业带来风险的人员。

2. 员工培训

企业对拟派员工的培训要有针对性，培训的主要内容应包括语言培训、人文素养培训、国情培训等。着力提高海外员工本地化率能使其更快地了解当地文化习俗，促进其更好地与当地融合，降低员工遭遇风险的可能。同时，企业还应系统地对拟派员

---

① 陈微微：《"走出去"企业对外派员工管理风险防控的法律思考》，载《社科纵横》2016年第5期。
② 参见〔美〕加里·德斯勒：《人力资源管理》，刘昕译，中国人民大学出版社2017年版，第618页。
③ 同上书，第619页。

工进行风险防范和自我保护知识的专项培训,增强员工的风险防控能力,避免员工发生意外。

3. 绩效管理

为优化管理海外员工,最大限度地调动员工的工作积极性,从而保证企业海外战略目标的实现,企业对海外员工也应实行绩效管理。值得注意的是,海外员工的绩效考核办法不宜与国内员工的绩效管理制度相同,而应充分结合外派国国情、海外业务和境外岗位的实际情况,科学制定考核标准和指标,通过客观且全面的评估对员工工作行为、工作业绩起到正面的引导与激励。

4. 人文关怀

长期境外派驻的员工往往会在心理上和情感上与企业总部较为疏离,影响员工的归属感。对此,企业可通过互联网即时聊天工具、电子邮件、员工 BBS 等方式与海外员工进行即时联通,还可以通过企业 OA 办公平台、业务交流等活动加强与海外员工的联系,以增强海外员工对企业的认同感、安全感、使命感和成就感;同时,通过温暖海外员工的心,稳住海外员工的人,减少员工流失率,降低核心技术、规划发展战略等商业秘密被泄露的风险。

5. 回国安置

企业对于结束外派,回国工作的员工的管理也应制度化,体现公平性与稳定性。海外员工对企业海外战略的顺利实施所做的贡献非同一般,企业对这类人员的后续安置最好以企业员工管理制度的形式加以明确,不可随心所欲、朝令夕改,相近贡献的回国员工应尽可能在类似岗位妥善安排,对于临危授命或对企业有重大贡献的回国员工则应进行嘉奖,做到赏罚分明,以此增强企业凝聚力,避免回国员工的心理落差。①

(三)实务操作难点

1. 关于工伤

对于企业来说,工伤是境外用工中最常发生的风险之一。对此,《工伤保险条例》第 44 条规定:"职工被派遣出境工作,依据前往国家或者地区的法律应当参加当地工伤保险的,参加当地工伤保险,其国内工伤保险关系中止;不能参加当地工伤保险的,其国内工伤保险关系不中止。"

同时,《对外劳务合作管理条例》第 13 条规定:"对外劳务合作企业应当为劳务人员购买在国外工作期间的人身意外伤害保险。但是,对外劳务合作企业与国外雇主约定由国外雇主为劳务人员购买的除外。"

---

① 参见陈微微:《"走出去"企业对外派员工管理风险防控的法律思考》,载《社科纵横》2016 年第 5 期。

此外，由于在境外工作的劳动者往往面临不同的政治、经济、文化环境，法院在处理工伤认定相关争议时通常会认为在境外工作的劳动者有可能遭遇更多的人身风险，从而倾向于作出对劳动者有利的判决。因此，对于企业来说，无论是将自己的员工派驻到境外全资、控股子公司或参股公司，还是通过劳务输出或派遣的方式雇用、录用员工，均应严格按照法律规定为在境外工作的员工缴纳工伤保险费或购买相应的商业保险，以降低企业风险。

2. 关于员工流失

被派往境外工作的劳动者中一部分是从事施工工程、加工业、服务业或远洋运输业等行业的基层劳动者，另一部分则是专业技术人员和高级管理人员。近些年来，各国纷纷出台优厚的人才引进政策，一方面，企业的专业技术人员或高级管理人员往往是各国争相引进的对象；另一方面，这些人员或是手中掌握着企业大量的商业秘密，或是由企业花重金培养，一旦流失将会对企业的发展造成重大的打击。因此，企业在境外用工的过程中应从制度上防范此类事件的发生。

首先，注重商业秘密的保护。对此，一方面，企业应从商业秘密的"秘密性""保密性"和"实用性"三个特征出发严格界定企业内部商业秘密的范围、载体、保密措施等事项，具体可通过保密制度、保密协议以及劳动合同中的保密条款予以体现；另一方面，企业应密切关注劳动者与第三方的邮件往来、通信记录以及相关的视频监控等，并注意证据留存。此外，企业可以在规章制度中规定侵犯商业秘密的行为属于可以解除劳动合同的严重违纪行为，并明确列举常见的侵犯商业秘密的情形。

其次，重视约定服务期。对于境外工作期间企业提供专项培训费用对劳动者进行专业技术培训的，企业可以与劳动者约定服务期。劳动者一旦违反服务期的约定，企业即可以据此主张违约金。需要注意的是，根据《劳动合同法》的相关规定，第一，订立服务期的前提是"用人单位为劳动者提供专项培训费用，对其进行专业技术培训"，因此，企业应保留培训费用相关发票、收据等能够证明具体数额的货币支付凭证；第二，约定的违约金数额不得超过企业提供的培训费用，且企业要求劳动者支付的违约金不得超过服务期尚未履行部分所应分摊的培训费用；第三，根据《劳动部办公厅关于试用期内劳动合同处理依据问题的复函》（劳办发〔1995〕264号）的规定，"用人单位出资（指有支付货币凭证的情况）对职工进行各类技术培训，职工提出与单位解除劳动关系的，如果在试用期内，则用人单位不得要求劳动者支付该项培训费用"，因此，不建议企业与试用期员工作有关服务期的约定。

二、案例及分析

(一) 基本案情

顾某某与中国上海 W（集团）有限公司确认劳动关系争议案[①]

2008 年 4 月 1 日，中国上海 W（集团）有限公司（以下简称"W 公司"）与江苏省启东市 ZC 劳务技术服务有限公司（以下简称"ZC 公司"）签订劳务合作代理协议，双方约定：甲方（W 公司）受乙方（ZC 公司）委托，代理乙方向新加坡 XY 建筑有限公司（雇主）（以下简称"XY 公司"）派遣劳务工人事宜。协议中约定，W 公司与雇主 XY 公司签订的劳务合作合同中，W 公司的责任由本协议中的 ZC 公司承担。

2008 年 4 月 23 日，顾某某与 W 公司签订工人派遣合同书，约定甲方（W 公司）经新加坡雇主委托，公开招收建筑工人，乙方（顾某某）自愿应招，并通过新加坡政府考试或已具有工种考试合格证被招用。同时约定：乙方遵照执行新加坡雇主实行的工资制，遵照执行雇主制定的劳动纪律和各项规章制度，服从工作需要和雇主管理人员的安排；乙方的工资由新加坡雇主支付。同月，顾某某赴新加坡工作。

2008 年 11 月 5 日，W 公司与新加坡雇主 XY 公司签订了劳务合作合同，明确顾某某的工资由 XY 公司发放。

2008 年 12 月 1 日，顾某某在新加坡遭遇车祸。新加坡交通警察部认定，顾某某犯有违反道路交通（高速公路交通）规则 14A（3）穿越高速公路规定的交通犯规行为。2009 年 5 月，顾某某回国。2009 年 11 月，江苏省如东县对外贸易经济合作局致函 W 公司，载明：我县出国劳务人员顾某某之妻反映，顾某某在新加坡工作期间因交通事故受伤，要求我局协调处理。我局接访后，经查，该项目由贵公司与 XY 公司签约，劳务人员经 ZC 公司中介，由贵公司外派。现要求贵公司与 ZC 公司一同商洽处置事宜。

2009 年 12 月 24 日，顾某某向上海市卢湾区劳动人事争议仲裁委员会申请仲裁，要求确认与 W 公司存在劳动关系。

(二) 双方观点及法院观点

双方观点

顾某某主张双方存在劳动关系，声称：W 公司于 2008 年 3 月与新加坡的 XY 公司签订合同，拟于 4 月派出一批建筑工人。合同约定，W 公司对派出的工人应加强劳动

[①] 参见（2010）卢民一（民）初字第 690 号民事判决书。

管理，并指派专员赴新加坡处理工人问题，派出工人的工资由 XY 公司支付。4 月，W 公司录用包括顾某某在内的 31 人作为派出员工，并以此向江苏省如东县对外贸易经济合作局及如东县公安局备案。同月，W 公司派顾某某赴新加坡工作。同年 12 月，顾某某在新加坡的上班途中因交通事故受伤。2009 年 11 月 12 日，顾某某向上海市劳动保障行政部门申请工伤认定，但工伤部门认定双方不存在劳动合同。故起诉要求确认与 W 公司存在劳动关系。

W 公司辩称，双方不存在劳务或劳动关系。公司只是代 XY 公司办理雇用的工人的出国手续。

W 公司确认顾某某于 2008 年 4 月到 XY 公司工作，但这不是公司派遣的。公司是受 ZC 公司的委托，为到 XY 公司工作的员工办理出境手续。公司仅仅办理顾某某的出国手续，并未录用顾某某。顾某某与 ZC 公司究竟是何种关系，W 公司并不了解。故不同意顾某某的诉请。

法院观点

劳动关系的根本特征是用人单位和劳动者之间付出劳动与支付劳动报酬、管理与接受管理的权利义务关系。劳动者作为劳动法律关系的一方，必须加入作为用人单位的企事业单位或其他组织，成为其中的一员，参加生产劳动，并遵守劳动法律法规及单位内部的规章制度；而用人单位则必须按照劳动者的劳动数量或质量给付其报酬，提供工作条件，并不断改进劳动者的物质文化生活。

顾某某、W 公司签订的工人派遣合同书明确约定顾某某应当遵守新加坡雇主制定的劳动纪律及规章制度，顾某某的劳动报酬由新加坡雇主支付。这一约定表明顾某某并不是接受 W 公司的管理而进行劳动，也不是由 W 公司支付劳动报酬。双方的合同中并未约定 W 公司作为用人单位而应当承担的任何义务。顾某某在此并没有证据证明系为 W 公司提供劳动，并接受 W 公司的管理。

顾某某与 W 公司之间的派遣合同及 W 公司与 XY 公司签订的劳务合作合同，均基于 W 公司与 ZC 公司签订的劳务合作代理协议所为，也是因 W 公司具有特殊资质而产生。因此，顾某某在新加坡企业工作，并非基于与 W 公司建立了劳动关系。顾某某与 W 公司之间的权利义务不符合劳动法律关系的特征。

至于顾某某主张 W 公司不具有境外就业中介的资质，顾某某当属外派劳务，系与 W 公司建立了劳动关系，对此，本院认为，W 公司是否具有境外就业中介的资质，并不由民事案件予以确认。退言之，即便 W 公司无此中介资质，也只能说明其违反了行政法规，但顾某某与 W 公司之间的法律关系仍应按照双方实际权利义务来确定。如若 W 公司违规，不能当然地推断出顾某某与 W 公司建立了劳动关系。

顾某某出境工作，并非由 W 公司招募，而是 W 公司接受 ZC 公司委托，代为办理相关输出工人的手续。顾某某与 W 公司之间不具有建立劳动关系的特质，故顾某某要求确认与 W 公司存在劳动关系，于法无据，本院不予支持。

（三）HR、法务、律师三方观点

HR 观点

关于本案所涉及的问题，企业 HR 在日常工作中，一般很难遇到。本案涉及的是对外劳务合作中的权利义务关系问题。但其中几个关键点，作为企业 HR 有必要了解。

第一，对外劳务合作的行政管理部门是国家商务部，而非国家人力资源和社会保障部。从行政管辖权来看，就可以理解本案中法院为什么没有认定顾某某和 W 公司存在劳动关系。根据规定，从事对外劳务合作的企业须经商务部许可，依据《对外劳务合作经营资格管理办法》取得对外劳务合作经营资格，并在领取对外劳务合作经营资格证书后，方可开展对外劳务合作经营活动。从事对外劳务经营的公司属于特许经营的范围，必须取得经营资格后才能从事对外劳务服务。

第二，本案中存在诸多违规操作的情况，应当在实际操作中避免。根据《商务部关于执行〈对外劳务合作经营资格管理办法〉有关问题的通知》的规定，经营公司应有组织地招聘、选拔、培训和派遣劳务人员，并承担派出后的管理责任，不得为其他企业、单位或个人代理外派劳务业务，也不得接受其他企业、单位或个人"挂靠"经营或承包经营。经营公司委托其他企业或单位代为招收劳务人员，可根据《合同法》的规定，与受托企业或单位签订委托招收外派劳务人员协议，并向其出具授权书，报地方商务主管部门备案。

从规定上看，仅仅是劳务人员招募环节可以委托第三方进行，而本案中，第三方 ZC 公司几乎承担了境外劳务合作中绝大多数的管理工作。一方面，W 公司存在是否具有对外劳务经营的资质的问题，同时接受了 ZC 公司挂靠经营的模式。根据规定，地方商务主管部门应按照属地原则和"谁对外签约，谁负责"的原则处理争议。W 公司应该对整个事件负起合同约定范围内的责任。

第三，随着"一路一带"倡议的推进，越来越多的中国企业走出了国门，也有很多的中国员工要去海外分支机构工作，还有一些在华外资企业，将中国员工外派至海外母公司学习、工作。针对各种情况，HR 要根据各国对于外籍人员就业的相关规定办理相应的手续，注意劳动合同的期限和外派时间的一致性，协商解决好外派期间的工资发放、合理纳税、完善福利等事宜。

法务观点

随着中国企业"走出去"战略的实施，越来越多的企业进行跨境用工，特别是向海外派驻员工的情形逐渐多了起来。作为公司合规风险的管理者，法务有责任帮助企业在走出去的过程中规避用工风险。

本案是一个代理机构与赴海外就业的劳动者之间发生的争议，因为整个事件涉及多方主体，立场不同、角色不同，相应的权利义务也不同，自然法务的因应也是不同的。

作为 W 公司的法务，他在法庭上的表现已经非常出色，用充分的举证和说理完全地说服了法官，赢得了诉讼。这也从一个方面看出 W 公司在业务开展之初对风险防控的管理是到位的，相关的协议约定起到了很好的"防火墙"作用。

但是，如果超越 W 公司自身利益的立场来看，W 公司在业务开展中显然并没有充分为赴外劳作的员工考虑和主张相关权益，即便 W 公司只是名义上的手续代办机构，实际的对外操作是 ZC 公司。

因为从国家对对外劳务合作管理制度的设置来看，就是希望有资质的服务企业，尤其是国有企业能够肩负起维护中国在外劳工权益的职责。因此，作为国家授权有资质的 W 公司，应当充分预见到中国与新加坡两地在工伤、社保等方面的制度差异，为顾某某等赴外劳工提供额外的保险保障，或者向新加坡雇主主张更多的当地保障和保险。

因此，人力资源法务合规不仅仅要符合中国法律的要求，在涉外交往中，还要考虑外国的相关法律制度，一方面充分合规，遵守当地的法律；另一方面也要充分维权，利用好当地的法律保护中国赴外的劳工。这是取得国家授权特许经营的对外劳务服务机构应当要考虑的企业社会责任。

律师观点

本案的争议焦点在于顾某某与 W 公司是否存在劳动关系。

本案中存在四方主体，一是劳动者顾某某，二是国内派遣代理单位 W 公司，三是项目招揽单位 ZC 公司，四是实际用工单位 XY 公司。其中，W 公司与 ZC 公司订立有劳务合作代理协议，约定W公司受ZC公司委托，代理ZC公司向XY公司派遣劳务工人，在具体的劳务派遣和管理过程中，由ZC公司与XY公司直接进行联系，W公司仅负责出具办理护照所需的文件和办理外派劳务项目报批手续；顾某某与W公司签订有工人派遣合同书，约定顾某某遵照执行XY公司实行的工资制、劳动纪律和各项规章制度，服从XY公司管理人员的安排，工资由XY公司支付；W公司与XY公司签订有劳务合作合同，约定派出工人的工资由XY公司支付。因此，仅就各方之间订立协议的情况来看，并未有证据证明顾某某为W公司提供劳动、接受W公司的管理或由W公司向其支付劳动报酬，故双方不存在劳动关系。

跨境用工中，由于各国的政治、经济、文化等发展情况各不相同，常常导致在境外工作的劳动者面临更多的人身或财产风险。尤其是在跨境劳务派遣的情况下，由于境外就业中介资质等条件的制约，多家公司共同促成跨境用工的现象普遍存在。此时，由于存在多方主体，往往导致法律关系混乱、用人单位义务不明、劳动者权益无法落实等情况。一旦发生劳动争议，多家公司可能需要承担连带责任。因此，在境外用工中，各方主体应更多地关注各自权利义务的约定，尤其针对劳动关系双方主体的确定、劳动者人身意外损害赔偿等事项，应事先加以明确。

[类似案例]

高宇与北京冠安安防技术开发公司等劳动争议纠纷案（（2014）一中民终字第02952号）

[思考题]

➢ 员工跨境工作，劳动报酬如何发放？

第十一章

企业合规管理及争议

○ **本章概要**

如果说合规经营是企业经营的基本原则的话,那么本章所涉及的合规问题则是现代企业经营管理中矛盾愈发凸显的方面,这其中不仅包括以商业贿赂、营私舞弊为典型代表的职务类案件,也包括欺诈、破坏生态环境等决策类事项。做好企业内部的合规管控,不仅是维护投资者利益的核心手段,也是促进企业合法经营的重要机制。

第一节 商 业 贿 赂

一、背景知识

(一) 法律制度

对于商业贿赂,我国《反不正当竞争法》第 7 条规定:"经营者在交易活动中,可以以明示方式向交易相对方支付折扣,或者向中间人支付佣金。经营者向交易相对方支付折扣、向中间人支付佣金的,应当如实入账。接受折扣、佣金的经营者也应当如实入账。经营者的工作人员进行贿赂的,应当认定为经营者的行为;但是,经营者有证据证明该工作人员的行为与为经营者谋取交易机会或者竞争优势无关的除外。"

此外,国家工商行政管理局曾出台《关于禁止商业贿赂行为的暂行规定》,在《反不正当竞争法》的基础上,对于商业贿赂的定义、表现形式以及违法后果等进行了更加详细的释明,比如,何为回扣、折扣、佣金、账外暗中、明示和入账等,对于商业贿赂行为的认定和处罚提供了更加明确的判定标准。同时,该规定也作了与《反不正当竞争法》类似的规定:"经营者的职工采用商业贿赂手段为经营者销售或者购买商品的行为，应当认定为经营者的行为。"

根据以上规定可以看出，商业贿赂作为一种被立法明令禁止的违法行为，即便实际行为人是企业的职工，企业仍需承担主体责任，除非企业能够证明员工行为与为经营者谋取交易机会或者竞争优势无关。但截至目前的劳动立法中，尚未出台直接规制劳动者商业贿赂行为的条款或规定，因此实践中常常将劳动者商业贿赂行为作为违反规章制度的一种情形，依据《劳动合同法》第39条第2款进行处理。

但是，商业贿赂行为不仅可能违规，还可能构成犯罪。2008年11月20日，最高人民法院、最高人民检察院联合发布的《关于办理商业贿赂刑事案件适用法律若干问题的意见》第1条明确规定，商业贿赂犯罪涉及刑法规定的非国家工作人员受贿罪、对非国家工作人员行贿罪、受贿罪、单位受贿罪、行贿罪、对单位行贿罪、介绍贿赂罪和单位行贿罪等8个罪名，虽然对商业贿赂及商业贿赂犯罪没有下定义，但是为司法机关惩治商业贿赂犯罪提供了统一的执法标准。①

（二）管理相关知识

虽然说员工的商业贿赂行为的实施是一种个人行为，但是由于员工的职场角色和商业贿赂行为的利益获得，用人单位在其中往往也难辞其咎。所以，用人单位在日常管理中是否履行了相关的管理职责，是否在员工的商业贿赂行为中存在豁免或者减轻处罚的情形，是企业人力资源管理和法务管理非常重要的课题。

在美国，从1991年开始，美国联邦政府的审判指南会对那些受控存在不道德行为，但却制定了道德行为准则和实施了道德培训的公司减轻处罚的力度。② 2002年颁布的《萨班斯—奥克斯利法案》进一步强化了企业在这方面的责任。

以此为鉴，为了尽可能避免商业贿赂行为的发生，企业一方面需要制定严格的相关政策和行为规范，严肃表明对于商业贿赂行为的反对态度；另一方面则需要通过打造组织文化，倡导正确的价值观和行为方式，引导和规范员工的日常行为。

1. 制定道德政策和行为规范

企业可以用来表明自己对道德具有严肃态度的一种"外部力量"是，制定有关伦理道德的政策和行为规范。③ 例如，在IBM公司制定的道德行为规范中就包括这样一段话：④

---

① 参见邓中文：《商业贿赂犯罪概念的界定》，载《商业研究》2010年第11期。
② 参见〔美〕加里·德斯勒：《人力资源管理》，刘昕译，中国人民大学出版社2017年版，第516页。
③ 同上书，第513页。
④ See IMB Business Conduct Guidelines, http: //www.ibm.com/investor/pdf/BCG2012.pdf, accessed September 12, 2018.

无论是你还是你的家人，都不能向任何人索要或接受其提供的会影响到或极可能会影响到 IBM 公司与此个人或组织之间关系的金钱、礼物或任何娱乐设施。如果你或你的家人接受了礼物（其中包括金钱），即使礼物并不是你们主动索要的，你也必须通知你的经理并采取适当的措施——比如退还或处理你收到的礼物。

由于法律规定的原则性以及处罚标准较高，因此企业宜将商业贿赂行为进行细化规定，并施以相当的处罚措施，将其明确写在员工手册或相关的专项制度中。

2. 加强培训教育

虽然我国法律并未对用人单位的道德行为准则培训作出明确的规定，但在实践中，这种培训是管理中不可或缺并且行之有效的预防措施。首先，培训教育本身就是一种让员工知晓企业行为规范和规章制度的有效方式，通过培训，可以将企业的规章制度有效地告知员工，并留下相关的记录；其次，培训教育所具有的教育职能，可以有效地避免员工在工作中的误操作，也可以警示员工，约束员工的行为。

（三）实务操作难点

此类争议常见于用人单位以劳动者存在商业贿赂行为，严重违反规章制度为由单方解除劳动合同，劳动者据此主张违法解除的情形。对此，用人单位需要从以下两个方面进行举证：

1. 管理依据

此处的管理依据包括规章制度和《劳动合同法》。当用人单位的规章制度直接把商业贿赂行为定性为严重违纪并可以立即解除劳动合同，且规章制度制定的程序合法时，用人单位即可在证明劳动者确实存在商业贿赂行为的基础上，以严重违纪为由直接解除劳动合同，且无须支付经济补偿金。

当用人单位的规章制度未对此种行为作出规制时，如果劳动者有从中获利的情节，那么用人单位可以援引《劳动合同法》第 39 条第 3 款的规定解除劳动合同，此时的解除理由为"营私舞弊，给用人单位造成重大损害的"。与违纪解除相比，用人单位在此种情形下需要承担更重的举证责任，不仅要证明劳动者的行为属营私舞弊性质，还需证明其行为给用人单位造成重大的经济损失。

2. 损害后果

正如前文所述，对于损害后果的证明并非此类争议案件中的必要条件，当用人单位直接以严重违纪解除劳动合同时，一般无须证明损害后果，除非规章制度中明确商业贿赂行为需达到一定金额方可视为严重违纪。

除此之外，对于损害结果的证明一般限于依据《劳动合同法》第 39 条第 3 款解除劳动合同的情形。对此，用人单位可以从以下三个方面进行证明：第一，劳动者通过商业贿赂的行为实际获取了经济利益；第二，用人单位因此产生了直接经济损失；第三，劳动者商业贿赂的行为虽未给用人单位造成直接经济损失，但对其造成其他损害，如对于公司内部管理秩序以及对外商业形象产生消极影响或对其他员工形成不良的示范效应等。

二、案例及分析

（一）基本案情

陈某与 PH 公司劳动合同纠纷案①

陈某于1999年3月进入 PH 公司工作，双方签订的最后一次劳动合同期限从2013年12月1日至无固定期限。

2013年第四季度左右，PH 公司接到举报，称陈某存在舞弊行为，因此，该公司于2014年1月22日找陈某谈话。PH 公司与陈某谈话的调查笔录中反映："Q（即 PH 公司）：购物卡有吗？A（即陈某）：100块的有。Q：哪个报关公司给的？A：每个报关公司都有送，上海的三家都送过联华 OK 卡。Q：一年给几次？A：中秋、过年的时候给。Q：从哪年开始给起的？A：2003年到2010年。……"

PH 公司的《员工手册》第73条规定："重大违纪行为是严重违反业务经营准则或公司政策、规章、制度的行为，包括但不限于：……Ⅲ、在代表公司经营业务时牟取私利，直接或间接（例如通过家属，其他渠道），从客户、经销商、供应商、合作伙伴或其他关系单位领取回扣、佣金、任何形式的酬金或实物的；……Ⅳ、未经公司事先书面批准，自行拥有或在公司客户、经销商、供应商、合作伙伴、竞争对手、家属处拥有与公司利益相冲突的职务、财产或经济利益的；……Ⅷ、违反业务规程的行为，包括但不限于：……Ⅴ、有意或无意向其他人泄露公司产品、公司客户信息、业务伙伴信息、为公司提供服务的第三方机构信息，包括但不限于审计机构和/或其他内部业务信息；……Ⅺ、本人或家属超越商务常规给予或接受业务伙伴款待（包括但不限于礼品、娱乐、宴请、旅游等）……"第78条规定："对于一般性违纪行为，第一次违反的员工将给予处分。第二次或以上，或者在任何一次经公司处分后拒不接受或不予改正的，此两种情况均属于重大违纪行为范畴。对于一次重大违纪行为，公司可立即解除劳动合同。公司解除劳动合同应按法律规定和劳动合同约定的程序办理。……"

---

① 参见（2014）浦民一（民）初字第35733号民事判决书。

2014年5月30日，PH公司以陈某严重违反用人单位的规章制度为由书面通知陈某解除劳动合同。陈某不服，提起仲裁申请，要求公司支付其违法解除劳动合同赔偿金1021404元。

(二) 双方观点及法院观点

双方观点

陈某认为，自己有一次收到客户的购物卡用于公司聚餐，这个行为不能被认定为商业贿赂；PH公司提供的《员工手册》不能作为解除劳动合同的依据，即使适用《员工手册》，也不能证明其严重违反了《员工手册》。

PH公司不同意陈某的观点，坚持其解除劳动合同的意见。

法院观点

根据PH公司提供的调查笔录显示，陈某确认在2003—2010年收取了供应商给的联华OK卡，陈某的行为显然违反了PH公司《员工手册》第73条第3款的规定，属重大违纪行为。PH公司根据《员工手册》第78条的规定，以陈某存在重大违纪行为为由解除双方的劳动合同并不违反法律规定，本院予以采纳。

对陈某主张其已告知上级领导，并得到了批准和允许，且相关费用亦在部门活动中用于消费，但其未就该主张提供充分证据予以证明，因此驳回陈某要求违法解除劳动合同赔偿金的诉讼请求。

(三) HR、法务、律师三方观点

HR观点

本案中，PH公司的《员工手册》中明确列明了在商业交往中被禁止的行为，并明确规定收受供应商礼品卡的行为属于重大违纪行为，以此解除劳动合同并无不妥之处。

但是，在日常管理中，如何界定收受商业贿赂和人情往来是一个令人头疼的问题。中国人讲究礼尚往来，节日送礼令很多人纠结：送还是不送？收还是不收？人情往来和受贿之间，红线在哪里？比如，有时候，合作了几十年的合作伙伴，渐渐成了朋友关系；也有时候，客户恰巧是老同学、老朋友。

甄别正常的人情往来与受贿行为，应根据双方之间人际交往是否与职务有关、是否合乎常理、相互间的往来是否对等，以及通常情况下普通人的行为和认知等经验法则来确定。具体来说，HR要从如下几个方面考虑：

（1）双方交往是否与职务有关。正常的礼尚往来是亲朋好友之间的感情交流，在礼节上注重有来有往，与职务行为无关。本案中，每逢过节，所有的供应商都送购物卡，肯定不是普通朋友之间的情谊传达。

（2）相互间的往来是否对等。收受礼金的一方，从来没有回赠行为或回赠的意思，就不能算是正常的人情往来，数额较大的，应认定为受贿行为。

（3）金额是否合理。通常情况下，婚丧嫁娶、金榜题名等，朋友间的表示数额为几百元不等，特殊感情的也最多在千元上下。如果供应商为此送上万元的红包就与常理不符，也不符合普通人的行为和认知，就有回扣返点的嫌疑。

（4）是否用于集体团建。在企业经营过程中，有些行业有礼尚往来的规则。特别是公司的高层，如果一概拒绝，也不利于和合作伙伴保持良好的关系。如果把收到的礼物统一交给办公室保管，并登记入册，到年底公司年会的时候，用于员工抽奖的奖品，不失为一种好的做法。

（5）是否报备入账。无论金额大小，如果不是正常的人情往来，据为己有都是一种不当的行为；如果向公司报备并入账，不仅可以避免劳动者个人的违规风险，还可以令公司的商业回扣行为合规。

法务观点

如果说员工受贿破坏的是企业内部的采购发包等秩序，那么商业领域的潜规则不仅会破坏公平的竞争环境，还会导致危害企业声誉或令企业被处以巨额罚款等严重后果。鉴于此，企业都会对商业贿赂这类商业领域的潜规则进行严防死守。美资企业受到美国证监会合规政策FCPA长臂原则的管辖，对商业贿赂潜规则的管控尤为突出。作为借鉴，我国可以在以下几个方面加强合规管理：

（1）理念和意识：我国企业对于商业贿赂合规等方面的意识具有滞后性，造成营商环境的恶化，实际上，每个商业交易的参与主体都有合规的义务和责任，都是营造合规营商环境的重要因素。以医药行业为例，我国为了规范医药营销行为，以"金税三期"为基础，于2018年开始实行"两票制"，但是很多医药科技公司或咨询公司打着"合同销售组织"（Contract Sales Organization，CSO）的旗号，还是干着替医药公司洗钱的勾当。2017年11月22日，上海市工商行政管理局公布一则行政处罚信息：泰凌医药信息咨询（上海）有限公司（简称"泰凌医药"）在药品推广销售过程中，通过在职医药代表向采购药品医院的相关科室及相关人员给付利益以促进药品销售数量。①

人是所有制度的制定者和执行者，因此要想一个制度能真正被落实，就需要将"人"的意识和理念进行提高、匹配。类似于国家的核心价值观，大企业往往都有属于自己的企业价值观。优秀的企业，在面试录用时就会考察应聘者的理念和意识是否和企业的价值观相匹配。录用后，法务或是合规等部门，会通过定期或是不定期的各类培训和宣讲等方式不断地阐述企业的价值观，提高员工的理念和意识。

（2）制度与规章：理念提高了，意识有了，就需要有切实的制度与之相匹配。全球性的企业，总部会先制定一些核心政策，称为"key policy"，然后世界各地的分支机构和不同的部门再根据这些核心政策衍生出细节化的制度，类似于法律、法规、实施细则的安排。为防止商业贿赂，企业内部的政策制度通常包括："第三方差旅政策"，防范假借会议之名行受贿之实；"商务礼品和宴请政策""游说政策""录用前政府官员政策"，防止通过关系（"旋转门"）为企业谋利；"行业协会加入政策"，避免通过行业协会协同定价等。

（3）执行和监控：制度有了，如何落地执行？既要兼顾全球的指引，还要考虑地区法律的差异性、法院的接受度。比如需要员工遵守的制度，是否公告了？是否通知员工代表大会或是工会？员工的劳动合同或是员工手册中对此是否有配套的罚则？违反了如何监督？如何防止举报人被打击报复？就商业贿赂而言，企业内部常会设立专门的"合规部"，"合规官"会对员工是否遵守政策进行监控调查，员工也可以通过第三方的举报热线举报任何不符合规定的行为和人员。

（4）调查与处置：处置违反合规政策的事项时，通常是合规官先进行调查，当确信违规时，合规官将提请公司内部的高级合规执行委员会（通常由总经理、人事总监、销售总监、法务总监组成）决定处理方式。对于违反合规政策的，包括商业贿赂这类行为，欧美企业均采取"零容忍"的态度，即发生一起，处置一起，无论涉事人员级别高低、业绩好坏。

律师观点

本案中，双方的争议焦点在于收受购物卡的行为是否构成严重违反企业规章制度。

---

① 参见《1160万！CSO先驱——泰凌医药违规推广遭工商重罚！》，http://www.sohu.com/a/208453225_733746，2018年9月12日访问。

对此，用人单位一方需要承担主要的举证责任，包括收受购物卡的事实、规章制度的有效内容依据和公示记录，以及解除劳动合同过程中的通知劳动者和告知工会程序。另外，还需要针对劳动者可能采取的抗辩理由进行相应的举证和说理。

本案中，PH公司解除劳动合同采用的是严重违反规章制度的法律依据，因此证明规章制度的合法性、合理性，以及陈某的不当行为与规章制度规定的一致性就是重点。PH公司最后成功地完成了以上关键的证明环节，并获得了法院的采信。

而相应地，作为劳动者一方，就需要对其行为的合理性、合法性作出令人信服的说明，并提供相关的证据加以证明。通常而言，劳动者可以说明这些客户赠送的购物卡自己并没有据为己有，以此消除个人从中获利的嫌疑。本案中，劳动者提到其将购物卡用于部门活动，但未提供相关证据证明；若劳动者能够证明这些购物卡的用途，则其行为的性质就存在其他的可能性了。本案中劳动者试图说明收受购物卡的行为领导知道并同意，这种辩解在实践中不仅不能为其免责，还会因此导致劳动者与其领导承担连带责任。

劳动者一方可以从人情往来并没有影响用人单位正常业务的角度进行辩解。当然，这种辩解对于劳动者一方的举证要求比较高。首先，劳动者需要说明其与赠送人之间的社会关系及更多的日常交往，以此说明双方属于正常的人情往来。其次，还需要说明赠送人与用人单位之间的业务往来属于正常的范围，收受购物卡的劳动者并未滥用职权或者施加不当的影响。在这方面劳动者的举证难度较大，但是如果劳动者能够证明用人单位保存了相关的证据，譬如招投标流程文件等，该举证责任也可以发生转移。

[类似案例]

李益与沃尔沃汽车（中国）投资有限公司追索劳动报酬纠纷案（(2017)沪02民终3803号）

[思考题]

➢ 人情往来与商业贿赂在管理上如何区分？

第二节 营 私 舞 弊

一、背景知识

(一) 法律制度

对于"营私舞弊"这一行为的具体定义，我国劳动立法中并无明确规定。近似的规定可以参考最高人民法院于 2003 年 11 月 13 日印发的《全国法院审理经济犯罪案件工作座谈会纪要》，其中明确"徇私舞弊型渎职犯罪的'徇私'应理解为徇个人私情、私利"。因此，"徇私"或"营私"实际上是指行为人的主观故意，即为了自己的私情、私利；而"舞弊"则是指客观行为，通常表现为弄虚作假、玩弄职权。在刑事法律中，徇私舞弊通常不能单独构成犯罪，而是作为法定刑升格的条件，即我们所说的加重情形。

同样地，依据我国《劳动合同法》的相关规定，劳动者营私舞弊，给用人单位造成重大损害的，用人单位可以解除劳动合同。因此，只有在劳动者营私舞弊的行为给用人单位造成重大损害的情况下，用人单位才可以依据《劳动合同法》第 39 条第 3 款的规定解除劳动合同；如果劳动者只是存在营私舞弊行为，但未给用人单位造成重大损害，那么除非用人单位将营私舞弊的行为作为严重违纪的一种情形规定在规章制度中，从而以严重违纪为由解除劳动合同，否则不能依据《劳动合同法》第 39 条第 3 款直接解除劳动合同。

（二）管理相关知识

为最大可能杜绝企业人员的营私舞弊行为，避免企业利益因此受损，企业应构筑从前期预防到中期监控再到后期处置的全流程管理路径，形成严密的风险防范体系。

1. 前期预防

首先，企业应具备辨识风险的能力，通过结合经营实际和具体岗位特点，查找各工作岗位、工作环节容易滋生营私舞弊行为的风险点，尤其是要注意工程建设、物资采购、财务等部门。在确定了具体的风险点之后，企业应有针对性地建立防范体系，系统地防范舞弊行为的发生。一是要完善规章制度、业务流程，相关条款的设计应立足于实际工作情况，明确各项工作的流程要求、授权范围和作业标准，尽可能多地罗列营私舞弊行为的类型以提高制度本身的可操作性；二是要明确违纪后果，即对于营私舞弊行为的惩处是以行为论还是以结果论，如果是以结果论，那么不同金额所对应的不同惩处方式要一一列明，并同时满足合理性要求。[①]

2. 中期监控

定期开展检查工作不仅有助于及时发现问题，避免损害结果的扩大，同时也更符合违纪处罚的合理性要求。对此，企业一方面可以要求各部门，尤其是风险点集中的部门开展定期自查，形成自查报告，由部门人员在自查报告上签字确认；另一方面可以开展自上而下的检查，安排专人按照有关规章制度的规定，对风险点岗位的工作开

---

① 参见范革：《浅析廉政风险防范管理在电力企业反腐败工作中的实践》，载《商场现代化》2010 年第 5 期。

展情况，定期进行细致的梳理和全面盘查，对于发现的问题及时处理，形成检查结果、处理结果、整改报告等文字性材料，并由相关责任人员签字确认。①

依据精益管理的思想，通过定期的自查、自检，可以不断发现业务流程和管理中的漏洞，并进行及时的改进和完善，避免小错酿成大祸。定期的自检、自查，还可以建立员工第一时间发现问题的上报机制，促成所有员工都具备检查、检测的能力，实现监督管理的全覆盖。

3. 后期处置

后期处置主要是针对发现的营私舞弊行为进行惩处。一是要严格依照规章制度，体现处置措施的合法性，避免对于同样的违纪情节给予不公平的处理结果；二是要综合考量，处罚结果应当综合员工以往的工作表现、认错态度等因素，体现处罚的合理性，尤其是解除劳动合同的决定，需谨慎作出；三是要逢错必究，维护规章制度的严肃性和刚性，避免对位高权重或对企业发展有突出贡献的员工"网开一面"，要形成良好的示范效应。

在进行惩处的时候，应当注意及时性和教育性。虽然法律并未规定企业对员工的违纪行为应当在什么期限内作出处罚，但是无论从调查取证的可行性，还是管理的有效性来看，都应当及时处理，不应久拖不决。而处罚的方式、方法以及程度，应当充分考虑对其他员工的教育意义。除了与法律所要求的惩罚相当之外，在管理上，企业实施惩处的作用主要是对其他员工的教育及之后的防范效应。

（三）实务操作难点

关于营私舞弊行为，实践中往往呈现一些明显的共同特征，首先，多发生于销售、采购等对外业务部门，涉事劳动者普遍职位较高（经理以上）；其次，劳动者此类行为导致的结果通常或是用人单位遭受经济损失，或是劳动者获取不正当利益；最后，行为表现形式相仿，仅根据不同的行业特点有些许不同，常见情形主要有：劳动者自己开展与用人单位的产品种类及经营事项存在高度竞合或者相关的经营活动，以及窜货、串标、利益输送等。实务中，劳动者行为类型、造成损失程度的不同往往决定了用人单位依据不同的法律条款作出解除决定。

（1）依据规章制度的相关规定，以严重违纪为由解除劳动合同。这同样适用于劳动者存在营私舞弊，但不一定满足"给用人单位造成重大损害"程度要求的行为。对此需要证明用人单位的规章制度有相关规定，且劳动者的行为达到了规章制度中规定的可以解除劳动合同的程度。

---

① 参见范革：《浅析廉政风险防范管理在电力企业反腐败工作中的实践》，载《商场现代化》2010年第5期。

(2) 依据《劳动合同法》第 39 条第 3 款解除劳动合同。这适用于劳动者存在营私舞弊行为，且给用人单位造成重大损害的情形。

(3) 如果劳动者营私舞弊的行为构成侵占，即符合《刑法》第 271 条"职务侵占罪"的构成要件，或者非国家工作人员受贿罪，即符合《刑法》第 163 条的规定，且依法被追究刑事责任，则可以依据《劳动合同法》第 39 条第 6 款解除劳动合同。但是，这一情形的适用标准较高，一般情况下，即便员工存在类似违法行为，其严重程度也不足以构成犯罪，只有在被法院认定构成犯罪的情况下，用人单位才能依据法院的判决书解除劳动合同。

二、案例及分析

（一）基本案情

朱某与中智上海经济技术合作公司、上海 DZ 制药有限公司劳动合同纠纷案①

朱某于 2005 年 9 月 1 日进入上海 DZ 制药有限公司工作，2010 年左右开始担任区域药品销售经理一职。2012 年 9 月 1 日，朱某与中智上海经济技术合作公司签订了期限至 2014 年 8 月 31 日止的书面劳动合同，约定中智上海经济技术合作公司将朱某派遣至上海 DZ 制药有限公司工作，每月工资人民币 12522 元，由上海 DZ 制药有限公司直接发放。合同中还约定，如果朱某严重违反中智上海经济技术合作公司或用工单位劳动纪律或规章制度，中智上海经济技术合作公司可以解除劳动合同。

2012 年 7 月 14 日、7 月 17 日、8 月 17 日、8 月 18 日以及 11 月 16 日，朱某先后五次至沃尔玛大利嘉城店购买了盒饭、饮料、小食等食品用于开展团队活动，共计花费 14979 元，上述费用上海 DZ 制药有限公司已给予报销。根据事后上海 DZ 制药有限公司向沃尔玛公司调取的内部消费记录显示，五次消费的业务凭证号、消费日期、消费时间、商品规格型号、消费金额与朱某向公司提交的报销发票、刷卡凭据都是能一一对应的，但其所显示的交易商品却系消费卡，与朱某向公司提交的报销清单上所列采购物品截然不符。

2013 年 2 月 4 日，上海 DZ 制药有限公司向朱某发出解除劳动合同通知信，以朱某团队建设活动费用报销造假，严重违反公司相关规章制度为由，根据公司员工手册相关规定解除了双方劳动关系。之后，中智上海经济技术合作公司停止为朱某缴纳社会保险费。

---

① 参见（2014）沪二中民三（民）终字第 1186 号民事判决书。

2013年8月19日,朱某向上海市劳动人事争议仲裁委员会提起仲裁,要求中智上海经济技术合作公司支付违法解除劳动合同赔偿金,上海DZ制药有限公司承担连带责任等。

(二)双方观点及法院观点

双方观点

朱某认为自己每月有部分销售费用用于公关,但需要发票冲抵,因此朱某根据上海DZ制药有限公司的意愿购买了消费卡用于医院的公关。上海DZ制药有限公司提供的报销费用实际均非团队建设费,而系公司进行商业行贿的费用,故只能开具餐费等项目进行报销。

上海DZ制药有限公司认为,公司在解除劳动合同前已以书面通知方式告知了朱某具体的解除理由和事实,且这些事实是确实存在的。朱某认可系争发票是其本人提交,也是用于餐费目的。上海DZ制药有限公司发现这些费用的实际用途和朱某申报的用途完全不一致,故认定其虚假报销的行为。朱某主张根据公司意愿购买消费卡用于医院公关并无证据。

法院观点

由于朱某向上海DZ制药有限公司提交的报销清单上所列采购物品与公司调取的内部消费记录截然不符,故上海DZ制药有限公司与中智上海经济技术合作公司以此为据认定朱某存在虚假报销的行为,并无不妥。上海DZ制药有限公司依据公司规章制度的规定与朱某解除了劳动关系及用工关系,于法有据。

朱某主张其通过开具餐费等方式报销系根据上海DZ制药有限公司的授意,这些费用本身是用于商业贿赂,但上海DZ制药有限公司予以否认,而朱某在法院审理期间均未能提供充足的证据证明其上述主张,故对其主张,本院不予采信。

即使存在朱某所述商业贿赂的行为,此亦系违法行为,当事人应当各自承担相应的法律责任。朱某以此作为自己行为合法的借口,理由不能成立。因此,上海DZ制药有限公司确认朱某存在虚假报销的行为并无不当,法院予以认可。

(三) HR、法务、律师三方观点

HR 观点

先说一个小故事。2001 年，成立不到两年的阿里巴巴生意惨淡，举步维艰。有一次，北京一家公司主动找上门，愿意签订金额达 25 万元的合同，但前提是拿 5 万元商业回扣。面对诱惑，员工们内心纠结：不接单，公司濒临倒闭；接单，违反相关法律法规，与公司价值观不符。最后，公司董事长马云一锤定音：宁可明天关门，也不搞商业贿赂。在马云看来，什么样的 DNA，就能孵化出什么样的企业，阿里巴巴的 DNA 一定要干净、正直。2015 年 10 月 25 日，在第三届世界浙商大会上，马云倡言浙商"永不行贿"。由此可见，所谓平衡员工的绩效目标和行为规范的课题，本质上说是由公司的文化决定的，HR 是在公司的文化框架下的合规计划的实施者之一。

合规计划的内容包括建立约束员工行为的行为准则，用来接受员工投诉和揭发不合规行为的外部第三方热线，以及对员工进行合规培训和定期组织沟通交流。此外，为确保合规计划的有效执行，有些跨国公司会任命一位全球的"合规执行官"。他负责对公司全球各地区合规计划的执行情况进行监督。同时，公司在全球范围内根据业务分部可以相应设立合规经理，他们通常是资深律师，或者是法务方面的资深人士，甚至还有曾经负责类似案件调查的警官、检察官等，负责自己所在区域的合规执行和监督。

在本案中，朱某以虚假报销的方式骗取公司现金，不仅明显违反了公司的相关规章制度，其虚假的发票和虚构的消费还会令公司有税务上的法律风险，理应受到相应的惩罚。但是，我们在管理上不仅需要及时惩处，还需要从防范的角度去了解员工违反规章制度的动机及深层次的管理原因。

近年来曝光了一系列的医药代表违规、违法甚至犯罪的案件，包括 GSK、施贵宝等国际知名的医药企业相继因为医药营销中的违规行为受到了相应的处罚。虽然说应该不断强调员工要遵守企业的道德行为准则，但如果企业的营销方式和管理方式都不作调整，那么类似的事情只会越来越多，所谓的惩处也只能是治标不治本。

假设本案中的朱某知道每月公司允许有部分销售费用用于公关，但需要发票冲抵，因此朱某根据公司的意愿购买了消费卡用于医院的公关，这样的行为一旦查实，就是属于商业贿赂的行为，公司以及他本人都会被追究相应的法律责任。如果公司如朱某所说，默许这种行为的发生，那么公司也应当承担相应的法律责任。总之，从以上细节可以看出，本案中的员工和公司在合规管理上均存在制度上和意识上的缺失。

"合规"是企业经营的底线和红线，绝不能因为追求业绩和利益，默许或纵容员工

违法违规行为的发生。而员工行为合规的源头来自企业业务运营模式的合规，来自管理经营者对企业价值观的坚守。

法务观点

企业业务运营中，必然涉及授权员工进行林林总总的物品、服务采购，而相关员工的舞弊行为往往会影响其对于正常采购、发包等事项的公正、公允的判断，从而影响企业正常的利益。作为企业合规经营的重要内容，法务可以在以下几个方面采取适当的措施来防范员工的舞弊行为：

（1）流程制度化：对于员工能够有机会收受利益的环节，企业内部应当根据业务构成的不同进行预先判断，建立从面到点的制度防范体系。比如，对于从事采购的部门，企业应当制定专门的采购政策，政策覆盖"招标流程""评标方式""评标人员组成"等全流程的各个方面。针对市场上稀缺供应商无法进行招投标的，则应当制定针对"独家采购"的特殊审批流程及规范，并要求采购人员提交无法进行三方询价的明确说明。"自我披露制度"要求员工对于有亲戚朋友在与企业业务有直接上下游关系时，需要就此向企业披露，以免产生利益冲突。

（2）合同标准化：为了防止员工的舞弊行为，企业通常会拟定自己的标准采购合同版本，并对合同的使用和修改作出限制，防范员工滥用职权损害企业利益。或是将企业所需遵从的合规政策采撷合并成"terms and conditions"附在标准合同背面，公开相关针对员工不当商业行为的举报投诉渠道并鼓励相关商业合作伙伴举报员工的不当行为。对于合同项下的费用报销方式等，均明确列明，确保账实相符。

（3）审批权限化：相对于"商品"这类有市场价格可以评判的采购而言，无形的"服务类"采购，由于对于服务的价格判断比较主观，又无法通过制度或是市场比较执一而论，就需要通过划分审批权限来重点把控。比如，多少金额以上的需要哪个层级批准，涉及特定的服务需要哪几个部门联合审批等。

（4）审计常规化：对员工舞弊最好的防范方式还是定期进行业务审计。业务审计通常由内控部门进行，通过核对票据、凭证和业务支持文件、流程记录、员工访谈等方式发现并提出问题。对于企业内部的关键岗位，除了内控审计外，还会通过定期或不定期的轮岗来及时发现问题。

（5）违规惩罚化：对于违规事项的惩罚制度需要在员工手册及劳动合同中有表述。既要考虑到违规行为千变万化，表述不宜过窄过细，也要考虑到给予惩罚所需要提供的相应的条款，不能过于宽泛。

此外，员工合规意识的培训、管理层的自我表率等也能在一定程度上引导员工避免出现营私舞弊行为。

律师观点

《劳动合同法》第 39 条规定，劳动者营私舞弊，给用人单位造成重大损害的，用人单位可以解除劳动合同，且无须支付经济补偿金。

本案中，上海 DZ 制药有限公司明确将报销造假的行为规定为严重违反公司的规章制度，而朱某向公司提交的报销清单上所列采购物品与实际购买物品不一致的行为显然已经构成报销造假。虽然朱某称此种行为是出于公司意愿，但并未提供有效证据证明，因此，可以认为朱某严重违反了公司的规章制度。同时，在朱某与中智上海经济技术合作公司签订的劳动合同中约定，朱某严重违反用工单位劳动纪律或规章制度的，中智上海经济技术合作公司可以解除劳动合同，故中智上海经济技术合作公司与朱某解除劳动合同合法，无须支付违法解除的赔偿金。

当然，在实务中，企业方的律师可能还会遭遇更为棘手的情形。例如，对于虚假报销，如果员工提交报销的发票与消费内容不符，但是员工解释称，这是商家给的发票，他本人并无能力进行核实和辨别。因此，充其量，员工的行为只能算是轻微的过错或者疏忽，而不能认定员工具有虚假报销的故意。这个时候，企业方就不仅仅需要证明员工虚假报销的行为，还需要证明员工明知虚假甚至故意作假，证明难度相当大。

实务中，处理营私舞弊、严重失职此类问题时不仅需要证明违纪事实的存在，还需要符合"重大损害"的要求，因此，认定"重大损害"往往成为该类争议中证明解除劳动合同合法的重点和难点。我国现行法律法规尚未对"重大损害"进行明确统一的规定，依据《关于〈劳动法〉若干条文的说明》第 25 条第 3 款，"重大损害"由单位的规章制度规定。因此，用人单位可以根据实际情况在规章制度中明确列举"重大损害"的具体情形。需要注意的是，"重大损害"不一定仅指"经济损失"，还可指"其他损害"，以此为分类，再对各种具体情形和标准进行列举。

[类似案例]
马国星与中智上海经济技术合作公司法国派诺特股份有限公司上海代表处劳务派遣合同纠纷案（(2013)徐民五（民）初字第 746 号）

[思考题]
➤ 如何证明员工存在营私舞弊行为？

第三节　其他人力资源管理合规

除本章前两节提到的商业贿赂和营私舞弊外，人力资源管理中还存在其他合规问题，如企业财务欺诈、职场性骚扰、就业歧视、员工个人信息保护等，本节仅选取其中几个热点问题作简要介绍。

一、背景知识

(一) 法律制度

1. 企业财务欺诈

企业财务欺诈，是指企业为了实现获取高额红利、逃避税收监管、欺骗投资者和相关利益方等以谋取私利为目的，事前经过周密安排，在组织财务活动时故意制造虚假会计信息的一种欺骗行为。① 目前，我国证券市场相关立法尚不完善，虽然《会计法》《禁止证券欺诈行为暂行办法》以及《公开发行股票公司信息披露实施细则》等法律法规均明令禁止公司编制、披露虚假财务会计报表的行为，但由于违规成本低，② 且各部门立法之间常常权责界定不清、标准不一，导致此类行为屡禁不止。

2. 职场性骚扰

对于职场性骚扰，我国仅有少数地方法规作出了相关规定，③ 国家层面始终未能出台专门的法律法规，因此实务中对于相关行为的处理仅能够以其他法律法规规定作为依据，如《刑法》中对于强制猥亵妇女罪、侮辱妇女罪的规定，《宪法》中对于公民人格尊严保护的规定，《治安管理处罚法》中对于发送淫秽、侮辱信息干扰他人正常生活的规定，《民法通则》中对于公民名誉权的规定，以及《最高人民法院关于确定民事侵权精神损害赔偿责任若干问题的解释》中的有关规定等。然而，这些规定均未对职场

---

① 参见林宁：《企业财务欺诈现象的探究与思考——基于中山市产业集群内中小企业的视角》，载《审计与理财》2014 年第 8 期。

② 例如，《公司法》第 202 条规定："公司在依法向有关主管部门提供的财务会计报告等材料上作虚假记载或者隐瞒重要事实的，由有关主管部门对直接负责的主管人员和其他直接责任人员处以三万元以上三十万元以下的罚款。"

③ 例如，《深圳经济特区性别平等促进条例》第 23 条规定："用人单位应当采取措施预防、制止性骚扰，并对职工进行反性骚扰的教育。对违背他人意愿，利用职务、雇佣或者其他便利条件，明示或者暗示使用具有性内容或者与性有关的行为、语言、文字、图像、电子信息等形式，作为录用、晋升、报酬、奖励等利益交换条件实施性骚扰的，用人单位应当及时制止、处理。职工也可以向有关单位投诉、举报，有关单位应当及时采取措施予以处理。"

性骚扰的概念作出明确界定，导致司法实践中相关规则适用困难，受害人权益难以维护。① 但就在2018年8月27日提交全国人大常委会审议的民法典各分编草案中，明确规定了"违背他人意愿，以言语、行动或者利用从属关系等方式对他人实施性骚扰的，受害人可以依法请求行为人承担民事责任。而用人单位也要履行义务，减少和遏制性骚扰行为的发生"。如果这一规定能够最终落地，对于我国职场性骚扰相关案件的处理将会产生积极的意义。

3. 员工个人信息保护

2015年通过的《刑法修正案（九）》第17条规定，将《刑法》第253条之一修改为："违反国家有关规定，向他人出售或者提供公民个人信息，情节严重的，处三年以下有期徒刑或拘役，并处或者单处罚金；情节特别严重的，处三年以上七年以下有期徒刑，并处罚金。违反国家有关规定，将在履行职责或者提供服务过程中获得的公民个人信息，出售或者提供给他人的，依照前款的规定从重处罚。窃取或者以其他方法非法获取公民个人信息的，依照第一款的规定处罚。单位犯前三款罪的，对单位判处罚金，并对直接负责的主管人员和其他责任人员，依照各该款的规定处罚。"

2007年劳动保障部公布的《就业服务与就业管理规定》第13条规定："用人单位应当对劳动者的个人资料予以保密。公开劳动者的个人资料信息和使用劳动者的技术、智力成果，须经劳动者本人书面同意"。

2012年通过的《全国人民代表大会常务委员会关于加强网络信息保护的决定》第3条规定："网络服务提供者和其他企业事业单位及其工作人员在业务活动中收集的公民个人电子信息必须严格保密，不得泄露、篡改、毁损，不得出售或者非法向他人提供。"

2016年我国颁布了《网络安全法》，该法第22条第3款规定："网络产品、服务具有收集用户信息功能的，其提供者应当向用户明示并取得同意；涉及用户个人信息的，还应当遵守本法和有关法律、行政法规关于个人信息保护的规定。"

2018年8月31日通过的《电子商务法》第23条规定："电子商务经营者收集、使用其用户的个人信息，应当遵守法律、行政法规有关个人信息保护的规定。"

除了上述我国的立法规定之外，由于互联网的发展导致个人信息的跨国流动成为一种常态，因此，包括欧盟于2018年实施的 General Data Protection Regulation (GDPR)在内的相关外国法，也是企业在员工个人信息管理中需要关注的。

---

① 参见丁启明、章辉：《职场性骚扰与女性劳动者权益的法律保障》，载《行政与法》2014年第7期。

(二) 管理相关知识

1. 财务合规管理

企业违规尤其是财务违规,是股权与经营权分离的现代企业制度内在根本矛盾所带来的必然现象;而企业治理的目标就是通过科学管理让类似的违规行为减少或者杜绝。但这并非一个非常容易解决的问题,在全世界任何国家都是如此。从美国安然事件,到"五大会计师事务所"之一的安达信破产,以及我国上市公司中爆出的银广夏、琼民源等事件,都说明企业财务合规管理的探索任重而道远。

从现象上看,财务管理违规存在两种情形,一种是企业管理层对股东的财务违规,另一种是子公司对母公司的财务违规。管理者之所以选择财务违规,很大程度上是出于对自身利益最大化的需求。达到自身利益最大化的途径有二,一是企业按规定给予的薪酬、股权,二是违规操作谋取的私利。[①]

薪酬激励是否能够有效抑制管理层的违规冲动?实践中也并不是总有效。譬如基于相对薪酬的"竞标赛理论"认为,通过排名,不仅能够降低风险,还能强化激励效果。但是,也有研究表明,高薪酬差距与企业违规行为显著正相关,企业内部的财务困境压力和企业外部的行业竞争压力都抑制了高管薪酬差距带来的违规倾向。[②]

通常我们讨论较多的主要是财务管理违规的第一种情形,而在跨国企业和集团性企业内部,财务违规也是集团化管理的难题之一。通常,集团财务控制制度的最佳设计在于通过增加对底层员工违规行为的惩罚力度来实现最优的博弈均衡。具体的制度包括加强集团对子公司的监督和巡查力度,以及适当调整集团和子公司之间的留存收益比例等利益分配格局。[③]

2. 职场性骚扰管理

性骚扰在具体表现上非常复杂,这给企业管理带来了很大的挑战。

根据行为方式的不同性骚扰可被划分为言辞骚扰、身体骚扰、环境骚扰等。言辞骚扰表现为当面或通过电话、短信、邮件等方式讲述黄色笑话或发表其他使被骚扰者不舒服的淫秽评论,以及作出淫秽的肢体语言;身体骚扰表现为对他人隐私部位的抓捏、触碰,或者直接对被骚扰者实施性侵害、性暴力等;环境骚扰表现为工作场所中色情图片的绘制和流传、色情海报或杂志的张贴和泛滥,以及色情音像制品的播放和

[①] 参见杨楠:《浅议财务违规》,载《现代经济信息》2016 年第 15 期。
[②] 参见魏芳、耿修林:《高管薪酬差距的阴暗面——基于企业违规行为的研究》,载《经济管理》2018 年第 3 期。
[③] 参见胡四修:《跨国企业集团内部财务控制博弈研究》,载《学术探索》2013 年第 1 期。

展示等。① 因此，在企业管理中，首先应当对上述明显的性骚扰行为作出明令禁止的规定，在企业的规章制度中进行阐述。

此外，对于更多更为隐蔽的性骚扰行为，企业也应当从文化角度建立规范，倡导平等、对女性友善的职场文化。在更为隐蔽的性骚扰行为中，比较常见的是一种被称为"性别骚扰"（gender harassment）的语言暴力行为，概括为蔑视女性的言语或行为。② 在中国以男性为主导的传统职场中，对女性身体、体力或生理上的轻视、蔑视，是非常常见的。虽然在过往的中国文化中，类似"唯女人与小人难养也"的调侃不足为奇，但是随着女性权利意识的崛起，越来越多的职场女性开始对这种性别骚扰说"不"。

当然，在职场性骚扰管理中，还有两方面的问题需要引起重视。其一是受到骚扰的群体主要是女性，但是也不能排除个别男性被骚扰的情形。因此，从管理规范与规章规定的角度来讲，性骚扰是不分性别的，不仅针对异性的骚扰，还有可能是同性之间的骚扰。其二是权利被滥用的可能性。由于性骚扰的隐秘性，被害人维权举证的难度非常大，造成案发率较低的现状，这也是法律强调职场保护的原因之一。但是，反过来，如果被诬陷为性骚扰，要自证清白的难度也非常高。所以，在性骚扰事件中秉持客观、中立的立场和调查、处理程序，是取得最佳处置效果的保证。

3. 员工个人信息管理

企业对员工的个人信息管理贯穿了劳动关系存续的整个过程，是企业管理不可分割的组成部分，同时很多员工的个人信息也是个人隐私的重要组成部分，在合规性上要尤为注意。

（1）员工入职招聘阶段的个人信息管理。根据《劳动合同法》的规定，在招聘过程中，用人单位有权了解劳动者与劳动合同直接相关的基本情况，劳动者应当如实说明。在招聘中，用人单位通常可以通过收取员工简历、面试以及体检报告等信息来获得与劳动合同直接相关的基本情况。但是，获得的范围、获得的方式，以及对获得的信息的使用、保管和处置，需要企业建立规范的制度来确保员工个人的信息不会被不当地使用和泄露。

（2）劳动关系履行过程中的个人信息管理。劳动关系履行过程中，员工成为用人单位组织的一员，需要接受相关的信息安全管理和工作管理，个人信息保护的问题原本并不突出。但是，随着信息技术手段的进步，技术越来越侵入我们日常的工作和生

---

① 参见曹艳春、刘秀芬：《职场性骚扰类型研究》，载《学习论坛》2009年第4期。
② 同上。

活中,由此产生了越来越多的个人信息保护难题。譬如对劳动者劳动工具的监控,很多企业为了自身的信息安全和保密,会对配发给员工的移动通信工具和电脑安装监控软件;还有企业会要求员工随时开启 GPS 定位功能,以便企业追踪其工作轨迹;同时,越来越先进的加密技术会采集员工的指纹、面部特征甚至虹膜信息,这些都对员工的个人信息管理提出了新的挑战。

(3) 员工离职后的个人信息管理。劳动者离职后,用人单位通常不会继续采集劳动者的个人信息,但是已经采集并由用人单位保存的个人信息如何处置,以及用人单位是否有权使用,都是实务中尚未厘清的问题。实践中矛盾比较大的是在员工离职后的背景调查中,原用人单位给予否定的评价或者向员工拟入职的新单位透露员工个人信息,这种行为是否构成违法?劳动者可以获得怎样的权利和救济?

在法律尚未完善,司法实践尚未明确的情况下,企业管理的合规意识却不能松懈,应未雨绸缪,以合意为基础,建立起保护劳动关系双方的个人信息管理制度。

(三) 实务操作难点

目前,越来越多的企业开始重视合规经营,确保企业员工依法依规履职,全面降低企业经营风险,以此妥善履行企业对外部利害关系人所承担的责任,如信息披露、保护公共利益、公平竞争、保护股东利益、不侵犯第三方权益等,防范可能出现的法律制裁或监管处罚,避免重大财务或企业声誉损失。①

合规的理想是丰满的,而市场的现实却十分骨感。企业时刻面临内外部的经营管理压力,"合规管理"在企业内部从来不是一个讨人喜欢的词汇,需要参与合规管理的法务、HR 以及相关部门的管理者共同努力。

首先,合规与业务的冲突问题。企业在市场竞争中面临激烈的业务开拓压力,很多时候业务部门为了业务指标的达成,常会想方设法规避企业的合规要求;同时,业务部门还常常会以业务的成败来给合规官员施压,要求合规官员能够放行。这种冲突表面上是部门之间的协同问题,本质上是企业短期目标与长期目标的协调问题。理顺这一点,大家达成共识,这样的冲突就能够减少了。

其次,合规的成本问题。所有的管理都是需要投入的,尤其是合规管理。针对企业的某些法定义务,譬如社会保险费的缴纳,如果合规缴纳,企业的用工成本可能要比竞争对手增加 30%。当然,所有的合规也都有潜在的利益,如 2018 年,国家决定社会保险费由税务部门统一征收,一时间之前不合规缴纳的企业风声鹤唳,有的企业被追索了十多年的欠缴社保,顿时陷入困境,而合规缴纳的企业则不用担心任何问题。

---

① 参见黎娟、雷琳:《企业合规方能成就可持续性发展》,载《现代商业》2014 年第 17 期。

最后，合规与创新的冲突。法律总是滞后的，因此，企业在发展过程中，会遇到很多创新领域的新问题，面临无法可依的境地。此时，如果认为合规管理必须有法可依才可为，那么创新将无法进行；如果合规管理从法无禁止即可为，并对风险进行分析和管理，那么创新将得到合规的保驾护航。因此，合规管理也能为企业创造巨大的创新价值。阿里巴巴法务团队在支付宝网络支付和电子结算领域的创新，是合规方面的经典案例。

二、案例及分析

（一）基本案情

崔某某与T（中国）有限公司上海分公司劳务合同纠纷案[①]

崔某某系加拿大国籍，于2005年12月29日进入T（中国）有限公司上海分公司（以下简称"T公司"）工作，担任销售运营分析，该岗位属于T公司经理级。T公司为崔某某办理了工作期间的外国人就业证。双方签订了期限至2015年12月28日的劳动合同，合同约定崔某某月工资48337.32元。

劳动合同第9.1条载明："员工应通过培训、接收电子通知或查阅公司总部网站、公司当地网站或公司公告板熟悉、理解并遵守所有T公司规章制度……"第11.2条载明："如发生下列情况之一，T公司可以解除本合同：……11.2.6 严重违反T公司规章制度以及惩戒条例（具体规定详见公司网页）……"崔某某在T公司工作期间，长期接受培训，包括Code of Conduct Training。

T公司制定的《行为准则》"雇员彼此平等相待"条款规定："T公司的核心价值观之一便是要作为一个团队，彼此尊重和信任，协同工作。我们努力追求一种开诚布公和诚实的沟通氛围，并保护员工不受歧视、骚扰或远离危险的业务操作"。其中"反骚扰"载明："T公司致力于提供一个没有因个人特征（如……性身份或性取向）而受到骚扰的工作环境。T公司完全反对，而且绝不容许经理或同事骚扰雇员。……如果您发现在T公司工作场所或附近存在威胁或暴力行为，请立即将相关行为或威胁细节报告给经理。收到此类信息的经理应立即通知T公司安全部门。"同时，《行为准则》规定："每个雇员都有责任阅读、了解和遵守本准则。任何违反准则的人都会受纪律处分，最严重的包括终止雇佣关系。任何违反法律的人还可能会受到民事和刑事处罚。"

T公司制定的《反骚扰规定》规定："本规定下的骚扰行为包括基于上述特征的任

[①] 参见（2013）长民四（民）初字第659号民事判决书。

何无礼或违反职业道德,并因此造成威胁性、侵犯意图或敌对情绪的工作环境以及影响工作业绩状态下的行为。……违反本规定的行为举例包括:种族歧视,关于种族或者性的笑话;……你不得寻求性需求,作出不受欢迎的性举动,或以口头、视觉行为的方式从事带有性属性的行为"。"对违反规定者的惩戒"条款规定:"如果发生骚扰事件,在遵守当地法律的前提下,无论员工或是经理,T公司都将对违反规定者采取惩戒措施。惩戒措施包括从口头或书面警告直至立即解聘一系列措施"。

T公司制定的《禁止暧昧关系规定》规定:"T公司经理绝不能与员工发生暧昧关系或性关系。在本规定中,'经理'包括主管、团队领导和可以作为上级的其他人。"

崔某某在工作中,与在T公司实习的一位已婚女实习生相识。2013年1月14日,崔某某受T公司安排去北京开会,事先约该女实习生至自己下榻酒店见面。当日会后,双方在酒店房间内发生了超越一般朋友关系的亲密行为。次日,女实习生向直接经理举报,称其受到崔某某性侵犯。2013年1月23日,T公司向崔某某调查时,崔某某自认与该女实习生发生了亲吻、拥抱、脱衣等行为。

2013年2月6日,T公司向崔某某发出解除劳动合同通知书,载明:"……因你的行为严重违反了T公司的规章制度,根据《中华人民共和国劳动合同法》及相关法律法规、T公司的相关规章制度,和双方签订的劳动合同中关于解聘和终止的约定,公司决定从2013年2月7日起解除与你的劳动合同,而你在公司的最后工作日为2013年2月6日……"

2013年2月7日,崔某某向上海市劳动人事争议仲裁委员会申请仲裁,要求撤销T公司作出的解除劳动合同通知;T公司自2013年2月7日起与其恢复劳动关系,继续履行双方签订的劳动合同,并按照每月61538元标准支付其仲裁期间的工资。

(二) 双方观点及法院观点

双方观点

崔某某认为自己与该女实习生并非上下级关系。2013年1月14日,崔某某受T公司指派前往北京开会,事先与女实习生相约在下榻酒店见面。会后在崔某某房间内,双方对于女实习生的新工作进行讨论,随后出于自愿曾发生一些亲密行为,但崔某某没有任何强迫行为,更没有发生T公司指称的实质性行为。女实习生并未因此受到伤害,警方也没有介入调查。崔某某的上述行为不属于骚扰行为和暧昧行为。

同时,崔某某表示并不知悉T公司制定的《行为准则》《反骚扰规定》和《禁止暧昧关系规定》,T公司仅对崔某某进行过商业贿赂等方面的培训。女实习生并非T公司员工,与崔某某分属不同部门,不存在上下级关系,双方未利用工作时间见面,不适用上述三项规定。

T公司认为，2013年1月15日，该女实习生向其直接经理举报受到崔某某性侵犯，T公司随即开始调查此事，与该女实习生面谈三次，与崔某某面谈一次，此外还向相关人员了解情况，查清事实。2013年2月6日，T公司将拟解聘崔某某的决定通知工会。2013年2月7日，T公司决定解除与崔某某的劳动合同，并将解聘通知送达崔某某。2013年1月24日，该女实习生的丈夫电话告知T公司已向北京警方报案。北京警方介入此案，并向T公司了解情况。T公司的《行为准则》规定，禁止暧昧关系和骚扰行为。T公司专门制定了《禁止暧昧关系规定》和《反骚扰规定》，坚决禁止经理与员工发生暧昧关系和骚扰行为。崔某某不仅提出性要求，还作出了性侵犯。崔某某作为T公司的经理级员工，与该女实习生具有领导和被领导关系。崔某某有良好的教育背景，且接受过T公司有关规章制度的培训，却在自己已婚且明知该女实习生也已婚的情况下，在出差期间于下榻酒店与该女实习生发生性关系，既严重违反了T公司的上述规章制度，也违反公序良俗。T公司解除与崔某某的劳动合同，符合法律规定。

法院观点

本案的争议焦点是T公司与崔某某解除劳动合同是否合法。

根据本案证据可以证实，崔某某系T公司经理级管理人员，于2013年1月14日出差期间，在T公司提供的住处内对T公司的女实习生作出了超越正常关系的亲密举动。不论该女实习生是否出于自愿，崔某某的行为均违反了T公司的禁止性规定，属于T公司所不能容忍的行为。同时，崔某某与该女实习生均系已婚人士，该种行为亦违反了道德准则。T公司据此作出与崔某某解除劳动合同的决定，合法有据。崔某某要求撤销T公司作出的解除劳动合同通知的诉讼请求，缺乏事实根据及法律依据，本院不予支持。

（三）HR、法务、律师三方观点

HR观点

本案所涉及的问题，属于HR日常工作中的小概率事件，但却是十分棘手的事件。

首先，良好的企业工作环境和文化氛围可以降低此类事件发生的概率。在一个积极、开放的工作氛围中，正常的领导都会非常在乎自己在企业和圈子里的评价，如果性骚扰下属被反映到企业高层，就算不被解雇，其在上级眼里也不再会有好印象了，职业生涯有可能就此断送。但是，我们也要看到这种职场小概率事件发生的风险还是很大的。根据英国BBC的报道，调查显示，英国有一半的女性与1/5的男性，都表示自己曾经在工作场合或者学校遭受到其他人的性骚扰。在曾经遭受过性骚扰的女性中，有63%的人会选择默不作声，不告诉任何人。显然，这是因为她们都知道，控告和声张除了给自己带来更大的伤害之外，不能解决任何问题。

因此，企业的HR能否及时、公正地处理类似事件，给予受害人足够的支持，是能否顺利解决这类问题的关键。

如本案所示，女实习生向直接经理举报，称其受到崔某某性侵犯。在HR介入以后，事情还没有得以查清之前，要注意保护当事人的隐私，绝不能四处散布"八卦"，这是极度不专业的行为。同时，也要让女实习生的直接经理注意不要四处宣扬。大多数的女性职员在受到性骚扰之后选择沉默，主要原因就是怕自己成为同事们茶余饭后的谈资和笑料。作为HR有义务保护当事人的隐私，安抚受害者的情绪。

随后，HR要积极地配合法务部门收集相关证据，进行事件的调查。在工作中，不要有先入为主的观念，认为既然有人举报，那么举报人所陈述的事实就一定是真的，是对的。要以事实为依据，客观公正地看待此类举报事件。在本案中，女实习生的丈夫电话告知T公司已向警方报案。警方的介入，可以有效地帮助HR查明事实，还原事情的真相，为后续对当事人的处理提供依据。

HR在注意保护当事人的隐私的同时，还要保护企业的声誉，最大限度地避免此类事件在互联网上进行传播、发酵。近年来，被热议的无论是知名培训学校事件，还是知名会计师事务所事件，都不同程度地对相关企业的专业形象带来了负面影响。

在本案中，我们可以推测，T公司是一家跨国公司，T公司有《反骚扰规定》和《禁止暧昧关系规定》。但是，我国绝大多数的企业在这方面的规章制度还是空白，情况不容乐观。

可喜的是，联合国国际劳工组织于2018年5月28日至6月8日在瑞士日内瓦召开年度大会，讨论为消除职场暴力及骚扰制定新的国际标准。期待我国也可以尽快推进这个领域的相关立法研究，让"咸猪手"无处可藏。

法务观点

合规在外企有专门的称谓，即"compliance"（意为符合），也称"ethics"（意为道德），既有规章制度层面的要求，也有精神层面的要求。由于国家、行业对于合规的认识和需求不同，对合规的判定也就千差万别。

比如，骚扰尤其是性骚扰，在我国有点等同于流氓猥亵，是需要有较为恶劣的行为举动，并严重到大家都觉得不妥时，才会被认为是需要处理的事情。但在很多外企中，只要被骚扰的人主观感受是骚扰，且当事人或是其他人举报了，就应当调查处理。

正是因为认识的千差万别、国情的各有千秋，所以为了防止以后对于合规处置的纠纷，就需要设置严密的流程。比如，对于国内不太重视的"雇用前政府官员""商务宴请和送礼""利益冲突的汇报""第三方差旅""骚扰"等需要有一系列的告知流程、审批流程、监督流程。这样即使主观上对事项的实质认识不同，也可以通过对流程的违反来进行钳制应对。

以本案为例，合规的难点在于对事件的调查与核实。案件中崔某某事实上承认了与女实习生的"亲密行为"，这为T公司作出客观的判断和正确的处理决定提供了充分的事实依据。但是，并非每位员工都会如此配合。如果员工否认，那么组建独立的调查小组，并按照规范进行调查核实，是整个事件处理的关键。

为了避免事后落人以口实，企业应当事先建立相关的流程和制度，并确保每位员工都清晰了解相关的法律后果。当然，类似管理人员与异性下属的交往行为，虽然谈不上要进行制度化的规范，但也非常需要进行相关的教育和培训，以增强相关人员的自律。

律师观点

本案中，崔某某本人对事件进行了辩解，意图为自己开脱。其辩解的主要理由是双方自愿，并且并没有过分的举动，譬如"性行为"。而要证明对方有自愿的表示，并非一件非常容易的事情。当然，即便是崔某某否认双方有什么亲密的举动，崔某某可能也很难解释其行为的合理性。

因此，在类似案件中，事件发生的第一时间固定有效的证据是关键中的关键。在本案中，崔某某被投诉后，T公司与崔某某的第一次谈话就是整个事件处理中的胜负手。对于这次谈话的时间、地点、参与人员、谈话提纲、记录形式等细节，企业都应当审慎考虑，甚至准备好预案。

当然，在与崔某某谈话之前，与女实习生的谈话也是非常重要的。因为，除了要进一步了解清楚事件的来龙去脉，掌握关键细节以外，还需要核实和排除当事人表述虚假和夸大的成分。

在做好这些基础的工作后，企业作出怎样的决定以及以怎样的方式作出决定也是非常值得推敲的。

对于处理的决定内容，通常认为就如本案一样，必须解除劳动合同以威慑违纪分子。但是，如果从多方面考虑的话，让员工主动辞职或许是对事件双方伤害最小的方式。当然，在作出决定的时候，听取受害人的意见，并告知企业的决定，是非常重要的一个环节。企业作出处理决定的内容和方式，是给受害人一个强烈的信号，表明企业对受害人的保护和支持态度。如果企业的处理令受害人不满，或者引发受害人的过激行动，就会发生事件的次生危害，从而企业不仅会面临侵害人的诉讼，还会面临受害人的控诉。

回看本案争议焦点，对于职场性骚扰，我国《女职工劳动保护特别规定》第11条规定："在劳动场所，用人单位应当预防和制止对女职工的性骚扰。"因此，预防和禁止职场性骚扰对于用人单位来说不仅是道德要求，更是法定义务；同时，有效防止职场性骚扰的发生也是维护企业日常管理秩序的内在需要。对此，企业一方面可以通过制定完备的规章制度，明确禁止性骚扰情形及相应的处罚；另一方面，也可以建立一定的防范机制，如组织相关防范知识的培训，树立员工良好的性别尊重意识。

[类似案例]
➢ 王杰经济补偿金纠纷案（(2016)沪02民终9849号）

[思考题]
➢ 假发票报销是否构成违规？